方尖碑
OBELISK

探知新视界

The Last of The Tsars

末代沙皇

尼古拉二世的最后503天

[英国]
罗伯特・瑟维斯
——著

付满
——译

译林出版社

图书在版编目（CIP）数据

末代沙皇：尼古拉二世的最后503天／（英）罗伯特·瑟维斯（Robert Service）著；付满译．—南京：译林出版社，2021.11
书名原文：The Last of the Tsars: Nicholas II and the Russian Revolution
ISBN 978-7-5447-8837-3

I.①末… II.①罗… ②付… III.①尼古拉二世（1868—1918）－传记
IV.①K835.127

中国版本图书馆 CIP 数据核字（2021）第 179947 号

末代沙皇：尼古拉二世的最后503天　［英国］罗伯特·瑟维斯／著　付　满／译

责任编辑　许　昆
装帧设计　韦　枫
校　　对　戴小娥
责任印制　董　虎

原文出版　Pan Books, 2018
出版发行　译林出版社
地　　址　南京市湖南路 1 号 A 楼
邮　　箱　yilin@yilin.com
网　　址　www.yilin.com
市场热线　025-86633278
排　　版　南京展望文化发展有限公司
印　　刷　南京爱德印刷有限公司
开　　本　652 毫米 ×960 毫米　1/16
印　　张　27.5
插　　页　12
版　　次　2021 年 11 月第 1 版
印　　次　2021 年 11 月第 1 次印刷
书　　号　ISBN 978-7-5447-8837-3
定　　价　108.00 元

献给拉拉、迪伦、乔利与凯拉

目　录

致 谢

我向我的妻子阿黛尔·比亚吉致以谢意与爱意。她读完了整本书的草稿。俄国末代沙皇是我新近感兴趣的话题，与以往一样，阿黛尔的意见对我而言无比珍贵。没有她的帮助，我无法完成这些章节的撰写。谢苗·良德列斯、西蒙·塞巴格·蒙蒂菲奥里和伊恩·撒切尔也阅读了本书的草稿。谢苗与我分享了他对1917年二月革命的专业意见；塞巴格就整个罗曼诺夫皇朝以及俄国的民族问题提供了建议；伊恩就材料解读中的大致问题提供了有益的建议。我很感激他们从自己的项目中抽出时间帮助我。

我还要感谢卡佳·安德烈耶夫在俄国东正教术语方面给予我帮助，感谢理查德·克洛格在拜占庭史的俄国研究起源方面提供建议。保罗·格雷戈里在西伯利亚史的阅读书目方面给了我指点，莉娜·卡茨解释了俄国犹太人的语言史，诺曼·奈马克为我阐明了革命时期犹太史的一些内容，罗伯特·塞尔斯在研究初期为我解答了罗曼诺夫一家的医疗问题，尼克·沃尔肖与我分享了他家族收藏的有关英国海军在黑海的行动的新闻剪报，安德烈·佐林与我探讨了俄帝国关于退位和皇位继承的法律和传统。在我查询资料时，胡佛研究所档案馆的琳达·伯纳德、利里亚·哈里托诺娃、卡罗尔·莱德纳姆、阿纳托尔·什梅列夫和洛拉·索罗卡都不遗余力地为我提供帮助；我还要感谢胡佛研究所图书馆的玛丽亚·昆诺兹和特里·加蒙及时为我提供了珍本和宝贵的缩微胶卷。在圣安东尼学院的俄罗斯图书馆，理查德·拉梅奇积极为我找到了缺失的资料。我的经纪人戴维·戈德温在整个项目的实施过程中一直给予我源源不断的鼓励。麦克米伦的编辑乔治娜·莫利积极为我修改润色了终稿。

胡佛研究所的董事约翰·雷西安和汤姆·吉利根，以及档案负责人埃里克·韦金给予这项研究很多支持。我也非常感谢萨拉·斯凯夫基金会的赞助。我还要感谢谢妮亚·亚历山德罗芙娜大公夫人的孙子安德鲁·罗曼诺夫，他允许我在胡佛研究所档案馆查阅他家族的文件。

为了方便阅读，我把尼古拉二世称为尼古拉，并用传统的方式拼写其他著名人物如克伦斯基的名字（拼写为Kerensky，而非Kerenski）。另一方面，我使用了苏联修正后的音译方法。在1918年1月以前，俄国人都使用尤利安历法，这种历法比格里高利历法，即公历，晚十三天。为了避免误解，我已将所有的日期（如有必要）改为公历。但尾注例外，如果原本的日记中使用的是尤利安历法，那么我在正文中做了修改，但参考文献中依然保留其原本历法，并标注了缩写词OS（代表旧历法）。尼古拉是一个非常传统的人，他不喜欢修改历法。所有的俄文翻译都是我完成的。

本书的终稿写成时，正值我们的家庭迎来了生机勃勃的新成员。我将此书献给我的孙子孙女拉拉、迪伦、乔利与凯拉。

罗伯特·瑟维斯

2016年9月

序　言

沙皇尼古拉二世是20世纪历史上一个极富争议的人物。他的仰慕者坚定地认为他是一位体贴的丈夫与慈爱的父亲，尽全力保护俄国免受革命潮流的冲击。而他的统治最终在1917年的二月革命中被革命派推翻，他和家人也在一年后遇害。他的反对者则有着完全不同的看法。在他们眼中，尼古拉二世是一个顽固反动的暴君，他破坏了俄国的稳定，俄国本有机会避免后面几十年里发生的灾难，而正是他摧毁了这些机会。在我看来，偏信任何一方都是不对的。事实上，双方对他的描述都正确，他是一个复杂且矛盾的人和统治者。

在这本书中，我着手探察尼古拉在被推翻后的十六个月里的经历。在那期间，他先后被关押在沙皇村、托博尔斯克，直至最后的叶卡捷琳堡，几乎没有获释的可能。他很少向大臣吐露自己的心迹，也一直有说一套做一套的恶名。然而被迫退位后，除了在试图宽慰一同遭受关押的妻子与孩子时，其他时候他便没什么必要再继续矫饰以迷惑他人了。这段历史已经广为流传，通常人们都会自然而然重点渲染末代沙皇一家于1918年7月在乌拉尔的地下室中被处死的恐怖片段，也会不太确定地提到有一两名成员从屠杀现场逃了出去。我不禁想，英语文学界的一部分人居然会相信一支全副武装、纪律严明的行刑队在密闭的地下室里能做出这样惊人的疏忽之举，他们几乎有反社会的倾向了。但是，我们仍应当对历史证据进行仔细勘查，大部分证据长期以来都可供勘验，我在本书中愿尽力一试。

1917年，很多人在讨论是否应将尼古拉平安地流放到英国。尽管他的表兄乔治五世并不反对这个想法，但在当时俄国政治阻碍重重的情况下，这个想法又有多少现实可行性呢？ 1918年4月，尼古拉从托博尔斯克转移到叶卡捷琳堡，这是他人生的最后一段旅途，在这段长久以来存在着谜团的旅途中又发生了什么？

我们当然需要参考新旧文献，采取全新的视角考察尼古拉及其家人在1918年7月17日的殒命，但这之前的数月时间同样值得注意。在关押期间，尼古拉有充足的时间去回顾1894年以来自己的统治。即使如此，我们还是惊讶地发现他的日记和记录下来的对话鲜少涉及他的思考。除了他写给自己的东西和与他人的对话外，还有一个信息源被习惯性地忽略了，那就是他在囚禁期间为了打发时间而阅读的一大批文学和历史作品。在他一生中，时常会有关于他的政治目的的争议，而他的阅读书目则为我们提供了一个窗口，一窥其内心世界。将他去世前十六个月的日记、言谈记录和阅读书目放在一起研究，我们就得到了一个独特的视角，以考察他是否曾对自己当政时的决定后悔过。它们能告诉我们，他到底希望成为一位怎样的统治者，他是否像人们所说的，真的是一个顽固不化的独裁者和狂热的反犹太主义者，只在胁迫下才做出政治让步。

它们也能显明尼古拉对1917年至1918年的革命形势的看法以及他对俄国远景的展望。他试图去理解局势，但局势已不受他控制，最终他不得不接受不可预料的改变。除了他的随从，他还和另外三个人交换过意见。一个是亚历山大·克伦斯基，他代表于1917年二月革命和十月革命之间统治俄国的临时政府，负责照顾尼古拉。而另外两个人则与这位即将载入史册的前沙皇有过更为亲密的交谈。他们是瓦西里·潘克拉托夫和瓦西里·雅科夫列夫。潘克拉托夫是社会革命党人，而雅科夫列夫是布尔什维克，他们是在托博尔斯克负责关押罗曼诺夫一家的接任官员。他们与这位前沙皇之间的对话是否对他的满腹臆断产生了影响呢？

本书还将重点探讨关押地周围的政治、经济和社会环境。这也是一个没有在历史文献中得到足够关注的话题。托博尔斯克和叶卡捷琳堡的布尔什维克对于如何处置罗曼诺夫一家各有主张，他们与苏维埃政府之间关系紧张。托博尔斯克被来自其他地区的赤卫军攻占，他们认为将罗曼诺夫一家安全关押起来的做法是失败的，并试图修正。叶卡捷琳堡由布尔什维克领导，其中有几人希望不管上级同意不同意都应将尼古拉处死。

最终的决定是，将被苏维埃关押的前沙皇同他的家庭成员一起处决。从20世纪90年代起，俄国研究者一直在扩大文献研究范围，试图弄清楚究竟是谁下的命令，原因又是什么。我希望将这些资料与我在莫斯科和加利福尼亚找到的资料汇总，以查明究竟为何会发生这次处决，他们又是在什么时候，在哪里，以及如何实施的。学者们经常研究莫斯科和叶卡捷琳堡之间的通信，但这仍不足以解释发生的一切。我希望全面考察在执行处决之前几周叶卡捷琳堡，还有同样重要的莫斯科两地的军事与安全形势。莫斯科与柏林之间的关系同样是一个值得关注的因素。以上问题便是我写作此书的基础。

对这一课题的研究始于我偶然读到了一些有关尼古拉二世人生最后几个月的罕见文献。2013年夏天，我在胡佛研究所档案馆借阅图书，这是我延续几年的习惯。助理档案管理员琳达·伯纳德问我是否有兴趣看一看档案柜里有关罗曼诺夫家族的内容。这其中包括尼古拉二世的退位文件。一年后，负责俄国档案项目的洛拉·索罗卡向我提及最近刚刚收录了一些资料，即阿格涅斯·M.季捷里赫斯的藏品，从1918年至1920年的调查到罗曼诺夫一家被处决，都有所涉及。那时，我发现胡佛也有一盒曾被称作"沙皇文档"的资料，所谓沙皇有几名家人逃出了叶卡捷琳堡的说法——这一观点长期以来无人质疑——便是基于这些资料。事实上，这些资料所揭示的恰恰与这一说法相反。这些资料构成了我研究的主要框架，另外我还发现了大量有关罗曼诺夫家族其他成员的新资料。

1917年二月革命后，尼古拉的想法与经历能够为我们提供很多信息，让我们了解俄国在20世纪初的二十年里发生了什么。在人生的最后十六个月中，这位谦逊、固执、不够称职的前沙皇在自己的祖国遭遇了个人悲剧，也正是他在很大程度上给俄国带来了灾难。尼古拉在十月革命爆发后的第一年便被处决了，因此他并不知道随后的大恐慌发展到了怎样可怕的地步。但他从囚禁宅邸那扇紧闭的门后面看到的、得知的一切，于他而言已经足够糟糕了。

第一章
全俄国的沙皇

1916年，一场盛大的典礼在战时的伊尔库茨克举行，这是一座位于贝加尔湖南端的西伯利亚大城市。此时第一次世界大战正使欧洲东线与西线战场的人们付出沉重的代价。举行典礼的目的是在这片俄帝国伸展出来的地区鼓舞士气。尼古拉二世上一次访问西伯利亚是在二十五年前，那时他还是罗曼诺夫皇朝的储君，刚刚结束在维也纳、的里雅斯特、希腊、埃及、印度、中国和日本的环球访问。[1]为了纪念那次访问，亚历山大·皮尔兹总督向西伯利亚的高官们发表了主旨演讲，演讲中他赞扬了沙皇军队的勇敢："在近期与皇帝陛下的会面中，他和善地告诉我：'一旦战争结束，我便会召集我的家人，到伊尔库茨克做客。'"观众听到这一消息，爆发出响亮的欢呼声。值得注意的是，事实上自16世纪末西伯利亚被俄国商人和军队占领后，还没有哪一位在位的皇帝访问过此处。上上下下的西伯利亚人都感到自己不被喜欢，遭到忽视，忠诚的本地居民都盼望着沙皇尼古拉与他的家人能够来访。[2]

没人会想到，不到一年之后，他就回到了西伯利亚，但不是以俄国沙皇的身份，而是以平民罗曼诺夫的身份被拘禁在这里。他曾将数千名政治犯流放到西伯利亚，接受劳改或囚禁，而他本人也最终被送到托博尔斯克监禁起来。1917年二月革命推翻了沙皇的统治后，尼古拉二世和他的家人在这座西伯利亚西部小镇上受到严密监视。仿佛命运的巧合一般，沙俄时期最大的监狱之一恰恰建在这座小镇上。不过尼古拉二世和他的家人并没有遭遇被囚禁在监狱高墙里的不快经历，而是被关押在总督的官邸中。1917年的十月革命中，布尔什维克推翻了临时政府，几个月后，皇室成员被转移至布尔什维克在乌拉尔的权力基地叶卡捷琳堡。同时，他们开始考虑该如何处置沙皇一家。1918年7月他们决定将沙皇一家全部处决。沙皇一家被带到地下室，连同他们的医生、仆人和一条宠物狗，一同被枪决。

尼古拉是一个瘦弱矮小的人，1894年他从父亲亚历山大三世手中继承了皇位。他从他的母亲，丹麦公主玛丽亚·费奥多罗芙娜(婚前名为达格玛)那里继承了苍白的肤色，夏季脸上的红润气色也随着秋天到来而渐渐褪去。[3]除了冬日打猎和秋季打野鸡以外，他并没有太多娱乐活动。在战争时期，他理所当然地将这几项消遣也取消了。[4]

尼古拉的性格中有简朴清苦的一面。即使在冬夜他也会将窗户打开。无论哪个季节，他都喜欢新鲜空气，每天他都要花至少两小时在户外活动——如果条件允许的话，他会待上四小时。[5]在12月最寒冷的天气里不穿大衣从宫中大步走出来对他而言是稀松平常的事。皇帝虽然态度和善，却倔得像头驴。他对奢华的事物不感兴趣。他的日常服装仍然是单身时期就穿的那套衣服。他的裤子邋里邋遢，靴子也破破烂烂的。[6]食物方面，他偏爱简单的俄国食物，例如甜菜根汤、白菜汤或粥——欧式的精美菜肴并不受他钟爱。他不爱饮酒，在宴会上他也只象征性地啜饮几口面前的香槟；他将亚历山大宫酒窖中的酒递给侍卫官时说："你知道，我不喝酒。"一位亲历者称，与家人共进晚餐时，他通常喝一杯陈酿梅子白兰地，再喝一杯马德拉白葡萄酒。尽管其他人曾提及他饮用不同的饮料，但所有人都认为他对饮酒量非常节制。[7]

他很看重传统。在他的祖辈中，他认为彼得大帝打破了俄国历史发展的自然规律，并对此很不认同。他不喜欢俄国的首都圣彼得堡，因为他认为它与故都莫斯科的传统是割裂的。在尼古拉看来，这座城市是"仅靠梦想"建立起来的。[8]他对彼得沙皇统治以前的俄国传统更感兴趣。因此他经常穿一件红色长袍。他命令随从不得使用外来词汇，大臣和将军的奏章中如果出现这些词汇，他也会统统删除。他甚至还考虑过将官员的朝服改成阿列克谢沙皇——17世纪初罗曼诺夫皇朝的创立者——统治时期的风格。[9]他将自己视为一个典型的俄国人。他喜爱柴可夫斯基的音乐。[10]一次，在里瓦几亚宫听完娜杰日达·普列维茨卡娅的音乐会后，他畅然抒怀道："我一直以为没有人比我更像俄国人了。但听完您的演唱后，我发觉自己错了。我由衷地感激您为我带来这样的感受。"[11]

尽管尼古拉是一位虔诚的东正教徒，但他厌恶冗长的教堂仪式，痛恨下跪。[12]在他的一些随从看来，他的信仰基础甚至接近迷信——他崇信自诩"圣人"的格里高利·拉斯普京。此人酗酒乱交，丑闻频出，尼古拉对此人的崇信也印证了他个性古怪。外交大臣尼古拉·巴济利评论道："他出生的那天是约伯的圣徒日，所以他相信命运为此责罚他。他认为他必须为自己的祖辈受罚，因为他们的使命太轻松了。”[13]

尽管并没有多少人惧怕他，尼古拉却喜欢树立威信，常摆出一副不允许他人反驳的威仪。[14]曾担任他子女家庭教师的西德尼·吉布斯描述道：“他通常显得非常高贵威严，含蓄缄默，但在他喜欢的人和亲信面前又会变得和蔼迷人。尽管只有中等个头，但他很有皇帝的威仪。他的品位如乡绅一般简单朴实。他憎恶阴谋诡计和一切虚伪不真诚的行为。”[15]当然，沙皇尼古拉会聚精会神地聆听每一位主管大臣的意见，他讨厌公开的分歧。但吉布斯是他天真忠实的仰慕者。事实上，尼古拉完全是一个口是心非的人。他表面上赞同别人的意见，但随后便背弃自己的承诺，反其道而行之。这样的做法让很多人倍感失望。他在沙皇的位子上待了二十多年，比所有大臣都活得长。长期手握大权使他对自己的决断产生了一种轻信。他想委派顺从听话的公众人物来领导大臣会议，当其中一位大臣彼得·斯托雷平表露出独立保守的观点时，他便不再相信他了——早在1911年被刺杀前，斯托雷平就知道，他的政治生涯已经在走下坡路了。皇帝与首相之间时常出现关系紧张的局面，而尼古拉将那些拒绝听从指令的人都从身边铲除。

1896年，他在加冕礼上宣誓将维持独裁政权，并敦促批评家们放弃对民主化的所有“愚蠢幻梦”。他在少年时期受教于著名的保守主义政治家康斯坦丁·波别多诺斯采夫，在波别多诺斯采夫的教导下，尼古拉学习了有关专制主义、皇朝、强大的军事力量以及官方宗教传统的原则理论。他从未真正背离过这些原则。

1905年，革命的风暴几乎席卷了整个俄帝国。所有社会阶级由上至下几乎都在疾呼，要求改变。工人罢工，并在革命激进分子的带领下选举了自己的委员会（“苏维埃”），以捍卫自身权益。许多农民以暴力对抗乡绅地主阶级。在边陲地区，波兰人、格鲁吉亚人等纷纷揭竿起义。在黑海舰队以及从远东对日战场败退而归的士兵中都出现了兵变。1905年10月，尼古拉签署了一份诏书，承诺进行彻底的改革。一年后，经他同意，选举出了国家杜马，提出进行政党立法化，并放松审查限制。但当杜马拒绝支持他的政策时，他和斯托雷平便重新起草了选举规定，以便选出一届相对而言更听话的议员。而当这一反对俄国国内民主运动的政变也没能够平息杜马中的异议之声时，尼古拉也习惯了在持续的批评声中维持统治。

他的行为表明，他就是那种总认为自己正确的统治者。面对公众的蔑视，他的应对方法是躲进家庭的温暖庇护中。他的妻子亚历山德拉皇后是来自黑森的阿丽克丝大公小姐，自小在外祖母维多利亚女王的英国王宫中长大。她支持沙皇无视民意，继续统治。他们保持着亲密的伴侣关系，因为他们拥有共同的价值观和强烈的两性吸引力。[16]亚历山德拉坚定了他的治国决心，即只要他人的建议可能有损尼古拉的个人权威与地位，他就应当忽略这些建议。对于那些拒绝支持沙皇的人，她建议采取严厉的态度：“像彼得大帝、伊凡雷帝和保罗一世那样——用你的威权把他们统统碾压。”[17]好几名罗曼诺夫家族成员都对他拒绝妥协的态度深感震惊。沙皇的母亲认为，亚历山德拉在这方面对他造成了不恰当且有害的影响。尚礼重学的社会都认为沙皇应当将一些人驱逐出宫，拉斯普京就是一个例子。然而尼古拉仍固执己见，另外人们注意到，对这位整日喧嚣的“圣人”提出激烈批评的人士可能会被赶出皇室随从的行列。[18]曾经侍奉过亚历山大二世和亚历山大三世的宫务老臣弗拉基米尔·弗雷德里克斯伯爵是少数几位“幸存者”，尽管如此，沙皇依然简短而生硬地指示他不要干涉政治。“这，”尼古拉说，“是我自己的事。”[19]俄国东正教会高层对拉斯普京的厌恶并没有影响皇帝的态度，他正被民间传统的宗教虔诚深深吸引。在他眼里，拉斯普京代表这个国家智慧与美德的精髓。

尼古拉是一位虔诚的东正教徒，也是一位军事爱国者。他尊敬俄国军队，希望将俄国建设得比他初登皇位时更加强大繁荣。在孩童时期，他便有这种民族主义情绪。他终生都蔑视德国人，尽管他的妻子就是德国人。[20]他也和父亲一样，仇恨犹太人，谴责他们试图破坏俄国民众的团结。尼古拉认为黑暗的犹太势力是1905年至1906年革命暴动的幕后推手，当保守派民族主义者成立了组织后，他给予了很大的支持。当“俄国人民联盟”和名字相近的“俄国人联盟”在西部边疆地区对少数民族进行集体迫害，引起骚乱后，首相斯托雷平倍感惊骇。[21]

尽管尼古拉向斯托雷平保证自己会支持他，却拒绝认可对那些犯有激进暴力罪行之人的法律裁决。这两个联盟都是20世纪中叶法西斯主义的前身。尼古拉非常高兴地收下了“俄国人民联盟”的会员卡，并宣称：“在莫斯科克里姆林宫，我将独自背负权力的重担，我确信俄国人民会帮助我。我将在上帝面前为我的权威负责。”[22]亚历山德拉皇后也支持他，认为这些组织的成员都是她丈夫“健康、有正义感、忠诚”的臣民。“他们的声音，”她向他保证，“代表的不是社会或杜马的意见，而是俄国的声音。”[23]尼古拉并不是他所在时代唯一一位在政治上愚钝，又有一位无知顽固的妻子的君主。和他一样对高雅文化知之甚少的君主也不在少数。尼古拉避开知识分子，自信地认为自己完全了解俄国人民。他频繁到宗教场所朝圣，遇见农民时，他坚信只要不让农民接触到国外那些险恶有害的宣传，俄国便会天下太平。他从未想过，俄国农民真的对他祖辈建立的权力体系不满。他非常推崇自满且极端的保守主义。

但是，他远比看起来的复杂。尽管瞧不起选举那一套和杜马中的大多数政治家，但他并不痴迷拥有绝对权力。在这点上，他比自己深爱的妻子更加开明。他曾向孩子的家庭教师皮埃尔·吉利亚尔解释道："我在即位时曾宣誓，要守护好从父亲手里接过的政府制度，并传给我的继承人。任何事也无法改变我的誓言。只有我的继承人在继位后可以改变。"[24]这并不是他偶然的想法。在一战前，他曾告诉索菲娅·布克斯赫韦登："阿列克谢不会遇到阻碍。他将废除那些不必要的事物。我正在为他铺平道路。"[25]

他做皇帝时，尽可能兑现了自己在加冕礼上的誓言。在他看似柔弱的外表下，有一颗顽固坚强的心。不管是面对忠诚的臣民，还是面对积极的革命派，他都只表现出顽固不屈服的态度。忠诚拥护他的人仰慕他，视他为一位强大的沙皇，敢于对抗那些企图破坏俄帝国最好传统的人。他们由衷高兴地庆祝罗曼诺夫皇朝三百周年庆典。然而，革命派却视他为"血腥的尼古拉"，或"刽子手尼古拉"。在这两派中间，是无数普通臣民，他们既渴望改变，又惧怕革命带来的动乱。1905年至1906年的动荡与叛乱使很多人惧怕，他们转而成为政治消极派。同时，人们普遍有一种感觉，事情不会简单地这样继续下去。受过良好教育的阶层看到俄国与世界上其他强国之间的差距后，非常尴尬。他们谴责沙皇尼古拉固执地保留着最大限度的个人权力和责任。早在1914年一战爆发之前，俄国的形势就已经非常严峻了。

第二章

在最高统帅部

自1915年起，东线战事基本稳定后，俄国军队在莫吉廖夫设立了最高统帅部。这座城市坐落于第聂伯河左岸，数代以来依靠轮船与基辅联系，在西南方向一公里处有一座火车站。但即便在和平时期，商业交通也不发达。在莫吉廖夫，白天很少有什么大事发生，晚上更是如此。尽管是州首府，但它很脏乱破败。这里的五万人口大部分是俄国人，但还有不少犹太族裔长久在此居住。[1]生活就和几个世纪以前一样平静。莫吉廖夫城中最接近现代交通系统的事物是四条马车轨道。布里斯托尔酒店提供酒水，但自从1914年开始并计划执行至战争结束的“禁酒令”颁布以后，这里不再提供伏特加了。然而，这里仍然流氓横行。即使沙皇在此，这里的警察与军队也不能很好地维护法律与秩序。和平时期的俄国总是充斥骚乱，战时则更加难以管理。[2]

每天早上十点，尼古拉会从总督官邸——一座19世纪的两层建筑——走到军需官的办公室，在那里听取总参谋长米哈伊尔·阿列克谢耶夫的口头汇报。当阿列克谢耶夫介绍完最新的作战计划，尼古拉便返回总督官邸，忙于处理彼得格勒（圣彼得堡被重新命名，以显得不那么德国化）官员的来信，或接待外国使馆随员。[3]

中午，尼古拉会走进餐厅，接待二十多名精心选出的军官，他们都会收到一张卡片，上书："您获邀明日与陛下共进早餐。"尼古拉面带微笑，逐一与客人握手，阿列克谢耶夫就站在他的右手边，与他一同倾听军官对前线军情的看法。上完两道简单的菜之后，尼古拉会挑选一些军官，与他们交谈。接下来是一两小时的休息时间。这时，尼古拉通常在随行人员陪同下散会儿步，而总参谋部的人员则回去继续工作。晚饭六点开始，尼古拉再次驾临。用完正餐后，他宣布："先生们，现在可以吸烟了。"他开创了使用烟嘴的时尚。通常他会熄灭第一根烟，但很快又点上第二根。这是他焦虑情绪的体现。每晚都会有电影或音乐表演，尼古拉会和儿子一起参加。皇帝在总督包厢入座，并与最高统帅部人员的妻子们礼貌性地交谈，军乐团便开始演奏《普列奥布拉任斯基进行曲》。[4]

尽管尼古拉很享受在军队的日子，但他仍然得时刻跟进国家其他地方的内政要事。除了军队事务，他总是全心处理外交事务，并掌控国家重大决定。留驻首都的外交大臣定期向他汇报俄国在国际形势中面临的最新境况。他的首相和内政大臣还要向他通报影响政治安全的事件。

在其他事务上，他会跟进但并不主导政策制定。彼得·斯托雷平劝说他，如果不再发生革命动乱，就需要制定新的耕地政策来养活新兴的自耕农阶层。斯托雷平认为，俄国农民的公有传统包括了个人责任。他还强调，俄国的国家荣誉要以其他人群的利益为代价。在这一点上，尼古拉和他观点一致，尽管尼古拉本人并未主动提出这一点。在政府的其他事务上，尼古拉则更不主动了。一战前正是俄国产业从近期的1905年至1906年革命中休养、恢复的时期。他将监督的流程交给大臣，自己则尽职尽责地阅读他们提交的报告，但很少参与讨论。一战爆发后，人们很快清楚地看到，俄国迫切需要提高能力，以协调制造业产出。因此所谓的军工产业委员会出现了，由企业家和他们的全体员工组成。结果，这引起的社会大讨论比独裁统治引起的更热烈，但尼古拉仍然坚持继续这样做。事实上，如果他想在东线获得胜利，也没有其他选择。

但是他的确感觉到，自己正逐渐失去对彼得格勒政治权力的掌控。皇后尽可能及时地给他通风报信，让他关注杜马中她认为用心险恶的一些发言和活动。他将最有权力的部门留给他信得过的忠诚大臣们掌管。战争爆发时，他任用了年老无能的伊万·戈列梅金，反而给自己增加了沉重的负担。伊万非常明白，他并不懂现代政府管理的要求。1916年，戈列梅金请求退职，并得到了准许。尼古拉任命年轻无趣的官僚鲍里斯·施图尔默接任戈列梅金，没料到后来还是让已经活力不再的亚历山大·特列波夫接替了他。这种旋转木马式的官员任命与对大臣会议从上至下的大换血给国家民政管理造成了混乱。尼古拉也逐渐意识到这带来了日益严重的问题，城镇和军队的食品供应都得不到保障。工业产出方面也日益混乱。有人建议下一任首相应当是一个杜马领导层信任的人，但尼古拉驳斥了这种建议。相反，他任命了尼古拉·戈利岑大公，但戈利岑大公和戈列梅金一样对此职位并无热情。

尼古拉从未想过，如果没有一名官员愿意为他领导政府，那么事情一定变得非常糟糕了。杜马内的辩论已经接近对他的公开批评了。自由派领袖帕维尔·米留可夫决心努力确保建立一个他和他的政治同盟能够选择的内阁，他在1916年10月抨击权力顶层的混乱与腐败时，反复问道："这究竟是愚蠢，还是叛国？"[5]尼古拉对此并未太在意。他最关心的还是军队，军事行动失败时，他曾悲伤地与最高统帅部的指挥官们交谈。他想让他们知道，自己与他们一样，都衷心希望打败德国人。听说前线补给越来越困难时，他说："我一想到军队都在挨饿，就整晚睡不着觉。"人们都注意到了他那"悲伤的眼神和沮丧焦虑的神情"。[6]

打仗的这几年他忧心忡忡，容貌都憔悴了。妻子的闺中密友索菲娅·布克斯赫韦登男爵夫人甚至怀疑他得了肾病。她询问叶夫根尼·博特金医生时，医生透露："陛下心律不齐。我给陛下开了碘酒，但这事你我知道即可。"[7]

1915年前线失利让他无比抑郁，德军在属于俄国的波兰领土上横冲直撞，但1916年夏天，阿列克谢·勃鲁西洛夫将军尝试采用了突击部队这种编队，最终俄国人在前线的奥匈地区赢得了一场巨大的胜利。勃鲁西洛夫的胜利迫使德国人从西线重新调派部队，俄国也不再显得是盟军中最弱的一国了。尼古拉备受鼓舞。他一直希望倾其所有帮助军队取得胜利，很明显，他非常乐意与那些不惜牺牲生命的士兵在一起。最高统帅部的所有人都毫不怀疑他的真诚态度。即使他独自与家人在一起时最为开心，他也不忘前线，迫切想履行他眼中的沙皇职责。他有一个明显的缺陷，即他通过军事训练获得的能力与普通近卫军军官的差不多。他在战略和战术问题上缺乏深度，他自己也知道这一点，因此将这些事都留给阿列克谢耶夫去解决。[8]在他看来，他最大的贡献是作为一位挂名的领导者，代表皇室支持战争，并且慈父般地鼓舞阿列克谢耶夫这样比他年长、资深的指挥官们。他对“他的”所有军官和士兵的这份尊敬和真诚关怀深深打动了最高统帅部的每一个人。

他和阿列克谢耶夫关系很好。1915年，尼古拉搬到最高统帅部，他解除了尼古拉·尼古拉耶维奇大公的军职，任命其为高加索方面军司令，阿列克谢耶夫开始领导总参谋部。[9]对于阿列克谢耶夫来说，这是一次彻底革新最高统帅部，树立自己形象的机会。他将贵族阶层从总参谋部清除出去，转而任用了一批像他一样能干的技术人才。到1917年初，他集结七位将军和八十七名军官组成了核心队伍，负责莫吉廖夫的作战指挥机构。他希望所有人每天都正常作息、饮食，并认真思考俄国的战争。阿列克谢耶夫带去最高统帅部的补给中并不包括一座图书馆。总参谋部除了用餐时间以外，工作时间一律不允许分散注意力。[10]阿列克谢耶夫常在桌前埋首工作数小时，以此在下属中树立威信。[11]像沙皇一样，他也不喜欢奢华之物，只喜欢简单的衣着与饮食。然而，他太殚精竭虑，将自己逼得过于辛劳，几次出现膀胱结石和偏头痛的健康危机。他对放松休息的建议满不在乎。勃鲁西洛夫在东线的推进使他相信，德国和奥匈帝国会被打败。阿列克谢耶夫要树立信仰与奉献的榜样。俄国就要打赢战争了。[12]

然而，阿列克谢耶夫对君主的忠诚已悄然瓦解，他甚至开始秘密与一些政治家会谈，这些人主张将皇位传给不那么反对革命的皇室成员。[13]正是出于这样的心理，他开始劝说尼古拉为了他自己和国家的利益同杜马领导层达成妥协。在向沙皇汇报军事行动问题时，他会抓住机会提及日益恶化的政治局面。尼古拉听着，但并不改变立场。[14]每当和那些侍奉过他父亲——受人尊敬的亚历山大三世——的将军谈话时，他总会被触到痛点。担任过国务委员的考夫曼-图尔克斯坦斯基怀着与阿列克谢耶夫一样的想法与他会谈。但结果是一样的：尼古拉反对让杜马领导人对他施加影响，虽然他并不反对任命一些愿意改善杜马与政府之间关系的大臣。[15]罗曼诺夫家族的成员同样受挫。年轻热情的德米特里·帕夫洛维奇大公恳请尼古拉转变立场，也遭到了拒绝。甚至连尼古拉的母亲，玛丽亚·费奥多罗芙娜皇太后也没能改变他的决心。举止温和的尼古拉似乎认为，他允许在1906年成立杜马已经是巨大的让步了。他关闭了心扉，即使最高统帅部几乎都同意阿列克谢耶夫的观点，也没有人敢在沙皇面前提及此事。[16]

如果说沙皇动过念头，想组建一届“向杜马负责”的政府，那么他后来肯定再也不会有此想法了。1916年12月，贵族、社会名流和政治家集体密谋刺杀了拉斯普京。尼古拉和亚历山德拉无比惊骇。拉斯普京深受沙皇夫妇喜爱。他们的儿子阿列克谢皇储患有血友病，在数个紧急关头，御医们都束手无策，只有拉斯普京使他的病情缓解了。他告诉沙皇夫妇，只需家人的祷告，阿列克谢便能康复。[17]但在战争期间，拉斯普京愈发臭名昭著。有传言称，他在尼古拉离开皇宫前往莫吉廖夫期间乘虚而入，与亚历山德拉皇后私通。他收受贿赂，插手官员任命的事情尽人皆知。他在外交事务上也有自己的主张，曾警告俄国不应加入盟军而对抗德国和奥匈帝国。在杜马和其他公共集会上人们普遍认为，他在宫中卖力地为德国人谋取利益，并试图说服沙皇与德国单独媾和。沙皇夫妇对坊间传闻心知肚明，但仍坚持相信他。当拉斯普京的尸体从彼得格勒中部马来亚涅夫卡河的冰面下被拖出来时，沙皇夫妇伤心欲绝。

参与刺杀的两名同谋——费利克斯·尤苏波夫亲王和杜马右派议员弗拉基米尔·普里什克维奇——希望能够改变宫中的撤兵

主张。在政界，拉斯普京的死讯令人们产生了希望，尼古拉也许会重拾理智，同意同杜马中的保守派与自由派达成妥协。但事实上，这次刺杀夺去了尼古拉身边唯一能够医治年幼皇储的人，反倒令他更坚持己见。他已经不能容忍改革了。

第三章
二月革命

1917年初，彼得格勒酝酿着新的危机。工人对长期以来的境遇感到不满，在战时他们的境况更糟糕。尽管军用物资生产的扩张提高了工人工资，但它仍赶不上严重的通货膨胀。住房、城市排水和医疗保障的质量都在恶化。1915年12月、1916年12月都爆发了罢工，最终被政治警察奋力镇压了。尽管时不时有革命分子遭到逮捕，但工人阶级的不满仍然很强烈。

杜马中一直怨声不断，人们对尼古拉在拉斯普京遭暗杀后依然拒绝妥协的失望情绪越来越强烈。在宫中，人们都知道沙皇夫妇不愿再提起拉斯普京的名字，因为这会给他们带来极大的痛苦。[1]然而，自由派和保守派的政治家们想看到切实的行动。鉴于沙皇毫不妥协，有关发动政变的议论渐渐多起来。2月27日，杜马重启会议，内务大臣亚历山大·普罗托波波夫发现，人们很快开始考虑一些煽动性的计划。令局势更加动荡的是，军工厂的罢工运动再一次升级，而此时德军正发起新一轮的进攻，军工厂对于东线俄军的战机非常关键。此外，负责生产军大衣的纺织女工对日益短缺的食品供给心生愤懑。尼古拉正与亚历山德拉皇后在沙皇村，他接到警察部的消息，提醒他局势迅速恶化。沙皇夫妇对这些警告半信半疑，认为安全机关就喜欢吓唬他们。[2]这并不完全是异想天开。各处的情报机关都试图证明，他们拥有的权力和资源用在了正当之处，因此时常会夸大当下的威胁。

因此，尼古拉二世认为不需要推迟3月5日返回莫吉廖夫的日程。[3]他告诉索菲娅·布克斯赫韦登，阿列克谢耶夫发给他的一条紧急消息是他离开的原因：

> 他坚持要我立刻动身。我不知道发生了什么，因为在我看来这一定不是什么重要的事。但他又给我发了电报，也许他确实需要和我讨论一些不方便写下来交由通信兵传达的私事。不管怎样，我会去三四天，再回来。上次我不在这里时，发生了很多愚蠢的事情。

这令亚历山德拉不安，她反对尼古拉前往总参谋部。但得知尼古拉已经通知阿列克谢耶夫他将很快在莫吉廖夫与阿列克谢耶夫会合后，她知道没什么能令尼古拉改变主意了，便不再反对。[4]亚历山德拉对他的决定感到不悦，但并未试图阻止他。尼古拉性格倔强，他一旦决定做某事，便很少动摇。

尼古拉和亚历山德拉大大低估了越来越严峻的政治形势。亚历山德拉正忙于照顾患麻疹的孩子。普罗托波波夫致电皇宫，向沙皇的随从安德烈·沃尔科夫汇报街头的骚乱。亚历山德拉认为不会出现紧急情况，她告诉沃尔科夫："不，事情不是那样的。俄国不会爆发革命。哥萨克人不会叛变。"[5]她是在欺骗自己。尼古拉离开三天后，亚历山大宫附近就响起了枪声。宫殿的供水也被切断。[6]即使哥萨克人仍然对皇室忠诚，其他部队也已经表现出反叛的迹象。

第二天，罢工游行蔓延到首都的大街小巷，卫戍部队已难以控制人群。地下革命组织社会革命党、孟什维克和布尔什维克发现这是一个动摇政治秩序的新机会，便开始呼吁人们推翻皇室。3月7日，普季洛夫军工厂的工人参加了一场大罢工，很明显一些军队也加入了示威行列。尼古拉命令立即逮捕叛乱的领导者，这是他处理劳工运动的一贯做法。但卫戍部队首领和警察已经无力镇压愈演愈烈的劳资纠纷与军队哗变。对示威游行的禁令也无法执行。彼得格勒已经失去控制，派出去镇压工人的军队反倒加入了抗议的队伍，为革命派提供了武装支持。杜马的政治家们私下会面，商讨应该如何应对危机。同时，一批接一批的部队倒戈，站在了皇室的对立面。没有人理会苦苦挣扎着维持社会秩序的指挥官们，有些指挥官甚至被用私刑处死。自1905年至1906年革命危机以来不断激化的社会愤懑与不满，此时爆发出来。

在和亚历山大宫的警卫军官的交谈中，皇后将暴动的人群形容为蠢货，认为他们很快便会改变主意平静下来。当传送来的报告越来越不妙时，她惊呼："看在上帝的分上，不要因为我们而出现流血事件！"[7]更为戏剧化的是，她对警卫说："千万不要为了守卫皇宫的大理石阶梯而重做法国革命的噩梦！"[8]当听到外面花园里传来枪声时，她最害怕。事实上，那是卫戍部队在射击池塘中的黑天鹅。他们还杀死了一些正在吃草的山羊和羚羊。虽然还没有出现威胁皇室的暴力行为，但亚历山德拉将这一切视为山雨欲来的前兆，声称:“开始了！”[9]虽然她坚强地承受着一切，但她的仆人仍发现，她独处时会偷偷落泪。尽管如此，她依然异常坚强，宗教信仰令她更加隐忍。当女仆玛丽亚·图泰尔伯格试图宽慰她时，她说:“我们遭受的苦难不算什么。看看我们救世主受的苦，看看他为我们而遭受的苦难。如果这些是俄国必须经受的，那么我们已准备好牺牲自己的生命与一切。”[10]

3月10日，沙皇的弟弟米哈伊尔大公从位于加特契纳的住所打电话给杜马主席米哈伊尔·罗江科，表达了对彼得格勒局势的失望。但罗江科也无法宽慰他。他们同意去首都见面，在见证人的面前商讨局势。罗江科开诚布公地表示，他在思考当下最急需做的事情是什么，并且建议米哈伊尔与哥哥联系，告诉沙皇他正处在危机的边缘。尼古拉必须将亚历山德拉转移到黑海边的里瓦几亚宫，以让世人看到，皇后不再干预公共政策了。同时，他应当允许国家杜马宣布，他们打算组建一届“负责任的政府”。[11]

罗江科写信给尼古拉，恳求他解散现政府，委任一届新政府，并警告说，如果普罗托波波夫继续在位，那么街上将不断出现抗议游行。大臣会议主席戈利岑也支持罗江科的观点，他们敦促沙皇认清紧张的局势。必须组建一个得到更广泛政治支持的内阁，并且他们还提议，由李沃夫公子或罗江科担任内阁领袖。米哈伊尔大公用直线电话与阿列克谢耶夫通话，恳请他联系戈利岑，也恳请尼古拉这样做。此时阿列克谢耶夫正发烧卧床，但他仍努力打起精神离开病床，按照罗江科和戈利岑的意思恳求尼古拉。[12]尼古拉听完了他的话，仍拒绝改变主意：他已认定人民在欺骗他，或已受到了蛊惑。他对罗江科的电报没有给予任何答复。但是，他写信给戈利岑，干脆利落地表示，在当前局势下，改换政府是不合适的。[13]

他以一贯的方式回应公共政治危机。此外，在战时他对革命党的威胁较之在平时更为不耐烦。他总是认为，快速镇压是对付革命的最佳方法。尽管他时常通过电报与彼得格勒保持联系，但大臣们没有及时地告知他叛乱的规模有多大。他想当然地认为，皇家部队能够平息暴动，而他则只需专注于阿列克谢耶夫在东线战场的军事计划。他完全不了解当时的局势。3月12日，他下令杜马休会，希望这样能够缓和彼得格勒的政治局势。但杜马领导层不愿意继续被动地观望了，3月12日下午，他们组建了一个临时委员会，由罗江科担任主席，他们准备不顾沙皇的命令，介入政治局势。社会主义激进分子也活跃起来。针对民众的情绪，他们策划选举出一个“彼得格勒工人士兵代表苏维埃”，并于晚间成立了执行委员会。此时，工人与士兵蔑视政府的意志，却不会受到任何惩罚。这样的情况是革命性的。[14]

临时委员会已经将自己视为未来政府的雏形，他们认识到，自己需要获得苏维埃的认可。“双重权力”的体制已现端倪，苏维埃中的社会主义领导者们决定在革命期间维持自己的影响力。

第四章
退　位

1917年3月13日到14日的夜晚，身在最高统帅部的阿列克谢耶夫给即将在早晨到达沙皇村的伊万诺夫将军发了电报，希望他赶在局势尚能挽回的时候促成尼古拉和杜马之间的和谈。[1]

阿列克谢耶夫得出结论，尼古拉的时间已经到了，应该从权力宝座上退下来。这一天，他进一步开展行动。尽管他很不愿意做出这样不忠的举动，但他知道在首都陷入骚乱的情况下，军队是无法打赢战争的。当尼古拉的列车到达普斯科夫时，阿列克谢耶夫做出了前所未有的举动，他联系前线的指挥官，问他们是否同意他的想法。他表示，自己很担心革命激进分子会破坏整个铁路网，如果不采取严厉措施，恐怕会发生内战。他向手下的指挥官保证，如果他们同意，他会将自己的想法告诉沙皇。指挥官们迅速且一致地表示同意。阿列克谢耶夫就他们达成的共识与在普斯科夫的沙皇尼古拉进行了沟通。最高统帅部这时也已经对尼古拉失去了信心，阿列克谢耶夫的观点对于有强烈爱国责任感的尼古拉来说更具说服力。[2]如果说尼古拉还想保住皇位，那么阿列克谢耶夫的电报动摇了他坚持下去的意志。他回复称自己将做出任何有利于俄国的牺牲。[3]

即使如此，他还没有打算屈服，没有人知道他下一步将怎么做。阿列克谢耶夫意识到了这一点，他让法律顾问尼古拉·巴济利起草一份诏书供沙皇签署，这份诏书给予了罗江科组建新政府的权力。[4]但是很快传来消息，首都的当权派已经失去了对局势的控制。阿列克谢耶夫此时尚未从流感的猛烈袭击中完全恢复过来，他认为这份诏书太过软弱，尼古拉必须随之退位。他如果还在皇位上，仍会发生骚乱。尼古拉必须退位。

1917年3月15日，阿列克谢耶夫通过电报向在普斯科夫的尼古拉提出了一连串的建议。沙皇的堂叔尼古拉直言，他应当交出皇位，很大可能会传给皇储阿列克谢。他并没有使用“退位”这个词。勃鲁西洛夫将军表达得就不那么直接了，他说俄国即将崩溃，除非沙皇同意为了阿列克谢放弃皇位，让米哈伊尔大公担任摄政王。勃鲁西洛夫说，迅速行动是关键。阿列克谢耶夫将这些信息转达给了沙皇，同时也表达了自己的观点。他无法亲自告诉君主该做什么，但他的意思已经很清楚了:“我恳请您不要拖延，按照上帝给您的启示迅速做出决定。”[5]他强调自己和手下的指挥官们都认为，尼古拉需要退位。[6]此前他曾温和地劝说沙皇与杜马合作，但现在他认为，除了同意放弃皇位，沙皇没有其他退路。这也是阿列克谢耶夫第一次不像往常那样尊重尼古拉，而向他坦言自己的想法。政治暴动正席卷整个俄国。要想在东线战场保持俄军的效率，至少得换一位统治者。

尼古拉没有挣扎。尽管他不太看得上手下的大臣，瞧不起大多数政客，但他热爱军队和军队的最高统帅部。他也爱亚历山德拉，但亚历山德拉此时身处沙皇村，没有陪伴在他身边。曾有人怀疑，身处首都的罗江科等人在通信中向尼古拉夸大了彼得格勒动乱的严重程度。毫无疑问，尼古拉仍然拒绝与杜马合作的态度令罗江科非常恼怒，他开始密谋让尼古拉退位。即使如此，他送往最高统帅部的信息仍准确描述了首都工人与士兵的行为，现在阿列克谢耶夫已经告诉尼古拉，要想赢得战争，他本人必须退位。对于一位无比重视国家军事成就的君主而言，这是一个几乎令人难以接受的惊人消息。俄国人民联盟对他已没有什么用处，而且他与联盟领导人并没有多少接触。他每天都和总参谋部保持联系。阿列克谢耶夫向他袒露了自己对革命形势的思考和担忧后，尼古拉不再做出任何政治上或情绪上的反抗。

然而当天下午，他做的第一件事情是召谢尔盖·费奥多罗夫教授到他的车厢。费奥多罗夫是外科医生，在战前就参与了阿列克谢皇储的治疗。在同博特金医生和儿科医生劳赫富斯商讨后，他曾提议尝试一些更为激进的疗法，而其他人的疗法则更保守。医生之间的分歧反映了当时医学界对血友病的束手无策：医生正在尝试不同疗法，但这些疗法似乎往往弊大于利。但是，费奥多罗夫是一位博学的医生，他时刻关注国际医学界的最新理论。他能用令人放心的语气和平实的语言解释自己在做什么，即使医学外行也能听懂。[7]1915年，他以尼古拉的私人医生的身份搬到了最高统帅部，在那里他拥有自己的列车包厢，并经常接触军队指挥官和宫廷官员。他成了沙皇最信任的随从之一。[8]费奥多罗夫被沙皇召过去时，全然不知沙皇要和他讨论什么。费奥多罗夫医生几乎不敢相信自己的耳朵。沙皇没有召任何一位大臣或是将军，却同他——一位私人医生——讨论皇朝历史上最重大的皇位继承问题。

很明显，尼古拉想当然地认为，十二岁的阿列克谢会继续和他生活在一起。费奥多罗夫认为这种想法太天真："陛下，您认为您退位之后，阿列克谢·尼古拉耶维奇会留在您身边？"尼古拉反问道："为什么不？他还只是个孩子，自然应该继续待在家中直到成年。到那时，米哈伊尔·亚历山德罗维奇将成为摄政王。"费奥多罗夫回答道："不，陛下，那不太可能。很显然，您完全不能指望那样。"尼古拉很明显感到困惑，他转而询问起医学方面的问题："坦白地告诉我，谢尔盖·彼得洛维奇，你认为阿列克谢的病是否真的无法治愈？"费奥多罗夫的回答很直白："陛下，科学告诉我们，这种病无法治愈，但许多患者仍然能活到很大年纪。不过，阿列克谢·尼古拉耶维奇的健康状况还取决于各种可能发生的情况。"尼古拉仿佛自言自语般轻声说："如果那样的话，我不能与阿列克谢分开。那超出了我的权力范围……而且，如果他的健康状况不允许，我就有权将他留在身边。"[9]

费奥多罗夫离开后，尼古拉思考了几种方案，最终迅速做出了一个具有历史意义的决定：他选择将皇位传给弟弟米哈伊尔，而非自己的儿子阿列克谢。[10]这样一来，至少罗曼诺夫皇朝能够延续下去。米哈伊尔是与他最亲近的、仅次于阿列克谢的男性亲属。而且众所周知，米哈伊尔对尼古拉的治国之道有一些保留意见。这样一来，如果尼古拉退位，从公众视野里消失，米哈伊尔继位便能够保证权力的和平移交。尼古拉随后便解释自己的决定，称在阿列克谢出生之前，他一直在训练米哈伊尔做好继位的准备。因此，米哈伊尔是皇位的合适继承人。[11]

这一决定虽然在医学上和家谱上都说得通，却不符合1796年保罗一世制定的皇位继承法。保罗一世憎恶自己的母亲叶卡捷琳娜大帝，他制定这项法律也是出于对母亲当年不公正对待他的报复。他知道母亲密谋杀害了他的父亲彼得三世，因此他希望通过这项法律，防止今后再有野心勃勃的女性用类似的手段登上皇位。在此之前，沙皇可以指定男性或女性继承人继承皇位。但保罗大笔一挥，改变了这个做法，规定君主的长子应自动继承皇位。如果君主没有男性后代，则由从他哥哥开始的男性亲属继承皇位。只有在所有男性继承人都无法继任的情况下——这种情况几乎不可能发生——皇后才有资格继承皇位。但保罗无意间剥夺了他的后代在选择退位时控制事态的权利。皇帝会因为死亡或退位而失去权力，但他不能够自己选择继承人，因为法律已经规定了继承皇位的人选顺序。

然而，尼古拉自幼便习惯了独断专行，何况此时他已很绝望。他是沙皇。他仍然相信自己想要什么就一定能得到。3月15日晚，不到七点半，巴济利为阿列克谢耶夫准备好的退位诏书草稿，便从莫吉廖夫传送到了普斯科夫。[12]那时，阿列克谢耶夫和巴济利都不知道，尼古拉已决定不将皇位传给儿子。他们准备的诏书已将阿列克谢列为皇帝，米哈伊尔则是摄政王。在等待普斯科夫方面的回应时，莫吉廖夫的紧张气氛越来越浓厚。总参谋部大楼里，包括谢尔盖大公和巴济利在内的一小群人聚集在电报机旁边的值班室里。卢科姆斯基将军时不时地伸头观望。3月16日凌晨一点半左右，他们得到通知，有一则消息即将传送过来。他们立刻赶到电报机旁，注视着，仿佛即将传来的便是退位诏书的最终版本。他们收到的电文几乎与巴济利为阿列克谢耶夫撰写的诏书一模一样。然而，唯一的区别，也是极为重要的一点是，尼古拉没有将皇位传给儿子，而是传给了弟弟米哈伊尔。谢尔盖大公当场瘫坐在沙发上，所有人都目瞪口呆。[13]

特别是巴济利，他本科时从圣彼得堡大学的宪法专家尼古拉·科尔库诺夫教授的讲座上得知，整部俄国法律并没有提及退位一事，尽管尚未登上皇位的“准皇帝”可以放弃皇位，但法律中并未规定皇帝要怎样废除自己。然而，法律明确规定皇帝的长子将自动继承皇位。因此，尼古拉无权剥夺阿列克谢的皇位继承权。他的计划是完全不合法的。[14]

同时，局势发展促使杜马的临时委员会展开行动。3月14日至15日晚间，临时委员会挑选了两名成员亚历山大·古奇科夫和瓦西里·舒利金，他们乘火车前往普斯科夫劝说尼古拉退位。[15]这趟行程花了七个小时，每一站都有部队聚集在那里，火车频频停下来。古奇科夫和舒利金于1917年3月15日晚上十点到达目的地。[16]那时，彼得格勒的整个政治环境已经发生了改变，临时委员会在下午碰面，决定将自己的命运与革命联系在一起，并成立了临时政府，由格奥尔基·李沃夫担任临时政府总理。[17]新内阁颁布法令，宣布人民有新闻自由、组织和集会自由，同时承诺在实现普选的基础上召开立宪会议。临时政府的官员认为他们所领导的革命将有利于俄国在一战中的表现，他们确信，如果尼古拉退位，他们就能赢得国内爱国势力的支持。显然，如果能够说服他不做反抗地从皇位上退下来，形势会缓和很多。因此，这也令古奇科夫和舒利金的使命变得更为重要。[18]

他们提醒负责指挥东线战场北部地区的尼古拉·鲁斯基将军，他们即将到来，但他们没有透露要和沙皇说什么。[19]旅程很令人疲惫，舒利金为自己没有将朝服带来感到十分尴尬。尽管他们到达时已经很晚了，但尼古拉仍然准备接见他们。弗雷德里克斯伯爵引导他们和鲁斯基将军一起进入皇家包厢。看见沙皇平静且友善地坐在小桌前，欢迎他们落座时，这两位从彼得格勒过来的访客非常惊奇。基里尔·纳雷什金伯爵待在一旁，为沙皇做会议记录。舒利金隐隐有些担心，古奇科夫会不断重提过去与沙皇之间的争论，从而破坏会谈的气氛。但他担心的事并没有发生。古奇科夫表现得非常有礼貌，但他很少会直视尼古拉。这并非出于胆怯，而是因为他在聚精会神时习惯于向下看。[20]

古奇科夫坦率地谈到卫戍部队中的兵变可能引发的后果。他告诉尼古拉，他应该接受事实，他继续留在皇位上会带来灾难性的后果。他应该认识到，自己在彼得格勒大势已去，莫斯科现在已处在一片骚乱之中。这并不是什么有组织的阴谋，而是人民掀起的一场浩大的无政府主义运动。古奇科夫称，杜马领导人已经建立了一个临时委员会来稳定局势并控制军队。社会民主党已经主导了所有事件，并且正在呼吁成立一个“社会共和国”。他们做出承诺，要将土地归还给农民阶级，这将很快影响到东线战事。如果尼古拉想阻止这一切，他就必须退位，让其子阿列克谢继承皇位，米哈伊尔大公担任摄政王。古奇科夫强调，他是代表一个大多数成员仍赞同君主立宪制的组织说出这些话的。他请求尼古拉面对现实：“您知道，您已经没有其他指望了。您只有一件事可做，那就是接受我们的意见，退位。”[21]

当他建议沙皇花一些时间考虑一下时，尼古拉礼貌地打断了他，说：“不需要再考虑什么了。我已经决定退位。三点之前，我愿意将皇位让给我的儿子，但随后我意识到我无法与儿子分离。”他短暂地沉默了一会儿，平静地说：“我希望，您能理解……这是我决定将皇位传给弟弟的原因。”[22]

尼古拉对自己意愿的阐明令古奇科夫和舒利金大感震惊。尽管希望能顺利说服沙皇，但他们本以为退位的问题会引发一番争论。两人都主张君主制，认为自己知道怎么做才是对君主最好的。古奇科夫后来回忆说，他知道如果自己的这次努力化为泡影，他可能会被逮捕，甚至被绞死。但他仍决心坚持己见，因为他认为摄政是俄国的唯一出路。[23]他知道，在当前首都热烈的革命气氛中，要想实现这个目标并不容易。照他看，在此形势下，最好的办法是能够连夜准备好正式的文件，并在第二天早晨向全俄国宣布结果。他不认为事态会发展到政变的地步，但他和他的支持者显然很希望将一些糟糕的人从尼古拉的治国团队中清除出去，他的目标包括“施图尔默、戈利岑、普罗托波波夫”等人。[24]他不希望米哈伊尔成为一位强大的摄政王。相反，他挑选米哈伊尔正是因为米哈伊尔“意志薄弱”。在他眼中，米哈伊尔是一个“单纯的好人”。[25]

古奇科夫这样解释他的观点：“我们认为，小阿列克谢·尼古拉耶维奇的形象在权力的过渡时期能起到安抚作用。”[26]正如他后来解释的那样，这个想法是为了说服尼古拉，这是改变当前政治形势的最好办法。阿列克谢是“一个没人能说出他有什么不好的男孩子”，如果由他继承皇位，那么彼得格勒大街小巷中汹涌的民愤就会很快平息。[27]古奇科夫在努力地确保继任的皇帝不能够行使纯粹的权力，阿列克谢应当成为将俄国从政治风暴中拯救出来的避雷针。[28]但是尼古拉出乎意料的决定令这一切预设皆化为泡影。有一瞬间，双方互相同情。首都来的两名特使表示，他们理解一位父亲的感受是很重要的，也不会给他施加任何压力。对由米哈伊尔继位这个意料之外的提议，他们也表示认同。[29]

这对尼古拉来说是一种安慰，他问他们他的决定能否确保俄国重归平静。他们回答称，预计不会有什么困难。舒利金递交了一份退位诏书草稿。他们要在一小时内动身返回彼得格勒，届时必须带上签署好的文件。尼古拉将草稿拿走，二十分钟后返回包厢。古奇科夫和舒利金通读了皇帝从最高统帅部巴济利那里得到的文件。他们对所有的内容都表示赞同，只是舒利金希望加入一条对米哈伊尔的要求，要求他在统治俄国时必须“与立法机构中的人民代表保持完全且牢不可破的统一”。古奇科夫还说，尼古拉应该在退位诏书中任命格奥尔基·李沃夫为总理。[30]尼古拉同意了，并回到自己的车厢中修改了措辞。古奇科夫借机离开了皇家包厢，并对露天聚集的人群宣布：“我们的父亲沙皇陛下与我们意见完全一致，沙皇愿意做任何需要做的事情。”围观的人群大声喝彩。古奇科夫随后返回包厢，和舒利金一起等待沙皇。[31]

据传言称，古奇科夫和舒利金并不知道自己答应了什么。舒利金反对这种看法：“有人说我们不懂基本法，我个人对法律并不太了解。不过，我当然还不至于不知道，让位给米哈伊尔的做法是不符合继承法的。”[32]

晚上十一点四十分，尼古拉手里拿着签好的退位诏书再次出现。没有繁文缛节，他将一份复印件递给了古奇科夫。因此，不应该说他是在压力下做出这一切的，他在这天下午三点已经准备好了退位诏书。[33]古奇科夫和舒利金拿到了他们想要的东西。[34]据著名律师兼社会革命党活动家亚历山大·克伦斯基称，当晚消息便迅速通过直线电话传到了彼得格勒。尼古拉还给格奥尔基·李沃夫写了一封信，将自己的安全交到了他们手里。[35]一切都结束了。全俄国的皇帝没有做任何反抗，便从皇位上退了下来。这个自1905年至1906年革命以来一直在努力夺回独裁权力的人，现在降格成了一名普通公民。他身上的压力开始消失，尽管他很疲惫，但也奇怪地感到了一种解脱。1917年3月16日凌晨一点四十五分，他给弟弟米哈伊尔发去电报："彼得格勒。致陛下——我希望能很快见到你，尼基。"[36]这是第一次有人这样称呼大公。

在罗曼诺夫皇朝统治的三个世纪里，还没有一个皇帝逊位。当然刺杀是另一回事了。彼得三世在1762年的宫廷政变中去世，保罗在1801年的政变中遇害。亚历山大二世在1881年被一个恐怖团伙刺杀。这件事俄国民众记忆犹新。刺杀发生在格里高利历法的3月1日，即尤利安历法的3月14日。舒利金略带释然地注意到，尼古拉签署退位诏书的时间是3月15日，与那起刺杀的时间不在一天。[37]

当消息传到莫吉廖夫时，最高统帅部的情绪却不像尼古拉那么平静。阿列克谢耶夫将军、谢尔盖·米哈伊洛维奇大公和巴济利都感到备受打击。尼古拉没有采纳他们提出的继承方案。[38]谢尔盖大公痛苦地瘫坐着说道："一切都完了。"在最高统帅部的人眼中，米哈伊尔谦逊温和，平易近人，但不适合登上皇位。没有人能想象他做皇帝的样子。阿列克谢耶夫重申，由阿列克谢继承皇位，辅之以摄政王，是更好的办法。[39]但最终签署退位诏书的是尼古拉，而不是阿列克谢耶夫。他只能提供建议，劝说皇帝，并在皇帝做出最终决定的情况下尽力挽回局势。为了规范流程，他命令巴济利赶在尼古拉到达莫吉廖夫之前，在列车上与尼古拉会面。巴济利赶到正位于奥尔沙的皇家列车上，在那里他和皇帝进行了会谈。巴济利看到皇帝时非常震惊。尼古拉表现得非常平静冷漠，完全看不出他刚刚经历了如此重大的事件。他长久以来的统治在这一天戛然而止，然而他表现得似乎对世间所有事情都毫不关心。[40]尼古拉从奥尔沙继续前行，于晚上八点二十分到达莫吉廖夫。军人站成排，在站台等候他。下车之前，尼古拉将阿列克谢耶夫召进了车厢。他最终还是流露出了一些情绪，拥抱了自己的将军。[41]

与此同时，彼得格勒的形势仍在不断发生难以预料的变化。3月16日中午，一群临时政府部长和杜马领导人在米哈伊尔位于彼得格勒的小沙龙会面，商讨米哈伊尔继位的事情。古奇科夫和舒利金刚刚从普斯科夫返回，罗江科便邀请他们参加会谈。罗江科还请他们不要宣布尼古拉签署退位诏书的消息。政界人士需要为彼得格勒下一阶段可能出现的任何紧急情况做好准备。[42]

参加这次会谈的人员包括罗江科、古奇科夫、米留可夫、克伦斯基和自由实业家亚历山大·科诺瓦洛夫等，他们在会议上充分而热烈地交换了意见。对于每一个人而言，这都是一次痛苦的经历。古奇科夫坚持认为俄国必须有一位沙皇，他恳请米哈伊尔从哥哥那里接过皇位，并召开立宪会议。米留可夫也希望米哈伊尔能够继位，但他和古奇科夫之间就基本法发生了短暂而激烈的争论。这样看来，临时政府希望实现的稳定首都政治局势的前景并不乐观。古奇科夫认为，鉴于目前处于战时紧急状态，临时政府部长们采取的每一项行动都是合理的。古奇科夫和米留可夫都认为米哈伊尔应当成为沙皇，克伦斯基却强烈反对整个提议，他力劝米哈伊尔放弃皇位，认为米哈伊尔应当认清事实，大街小巷有数以千计愤怒的工人和士兵正在示威，反对君主制。他警告说，如果米哈伊尔试图追随哥哥继位的话，俄国可能爆发内战。对克伦斯基而言，这是比任何共和原则都更重要的实际要点。他补充道，如果米哈伊尔按照尼古拉的意愿去做，他可能会面临生命危险。[43]

米哈伊尔把罗江科和李沃夫叫到一旁，其他人都在惴惴不安地等待。古奇科夫很担心，米哈伊尔也会去询问正待在加特契纳的妻子的意见，因为他的妻子野心勃勃，许多人都猜测她很希望成为皇后。沙龙里的每个人都非常紧张。当米哈伊尔走出去打电话时，克伦斯基要求他说出是给谁打电话。米哈伊尔回答，自己只是想联系一下妻子。克伦斯基和其他人一样焦虑不安，但他尽力控制自己，并告诫米哈伊尔不要和别人通话。米哈伊尔随即反对，表示自己只和妻子通话，但他也希望克伦斯基能给他留一些时间思考反省：这是他唯一有主见的行为。他返回会议后，用坚定但焦虑的声音表示，自己打算放弃皇位。克伦斯基和君主制支持者之间的纷争最终倒变得多余了。古奇科夫说自己再也不能同意继续在临时政府任职了。直到后来克伦斯基恳求他，他的态度才软化。[44]

3月16日下午，米哈伊尔签署了自己的“退位”诏书——事实上，这应该是放弃皇位的声明。在尼古拉签署的退位诏书公布后不久，米哈伊尔的声明也公之于众。米哈伊尔敦促人们听从新成立的临时政府，并希望为立宪会议举行选举。[45]亚历山德拉断断续续得知了这些事情。1917年3月16日下午四点左右，宫廷大元帅帕维尔·本肯多夫伯爵告诉她，有传言说她的丈夫已经退位。亚历山德拉难以想象尼古拉会这么匆忙地做出如此重大的决定。尼古拉知道他们儿子的病情。他肯定不会退位并让阿列克谢继承皇位。一小时后，从彼得格勒传来的消息清楚地说明了一切。亚历山德拉发现尼古拉已经——或试图——将皇权传给弟弟米哈伊尔。[46]与此同时，同样的消息传到了尼古拉那里，破坏了他的稳定情绪。对尼古拉而言，皇位代表着自己神圣的信任。不过，他不愿意责备米哈伊尔：“我不了解当时的情况，所以我不能评价他的行为正确与否。”[47]但是，他非常憎恶米哈伊尔的声明，他在日记里写道：“上帝知道是谁让他签下了这样的垃圾！”[48]

1917年3月19日，英国军事使团负责人约翰·汉伯里-威廉斯少将到莫吉廖夫觐见皇帝，他注意到总部周围环境发生了一些变化。门外只有一些闲散人员。但路中间站着“一个胳膊上系着象征革命的红带子的哨兵”。士兵已经在表明，他们是这片土地上真正拥有权力的人。汉伯里-威廉斯准备沿着泥泞的道路走向觐见皇帝的地方，哨兵上前拦住了他。直到皇帝的一位随从出现，问题才解决。[49]皇帝的住所看起来有些凄凉，似乎也在暗示着时代已经变了。三角钢琴的琴声仍在响着，但花瓶不在了，原本装点他桌面的照片也收起来了。尼古拉坐在那里，身上穿着卡其布军装。他脸色疲惫苍白，眼睛下挂着两个黑眼袋。即便如此，皇帝仍勉强礼貌地向他微笑。他已经收到了妻子的来信，是一名军官藏在上衣里带给他的。[50]

就在几天前，莫吉廖夫有许多人还为他们的君主欢呼，但现在，这里和彼得格勒以及俄国的其他地方一样，都发生了巨大的政治转变。市杜马窗外挂起了两面红旗。[51]行人衣襟上都别着红色带子。警察也不见踪影。革命取得了成功。[52]

第五章
沙皇村

就在尼古拉和米哈伊尔做出他们一生中的重大决定时，亚历山德拉皇后正困在沙皇村的亚历山大宫中。她正焦灼地等待着外面的最新消息。随着时局对罗曼诺夫一家越来越不利，罗江科致电混合步兵团指挥官阿列克谢·列辛少将，建议皇后偕同家人离开亚历山大宫。列辛回复说皇后的孩子们生病了，而罗江科仍不为所动："房子着火了，人们就得把孩子带走。"据皇后的侍女安娜·杰米多娃称，亚历山德拉最初得到这个消息时是表示赞同的，但随后她拒绝离开，因为沙皇村的亚历山大宫是她的家，她不愿意舍弃。[1]后来，亚历山德拉因为尼古拉的退位决定而责怪罗江科。她的言下之意是，尼古拉本不需要退位。作为一个习惯对丈夫提出各种政治方面意见的女人，她此时倍感挫败。[2]俄国正临近革命的紧急关头，而沙皇夫妇却头一次没能够互诉心声。尼古拉已经放弃了皇位，他如今唯一的念头就是以最快的速度回到妻子身边。

诚如其名，沙皇村（沙皇的村子）最早是皇家的乡间休养地。亚历山大宫位于沙皇村中心，是尼古拉和亚历山德拉安家的地方。1905年以后，它成为皇室躲避首都喧嚣的一个长久休憩之所。与罗曼诺夫皇朝其他雄伟的宫殿不同，沙皇村的建筑更像是英国贵族的乡间别墅，皇室在这里感到最舒适。和平时期，他们可以待在这里，如果有要事要处理，从沙皇村返回首都也只要一小时的路程。沙皇村的园林和湖泊景色宁静宜人，皇室非常享受这里的生活。尼古拉是一位狩猎爱好者，沙皇村的门厅陈列着他的战利品。亚历山德拉的卧室中挂满了现任及已故君主们的签名照片，包括已故的维多利亚女王和爱德华七世。在尼古拉的书房里，四处散落着他研究军事计划时使用的地图。宫中还有一幅真人大小的维多利亚女王画像，以及尼古拉的祖辈在位时期的画像，包括尼古拉一世、亚历山大二世和亚历山大三世。[3]

几个世纪以来，沙皇村周围建起了许多宅邸与军营。事实上，它已经成了一个重要的军事中心。位于首都的冬宫附近还修建了一条铁路，以便罗曼诺夫一家能轻松出行。在这片区域之外，则是大片的湿地沼泽，一到夏天便蚊虫肆虐，难以居住。不过罗曼诺夫一家安全地住在深宫庭院之中，不受打扰。[4]沙皇村附近的军营中驻扎了四万多人。[5]

因此，沙皇村的大多数住户都不是永久居民，而是征募来保卫皇室安全的士兵。当革命的浪潮席卷彼得格勒时，这些士兵对待罗曼诺夫一家的行为也发生了改变。很快就有报告称，士兵纵饮伏特加，开始庆祝政治变革。有的团演奏起了法国大革命的进行曲——《马赛曲》。一时间有传言称，有人要密谋猛烈炮击亚历山大宫。护卫队接到了命令，必须采取措施防范这种过激行为。[6]然而，步枪的枪声仍在响着，所有人都知道，局势极不稳定。[7]亚历山德拉坚毅地直面一切。在等待丈夫归来时，她满心同情地给他写信，信中虽有语法错误，但饱含深情："我的爱人，我亲爱的天使，你不能想象你刚刚经受和正在经受的折磨——令我疯狂。噢上帝：当然，我们要为你所受的痛苦给你一百倍的补偿。"[8]她听着外面的吵闹声，尽力鼓起勇气。但罗曼诺夫一家的命运已不由他们自己做主了。

彼得格勒苏维埃正在研究临时政府对罗曼诺夫家族的处理政策，他们受到持久、巨大的压力。苏维埃执行委员会于3月16日开会，要求逮捕"罗曼诺夫皇朝"，如果临时政府拒绝，他们就会考虑独立开展行动。同时，执行委员会认为米哈伊尔·罗曼诺夫并不具有真正的威胁，可以不监禁他，但他必须接受"革命军"的监督。至于尼古拉大公，应当将他从高加索召回，并在他返回彼得格勒的途中严密监视他。他们不想逮捕亚历山德拉和其他的皇室女眷，决定根据每一名女眷在旧制度下的行为，采取循序渐进的处理方式。[9]苏维埃领导层仍然决定，不能将尼古拉流放海外。苏维埃中的孟什维克领导人之一尼古拉·奇赫伊泽非常满意地向执行委员会报告，一名部长曾警告内阁，如果他们做出让步，那么苏维埃可能会逮捕尼古拉。[10]

临时政府的官员计划于3月20日解决问题，下令应当在可预见的未来将尼古拉和亚历山德拉软禁于沙皇村，他们希望君主制的话题能从公共议程中渐渐消失。[11]但当天克伦斯基出现在莫斯科苏维埃时，仍然能听到处死尼古拉的呼声。克伦斯基回应称，临时政府不支持这样的举动，他自己也不会成为俄国革命的"马拉"。[12]

同时，内阁命令阿列克谢耶夫将军召集一队人马，从莫吉廖夫开始，沿途保卫皇帝。他们还要派出一批杜马代表去莫吉廖夫监督此事。[13]阿列克谢耶夫向沿途火车站发出消息，重申政府要求他们保障尼古拉前往亚历山大宫的行程安全。[14]3月20日夜里十一点，四名杜马代表——亚历山大·布勃利科夫、瓦西里·韦尔希宁、谢苗·格里布宁、萨韦利·加里宁——代表政府离开沙皇村前往莫吉廖夫，并在去奥尔沙之前到达了维帖布斯克。在沿途经过的火车站，布勃利科夫和韦尔希宁对群众提出的问题做出了回应。3月21日下午，他们到达莫吉廖夫，在乘汽车前往最高统帅部的路上，人们夹道欢呼。到达最高统帅部后，布勃利科夫向阿列克谢耶夫说明了他们此行的使命。在简单讨论了可行性之后，阿列克谢耶夫陪同代表登上皇家列车，向尼古拉表达他们的请求。此时，尼古拉正在相邻的车厢与母亲交谈。[15]在最后安排完出发事宜后，他走了出来。对他而言，最艰难的莫过于要和最高统帅部的人员告别。他发完言后，军官们不禁落泪。[16]似乎没有人能相信发生的一切。[17]他还为部队签署了一份告别诏书，希望他们能在抵抗外敌的战斗中胜利平安。但临时政府不允许这份诏书公开发表。[18]

由于仍然担心沙皇会激烈地要求撤回退位的决定，他们只允许一名尼古拉私人护卫队（即保镖队）的军官陪同他前往沙皇村。[19]尼古拉已经变成一名普通公民，他的安全现在交由临时政府负责。列车开动，于下午四点五十分离开莫吉廖夫。[20]列车共有十节车厢。杜马的车厢在尾部，还有一整节车厢留给随行人员使用，瓦西里·多尔戈鲁科夫、基里尔·纳雷什金等贵族和费奥多罗夫教授待在那里。这些显赫一时的大人物如今聚在一起，讨论未知的政治局势和自己迷茫的未来。布勃利科夫和其他杜马代表独掌大权，可以随意改变路线或收发电报。他们先在奥尔沙停留了一段时间，随后在维帖布斯克停留。杜马代表们轮流值班。踏上最后一段路程时，他们给沙皇村的接待人员发电报，指示他们在沙皇村火车站待命。[21]

3月21日，拉夫尔·科尔尼洛夫将军已经在叶夫根尼·科贝林斯基上校的陪同下参观了沙皇村。[22]他佩戴着红色领结，这毫无疑问标志着他对革命的肯定态度。他走进亚历山大宫时，仆人告诉他，皇后还没起床。科尔尼洛夫回答："告诉她现在不是睡觉的时候！"到了那时，他才显露出自己的本性。[23]他们等了十分钟后，皇后在儿童室接见了他们。科尔尼洛夫称呼她为"陛下"，并称自己接受了一项"重任"，宣布政府决定逮捕她全家。从那时起，她有任何要求都要与科尔尼洛夫联系。罗曼诺夫一家可以保留自己的随从，但愿意留下来的随从必须和他们一样被软禁在宫中。科尔尼洛夫将现有的警卫全部遣散，换上了他信任的一个步枪团。[24]

他任命科贝林斯基负责沙皇村的卫戍部队，帕维尔·科采布担任他的下属兼亚历山大宫指挥官。[25]科贝林斯基曾在战争中负伤，至今仍患有肾炎。[26]他在沙皇村的疗养院短暂地休养了一阵，其间，他被调去预备营（在那里，他得到了充分休养，还与护士兼教师克拉夫季娅·比特纳发生了一段风流韵事）。[27]他手下的军官很尊重他，说他"安静、冷静且稳重"。[28]科贝林斯基谨慎行事，科采布却表现得仿佛革命没有发生一样。警卫们注意到，他经常和安娜·维鲁波娃交谈，而众所周知，维鲁波娃是亚历山德拉的心腹。科尔尼洛夫很快便将他换下，由帕维尔·科罗维琴科上校接任。他是一位军事法专家，也是克伦斯基的同事。维鲁波娃在克伦斯基拜访了她一次之后不久也被免职。在科贝林斯基和科罗维琴科的注视下，她泪眼婆娑地与皇后告别，被带去了彼得格勒的监狱。[29]

在亚历山大宫中，罗曼诺夫一家享有完全的隐私，士兵不能巡视他们的房间。[30]但他们在宫墙之外的行动受到了一定的约束，只有经过事先安排，他们才能够进入花园。[31]沙皇村里的每个人都默认在可预见的未来要过这种软禁生活。那些不愿意接受的人会被立刻带离沙皇村。事实上，大多数人都坚定地忠于皇帝和他的家人，很少有人离开。很快，软禁的含义便很明确了。宫里的人只能在特定的时间进入花园散步，并且要一直处于监视之下。要与外界通信，必须获得新任皇宫指挥官科罗维琴科的许可。[32]

1917年3月22日中午十一点三十分，列车到达了沙皇村火车站。尼古拉和多尔戈鲁科夫仍然以为他们还会像以前那样受到公众尊重和欢迎。然而，他们吃了一惊。[33]通常会在车站出现的军事使团四小时前就全被替换了。有些军官仍打算用传统的欢呼方式迎接皇帝，但这是新的革命政权不希望看到的。[34]尼古拉看出，在广场等待他们的军队负责人并不是将军，而只是军士。[35]不知怎么的，他忽视了科贝林斯基发挥的作用。[36]当轿车驶近亚历山大宫的大门时，警卫们很反常，磨磨蹭蹭地打开了大门。这是有意为之的。军队和军官都希望以此表示，现在时代已经不同了。皇宫里仍然笼罩着这种反常的气氛。尼古拉下意识地向警卫们点了一下帽尖。但前所未有的事情发生了，没有任何人向他行礼。[37]

降为平民的罗曼诺夫必须学习遵守别人为他制定的规矩。他退位后，俄国成为共和国，而他则失去了自出生后便拥有的高贵地位。其他皇室成员也经历了同样的转变。也是在1917年3月22日这天，临时政府撤销了尼古拉对堂叔尼古拉·尼古拉耶维奇担任高加索前线指挥官的任命。他们执行得非常得体合规。临时政府在尼古拉耶维奇到达莫吉廖夫之前便送去消息，要求他辞去军职。李沃夫并不想直接撤掉他的职务。他对尼古拉耶维奇施加道义上的压力，声称人们都反对罗曼诺夫家族成员担任公职，而临时政府不能够对人民的呼声置之不理。[38]3月23日，尼古拉大公在收到消息前便抵达了最高统帅部。24日，他同意了李沃夫的要求，将自己的职责移交给了总参谋长阿列克谢耶夫。[39]至此，前沙皇的亲属中再也没有一人担任重要的公职。二月革命的威力已经波及所有罗曼诺夫家族成员。

一切都显得无比混乱。世界顷刻发生了翻天覆地的变化，并且仍在不断变化。破天荒地，亚历山大宫周围的警卫分遣队没有前来欢迎尼古拉。他必须等值班军官出现。他们这是在故意给尼古拉难堪。沙皇村的掌权派以此释放信号：情势已与之前迥异，沙皇制度已经覆灭，俄国历史迎来了新纪元。他们并不是要阻止尼古拉与妻儿团聚。相反，官员都希望将他与家人一同软禁在皇宫中。值班军官一出现，便立刻用洪亮清晰的声音喊道："为前皇帝打开大门！"[40]（这样郑重其事的措辞表明，已经天翻地覆了。）在进入皇宫的路上，尼古拉始终保持高贵的姿态。士兵们没有说，也没有做任何不妥的事。他走进孩子们住所里的第一间屋子时，亚历山德拉第一个来迎接他。他们相视而笑，随后拥吻。他们走出屋子，与孩子们团聚。[41]

皇宫对外界关上了大门，罗曼诺夫一家软禁于此。尼古拉和妻儿们是单独软禁于此的皇室成员，他们的亲属也无权前来探望。尼古拉的母亲玛丽亚皇太后与尼古拉同时离开莫吉廖夫，但她随后直接去了基辅。一到那里，她便表示希望南下前往克里米亚。1917年4月5日，她在军队的护送下离开了，护送人员较之前有所减少。在护卫离开之前，她送给他们一些签名照片。[42]

尼古拉和妻儿们努力适应了新环境，但仍然发生了一段令他们不快的小插曲。他们悄悄将拉斯普京埋葬在皇宫内的教堂中。但新接任的部队发现此事后，将棺椁挖了出来，并开棺验尸。他们发现遗体的右脸旁放了一尊圣像，上面有“亚历山德拉、奥尔加、塔季扬娜、玛丽亚、阿纳斯塔西娅和安娜[·维鲁波娃]”的签名。他们接到命令，将他的棺椁送到位于斯列德尼亚亚湾的罗加特卡火车站，在附近秘密重新安葬。[43]但李沃夫总理撤销了此项命令，并指示科贝林斯基将棺椁与遗体留给外出会见他的库普钦斯基政委处理。尽管库普钦斯基尽力掩饰，但消息很快传开了。在到达彼得格勒之前，他便被人群拦下了。在经一番强夺拉斯普京遗体的争执后，库普钦斯基认为还是将遗体火化较为谨慎，免得遗体被人窃走。[44]

附近的一群大学生与军人负责将遗体抬到树林中，放在柴堆上火化。一些尚且怀念拉斯普京的老妇人被轰走了。但助燃剂不够。几乎就在火堆点着之时，汽油便用完了，火势渐渐减弱，没能将遗体焚化。一些围观者认为，这说明死者已经成为一名圣徒。随后，学生们重新堆起柴堆，这一次终于将遗体成功火化，只留下遗骨。他们决定将遗骨抛撒在林中空地上，但那些老妇人来将遗骨拾走，打算珍藏起来。场面越来越混乱，疲惫的学生们只好将遗骨收集起来，带回学校扔进大火炉中。[45]拉斯普京死后依然表现得如生时一样坚不可摧。到这时，罗曼诺夫一家依然不知道这个消息。他们已不再是政治舞台上的活跃角色，因此他们只知家庭事务，对其他消息一概不知。除了名义上不是囚犯，在其他方面他们与囚犯无异。

第六章
家庭生活

尼古拉和亚历山德拉深爱着对方。即使已经结婚数十年，亚历山德拉写给尼古拉的信依然流露出毫不倦怠的热情，而尼古拉对她也充满热情。但正是这种相互依赖蒙蔽了尼古拉的双眼，让他对亚历山德拉身为皇后的缺点视而不见。与其他皇后和女王一样，亚历山德拉非常高傲。但区别在于，别的皇后会用一些做作夸张的方法调和一下自己内心的傲慢，而亚历山德拉在不感兴趣或不悦时完全不会掩饰自己的情绪或假装自己很高兴。她对上流社会人士的冷漠态度损害了她在俄国舆论中的形象。[1]亚历山德拉专横跋扈又固执己见，令沙皇的很多亲属，包括玛丽亚·费奥多罗芙娜皇太后都对她敬而远之。但她很乐意保持这种高高在上的冷漠姿态。她总表现得好像上帝和常识都一定会站在她那边似的。

皇后的性格和态度怎样原本无关紧要。但俄帝国遭遇了严重的危机，人们普遍将这一危机归咎为皇帝太过软弱，无法抵抗专横的皇后对政事的干涉。随着内忧外患加重，民众对皇后的憎恶也在加深。亚历山德拉一直认为自己有责任鼓励皇帝坚守独裁统治的传统。在二月革命发生前数天，她曾写道："我如此热切地想分担你的重担！你如此勇敢坚忍——我感同身受，愿与你共同承受痛苦。我的心意甚至无法用语言表达。"她还安慰尼古拉说，已故的拉斯普京——"我们亲爱的朋友"——正在另一个世界为他祈祷。[2]亚历山德拉和尼古拉脾气截然不同：她易怒，而尼古拉性情平和；她果断，而尼古拉优柔寡断。每天晚上他们都会见面，讨论困扰他们的问题。但有其他人在场的时候，他们从不讨论政治。[3]对大多数问题，他们俩都意见一致。尽管亚历山德拉左右过尼古拉对官员的任命，但没有证据表明，她影响过尼古拉制定政策方针。[4]

然而，亚历山德拉比尼古拉承受了更多的指责。科贝林斯基持有那个时代典型的想法，认为男性应当掌控妻子，他曾称："她控制着整个家庭，君主也屈服于她。"尼古拉就任何重要的实际问题做决定时都喜欢征询她的意见，至少在退位后如此。人们问他某件事时，他的经典回答是："我的妻子怎么看？我要去问问她。"[5]亚历山德拉固执己见，并痛恨优柔寡断。她常挂在嘴边的话是："犯错误也比不做决断要好。"[6]她厌恶铺张奢华。平时只佩戴两串珍珠。这便是她最大程度的放纵自我了。[7]她喜好素食——在这点上她与"异教徒"列夫·托尔斯泰相同。[8]她生气时会脸红。[9]大多数时候，她脸上总带着苦恼的神情，但她也很容易同情那些不幸的人。[10]她通常举止拘谨，因此很多人认为她很高傲。但她被逗乐时，也会露出动人的笑容。她的女儿们比外人更清楚这一点；她们称母亲为"小太阳"。[11]

沙皇夫妇通常用英语交流。亚历山德拉是德意志帝国的黑森大公小姐，受洗时取名阿丽克丝。她六岁时母亲去世了，此后她很长时间都在英国陪伴外祖母维多利亚女王。1904年至1905年日俄战争后，她在正式场合开始说俄语，以此表明她对第二祖国的忠心。唯一的问题是，她总是认真地把每个词都念清楚，因此语速太慢。[12]她厌恶与上流社会打交道，身边围绕着一群和她一样容易紧张的亲信。他们进宫的主要原因是总能听命于亚历山德拉，并赞同她那些偏颇的想法。她练习缝纫，战时在沙皇村疗养院中花了很长时间照顾伤员。她热切地研读宗教文学。娱乐方面，她有时会和索菲娅·布克斯赫韦登一起弹奏钢琴二重奏。布克斯赫韦登曾委婉地说，她的演奏一定会让瓦格纳、格里格和柴可夫斯基在九泉之下难以安宁。[13]

亚历山德拉知道，是自己将可怕的血友病带给了她与尼古拉唯一的男性继承人阿列克谢。这令她非常痛苦。她曾对亲信说，是她带来了坏兆头。[14]她的舅舅、兄弟和两个外甥都因为这种病而早夭。她知道，儿子也面临同样的命运。这也是她虔信上帝的原因之一。[15]为阿列克谢的病，她永远无法忘怀或原谅自己。家庭医生叶夫根尼·博特金曾独自对罗曼诺夫一家展开研究。那个时代的医学认识到，致命的出血症状只会影响患有血友病的男性。但据悉女性也会有痛苦的症状。携带血友病的女性家族成员会在更年期出现类似癔症的症状。因此，博特金总结道，这是亚历山德拉狂热沉迷于宗教的原因。[16]但他从未对亚历山德拉或尼古拉说过自己的想法。他对罗曼诺夫一家非常忠诚，并为能侍奉他们到最后而自豪，不管他们的结局怎么样。

亚历山德拉热衷神秘主义，并在俄国的宗教传统中找到了自己的天地。信奉东正教后，她全心全意地投入了新信仰。[17]她对皈依东正教从未后悔过，并称："新教实在太枯燥了！"[18]

她始终将已故的拉斯普京视为东正教的根本真理与美德的化身。当女仆玛丽亚·图泰尔伯格质疑拉斯普京时，皇后打断了她的话，说："救世主没有从学者和神学家中挑选门徒，而是从渔夫和木匠中挑选门徒。福音书说，信心能够移动大山。"她指着一幅描绘基督神迹的画说："这位上帝今天复活了。我相信儿子会再次站起来。我知道人们因为我的信仰而以为我疯了。但所有相信的人肯定都是殉道士。"[19]虽然她非常虔诚，时时祷告，但她肯定也注意到了，上帝并未令儿子的病情好转。危情一再出现，阿列克谢随时可能死去。这是拉斯普京变得对她那么重要的原因。皮埃尔·吉利亚尔回忆道：

> 她认识拉斯普京后，就坚信在阿列克谢·尼古拉耶维奇生病时向他求助，阿列克谢便能活下来。她的儿子会活下来。阿列克谢·尼古拉耶维奇会病愈。你可以说是巧合，但她遇到拉斯普京以后，阿列克谢·尼古拉耶维奇的病情确实好转了。

亚历山德拉相信了。除此以外，她别无依靠，儿子病情的好转带给她心灵的平静。她坚信拉斯普京是半圣，是她与上帝的中间人。[20]

没有拉斯普京，她会将自己的一切都奉献出来以挽救儿子。

阿列克谢和母亲非常亲密。吉利亚尔回忆称：

> 如果他一天去看母亲二十次，母亲会一次不落地亲吻他。我能够理解她，每次她对儿子说再见时，都害怕自己真的再也

见不到他了。另外，在我看来，宗教信仰似乎不能让她得到想要的结果：危情一再出现，威胁着儿子的生命。她一直等待的奇迹从未出现。[21]

这一年中大部分时间，阿列克谢身体都不好。但幸运的是，尽管“我们的朋友”已经去世，但阿列克谢并未遇到受伤或大出血的紧急情况。[22]

他总是努力表现得勇敢。他的腿时常疼痛难忍，但人们问他疼不疼时，他经常否认。[23]有时，他会问自己：“你觉得怎么样？病痛会不会消失？”[24]他身体较好时，家庭教师吉布斯会和他玩“强盗”游戏。[25]他还喜欢玩一套士兵玩具，喜欢演奏巴拉莱卡琴。[26]在科贝林斯基的回忆中，他是一个聪明活泼，能说英语和法语的小伙子。(他从没学过德语。)[27]父母和姐姐们亲昵地称他为“宝贝”，这意味着他们并不期盼他迅速长大。他也因此习惯将自己看成孩子。尽管他并不笨，但他也不是一个早慧的孩子。他想到什么游戏，便会要求老师皮埃尔·吉利亚尔和西德尼·吉布斯与他在皇宫外玩这个游戏。这两人和博特金一样，太沉迷于同罗曼诺夫一家交往，以至于感觉不到这其实有损自己的身份。不管怎样，他们度过了一段欢乐时光。对孩子们来说，这也是一段快乐时光。一位家庭医生的儿子科利亚·杰列文科时常在白天与阿列克谢玩耍。罗曼诺夫一家和随从们都很喜欢阿列克谢可爱的天性。

尼古拉退位时，正是孩子们集体染病之际。他的四个女儿奥尔加、塔季扬娜、玛丽亚和阿纳斯塔西娅都因为麻疹卧床，她们很可能是从阿列克谢那里传染上的。奥尔加和塔季扬娜还染上了胸膜炎。[28]

奥尔加是一位谦逊的姑娘，会说法语、英语和德语。她喜爱唱歌，并有一副女高音的好嗓子。她擅长绘画。她也不喜欢华丽的衣着。[29]人们注意到，相较于母亲，她更喜欢父亲。[30]塔季扬娜则更像母亲亚历山德拉，总是与母亲亲密无间。[31]她很有决断，有时也爱发号施令，因此她常常帮着管理家里的事。她的一位老师说，如果哪一天皇后不在了，塔季扬娜能轻松担起她的工作。[32]玛丽亚是家中的美人，其他人常常叫她玛什卡。她在绘画方面很有天赋，是姐妹中最擅长交际的。她常常与警卫聊天，问出他们妻子的名字，家中有几个孩子，拥有多少土地。她精力充沛又积极乐观，让有些人想起她的祖父亚历山大三世。阿列克谢总会喊她："玛什卡，过来背我！"她总会高高兴兴地过去。[33]阿纳斯塔西娅个子矮小，体格健壮。她热衷发掘人们的弱点，嘲笑他们；从积极的角度看，她"天生幽默"。[34]她在家中的爱称是"淘气鬼"。[35]

如今，这幸福的一家人发现他们身处一个从未想象过的境地。但罗曼诺夫一家的适应力很强。只有亚历山德拉不太笑得出来。她将一切视为高层政客们强迫她丈夫退位的一场阴谋，为此愤愤不平，终日心情阴郁。她无比怀念她在沙皇村疗养院中活跃忙碌的时光。但她也知道，她必须表现得很勇敢。她和女儿们重拾了最朴实的快乐，这份快乐将她们团结在一起：阅读、室内游戏、缝纫。阿列克谢玩玩具士兵和武器装备。尼古拉则劈柴打发时间。在卸下了曾经的公共责任后，他们都抓住机会分散注意力。一家人在等待中努力保持士气。

第七章
临时政府

临时政府并不急于处置罗曼诺夫一家，尼古拉也小心翼翼避免招惹内阁。双方都想维持沙皇村的现状，令各方都可以接受。即便如此，内阁部长中仍然有人希望弄清楚，尼古拉或亚历山德拉是否曾经在战时与德国媾和。内阁组建了一个高级调查委员会，由具有丰富法律和官方调查经验的资深人士组成。他们的任务就是调查清楚罗曼诺夫家中是否有人试图让俄国退出战争，并和德国单独签订媾和条约。如果发现了证据，沙皇夫妇就有可能被判处叛国罪。[1]

彼得格勒苏维埃派出士兵，在社会革命党人谢尔盖·姆斯季斯拉夫斯基上校率领下，乘装甲车辆前往沙皇村。姆斯季斯拉夫斯基属于他所在党的左派，他们以为会有暴力事件发生。姆斯季斯拉夫斯基穿着军装，向科贝林斯基摇了摇手中那封奇赫伊泽的信，要科贝林斯基为他提供一切帮助。姆斯季斯拉夫斯基要求单独见尼古拉。[2]据科贝林斯基说，他还要求将尼古拉转移到位于彼得格勒的彼得-保罗要塞，关押在那里。[3]当科贝林斯基直截了当地拒绝了他的这个请求时，姆斯季斯拉夫斯基喊道："上校，你知道现在要流血了，那血将会流到你的头上。"科贝林斯基回答道："来吧。如果要流血，就让它流吧。但我仍然不能答应你的要求。"当姆斯季斯拉夫斯基拖着沉重的步子离开时，科贝林斯基以为一切到此结束了。但事实上，姆斯季斯拉夫斯基说自己只想进去看一眼皇帝，并不会跟他说话，用花言巧语说服了亚历山大宫的值班队长，混进了宫中。回到彼得格勒，姆斯季斯拉夫斯基报告称，罗曼诺夫一家目前处在合理的管控下。[4]

罗曼诺夫一家的处置问题归司法部管辖后，克伦斯基是所有内阁部长中与尼古拉有过最直接接触的人。[5]他手头需要处理的事情太多，直到4月3日才终于有时间前往沙皇村，与前皇帝交谈。他们第一次会谈时，克伦斯基像称呼俄国平民一样，称呼尼古拉为"尼古拉·亚历山德罗维奇"。但谈得投入之时，他不自觉地称呼尼古拉为"陛下"。皇帝对随从提到过这件事。这是在与司法部长的谈话中为数不多令他感到好笑的事情之一。[6]而宫中老仆们则对克伦斯基没有那么宽容，都不太喜欢他。克伦斯基时常穿着衬衣和破旧的双排扣上衣，而老仆们更习惯看到大臣在宫中穿燕尾服。他们不明白为何一场革命就令一切发生这么大的变化。[7]他们看到克伦斯基坐着由皇帝过去的私人司机驾驶的轿车来到沙皇村，就更加不快了。这样的做派在皇宫中并不受欢迎。[8]

克伦斯基继续勤恳地履行职责，不仅和尼古拉交谈，还和亚历山德拉、阿列克谢谈话。尽管他是因攻击沙皇制度而全国闻名的律师，但此刻他感到，自己的重要任务是尽快熟悉罗曼诺夫一家，并了解他们对前往英国避难的想法。他还亲自检查了亚历山大宫内外的安保情况。[9]正是在这项检查中，他从一位仆人那里得知，亚历山德拉和安娜·维鲁波娃曾经打算把一摞文件扔进炉子烧毁。他问了其他仆人，他们也证实了这件事。掌握了亚历山德拉不诚实的证据之后，克伦斯基征用了所有官方和私人文献，以防她阻挠高级调查委员会开展工作。[10]他还采取行动，将维鲁波娃驱逐出宫。他登门时，维鲁波娃正生病卧床，衣衫不整的模样令他厌恶，在他看来，维鲁波娃不知羞耻，也不自重。他立即下令将维鲁波娃和亚历山德拉的另一个亲信莉莉·德恩一起逮捕，并送往彼得-保罗要塞。[11]

几天后，克伦斯基和被他任命为兵营指挥官的科罗维琴科一起回到沙皇村。他此行的目的是对罗曼诺夫一家进行隔离。随从也必须接受隔离，他们可以决定自己是去是留。这样一来，皇宫将与外界彻底隔绝。没有克伦斯基的允许，任何人不得进入皇宫。他还规定所有通信都要接受审查。[12]克伦斯基认真完成高级调查委员会的工作，并要求获权搜查装有尼古拉过去往来信件的箱子。尼古拉妥协了，但他攥紧一封信并坚称这是私人信件。克伦斯基将信从他手中抢走，尼古拉大为恼火，但也无能为力，只能愤怒地喊道："好吧，这样看来，你们也不需要我了。我要出去散会儿步。"[13]

亚历山大·古奇科夫是另一位来到沙皇村的政界人士。他已经当上陆军和海军部部长，希望确保卫戍部队里一切都令人满意。他没有预先通知就来到了沙皇村。他与尼古拉的这次会面与之前的会面——包括几周前在普斯科夫列车上的会面——都不一样。尼古拉非常清楚，这一次古奇科夫既不是恳求者也不是请愿者，只要他愿意，就可以给他们一家制造很多麻烦。但尼古拉依然掌控了局面，会谈在公事公办的礼貌气氛中进行。唯一一件令人不悦的事情发生在古奇科夫离开时。护送他的军官中有一个脾气火暴的人，对皇室随从无礼地说道："你们是我们的敌人。我们是你们的敌人。你们这儿所有人都是唯利是图之辈。"人们怀疑他是喝醉了才如此无礼。随从沃尔科夫机智地回击他道："好先生，您恐怕对我们的风度有误解。"这不算是挑衅或威胁，但能看出，皇室随从认为应当用合适的方式称呼他们。古奇科夫假装没有听到这番怒气冲冲的话，头也没回地离开了。[14]

1917年6月，克伦斯基取代了古奇科夫，在陆军和海军部任职。他逐步将皇帝与皇后分开。这样一来，如果高级调查委员会需要询问他们，会更容易开展工作。克伦斯基亲自将此事告知尼古拉，而科罗维琴科则按照安排向亚历山德拉说明此事。负责照管宫中日常事务的帕维尔·本肯多夫伯爵和伊丽莎白·纳雷什金娜公爵夫人也被告知此项命令。人们尽可能温和地执行这项命令，皇帝与皇后仍然能够共进晚餐，但科罗维琴科必须始终陪伴一旁。事实上，高级调查委员会并没有发现任何尼古拉与德国私下媾和的证据。德国皇帝威廉二世倒确实给他写信表达过此种意愿，但尼古拉命令官员回复称他并不打算回应。不过，克伦斯基对亚历山德拉就不那么有信心了。更何况，众所周知，拉斯普京一直在想办法结束战争，这加重了克伦斯基对亚历山德拉的怀疑。但最终证实亚历山德拉同样是清白的。克伦斯基便撤销了将沙皇夫妇分开的命令。[15]

克伦斯基是临时政府中最支持革命的部长之一，亚历山德拉从未指望能和他愉快相处。她对克伦斯基充满强烈的怀疑，而克伦斯基也和大众一样对亚历山德拉在二月革命之前干涉政事的行为颇为不满。两人关系一直比较紧张。但自从克伦斯基第一次现身亚历山大宫时仪容不整之后，他便开始注意仪容，去亚历山大宫时会专门穿上燕尾服和袜带。[16]这样的变化反倒令亚历山德拉产生了好感。她察觉到克伦斯基很尴尬，很不安，感到有些好笑。[17]克伦斯基请求在尼古拉的办公室与她谈话，而亚历山德拉传话称，他应当来她的房间见她。克伦斯基无法反驳，只得听从她的要求。两人都没想到，他们相谈甚欢。随从沃尔科夫在紧闭的大门外都能听见阵阵笑声。会谈后，沃尔科夫向亚历山德拉问起会面的情况，亚历山德拉透露说，克伦斯基向她承诺不会将沙皇一家送往彼得-保罗要塞。事实上，他还讲了几个笑话。亚历山德拉对他的态度缓和了不少，并在某个场合说："他没有问题。他是一个不错的人。很容易相处。"[18]

然而，尼古拉无法理解政府为何不能更为坚定地处理政事。"当然，"他质问道，"克伦斯基能阻止这种放肆的行为吗？这怎么可能呢？亚历山大·费奥多罗维奇是由人民选出来担任这个职务的。人民应当服从命令，不应当发狂。克伦斯基是士兵'最爱'的人。"[19]但克伦斯基支持在前线恢复主动作战，他颇为欣喜，并对此大为赞赏。这说明临时政府最后并没有放弃战斗。尼古拉还请求在沙皇村的教堂中替俄国军队举行代祷仪式。[20]这是他在失去权力后唯一能做的事了。尼古拉迫切想融入俄国的军事事业。[21]每当他和妻子谈论到造成他们当下不幸的原因时，亚历山德拉总是很难控制住情绪。她的怒气令尼古拉恼火，尼古拉会斥责她，让她闭嘴。尼古拉的举止很反常，以往无论在人前还是在单独相处时他从未这样对妻子发怒。以前他们之间出现分歧时，他总是选择无视她的建议。现在这种情绪爆发表明他内心非常痛苦——他本喜欢平静而端庄地说话。[22]

但尼古拉通常并不将克伦斯基视为推翻其政权的罪魁。某天在与索菲娅·布克斯赫韦登谈话时，他说:“他是一个对我有用的人。我很遗憾没能早点认识他。”[23]但对其他政客，尼古拉就没有这么宽宏大量了。他认为是这些人颠覆了自己的政权：

> 我原谅罗江科，因为他热爱祖国。他欺骗了自己，也被他人欺骗，因为他不够聪明，容易受随从影响。但他是一个诚实的人，一个以自己的方式爱国的人。至于米留可夫，我也相信他以自己的方式爱国，但他是一个有党派的人——他把党派看得比祖国更重要。他为自己的政党服务，却有碍祖国。古奇科夫嘛，我对他很不信任，因为他野心勃勃；为了获得权力，他会不择手段。他永远不明白，热爱祖国比谋求一己之利重要。他做一切都是为了给自己增光。[24]

尼古拉话语激愤，但并没有流露出任何怨恨，只是对国家随后发生的动乱感到痛苦。在将他赶下台的人里，他真正憎恶的是古奇科夫，他还喜欢回忆起他曾经在一次会面时拒绝与古奇科夫握手。[25]

当局一直拒绝公布他最后让军队效忠临时政府的诏书，这令尼古拉非常痛苦。然而，当他看到索菲娅·布克斯赫韦登在为内阁念诵祈祷文时没有画十字的时候，他指责道:“临时政府是俄国的政府。你也许不喜欢李沃夫和他的同僚，但你应当祈祷神指导我们治理国家。”[26]他始终是一个富有责任心的人，始终是一名爱国者。

第八章
英国伸出援手

尼古拉逊位使得他和临时政府开始考虑如何处理皇室，是否应当将罗曼诺夫家族流放海外。俄国的流放传统有两种基本模式。在尼古拉及其父亲统治时期，大多数人是由于生活贫苦不堪，或受到秘密警察的监视而逃往海外的。他们喜欢的目的地有瑞士、法国、德国、美国和英国。在所有这些国家中，移民“殖民地”很受欢迎，只是在1917年二月革命以后其规模才开始缩减。临时政府也许会选择这样的国家作为沙皇夫妇的流亡地，英国一度是他们的最佳选择，但其他国家也有可能。如果部长们愿意的话，当局可以将人流放到俄帝国的偏远地方。这种“行政流放”制度作为制止错误干预公共事务行为的一种方式已经存在了几个世纪，并经常用以驱逐那些罪不至监禁的人。

1917年3月15日，临时政府在第一次会议上已经开始考虑放逐罗曼诺夫家族。外交部长帕维尔·米留可夫领头进行了讨论。

他提议皇室应久居海外，因为如果继续留在俄国，他们的安全将难以得到保障。部长们很快决定，没有必要流放罗曼诺夫家族的每个成员，他们关注的对象主要是尼古拉、米哈伊尔和他们的家人，如果这些人留在彼得格勒或附近，可能会带来麻烦。内阁会议没有快速得出一个坚定的结论，但他们赞同将沙皇夫妇驱逐出沙皇村。米留可夫提出的让罗曼诺夫家族流亡海外的建议被否定了，但流亡海外和流亡国内都是临时政府可能的选择。部长们打算先确定尼古拉是否愿意转移到临时政府指定的地方去，他们还打算限制他的人身自由。[1]

尼古拉和米留可夫的想法一样。他失去了皇位，想退出俄国政治舞台。他在普斯科夫退位后，刚回到莫吉廖夫便写了一张便条，说他希望到国外定居。他希望他的家人能继续留在沙皇村，直到孩子们从麻疹中康复，随后他们能够顺利前往摩尔曼群岛，乘船离开。同时他还希望得到保证，在战争结束后他能返回俄国，居住在克里米亚的里瓦几亚宫。[2]

3月17日，阿列克谢耶夫将军将尼古拉的想法转告了李沃夫总理和米留可夫，但删去了他关于里瓦几亚宫的请求。两天后，彼得格勒发来电报，同意了尼古拉的请求。临时政府同意他留在沙皇村，直到他能够前往白海沿岸乘船离开俄国。李沃夫和古奇科夫用电报机（使用者可以通过它实时收发书面信息）联系了最高统帅部，更为具体地明确了皇帝的意思。他们想知道他要去哪里。阿列克谢耶夫没法答复他们，因为尼古拉还在咨询母亲和堂兄弟们。那天晚上，尼古拉要求与汉伯里-威廉斯讨论可能要踏上的旅程，这时他的心意已经表明。尼古拉愿意接受这项建议，条件是英国政府同意并愿意让皇家海军提供援助。汉伯里-威廉斯马上联系伦敦方面，同意皇帝的请求。[3]

米留可夫很高兴逊位君主同意了他的观点。但罗曼诺夫家族面临的危险并未消失，而临时政府还没有很好地控制住首都的局势。他在一天内见了英国、法国和意大利大使，并表示他们可能会决定驱逐罗曼诺夫家族。第二天，法国大使莫里斯·帕莱奥洛格再次与米留可夫谈话，强调这件事应该当成临时政府的首要事务之一。帕莱奥洛格和米留可夫都对法国大革命中路易十六的血腥结局记忆犹新。那天下午，帕莱奥洛格在英国大使馆和乔治·布坎南爵士讨论了这件事。喝茶时，布坎南夫人表示，她很担心如果罗曼诺夫一家被迫继续待在沙皇村，他们会面临危险，毕竟沙皇村离彼得格勒只有十五英里。两位大使一致认为，最好的解决办法是派一艘皇家海军巡洋舰在摩尔曼斯克接应沙皇一家。[4]

1917年3月21日，米留可夫主动请布坎南敦促伦敦尽早做出决定。他要求英国承诺尼古拉在流亡期间不会干涉俄国政治，尽管当初达成协议时他并没有将此列为要求：他的迫切希望是尽快让沙皇一家离开。[5]布坎南于3月23日返回俄国并带来了英国的回复。英王和内阁都很乐意为罗曼诺夫一家提供庇护，直至战争结束。他们主要的疑问是，谁将为罗曼诺夫一家提供财政支持。米留可夫承诺临时政府将给一笔充裕的津贴，但此事必须保密。[6]对英国和俄国来说，钱都是一个敏感的话题。在俄国，没多少人愿意再为曾经的君主提供资助；而在英国，数百万人都将尼古拉视为终将被推翻的暴君。

在俄国政界最高层，没有一件事可以在没有获得彼得格勒苏维埃批准的情况下发生。在3月22日执行委员会举行的辩论会上，尼古拉可能获许流亡海外的消息激起了群愤。苏维埃领导层已经指示军队取得对列车途经的所有车站的控制权。两天前姆斯季斯拉夫斯基上校访问沙皇村时，他授命一旦有人想带走尼古拉，便立刻将其逮捕。执行委员会一再明确表示要与临时政府决裂。他们的施压行为最终取得了效果：司法部长克伦斯基向奇赫伊泽承诺，内阁同意放弃让尼古拉流亡英国的想法。[7]彼得格勒苏维埃通过了决议，认为如果尼古拉流亡英国，便会获得资助，密谋反对革命。他们成立了一个委员会，继续对李沃夫和内阁施压。罗曼诺夫一家不能离开俄国。苏维埃的军事部门通过电报向守卫所有边界站点和铁路的军事单位发出了指令。已经返回沙皇村的尼古拉还将继续被关押在那里。军事部门还派出了自己的政委，以保证所有人服从指令。[8]

米留可夫对形势的转变感到沮丧，在之后与帕莱奥洛格会面时，他对英国官方的态度很满意，但他也对帕莱奥洛格说："唉，恐怕一切已为时太晚。"[9]克伦斯基已经向临时政府说明，彼得格勒苏维埃会竭力阻止罗曼诺夫一家离开俄国。[10]1917年3月24日，米留可夫在马林斯基宫举行的正式仪式上重申，临时政府获得了国际社会的认可。[11]

伦敦政界人士和英国王室对彼得格勒最新的政治动向一无所知。1917年3月25日，布坎南将乔治国王的电报交给了尼古拉。第二天，米留可夫告诉大使，他们不能再使用这样的通信方式了。俄国刚刚经历了一场革命，沙皇尼古拉被迫退位。临时政府没法让彼得格勒苏维埃与自己站在一边，在这样的情况下，皇室表亲之间直接接触会惹人不悦。不管怎样，在姑娘们从麻疹中康复之前，沙皇一家是不会搬离沙皇村的。[12]米留可夫已经解释了，苏维埃领导人是不会同意这个计划的。司法部长克伦斯基相当于苏维埃安插在内阁中的监视人，因此外交部长米留可夫如果想继续实现将沙皇一家流放海外的计划，就需要更小心谨慎地行动。[13]米留可夫向尼古拉·巴济利讲述了自己的挫败，而巴济利正代表阿列克谢耶夫将军与临时政府联络。古奇科夫感到不那么压抑了，便建议暂停这些计划，随后在没有咨询任何人的情况下为罗曼诺夫一家安排了一趟铁路旅行。[14]

但事实仍没有改变。彼得格勒苏维埃仍坚决反对让沙皇一家流亡海外，他们在卫戍部队和铁路工人中拥有足够的支持力量来实现自己的意图。乔治五世愿意提供庇护只是一个枝节问题。临时政府不敢与苏维埃领导层对抗，因为他们竭力在全国上下施展自己的权威。在临时政府拥有足够的权力之前，乔治国王或戴维·劳埃德·乔治首相的提议都没有多大作用。

1917年3月26日，克伦斯基前往彼得格勒苏维埃的军事部门，希望能缓和局势。作为一个长期坚决反对君主制的人，他请听众相信他。他宣称，在沙皇村没有任何人能不经他同意而获得自由。他滔滔不绝地演讲，请求士兵要么将他从队伍中赶走，要么给予他信任。有关克伦斯基纵容尼古拉二世的谣言给他造成了麻烦。他承认，德米特里·帕夫洛维奇大公目前仍是自由身，但他辩解称大公在刺杀拉斯普京的事件中起到了积极作用。事实上在克伦斯基看来，罗曼诺夫家族的这位大公毫无疑问应该被视为沙皇制度的敌人——他认为，没有理由不让他继续在驻扎于遥远波斯的俄国军队中服役。克伦斯基同样坚定地认为，对伊万诺夫将军仅采取软禁措施就行了，因为根据医生的诊断，他已经是一个病入膏肓之人。[15]

但临时政府仍然支持沙皇一家前往国外流亡。因此可以想见，尼古拉和亚历山德拉对他们的未来充满困惑。他们以前的信息渠道被切断了，只能依靠克伦斯基在亚历山大宫告诉他们的信息以及每天从报纸上看到的内容来做判断。随着退位剧变对他们的影响渐渐变小，他们也开始对自己的命运产生了复杂的想法，并和身边的人谈论起来。他们不太愿意作为逊位君主及其家人在伦敦生活。亚历山德拉告诉皮埃尔·吉利亚尔，如果真要流亡海外，他们希望去一个英国殖民地或挪威。[16]西德尼·吉布斯在给哈蒂姑妈的信中写道："我们的命运被完全打乱，我很可能要和我的'学生'一起离开俄国前往英国。"[17]显然，尼古拉和亚历山德拉还没有完全放弃前往英国寻求庇护的念头。然而，自由行动的权利并不掌握在他们手里。就连临时政府也无法保证他们从沙皇村北上的行程安全。

第九章
规定和日常安排

临时政府在亚历山大宫为罗曼诺夫一家制定了详细的规定。大部分时间他们被迫待在室内，只能在早上八点到晚上六点之间走上阳台或进入花园。只有两处入口仍可使用，在大革命之前任职的警卫都被调走了。(事实上，在彼得格勒的每座车站与其他地方，之前任职的警察也已经不见踪影。) 除了宫廷指挥官使用的电话外，所有电话都被切断了；电报设备已经停用。罗曼诺夫一家的通信需要定期经过检查。那些希望继续为罗曼诺夫一家服务的随从只有满足一个条件才能留下来，那就是永远不离开皇宫。一位医生应召而来时，一名军官必须也在场。[1]

西德尼·吉布斯恰巧在这些规定出台的那天去首都了。当他返回沙皇村时，军队拦住了他。吉布斯请求英国大使乔治·布坎南爵士与临时政府交涉。过了很长时间之后，他收到了一封由五位部长签署的拒绝信——他仍被禁止进入皇宫。[2]内阁可能担心吉布斯会成为尼古拉和英国政府之间的中介，此时临时政府正在尽力完全控制与英国方面的联系。但并不是所有随从都像吉布斯一样忠心不二。在尼古拉退位后，几名宫中官员想办法离开了皇宫。数天之内，尼古拉便发现，彼得·奥普劳克辛伯爵、基里尔·纳雷什金伯爵、亚历山大·格拉贝伯爵、副官亚历山大·莫尔德维诺夫和副官尼古拉·利希滕贝格公爵都弃他而去。[3]罗曼诺夫一家已渐渐习惯了接受日常隔离和检查。人们给他们写信时必须签名，以便当局在需要时能追查到写信人。[4]这些规定也传达到了彼得格勒苏维埃，以此向革命党保证，前皇室正受到适当的管控。[5]

尽管皇宫周围设立了警戒，与沙皇村其他地方隔离开了，但人们经常能听到军营里的声音。整个3月和4月，政局的变化都伴随着军乐队的乐声。沙皇一家不喜欢喧闹，尼古拉非常痛恨没完没了的《马赛曲》和肖邦的《葬礼进行曲》。新当局在皇宫花园内挖了墓地，埋葬和纪念那些在二月革命中为推翻君主制而牺牲的人，这一举动使他极为紧张。肖邦的《葬礼进行曲》萦绕在沙皇一家的脑中，他们禁不住一直用口哨吹着它的旋律。[6]从这种程度上说，罗曼诺夫一家其实已经汲取了革命的精神。但在其他方面，他们一如既往地躲避并憎恶革命。

沙皇一家通过报纸了解政治和战争方面的消息。科贝林斯基看到，每天都有一叠报纸送来，包括《俄国世界》、《俄国意志》、《言论报》、《新时代》、《彼得格勒小册》和《彼得格勒报》。每天还会送来一些英国和法国的报纸。《言论报》是主要的自由党——立宪民主党——的官方报纸，在1917年革命之前，其言论属于左派，当然它也是沙皇夫妇非常厌恶的报纸。二月革命后，立宪民主党稍微转向了偏右派的政策，也许尼古拉因此觉得他们不像以前那样令人讨厌了。但是，他觉得没必要去看孟什维克和社会革命党的日报，更不用说布尔什维克的报纸了。显然，他认为自己对他们已经够了解了。他将自己封闭在那些他即位后便信奉的观点中，只对他认为合适的事物保持好奇心。他在这方面是彻底顽固的。

然而，他和家人都意识到，必须接受事实，他们已经不再是权力与威望的最高拥有者，规律的日常生活是他们的慰藉之一。不过，亚历山德拉一早起床，还有尼古拉早上和多尔戈鲁科夫一起散步健身并讨论最新局势这两件事除外。他喜欢在回房间前干一些体力活，锯木头或劈柴是他最喜欢做的杂事。亚历山德拉身体不好，不能再去沙皇村疗养院看护士兵，便专心做针线活。她整天都坐在椅子上，能动动手也令她感觉舒服一些。她送给别人的一些礼物上还绣着祈祷文。[7]

沙皇一家在一点钟一起吃饭。之后，孩子们在返回书房前会到花园里锻炼身体。他们四点左右喝茶，有时喝完茶他们会再次到户外透透气。他们七点吃晚餐。[8]他们在物质上什么也不缺，饮食标准也和从前一样。他们还保留着大量廷臣和仆人。虽然他们被迫遵守规矩，但总有机会抱怨任何令他们不满的事情——可以预料，亚历山德拉一直都吵吵嚷嚷。被软禁的罗曼诺夫一家孤零零地留在皇宫中。在二月革命之前，他们自己就与上流社会隔离，现在他们又与亚历山德拉和女儿们曾在其中看护受伤士兵的疗养院病房失去了联系。尼古拉和亚历山德拉保护他们的孩子免于接触那些他们认为会造成不良影响的事物。1914年之前，他们没有与其他欧洲王室讨论过为女儿们寻找追求者。而现在在战争期间，他们更不可能为女儿们安排婚事。年轻的公主们在感情上处于封闭状态。他们的大女儿奥尔加已经二十一岁了，但她和妹妹们一样，不如同龄女子成熟。她们和弟弟都对其他生存条件一无所知，可想而知，她们是多么幼稚。

科贝林斯基上校对沙皇一家非常尊重，而沙皇一家也对他报以同等敬意。他与尼古拉相处得很好，却不敢称他为“陛下”，只是简单地称他为尼古拉·亚历山德罗维奇。[9]但是科贝林斯基麾下的军队却不那么有礼貌，花园中的气氛常常很紧张。俄国北部食品供应普遍紧张，驻军的饮食因此也比较差。士兵吃不上面包，不得不吃扁豆，这令他们很恼火。食品供应问题本就是引发二月革命中不满情绪的一个原因，现在在临时政府的统治下这个问题依然困扰着大家，因此士兵们愤怒地向沙皇一家表达不满。[10]

一天，一名士兵开枪射杀了皇宫花园中的一只小羊。安娜·维鲁波娃回忆称，那名士兵拿枪指着她，发了一通牢骚。官兵都没有在意这件事：随从们动动手指，士兵们表现得很顺从，一天天就这样过去了。第二天，另一名士兵开枪杀死了花园里的另一只小羊。[11]更有甚者，士兵们有时会在言语上对罗曼诺夫一家表现出不敬。一名士兵看见尼古拉之后，对同伴嚷道：“我们的钱都用到这里了！看看他们奢侈的生活！”尼古拉本人一直尽力与官兵友好相处，他始终将他们视作“自己的”官兵。他会对他们每个人友好地说“你好”。沃尔科夫曾目睹，有一次尼古拉问好后，士兵并没有回应他。尼古拉以为士兵听力不好，便提高音量再次问好。但这名士兵依然没有回应。从那时起，沃尔科夫明白了，驻军里的每个人都认同革命，支持推翻皇室。[12]

科尔尼洛夫将军定期调换警卫，以确保沙皇一家与警卫之间保持距离。在一个团离开时，尼古拉向他们告别，并向他们的指挥官伸出手。尴尬的一幕随之而来。这位军官并没有被尼古拉感动，反而退后了一步。尼古拉的手便尴尬地悬在半空。他非常沮丧烦恼，走上前去，流着泪搂住这名军官的肩膀问："我亲爱的朋友，这一切到底是怎么了？"军官的回答直截了当："我是普通人民的一员。以往当人民向你伸出手时，你拒绝了他们。现在我也不会接受你伸出的手。"[13]

即便如此，随从安德烈·沃尔科夫还是察觉到，士兵时常看到尼古拉拿着斧头和锯子干活的场景后，他们的情绪有所缓和。一些军官想要罗曼诺夫一家的签名照片。当沃尔科夫向他们转达这些请求时，他们非常乐于满足军官的心愿。另一些军官则表现出更多敌意，当值时拒绝与尼古拉握手。[14]旧的俄国正在发生转变。例如，军队曾有传统，在复活节期间给每位团指挥官赠送半瓶佐餐酒。第二团的官兵没有获得这份慷慨的赠予，他们很不满，大闹了一通，最后科贝林斯基只好让步，送出了五十瓶葡萄酒。已经受到破坏的纪律越来越分崩离析。一位军官斥责与他同团的一位上尉亲吻了皇帝的手。这些都令尼古拉感到困惑和痛苦。[15]

尼古拉并不是罗曼诺夫一家中唯一为驻军官兵的行为苦恼的人。1917年6月10日，儿子阿列克谢带着玩具步枪在户外玩耍——这是他最骄傲的财产——当时的卫戍部队吓坏了。阿列克谢手中拿的并不是真正的武器，而仅仅是俄国工厂为他制作的一把微型玩具枪。尽管这把枪可以发射子弹，但阿列克谢已经没有子弹了。他从小就接受俄国的军事传统教育，很喜欢像士兵一样到处挥舞自己的玩具枪。卫戍部队却不这样认为。他们声称他挥舞着危险的武器。得知要放下手中的枪时，阿列克谢立刻哭起来。科贝林斯基知道后，便与吉利亚尔和孩子们的保姆亚历山德拉·捷格列娃讨论此事。科贝林斯基很同情阿列克谢，但还是认为谨慎起见，应当将这把小步枪没收。[16]

这类事情令尼古拉对革命形势越发恐惧。他最担心的事情都发生了。通常他避免发表任何政治方面的评论，甚至要求自己的随行人员也如此做。在通信中他更加谨慎，因为他知道他写的所有内容都可能被当局阅读。但在给母亲玛丽亚·费奥多罗芙娜的一封信中，他再也无法压抑内心的想法，写道："那些正在腐蚀军队的人犯下了多么可怕的罪行，是语言无法表达的！"[17]亚历山德拉则不愿意压抑自己。6月10日，她在写给她之前护理的病人，战斗英雄亚历山大·瑟罗博亚尔斯基将军的信中，写到了"首都的所多玛和蛾摩拉"。[18]她带着昔日皇后的自信写道：

> 社会大众的心理非常可怕。我们的人民没有文化——这就是他们像羊群一样盲从潮流的原因。但是，如果告诉他们，他们被欺骗了，一切就可以往不同的方向发展。他们是能干的人民，但他们什么都不懂。如今恶人四处横行破坏国家，请让好人们试一试，拯救这个国家吧。[19]

第十章

昔日君主们的生活

尼古拉不喜欢向家庭以外的人透露内心想法——他一直以缄默闻名，在他的日记里甚至也找不到太多内心想法的流露。但人们在他生活中的一个方面找到了一些线索。在沙皇村，这位前皇帝成了狂热的读者。俄国北部的夏季黑夜很短，以“白夜”闻名。在漫长的白昼里，在不需要锯木头或劈柴时，尼古拉便阅读早年他没来得及读完的文献。从他选择的书目来看，他在试图通过阅读来理解近期发生的重大事件。

他关注的主题与以往一样：责任、命运、宗教、国家、军事力量和统治。他不习惯和大臣谈论这些话题。当然，现在他也没有任何人可以交谈。当他与多尔戈鲁科夫或吉利亚尔等廷臣谈到这些话题时，他的身份仍然是皇帝：他并不希望与他们真诚地交流思想，而他们也不想侵犯他的隐私。看上去，尼古拉始终没有解开心结，即使在亚历山德拉面前也一样，而亚历山德拉又整日沉迷于《圣经》和东正教虔诚的文字中。尼古拉坚持认为，他必须表现得很强大并维护尊严。似乎他觉得与他人交流思想的唯一方式就是，坐下来阅读他欣赏的作家的作品。他的“对话者”无法回应他，这是他喜欢的交流方式。他从小接受的教育便是，俄国沙皇不需要任何人的回应。尼古拉如同一座堡垒。

但他是一座有感情的堡垒。晚上他会为家人读书，以鼓舞大家。他从安东·契诃夫的短篇小说读起。[1]随后他会读阿瑟·柯南·道尔的《恐怖谷》和《巴斯克维尔猎犬》——罗曼诺夫一家一直很喜欢福尔摩斯的故事。[2]他们也很喜欢其他作家的侦探小说，例如加斯东·勒鲁的作品，他们从《“黄屋”奇案》读起。[3]

尼古拉一生都对帝国军队的历史情有独钟，因此他独自阅读时喜欢看L. A. 卡索的《多瑙河上的俄国》和库罗帕特金将军的《俄国人的俄国》，这两本书都是在一战爆发前不久刚出版的。[4]卡索重点关注1812年签订的《布加勒斯特条约》，该条约使俄帝国获得了“摩尔达维亚最好的那部分领土”——在卡索看来，这给圣彼得堡带来了不可估量的好处。[5]库罗帕特金恢宏的三部曲记录了从遥远的古代到20世纪的俄国军事行动，他认为很可悲的是，近几十年来俄国人一直没能实现建立“俄国人的俄国”这一目标。库罗帕特金抨击俄国工业中外资占比庞大，他还认为，俄国内部的犹太人对国家利益产生了恶劣的影响。在反犹太主义大爆发之时，他反复讲述一个于1904年至1905年日俄战争中在丧生的犹太士兵身上发现小册子的故事。库罗帕特金引用了一个拉比发出的秘密指令，这个拉比敦促犹太人渗透整个欧洲统治阶层。据说，犹太人密谋通过控制金融来掌控权力，通过煽动工人阶级表达不满来破坏整个国家。[6]

卡索是一个怀念帝国的爱国者和保守派，而库罗帕特金是一个狂热的种族主义者和极端的民族主义者。他喜欢“他的”军队，总是想着军队。对他来说，国家的荣誉和伟大一如既往地依靠军队。他一直认为，获胜的外国势力正在破坏他深爱的俄国的福祉。尼古拉喜爱阅读他们两人，特别是库罗帕特金的作品，这个转变反映出他的思想动向。

尼古拉还阅读了乌斯片斯基的《拜占庭帝国的历史》，这本书阐述了东欧和西欧在东正教会和天主教会的影响下，如何分别走上不同的历史发展路径。乌斯片斯基写得最好的章节讲述了罗马皇帝尤利安在4世纪时试图废去基督教的既定国教地位，但最终以失败告终。[7]这部作品大量引用了尤利安撰写的小册子《厌胡者》里的内容。[8]乌斯片斯基并没有局限于写作与拜占庭有关的内容，他还研究了欧洲和中东地区早期直到穆斯林征服前的民族和宗教特征。[9]这其实更像是爱德华·吉本的《罗马帝国衰亡史》的续写，在同时代的世界历史图书中是独一无二的。尼古拉是一个公认的不爱自我表达的人，而他认为这是一本“非常有趣的书”。[10]

但如果说到他在沙皇村最喜欢的作家，却并不是柯南·道尔、库罗帕特金或是乌斯片斯基，而是诗人和小说家德米特里·梅列日科夫斯基。他日复一日地阅读“基督与反基督三部曲”。梅列日科夫斯基本人是象征主义文学团体的主要成员，这个团体的成员中还有诗人亚历山大·勃洛克和梅列日科夫斯基的妻子季娜伊达·吉皮乌斯。这些小说生动地再现了从4世纪罗马到19世纪俄国的历史。梅列日科夫斯基热衷研究古代俄国的社会和宗教传统。他古怪的神学思想冒犯了东正教会，给他惹来了麻烦，以至于有人想将他逐出教会。1905年至1906年的革命动乱使他深感不安，虽然他的三部曲从一个国家写到另一个国家，但他关注的核心依然是当前的俄国问题。尼古拉在几天里阅读了他的每部小说。

第一部《诸神之死》以自称反基督者的罗马皇帝尤利安为中心人物。尤利安在361年至363年统治罗马，他废除了伯父君士坦丁将基督教定为国教的法令。梅列日科夫斯基描绘了处于持续内乱中的基督徒，这也是20世纪俄国广泛存在的现象。在这部小说中，尤利安是一位愿意与家人和随从中的基督徒讨论神学问题的人。作者描绘的尤利安并非冷漠无情，但他固执己见，不愿接受善意的建议。他的生命和统治在与波斯萨珊帝国的血腥战争中结束，而小说的最后一行写道："夜与暴风雨，手牵手，正大步走来。"梅列日科夫斯基并没有说清楚，他是否认为尤利安真是反对几个世纪以来基督教神学思想的反基督者。他的主要目的是指出，即使对基督徒而言，世俗生命也是不完美的。在他看来，只有上帝掌握着真理。

尼古拉写道："我读完了《尤利安》，很喜欢这本书。"[11]第二部《诸神复活》的主角是莱昂纳多·达·芬奇。[12]这本书中最好的几页描述了画家思考如何描绘耶稣基督的形象。这部小说描写了文艺复兴时期的艺术家、传教士和思想家，如萨伏那洛拉和马基雅维利，还重点探讨了人类与上帝的关系。但除了一些介绍达·芬奇绘画风格的小插曲外，这本书中还有许多长篇大论。最犀利的一章描写了一个女巫的安息日——尽管梅列日科夫斯基有宗教信仰，但他绝不会因此影响自己自由发挥那些不健康的想象力。佛罗伦萨被描绘成一座狂野、繁华和不够文明的城市。《诸神复活》最后预测道，在罗马和拜占庭衰落之后，俄国将成为"第三个罗马"。[13]梅列日科夫斯基喜欢布道。他宣称，他的国家可以向欧洲展示救赎的方法——他怀着千禧年信念，确信在20世纪依然如此。

尼古拉敏锐地将目光转向了"基督与反基督三部曲"中的最后一部《彼得和阿列克谢》。[14]这本书重点讨论了现代俄国历史上的一大转折点，即彼得大帝的统治。书的内容颇具煽动性。小说的核心是彼得大帝和他的儿子阿列克谢之间不和谐的关系。彼得大帝极度残忍。这集中体现在他对教会、教义的态度上。与他形成鲜明对比的是阿列克谢皇储，阿列克谢看起来安静、好学又虔诚。当父子俩关系破裂时，阿列克谢称他为反基督者——这显然是梅列日科夫斯基自己对彼得大帝的看法。这本书最后预言道：

> 来自圣彼得堡的汉诺威居民韦伯在宣布皇储的死讯时写道："终有一天，俄国的一切将以一场可怕的反抗结束，专制统治将结束，因为数百万人将向上帝呼喊，他们反对沙皇。"[15]

《彼得和阿列克谢》出版于1905年革命爆发之前数月，人们认为它预言了即将到来的危机，因此它一直广受欢迎。

在日记中，尼古拉评论道，《彼得和阿列克谢》写得很好，给人留下了"沉重的"印象。[16]书中有关罗曼诺夫皇朝独裁统治崩溃的世界末日预言必定触动了他的神经。也许仅仅是皇储的名字触动了他。事实上，尼古拉似乎总是很关注曾遇到继承问题的祖辈，例如18世纪初统治俄国的彼得大帝，还有1801年至1825年在位的亚历山大一世。尽管俄国的审查制度很严格，但政府还是允许作家讨论以往统治者的利弊。很显然，尼古拉在内心遭受创伤时从这部书中找到了一些安慰。不过，书中的彼得杀死了儿子阿列克谢，而尼古拉则宁愿放弃皇位也不愿与自己的孩子分离。尼古拉当然也注意到了这个辛酸的差别。通过对他其他方面的了解，我们认为他极有可能和梅列日科夫斯基一样，不喜欢彼得大帝对俄国的改造：他的祖辈践踏了俄国传统，他为此感伤。

在读完“基督与反基督三部曲”后，他又看了梅列日科夫斯基的小说《亚历山大一世》。这部小说对独裁统治满是贬抑之词，并且暗指在亚历山大统治的大部分时间，国事都处理不当。但小说也满含深情地写到了亚历山大的妻子伊丽莎白，以及沙皇的情妇玛丽亚·纳雷什金娜所生的女儿索菲娅。梅列日科夫斯基以温和的笔触描绘了罗曼诺夫家族，例如书中写道，1824年，年幼的索菲娅公主不明白自己的父亲在担忧什么：

> 她直视着他的脸。她能看出他在思考什么，或者刚刚在想什么事情，是个人的事情——也许是发生在她身上的坏事。但是是什么事呢？她突然想起来，3月11日是帕维尔一世的忌日。她知道这对于父亲而言意味着什么。她知道祖父并非自然死亡，而父亲总想着这件事并深受折磨，即使他从未与任何人谈起过。如果她不知道这一切，她也可以猜测。有很多次她想和父亲谈谈，问问他，但她不敢。[17]

梅列日科夫斯基还友善地描写了十二月党人谋划者，1825年亚历山大去世后皇位由弟弟尼古拉继承，他们试图掀起一场彻底的改革，当时有识之士都认为俄国的一切糟透了。其中一位，诗人孔德拉季·雷列耶夫呼喊道：“俄国的孩子们拿下了巴黎，解放了欧洲：向上帝祈祷，他们也将解放俄国！”[18]

整个夏天，尼古拉沉浸在对过去沙皇生活的迷恋中。这些书他并不在晚上读给家人听，也没有迹象表明他与亚历山德拉讨论过这些书，更不用说与他的随从讨论了。但是他想厘清自己的想法，而梅列日科夫斯基对俄国历史的狂热想象帮助他实现了这一目标。

他把这些想法都埋藏在自己心底。

梅列日科夫斯基并不是尼古拉的崇拜者，1907年他还写了一篇只能在法国发表的文章，他在其中写道：

> 我们相信，迟早会响起俄国革命的雷鸣，天使长的小号将在古老的欧洲墓地上响起，昭告死者的复活。[19]

他称：

> 在罗曼诺夫家族中，神秘的诅咒如同在阿特雷德家族中一样代代相传。通奸与谋杀层出不穷，鲜血浸染着泥土——“悲剧的第五幕发生在宽容之家中”。彼得杀了他的儿子，亚历山大一世杀了他的父亲，叶卡捷琳娜二世杀了她的丈夫……上帝涂在沙皇额头上的圣油化作了诅咒，变成了该隐的标记。[20]

这种放肆的分析提出了一个问题，即罗曼诺夫皇朝是否适合继续统治俄国。尼古拉自己也在N. K. 希尔德关于保罗皇帝的历史专著中寻找答案。保罗从1796年开始统治俄国，直到五年后他被暗杀。[21]这部作品着重讨论了保罗的母亲，1762年登基的叶卡捷琳娜大帝。叶卡捷琳娜在密谋杀害了丈夫彼得三世，也就是保罗的父亲之后，成为女皇。希尔德研究了这三位君主，并得出结论，认为只有叶卡捷琳娜值得人们尊重，尽管她获得皇位的方式很糟糕。虽然他认为保罗不及母亲，是一个不合格的继位者，但他也指出，保罗对母亲的政策的改变使她的基本成就得以保全。他认为，保罗未能履行君主的“神圣职责”，仅将俄国人民视为奴隶。因此，他被一群心怀不满的前军官暗杀也就不值得可怜了——用希尔德的话说，他“想为自己建造一座坚不可摧的皇宫，但最终反而自掘坟墓”。[22]该著作认为，唯一的遗憾是保罗的儿子和继承人亚历山大一世没有达到公众的期望，特别是当他任命严肃的阿列克谢·阿拉克切耶夫做参谋长时。阿拉克切耶夫努力将俄国变成了一座大军营。希尔德认为，这播下了1825年十二月党人起义的种子，而克里米亚战争的耻辱令这颗种子萌芽。[23]

尼古拉简单明了地评论道：“非常有趣。”[24]希尔德是赞同进行某种改革的。但并没有迹象表明尼古拉支持他的观点。他更有可能只是被家族内几代人的冲突及其政治影响的传奇故事所吸引。他对如何治理国家的看法仍然没有变。

不读有关罗曼诺夫皇朝的书时，他经常选择读一些以监禁、救援或逃脱为主题的书。其中有几本是关于法国大革命的。1917年至1918年那个冬天，他转而阅读维克多·雨果的《九三年》，这是一部17世纪90年代末保王党反抗共和国那一时期的小说。[25]其中叛军领导人是在布列塔尼下船登陆的朗德纳克侯爵。在巴黎，马克西米利安·罗伯斯庇尔领导的政府派遣指挥官戈万对付他。[26]朗德纳克侯爵被捕但又逃脱了。尽管雨果显然很同情革命，反对在断头台上被处死的路易十六，但他也用同情的笔墨描写了朗德纳克和其他保王党人士。戈万未能严格奉行政府的政策，有意协助朗德纳克从监狱中逃走。在接下来的危机中，当局以叛国罪起诉戈万，并处决了他。[27]虽然尼古拉一定被朗德纳克无私的英雄主义精神感动，但他肯定也对雨果描绘的革命愿景感到不安。尼古拉本人便是自由、平等和博爱之梦的受害者。

他读的另一本关于监禁和创伤的书是大仲马写的《基督山伯爵》。故事的背景是拿破仑“百日王朝”时期。主角爱德蒙·邓蒂斯被错判监禁，关押于伊夫堡。在绝望将要自杀时，他结识了一名临终的囚犯，这名囚犯向他透露了基督山岛上一大批宝藏的埋藏地点。他爬进了这名囚犯的棺材，借此逃出了监狱。破棺而出后，他恢复了自由。他做的第一件事便是找到宝藏，成为富翁。随后，他返回法国，找到了那些陷害他、使他入狱的人，并通过一系列复杂的伪装和诡计报复了他们。邓蒂斯的怒火渐渐平息，他常常控制自己，避免对敌人下狠手。大仲马的小说探讨了虐待、狡诈、决心和徒劳的复仇这些主题。我们怀疑尼古拉是否愿意像邓蒂斯那样原谅自己的敌人，甚至不计较他们犯下的错误。他可能更喜欢承受着巨大压力的高尚者的形象。尼古拉决心以坚忍的心态面对重重困难。

第十一章

克伦斯基左右为难

临时政府匆忙印制了一本匿名人士撰写的尼古拉小传，以防公众还对他保留着美好的回忆。书中有一份很长的指控。尼古拉被描绘成一个没受过良好教育的傲慢之人。据说他只在部队接受过职业训练，服役内容仅仅是穿上军装。因此，俄国在1905年变成了一个“武装阵营”，而尼古拉同意进行政治改革，但1907年他又单方面修改选举法推翻了之前的改革。人们指控他任命无赖担任大臣，又提拔了“酗酒、肮脏、无知的冒险家格里高利·拉斯普京”。这本册子上还怀疑他默许拉斯普京和皇后私通。它描写米留可夫、克伦斯基和奇赫伊泽如何在杜马高呼反对尼古拉。册子上说，尼古拉培养了“整整一代刽子手”，是“暴君中的暴君”。唯一令人惊讶的是，他走下皇位时并没有开枪自杀。相反，虽然过去的臣民鄙视他，他却种花，在花园里散步。[1]

内阁部长和苏维埃领导人争相将罗曼诺夫皇朝的雕像和匾额

从公共场所移除。[2]即便如此，布尔什维克和其他人仍然对内阁过于放纵“血腥的尼古拉”颇有意见，他们写了数十篇/本文章和小册子，指责前皇帝默许德国占领俄国。[3]克伦斯基对可能出现的麻烦非常警醒。他被指责为反革命者，非常痛苦。布尔什维克进入了在沙皇村执行任务的军队，加重了这种偏执的气氛。即使是一件小事，也可能加剧局势的紧张。当一辆汽车不小心跨越了沙皇村花园的边界时，人们会很恐慌，担心它可能企图将前皇帝从禁闭区域带走。沙皇村的驻军一直支持临时政府，他们认为临时政府的部长们可能打算让他们去替换掉彼得格勒那些不守规矩的士兵。[4]

在四月危机爆发之前，克伦斯基便是临时政府中冉冉升起的明星，当时外交部长帕维尔·米留可夫被人举报，说他向其他盟国政府发电报，重申俄国在1915年与英法签订的秘密条约中对战争目标所做的承诺。其中包括俄国获得对达达尼尔海峡的控制权。由孟什维克和社会革命党领导的彼得格勒苏维埃给予了内阁支持——内阁是经过首都和其他地方的苏维埃同意才建立的——条件是内阁部长们维持全面的民主自由，并采取防御性军事战略。米留可夫的事打破了内阁与彼得格勒苏维埃之间形成的相互谅解，于是人们走上街头示威反对他。自从该月早些时候列宁从瑞士返回俄国以后，布尔什维克中央委员会便一直致力于推翻临时政府。列宁指责孟什维克和社会革命党人容许李沃夫内阁存在，认为这是向资本主义屈服，他还用米留可夫的电报来证明，内阁部长们与西方同盟国勾结，策划着帝国主义阴谋，这些西方国家与俄国及世界劳动人民的根本利益是对立的。

随着米留可夫和古奇科夫辞职，以及由彼得格勒苏维埃中的孟什维克和社会革命党领导人组成的新执政联盟建立，政治紧急状态结束了。人们明白，俄国将受到临时政府和苏维埃“双重权力”的管制。虽然李沃夫仍然是总理，但事实上，被提升为陆军和海军部部长的克伦斯基为国际关系和军事行动方面的决策注入了很多活力。社会革命党领袖维克托·切尔诺夫作为农业部长，在农业政策中愈加限制地主阶级的利益；富有影响力的孟什维克伊拉克利·采列捷利和马特维·斯科别列夫放松了对劳工运动的限制。克伦斯基在乌克兰东线奥匈帝国的部分地区发起了新的攻势。

接替米留可夫担任外交部长的是米哈伊尔·捷列先科。他是进步党人，也是一名富有的金融家，他继续执行将罗曼诺夫一家流放海外的计划。原先从摩尔曼斯克乘船离开的计划已经不可能实现了，因为彼得格勒苏维埃不会允许罗曼诺夫一家乘坐北部铁路到达白海。捷列先科认为，先把他们送到芬兰，再送他们从斯堪的纳维亚港口渡过北海也许更好。他和布坎南大使讨论了这些路线。[5]他们也不知道罗曼诺夫一家要如何进入芬兰领土。尽管芬兰大公国距离彼得格勒只有三十英里，但这段旅程仍需经过俄国铁路，而铁路网由苏维埃官员控制审查。如果从摩尔曼斯克离开的计划很难执行，那么从俄芬边境小镇特里约基出发的策略也很难行得通。但捷列先科尽力保持乐观，他从米留可夫那里接过了一个烫手山芋，他希望能找到解决办法。

乔治五世在考虑过接收罗曼诺夫一家可能对自己和温莎家族产生的影响后，便不像之前那样欢迎他们了。最初他曾想将表弟尼古拉安置在巴尔莫勒尔堡，但他很快又犹豫了。6月初，布坎南情绪激动地找到了捷列先科。他眼中含着泪水，请捷列先科读一封外交部常务次官查尔斯·哈丁爵士写给他的信。事实上，哈丁正在撤回他们的庇护邀请。他认为，临时政府都怀疑前沙皇对抗德国的决心，乔治五世又怎么能够欢迎他。[6]这样一来，所有流亡海外的计划都破产了，除非丹麦政府向皇太后和她的女儿们伸出援手。鉴于奥尔加大公夫人正有孕在身，玛丽亚·费奥多罗芙娜拒绝了。像大多数人一样，罗曼诺夫家族毫不知晓他们正面临着日益严重的生存危机。[7]

捷列先科将消息告知李沃夫和克伦斯基。临时政府把这个问题列入议程，但它太敏感，讨论时甚至不允许会议记录员在场。部长们认为，如果罗曼诺夫一家不能去英国，他们至少应该离开沙皇村。克伦斯基负责解决这个问题，起初他打算将尼古拉和他的家人转移到其亲属米哈伊尔·亚历山德罗维奇和尼古拉·米哈伊洛维奇的一处宅邸中。但三思后，他放弃了这个想法。他意识到，在转移途中，如果遇到憎恨皇室的工人和农民，他们就危险了。如果将他们转移到皇太后所在的克里米亚，也会遇到同样的危险。[8]

俄国军队在东线取得了胜利，但随后德军从北部紧急调来增援部队，同盟国占领的乌克兰领土更多了。因此布尔什维克组织了一场示威活动，反对临时政府，包括其孟什维克和社会革命党人的部长们。为了防止布尔什维克势力增长，孟什维克和社会革命党人也参加了示威活动，并试图将其转变为支持己方的活动。6月，前方军事攻势未能突破东线的消息传来，布尔什维克又组织了反政府示威活动。内阁认为这些活动实际上是政变的前奏，因此颁布命令，禁止在首都街头示威。但当立宪民主党的部长们也走上街头，抗议政府对乌克兰的自治要求妥协让步时，临时政府内部开始分化。7月中旬，彼得格勒处于动荡之中，军队前来驱散布尔什维克领导的示威人群。一些公布出来的文件称，布尔什维克已收到了德国的资助。政府发布了逮捕列宁和其他布尔什维克领导人的命令。

尼古拉得知彼得格勒出现的紧急情况后十分恐惧，他在7月18日的日记中写道：

> 今天一上午都在下雨，但下午两点前天晴了。晚上凉快多了。我像往常一样度过这一天。在彼得格勒，混乱已经持续了几天，还发生了枪击事件。昨天，许多从喀琅施塔得来的水手和士兵参加了示威，反对临时政府。局面完全混乱！但能够控制这场运动并制止荒唐和流血的人在哪里呢？众恶的种子不在俄国别的地方，就在彼得格勒。[9]

他仍然相信，领导能力和镇压措施总能压制街头的抗议活动。他还认为彼得格勒是俄国所有困境的根源：他从未想到，全国各地越来越多的民众都和示威者一样内心充斥着对现状的不满。这次的革命危机实际上是全俄国的危机。

在李沃夫辞职，克伦斯基晋升为总理以后，临时政府才得以幸免于难。克伦斯基延续了之前联盟的经济和社会政策，但他的内阁没有孟什维克和社会革命党人参与，因为他们正着力提高自己在苏维埃中的地位。虽然克伦斯基也是社会革命党人，但他致力于让所有社会主义政党服从临时政府；他还在军队中恢复了死刑，并任命科尔尼洛夫将军为总司令，和他一起商讨如何靠军队恢复首都的政治秩序。

除了许多重大问题外，克伦斯基也不敢忽视罗曼诺夫一家的问题，虽然英国拒绝了他们流亡海外的请求，但临时政府依然得负起安置他们的责任。英国仍然是俄国的盟友，尽管许多英国人憎恨尼古拉，认为他是一位血腥的暴君，但其他人依然非常关心罗曼诺夫一家的命运。报纸一直充斥着大量他们遭受监禁的报道和谣言。克伦斯基迫切需要获得西方的金融信贷和战略合作，因此他必须向世人证明，俄国能够在东线取得胜利，同时也能够遵照合法程序行事。他已经不由自主地成为尼古拉的守护者，而且他知道如果他们一家发生了任何可怕的事，他和内阁都将付出沉重的代价。彼得格勒最近的动荡表明，他无法再保证他们在亚历山大宫的安全了。如果街头再次出现动乱，流血事件可能会蔓延到附近的沙皇村。许多人依然对尼古拉怀有强烈的敌意，克伦斯基很清楚，一支失控的分遣队可以非常轻松地冲破亚历山大宫的大门。

克伦斯基决定，必须为他们找一个新的监禁地。罗曼诺夫家族的所有成员安静地居住在全国各地。尼古拉的弟弟米哈伊尔在放弃皇位后搬到附近的加特契纳居住，因为临时政府相信他不会给政治局面带来危害，所以他得以平静地生活。

他们的母亲玛丽亚·费奥多罗芙娜皇太后希望住在基辅，但内阁不希望任何一位皇室成员居住在大城市，成为争议的焦点。因此她最好向南前往克里米亚的艾托多，在那里的宅邸居住。尼古拉·尼古拉耶维奇大公在二月革命中失去军职，此后便在附近居住。[10]克里米亚半岛逐渐成为皇室成员的聚集地，米哈伊尔大公也想在复活节后搬到那里。一想到这一点，他便情绪高涨。他对母亲说："我认为，在艾托多你会发现自己更容易应付一切。"但他也催促她认真考虑流亡这件事，并推荐了丹麦作为理想目的地。[11]与此同时，克里米亚成了自称"三十三人党"的组织和其他拥护君主制的积极分子的基地，他们能够使用柴拉的电报局。如果尼古拉搬到那里，他的出现必然令这些人更为兴奋。鉴于可能出现麻烦，塞瓦斯托波尔政府向雅尔塔派遣了一个武装调查委员会。最终，人们决定将罗曼诺夫一家所有的电话和电报线路都切断。尽管如此，在一个名为“期盼沙皇和圣洁俄国”的所谓中央委员会的主持下，支持沙皇制度的活动仍在继续进行，而克里米亚仍然是备受官方关注的地方。[12]

最终决定权在临时政府手中——罗曼诺夫一家早已不能随心所欲了。克伦斯基本人必须谨慎行事，即使能找到忠诚的部队和铁路人员将他们送到摩尔曼斯克并送上英国军舰——当然这不太可能发生——他也无意再让尼古拉及其家人出国流亡了。他手头的事务繁多，布尔什维克指责他是背叛革命事业的拿破仑，他们利用一切机会谴责他对罗曼诺夫一家过于纵容。与此同时，克伦斯基也不能让尼古拉、亚历山德拉和他们的孩子搬到克里米亚。临时政府不得不继续做他们的监护人。此时，通信、交通和行政管理都处于混乱状态，艾托多离彼得格勒实在太远了。但是可以把他们送去哪里呢？

第十二章
遥远的转移

克伦斯基从政治和地理方面考虑这个问题，他咨询了到首都来参加政治委员会议的托博尔斯克省政委V. N. 皮尼亚蒂。西伯利亚西部的托博尔斯克是一座安静偏远的小镇，没有受到大城市骚动的影响。这座小镇似乎是关押罗曼诺夫一家的理想场所。[1]首先，克伦斯基预先派前杜马代表瓦西里·韦尔希宁和社会革命党工程师帕维尔·马卡罗夫调查当地情况。克伦斯基一收到他们发来的确认报告，立马批准将罗曼诺夫一家转移到托博尔斯克。[2]

他知道在将罗曼诺夫一家送到托博尔斯克途中，武装护送人员可能会遇到麻烦。沙皇村的军队不信任科贝林斯基，他们任命了一位名为多莫江茨的亚美尼亚裔少尉为政委，监督对罗曼诺夫一家的看管。虽然科贝林斯基认为他粗鲁无比，但也无法改变这一决定。沙皇一家待在花园时，多莫江茨也永远会现身。他还想尽办法混入皇宫。此外，他对沙皇一家态度粗鲁，并且和他之前的同事一样，拒绝与尼古拉握手。当苏维埃主席告知克伦斯基他们要任命多莫江茨时，克伦斯基惊呼："是的，我知道。但是除了这个笨蛋、白痴和恶棍之外，你肯定能选出其他人。"但是克伦斯基和科贝林斯基一样，对此无能为力。沙皇村的权力掌握在苏维埃手中。多莫江茨告诉部队，执勤时不要理睬皇帝的攀谈。这令科贝林斯基非常恼怒，他让尼古拉不要再问候任何士兵，尼古拉听从了。科贝林斯基和尼古拉都认为，他们需要在皇宫内外维护平静的气氛。[3]

克伦斯基要求科贝林斯基接任托博尔斯克的军事指挥官，并安排他俩与沙皇村苏维埃主席及军事部门负责人谈话。他要求所有人发誓保持沉默，然后透露了将在下周让科贝林斯基护送罗曼诺夫一家转移。克伦斯基分别与另外两人谈话：他想确保当地所有的"民主组织"继续支持临时政府。虽然他相信科贝林斯基会遵守这封信的要求，但他在任期间学会了谨慎行事，他甚至拒绝告诉科贝林斯基沙皇一家将被送往哪里。整个行动笼罩在神秘气氛之中。离开的日期愈来愈近，克伦斯基只是让每个人都穿上保暖的衣服。[4]

离开前几天，克伦斯基命令科贝林斯基挑选负责这次行动的人员。科贝林斯基知道这个命令很不切实际。理论上说，他可以从沙皇村的三个团中挑选任何人，但是实际上他早已不能够随心所欲地选择。团指挥官再也不能向他的部队下达命令了。士兵委员会掌握着权力。因此科贝林斯基决定妥协。在指派给每个连队的五名军官中，士兵委员会可以挑选两名。[5]第四团的委员会告诉他，他们已经选了杰孔斯基少尉，此人曾率先反对将驻军部署到前线。他们似乎也知道罗曼诺夫一家要前往哪里。很显然，他们有秘密的消息来源。这一决定对科贝林斯基来说太过分了，他前去要求克伦斯基在他和杰孔斯基之间做出选择。克伦斯基很恼火，将杰孔斯基从名单中删除了，但这样做的代价就是，许多官兵拒绝加入分遣队，而可以替补他们的官兵，至少在科贝林斯基看来，素质太低了。[6]

就在科贝林斯基将指挥军事人员行动时，社会革命党人帕维尔·马卡罗夫被任命为临时政府的政委——克伦斯基不希望科贝林斯基无人监督或只留下马卡罗夫作为他的眼线。因此，他派韦尔希宁陪他。尼古拉的密友伊利亚·塔季谢夫伯爵发现马卡罗夫是一位社会革命党人时，不禁笑出了声。[7]这是阴郁气氛中难得的轻松时刻(塔季谢夫也没有解释他为什么觉得这事如此滑稽)。克伦斯基保证，博特金将作为尼古拉的私人医生陪同他，而弗拉基米尔·杰列文科将担任军医。[8]此时科贝林斯基才知道，他们将要前往西伯利亚的托博尔斯克镇，但他不能将此事告诉沙皇一家。尼古拉表现得很有耐心。他唯一的要求是将圣母像的支座带上列车，以便他们在阿列克谢生日那天使用它，但即使这样一个小小的要求也必须得到军队的批准。[9]

克伦斯基告诉皇帝他们即将前往新的居住地，并请他明白，这么做是为他的家人好。他还问："您相信我吗？"尼古拉回答说："我相信。"[10]到目前为止，克伦斯基和尼古拉之间的关系日益密切。尼古拉对布克斯赫韦登男爵夫人说："我当然不同意他的政治观点。他一直都是社会主义者，他从不掩饰这一点。但他是个爱国者，热爱俄国。"[11]

即便如此，克伦斯基仍然很谨慎地向尼古拉透露信息。他并没有透露此行的目的地，因为他担心消息会泄露给那些痛恨君主制的人，引发他们的攻击。(显然他不担心君主制的拥护者会展开营救。)他向尼古拉保证，尼古拉不需要担心。尼古拉依旧坚忍："我并不担心。我们相信你。如果你说我们需要离开，那我们就是真的需要离开。我们相信你。”[12]尼古拉安慰自己，只要举行了立宪会议选举，政治局势平静下来，他便能够回到沙皇村或在他们可能喜欢的其他地方定居。[13]离开前的三四天，克伦斯基建议沙皇一家带上更多暖和的衣服，他不希望他们挨冻。[14]人们因此猜测，沙皇一家将被送往西伯利亚的某个地方。当然，他们猜对了。

根据克伦斯基的建议，尼古拉缩小了随行人员的规模，让一部分主要的廷臣告老归乡。伊丽莎白・纳雷什金娜感染了肺炎，病得太重无法长途跋涉。帕维尔・本肯多夫多年来一直忠诚地服侍着尼古拉，但他年事已高，身体也不好，他的妻子身体状况也很糟糕。因此尼古拉决定让伊利亚・塔季谢夫接任本肯多夫。塔季谢夫通过克伦斯基和帕维尔・马卡罗夫收到了消息：“这让我很惊讶：毕竟，我不是廷臣。但是，只要君主有这样的意愿，我就不应犹豫，因为按君主的意愿行事是我的责任。”[15]塔季谢夫并不知道，尼古拉的第一选择其实是基里尔・纳雷什金，但纳雷什金请求给他二十四个小时考虑一下，尼古拉便决定找一个不那么犹豫的人。塔季谢夫唯一想知道的是，这个决定是尼古拉还是克伦斯基做的。当得知是尼古拉提出的，他立刻答应了。[16]

按照计划，罗曼诺夫一家将在8月13日深夜十一点离开沙皇村。克伦斯基在向科贝林斯基组建的分遣队致辞时，与往常一样情绪激动地说道：

> 你们一直在这里负责守卫沙皇一家。现在你们必须接过托博尔斯克的守卫工作。根据部长会议的决议，沙皇一家将被转移到那里。请记住：当一个人倒在地上时，没有人会再去打

他。你们要行为得体，不要蛮横行事。物资将按照彼得格勒地区的价格发放。我们会给你们每个人提供烟草和肥皂。你们会按日获得报酬。

克伦斯基还有许多事务要处理，因此没有视察分遣队里所有的团。有的团军装比其他团要差，科贝林斯基也注意到，有些官兵军容不整，显得士气低落。他对克伦斯基在这个过程中的粗心感到遗憾，后来他声称，这种现象在离开沙皇村后几个月便带来了后果。[17]

尼古拉的弟弟米哈伊尔来到皇宫向他告别。他偶然听说他们正计划离开，便急忙赶来看看发生了什么。有传言称，克伦斯基想让他们搬去科斯特罗马。[18]午夜时分，克伦斯基来阻止米哈伊尔见他的哥哥。[19]但是很快他又答应了，允许米哈伊尔去见尼古拉。他采取的唯一预防措施是和他的少尉一起留在房间，并命令他们说："交谈！"[20]与此同时，皇储待在门后面，听自己的叔叔和父亲说话。[21]谈话持续了十分钟，主要谈健康。[22]后来尼古拉告诉索菲娅·布克斯赫韦登：

想象一下，克伦斯基刚和米沙一起赶来。我们太激动了，都来不及互诉衷肠。克伦斯基双手捂住耳朵，坐在我办公室的另一头。我弟弟平静地说："你已经理解我了。"我不明白他的举动，但那时我又能对他说什么呢？所以我说："上帝保佑你。"我们拥抱了彼此。[23]

无论如何，这次经历令米哈伊尔相信，从3月份以来他支持母亲流亡海外的想法是对的：罗曼诺夫一家面临的局势越来越紧张，他们的未来看起来很暗淡。[24]

沙皇一家心神不安，博特金医生尽力让他们服下药片，镇静心神。[25]随从们前往火车站，但几个小时过去了，都不见其他人从亚历山大宫前来。列车上的供给够用五天，因此沙皇一家猜测他们一定是前往西伯利亚。[26]早上六点，一辆载有克伦斯基和科贝林斯基的豪华轿车驶来，预告着行程即将开始。科贝林斯基拿着一张纸，上面写道："遵守科贝林斯基上校的命令，他的命令即我的命令。亚历山大·克伦斯基。"[27]他还带来了一大笔资金，用于支付沙皇一家和随行人员的工资与生活费用：克伦斯基希望他们能够在那里安居。[28]

一支携带着步枪的部队整装待发。除此之外，车站没有任何其他人，因为转移罗曼诺夫一家是秘密行动。克伦斯基表现得很得体，就好像二月革命根本没有发生一样。他简单地对尼古拉说："再见，陛下。"他一如既往地亲吻了亚历山德拉的手。[29]陪伴一家人前往站台的是多尔戈鲁科夫、本肯多夫和一群敬业的军官。站台停着两列火车，罗曼诺夫一家全坐在第一列火车上。韦尔希宁作为克伦斯基的眼线，也登上了列车。沙皇村卫戍部队中的叶菲莫夫少尉也在场。克伦斯基必须确保自己不会招致任何有损革命利益的嫌疑。[30]罗曼诺夫家的每一位成员及其随从都在列车上有单独的隔间，还配了专用的餐车。[31]8月14日天蒙蒙亮时，发动机喷出蒸汽，他们的旅程开始了。再也无须等待后，罗曼诺夫一家的心情放松了，他们期待到达目的地并在那里安静生活。

列车向乌拉尔的彼尔姆方向驶去。火车头上挂着一面日本国旗，以这种奇怪的方式试图避开他人注意。但这只会引起不必要的关注。铁路工人联盟的积极分子登上列车大嚷大闹，直到韦尔希宁向他们挥舞克伦斯基所签署命令的副本时，他们才消停。[32]白天当列车在沿途小站停靠时，罗曼诺夫一家会获许走出隔间伸展一下身体。但列车不能在城镇停靠。[33]途中，前皇后坚持在她的车厢中单独与皇储用餐。[34]其他家庭成员更愿意借此机会深入俄国体验一番，这对所有人来说都是新鲜的。西德尼·吉布斯要求阿纳斯塔西娅在接下来的几周里用英语写一篇作文，她便描写了列车半路停靠在一座小房子附近，有一个小男孩走近他们的车厢向她索要报纸。小男孩称呼她为“叔叔”。阿纳斯塔西娅甜甜地回答说她没有报纸，并说她是阿姨，不是叔叔。随后她记起来自己刚剪了头发，所以看起来不那么像女孩子了。这件事引得身旁士兵们一阵笑。[35]

8月17日晚，列车驶入了秋明市。[36]罗曼诺夫一家在护送下转移上了两艘渡轮，“罗斯号”和“科尔米列茨号”。前一艘更为舒适，罗曼诺夫一家便搭乘它沿河前往托博尔斯克。向北行驶途中，渡轮经过波克罗夫斯科耶。这勾起了皇后伤感的回忆:“这里就是格里高利·叶菲莫维奇(·拉斯普京)生活过的地方。他曾经在这条河上捕鱼，有时还会把鱼送到沙皇村。”[37]

8月19日，当渡轮到达托博尔斯克码头时，马卡罗夫和韦尔希宁带着随从阿列克谢·沃尔科夫前去察看总督官邸。这里正如克伦斯基所希望的那样，可以为罗曼诺夫一家提供足够的空间与舒适僻静的环境。在二月革命之前，这里一直是总督尼古拉·奥尔多夫斯基-塔纳耶夫斯基的官邸。马路对面是一座大宅子，房主是一位叫科尔尼洛夫的商人。随从大部分将在那里居住。[38]马卡罗夫和他的同伴发现，人们对罗曼诺夫一家的到来并没有做好准备，官邸中一团糟。沃尔科夫要求在罗曼诺夫一家搬进来之前对房子进行大规模整修。马卡罗夫和韦尔希宁都表示同意，罗曼诺夫一家获许继续在船上住一周，直到整修完成。[39]镇上的居民都挤在码头上，希望能一睹名流风采。[40]克伦斯基始终把罗曼诺夫一家的事情放在心上。他命令马卡罗夫和韦尔希宁确保宫女玛格丽塔·希特罗沃远离总督官邸。其他来自彼得格勒的访客也应该受到拦阻。[41]

一切都按照合理的程序进行，尼古拉按要求签署了一份宣誓陈述书，说明从沙皇村一直到抵达托博尔斯克所有事情都得到了妥善处理。[42]罗曼诺夫家大多数成员都能毫不费力地从船上走到码头；只有皇后和阿列克谢例外，两人都身体虚弱，不得不被人抬着走。[43]随后，一辆轿车将尼古拉和女儿塔季扬娜先送到官邸中，他们将在那里度过未来的六个月。其余的家庭成员很快也被陆续接走。[44]

第十三章

目的地托博尔斯克

尼古拉查看过去的日记，惊讶地发现自己在1891年前往西伯利亚时访问过托博尔斯克。他在这座城镇待了几个小时，而他对此已经毫无印象。他从日记中发现，当时一队法国官兵曾在喀琅施塔得附近驻扎。[1]

虽然克伦斯基从来没有去过托博尔斯克，但他知道它拥有省首府的优势，有发达的电报网，同时又是一座安静偏远的小城镇。这里只有两万多居民，家家户户都彼此很了解。托博尔斯克的吸引力恰恰在于它远离人口集中的大城市。当年规划西伯利亚大铁路线路时忽略了这座城镇，因此最近的车站在它北边一百五十英里处，位于秋明市。在克伦斯基眼中，这是一个明显的优势，极大降低了有人前来营救罗曼诺夫一家的风险。叶卡捷琳堡和车里雅宾斯克等城市在19世纪90年代初铺设了西伯利亚大铁路的第一条轨道后，便迎来了人口与工业的飞速发展，而托博尔斯克还是一副三个世纪前叶尔马克和他的哥萨克骑兵开始征服西伯利亚时的市镇模样。古老帝国的重要城市都在发生巨大的经济文化变化，但在这里，人们还丝毫感受不到。[2]

少数来到托博尔斯克的外国人觉得它景致一般，生活也不够舒适。这里只有两家像样的酒店。街道没有铺砌，污水处理系统还很原始；下雨的时候，人们不得不在泥水中铺设木板。[3]但是这座小镇也辉煌过，它的大教堂俯瞰着住宅和商业街。这里还有二十多座教堂，有着雪白整洁的墙壁和金色的圆顶。商人和神父忙忙碌碌。一年一度的皮草展历史悠久，举办至今，猎人们将皮草带到市场上和商家讨价还价。（即便如此，来自秋明和南方的竞争越来越激烈，而秋明的优势便在于它拥有铁路线。）这里的人口较为固定，与外界交流很少。唯一一群新来的移民是两万五千名农民。他们从俄国和乌克兰长途跋涉来到这里，根据首相彼得·斯托雷平制订的战前计划，他们每个人可以清理四十英亩森林或灌木丛，在上面种庄稼，他们无须像以前那样向地主支付租金。他们很快便建起了小房子，售卖皮草、坚果和手工制品，同时还开始做农业生意。[4]

托博尔斯克目前还没有工业，因为这里不像西伯利亚其他地方一样能开采到有价值的矿产。农业劳作方式与几个世纪前大致相同。唯一例外的是乳制品生产有了创新。这里的第一家黄油工厂成立于1894年，到一战之初，这里已经有一千二百家黄油厂。[5]

当地政府有时也考虑与世界接轨。俄国的两条大河额尔齐斯河和托博尔河就在这里的群山间汇合，随后汇成更为宽广的额尔齐斯河，一路向北流入北冰洋。英国人在19世纪末开辟了进入西伯利亚北部的贸易路线，1876年，“路易莎号”轮船从赫尔运来了铁、糖和橄榄油。[6]托博尔斯克年纪大的人曾希望这将结束这座城镇与世隔绝的历史，迎来经济的现代化和增长。如果建起便利的交通设施，毫无疑问这里的森林资源将对世界市场上的瑞典木材造成巨大冲击。畜牧业和渔业也是如此。在南部靠近秋明的地方还发现了铁矿，西西伯利亚的长期经济前景看起来很光明。[7]

不幸的是，尽管托博尔斯克当局希望获得帮助，让船能从北方驶出并与欧洲增强联系，但帝国政府无视了他们的请求。在“路易莎号”之后，除了一些挪威轮船经常向南来到托博尔斯克之外，几乎没有任何货船或客船来到这里，外国公司也渐渐不愿前来。托博尔斯克几乎不为俄国以外的世界知道。尽管西伯利亚大铁路的建设增加了托博尔斯克和秋明之间的货物和人员流动，但它的贸易对象主要是当地或其他国内城镇。然而，几个世纪以来，河流水运始终都是最快的交通方式。不过在高纬度的北部地区，气候条件使从11月到4月乘船旅行变得不切实际，因为在此期间整个水域都覆盖着厚厚的冰层。在西伯利亚漫长的冬季，托博尔斯克变成了一个积雪覆盖的自治市，人们只能沿着托博尔河北岸乘坐马拉的雪橇或推车到达这里。[8]

托博尔斯克漫长而严酷的冬季、偏远的地理位置使它为俄帝国最大的监狱之一提供了完美的地点。托博尔斯克中心监狱关押着许多参与革命活动的犯人。1904年至1905年日俄战争中萨哈林岛（库页岛）被日本占领之后，这里便充斥着更多的囚犯，因为没法再把他们关押在太平洋沿岸。[9]一眼望去，监狱连同“五头”大教堂和当地财政部门一起，占据了这里的主广场。在劳动改造监狱内部，纪律严格，惩罚严厉。层层高墙将牢房与白色外墙隔开，很少有囚犯能成功逃脱。[10]1905年至1906年革命紧急状态出现之后，托博尔斯克中心监狱的条件愈加恶劣，监狱长伊万·莫吉列夫以严酷镇压反抗的囚犯而闻名。他经常反复鞭打囚犯。在囚犯发起一次集体抗议后，他将十六名男子绞死并埋在监狱里。1917年二月革命前的十年里，大众渐渐知晓了这里囚犯抗议的消息，托博尔斯克中心监狱变得臭名昭著，即使是以沙皇专制的严苛标准来看，也是如此。[11]

这座小镇也是传统的政治流亡地。[12]事实上，许多流亡者在刑期结束后依然选择留在托博尔斯克。1867年全国起义被镇压后，大批波兰人被送到这里，因此该镇留下了大量波兰少数民族族裔。[13]

尼古拉二世退位后，临时政府下令大赦所有政治犯，普通罪犯也被释放了。当地的狱卒和警察在恐慌中逃走了。市区经历了一场动乱后再次恢复平静，小镇也回到了比以往更稳定的状态。然而每个人都记得这里的历史。克伦斯基明白，送尼古拉去托博尔斯克，对以往遭他关押隔离的敌人来说就像一种正义报应。对克伦斯基来说，这样做给他带来了政治上的好处，他不能再让人们控诉他过于纵容罗曼诺夫一家了。即便如此，他也无意将他们关进监狱，更不用说惩罚他们了。相反，这个做法是为了维护他们的尊严，尽管他们已经不在亚历山大宫了。他们将受到保护，免受身体上的伤害。因此，沙皇村已不再是关押他们的合适地方了。根据韦尔希宁和马卡罗夫的报告，克伦斯基得知，1917年夏天托博尔斯克是一座异常安静的俄国小镇。这里唯一一次变得喧闹还是在很多年前，拉斯普京离开首都后曾在这里休憩了一段时间。他夜夜酗酒，并与许多当地女子嫖欢。他还同意接受一名地区监督员做东正教神父，他甚至把一个叫瓦尔纳瓦的当地无赖提拔为主教。[14]

这些听起来很久远，当地的政治领导人正努力让这座小镇不再与拉斯普京扯上关系。城市管理继续运作。在经济方面，托博尔斯克与国内其他地区没有太多联系，相较于彼得格勒、莫斯科以及其他那些粮食供应已枯竭的大型工业中心城市，这里居民的生活水平略高一些。农民在市场上售卖自家的农产品，这里的部队比其他地方的都更有秩序，人民也遵纪守法。这里已经选出了苏维埃，但布尔什维克的势力微不足道，该镇的工人运动主要由社会革命党人和孟什维克领导。

临时政府有充分的理由相信，将罗曼诺夫一家送到托博尔斯克是一个不错的决定。托博尔斯克以外的劳工组织确实不信任克伦斯基的安排。早在8月18日，当罗曼诺夫一家登上秋明至托博尔斯克的轮船时，叶卡捷琳堡地区苏维埃——它尚未被布尔什维克控制——就对这次转移表示了担忧。在写给彼得格勒苏维埃代表大会中央执行委员会的一封信中，他们的领导人汇报说，有谣言称罗曼诺夫一家真正前往的地方是中国的哈尔滨。他们还向西伯利亚大铁路沿线的其他苏维埃发去电报，请他们调查这些谣言并采取一切必要的预防措施。[15]叶卡捷琳堡的社会主义者领导层获得的有关罗曼诺夫一家的位置与转移方向的信息完全是错误的。但是他们的抱怨预示着事态发展：西伯利亚西部和乌拉尔地区的苏维埃决定不能对托博尔斯克的情况置之不理，而应进行干预以保证革命顺利进行。

克伦斯基非常清楚，“地方上的”劳工运动组织能够将事务掌握在自己手中并且藐视政府的特权。伏尔加地区的察里津苏维埃宣布自己是一个独立的共和国，并呼吁其他城市向彼得格勒的内阁发起挑战。由于银行信贷短缺，工厂关闭，农民拒绝向政府采购部门售卖库存的粮食，俄国的经济正在自由落体式地下滑。正常的国家权力机构正在瓦解，警察不复存在，而在东线，军队弃地而走的现象司空见惯。克伦斯基仍然投身盟军事业——他希望能早日战胜德国，即便是必须在法国北部而非波兰或乌克兰取得胜利也无所谓，他的命运与能否取得胜利休戚相关。眼下，将尼古拉和家人送到遥远的西伯利亚首府后，他希望这至少能解决他的一个难题。

第十四章
全权代表潘克拉托夫

经过几周的犹豫不决后，克伦斯基任命了一位全权代表在托博尔斯克照顾罗曼诺夫一家。他最终选择了瓦西里·潘克拉托夫，并传唤他来面谈。潘克拉托夫最初拒绝了邀请，但他的责任感被唤起，他同意了。他挑选了一位副手——亚历山大·尼科尔斯基，此人是社会革命家，和潘克拉托夫一样在西伯利亚流亡过一段时间。[1]他们接受的命令是监督"特遣队对前沙皇及其家人的护卫"。这支由科贝林斯基从第一、第二和第四卫兵步枪团招募的包括三百三十七名士兵和七名军官的分遣队已经抵达托博尔斯克。潘克拉托夫将接任韦尔希宁和马卡罗夫的职务，每两周向克伦斯基发送一份报告。[2]

克伦斯基挖到了一位人才，但其他人暂时还不太看得出来，因为潘克拉托夫没有军事经验，只有献身革命事业的经历。科贝林斯基不太放心。他发现更加令人不安的是，潘克拉托夫年轻时曾为了一个女人在争执中杀了一名警察。[3]事实上，那并不是因为争风吃醋。真相是，潘克拉托夫作为一名年轻的政治活动家，掉进了陷阱。警察正在追捕“人民自由”组织的成员，这个组织在1881年暗杀了亚历山大二世。他没有参与暗杀，但他同情这个组织，因此被列入了逮捕名单。三年后，警察追上他，一场血腥的枪战爆发了，一名警察被潘克拉托夫的手枪击中并受了致命伤。法院毫不留情地判处他十四年监禁，关押在什利谢利堡监狱，出狱后他去西伯利亚流亡了二十七年。

在监狱中，他专心学习以弥补自己所受教育的不足。尽管只接受过最基础的教育，但他非常勤奋地自学。他的文学技巧提高迅速，不久他便以笔名“一介庶民”向一家非官方囚犯组织的杂志投稿。通过描绘自己多年来在谢米扬尼科夫工厂做车床工的经历，他披露了工厂学徒所遭受的虐待。[4]在什利谢利堡监狱服刑结束后，他被流放到雅库茨克的维柳伊斯克。尽管他是一名定罪的犯人，但在那里他获许像地质学家一样接受训练。皇朝覆灭令他重获自由，但他已经深深爱上了西伯利亚的冰、雪、苔原和驯鹿，在长期受监禁后，他享受着大自然和自由的美好滋味。尽管他已饱经沧桑，疲惫不堪，但他还是一个正直的人，仍然想做一些事情来实现自我抱负，但是他显然不太愿意去监督尼古拉，因为他历经艰辛才将尼古拉统治的皇朝彻底推翻。[5]

接受了这份工作后，潘克拉托夫和尼科尔斯基一起离开彼得格勒前往托博尔斯克。他们乘坐火车前往秋明，再换乘轮船前往托博尔斯克，最终于1917年9月14日抵达码头。[6]在托博尔斯克，至少罗曼诺夫一家都不知道将要发生什么。吉利亚尔看不起潘克拉托夫，觉得他是一个老囚，并认为克伦斯基想以这种方式羞辱沙皇。[7]

潘克拉托夫和尼科尔斯基都觉得没必要刻意讨好罗曼诺夫一家。他们是资深的革命者，在沙皇统治下受了很多苦，而尼古拉对潘克拉托夫的第一印象也不太好："临时政府的新政委潘克拉托夫和他的副手，一位衣着邋遢的少尉，一起来到了随从的住所。[潘克拉托夫]看起来像个工人或穷教师。他将担任我们信件的审查员。"[8]

潘克拉托夫和尼科尔斯基开始工作。他们打算在罗曼诺夫一家的居所对面，就是科尔尼洛夫宅邸中征用一些房间。罗曼诺夫一家预料过最坏的情况，现在他们发现自己担心的事情发生了。他们已经习惯了科贝林斯基彬彬有礼的态度，而克伦斯基委派的这位政委看起来只会令他们的生活更糟糕。

事实证明，潘克拉托夫的性格比他们预想的还要复杂。虽然他和罗曼诺夫一家的随从说话时嘴里总叼着一支士兵的香烟，但是与沙皇相处时他破例了。他并不是不吸烟了，而是在与沙皇谈话时把烟拿在手里。这个微妙的差异暗示着，他还是愿意与尼古拉之间建立合作关系。[9]不过，尽管潘克拉托夫态度平和，但尼科尔斯基却一直粗鲁地抱怨："这个[随从]到底为什么能这样自由地走来走去？"尼科尔斯基下令给所有人都拍照并发了卡片，凭卡进入官邸。[10]更重要的是，他坚持要求罗曼诺夫一家也要提供照片。虽然他们喜欢互相拍照，但对这一要求很不高兴。尼科尔斯基的回答直截了当："我们曾经被迫这样做，现在轮到他了。"[11]他斥责阿列克谢透过花园围栏的缝隙偷看，当阿列克谢反驳时，尼科尔斯基明确地告诉阿列克谢，他现在是主人，一个失去世袭权力的家庭不能对他施压。时代已经变了。[12]

罗曼诺夫一家对尼科尔斯基毫无好感。但他们低估了他在平息当地局势方面的作用。尼科尔斯基巧妙地平息了部队的怒气。

在布尔什维克夺取政权之后，如果潘克拉托夫和尼科尔斯基还想维持对局势的控制，那么他们必须阻止托博尔斯克苏维埃干涉总督官邸的事务。尼科尔斯基为此与苏维埃进行了必要的协商。罗曼诺夫一家不知道，尼科尔斯基具有一位外交官的素质。[13]

潘克拉托夫让科贝林斯基组建警卫分遣队后，向他解释了彼得格勒发来的命令。他提到他们必须行事体面，并强调不要把自己看作审判尼古拉二世的法官。他宣布，分遣队的职责将一直持续到立宪会议举行选举。而立宪会议将对罗曼诺夫一家的未来做出明确的决定。[14]军队很欢迎潘克拉托夫，他也很喜爱军队。军队里几乎每个人都不仅仅接受过卫戍部队的训练，不仅仅服役过，还有战斗经验。一开始因为没有住房，许多人不得不住在码头，但他们毫无怨言。潘克拉托夫竭尽全力为他们服务。他还组织许多没有接受过基础教育的人参加学习。他讲授公共事务、自然史、地理和文化史等内容，而尼科尔斯基则讲授会计知识。[15]潘克拉托夫和尼科尔斯基两人的做法体现了传统的俄国政治思想，这种思想认为，如果支持革命的人是文盲，革命就会失败。政治转变的任务必须同时伴随文化进步。

这一举措最初在军队中开展得很顺利，但到了10月份，他们遇到了一些困难，大多数人以为自己已经学到了足够的知识，便离开了。分遣队的其他人开始嘲笑那些留下来继续学习几何的人。[16]

当临时政府安排将家具、地毯和其他物品从沙皇村运来时，潘克拉托夫也遇到了意想不到的问题。[17]1917年10月17日，塔季扬娜·尼古拉耶芙娜写信给玛格丽塔·希特罗沃，信中写到地毯让整个房子变得如此舒适。[18]但行李中的其他物品造成了一些麻烦。有的旅行箱里放着昂贵的葡萄酒。在火车上这是没有问题的，但在秋明换乘轮船时一个箱子摔了一下，里面的酒瓶打破了，每个人都闻到了酒的味道。船上的一名士兵把此事告诉了他的同伴。之前就发生过军兵闯入酒窖拿走酒的事情，这给小城带来了不小的麻烦。突然运送来的新鲜昂贵的葡萄酒有可能引发街头骚乱。如今人们情绪越发激动。[19]

潘克拉托夫向临时政府寻求帮助。他解释说，警卫分遣队对货运很恼火，并怀疑克伦斯基是否曾批准将这些物品运送到托博尔斯克。潘克拉托夫特别对运送大量酒的做法提出了疑问，这些酒已经引发了军官和其他人之间的争执。[20]

在彼得格勒还没有发来指示时，他派军队去守着卸下的货物，并训斥了船上泄露消息的士兵。但运来了一批酒的传言已从驻军传遍了全城。抗议的人群迅速集合，高声呼喊："我们在前线洒热血！"潘克拉托夫派人去请市长和市民兵组织领导人。托博尔斯克苏维埃的主席瓦尔纳科夫医生也来了。潘克拉托夫说，希望民兵把酒带到安全的地方保管。民兵组织领导人对这个想法持怀疑态度，他不信任自己的人。潘克拉托夫的另一个建议是把酒分发给当地的医院。人们对这个建议也嗤之以鼻，他最后说，他不得不担起责任，派总督官邸分遣队里的士兵去解决问题。但是公众不愿意受他恐吓，潘克拉托夫意识到很可能会发生暴力事件。他总结说，必须在"消灭葡萄酒和消灭人之间"做出选择。他的解决方法是命令尼科尔斯基将所有酒都倒入河中。[21]

旁观者对这样浪费陈年佳酿感到震惊。人们喊道："看看一个反复无常的政委会把多少好东西倒进额尔齐斯河！"有人认为这批货物真的是专门为军官准备的。人们对此议论纷纷，要求提供彼得格勒下达指令的证据。人们威胁要将科贝林斯基扣为人质并对总督官邸发动攻击。但潘克拉托夫坚定如磐石。他坚守自己的立场，坚决要求尼科尔斯基遵守他的命令。从沙皇村运来的葡萄酒就这样倒进了西西伯利亚寒冷的深水中。人群的怒气渐渐平息。潘克拉托夫成功了。[22]

外面的局势渐渐达到高潮，而罗曼诺夫一家对此并不知晓。[23]如果问他们的话，他们可能并不会太在意酒的损失，因为他们在饮酒方面很节制。但是随从的态度就不一样了。品尝美酒是他们服侍生涯中所剩不多的一点甜头，因此他们听到这个消息时很沮丧。又一个小小的特权消失了。因此，他们对尼科尔斯基非常反感，当即认定是他而不是潘克拉托夫做出了这个决定，在他们看来，尼科尔斯基如此行事纯粹是出于恶意。[24]同时，所有人都很喜欢潘克拉托夫。罗曼诺夫一家已经渐渐信任了科贝林斯基。现在尼古拉也对潘克拉托夫更加信任。科贝林斯基和潘克拉托夫发现他们与尼古拉的合作挺顺利。这一点也令尼古拉很放心。潘克拉托夫脾气温和，而且愿意接受意见。尽管他有足够的理由因为自己的监禁经历而对罗曼诺夫一家心怀怨恨，但事实证明他是一个高尚的人。

趁着气氛友好，尼古拉请求允许塔季谢夫来托博尔斯克。在得到潘克拉托夫的保证后，克伦斯基立即同意了。但克伦斯基得知玛格丽塔·希特罗沃曾于8月底来过该镇后，感到很不悦。希特罗沃与孩子们的老师阿纳斯塔西娅·根德里科娃以及博特金医生取得了联系，并经科贝林斯基允许，为罗曼诺夫一家带来了礼物，主要是一些糖果和小圣像。但她精神总是高度紧张，很快她便到处对人说，科贝林斯基正在密谋让罗曼诺夫一家陷入悲惨的命运。她歇斯底里的状态引起了注意，当局搜查了她的旅馆房间并逮捕了她。随后她被驱逐到了莫斯科。[25]此时，十位没有透露姓名的君主制拥护者计划从北高加索的皮亚季戈尔斯克赶来，希望能联系上尼古拉。毫无疑问，他们的最终目的是营救沙皇一家。克伦斯基进行了一番调查，但这帮人没有真的赶到这里，因此也没有造成什么严重后果。[26]

尼古拉请求克伦斯基允许他在托博尔斯克周围散步，克伦斯基对掌控局势很有信心，因此同意了他的请求。[27]但潘克拉托夫出人意料地拒绝了他。尼古拉问他是否担心自己会逃跑，潘克拉托夫否认了，并解释说他只是在服从政府的命令。他还提到媒体大肆渲染的谣言。尼古拉是否和其他女人有染？他和亚历山德拉离婚了吗？他是否住进了修道院？诸如此类的谣言在国内满天飞，甚至还传到了东线。那些憎恨君主制的人不希望再看到政府纵容罗曼诺夫一家——潘克拉托夫不得不发电报给彼得格勒的报社，反驳这些虚假报道。但是前线军队仍然威胁说，要派一支分遣队杀死罗曼诺夫一家及其保护者潘克拉托夫。在托博尔斯克的劳工俱乐部，也有人要求将尼古拉和亚历山德拉当作罪犯投入监狱。潘克拉托夫比临时政府更了解当地的情况，因此否决了克伦斯基的决定。[28]

在博特金和多尔戈鲁科夫的怂恿下，尼古拉又问何时全家能够到官邸外散步。[29]博特金还直接给克伦斯基写了信。接近9月底，医生收到回复，他们获许乘车前往小镇的郊区，这令全家兴奋不已。但是潘克拉托夫再次反驳了这个想法。他向尼古拉解释说，他不能保证他的家人安全；与此同时，他回信给克伦斯基，解释说他找不到合适的汽车，而且随行警卫队所需的马车太多了。[30]但尼古拉并没有放弃希望。他还想看看克伦斯基是否允许罗曼诺夫一家搬到位于托博尔斯克城外几英里处的伊万诺夫斯基修道院。阿列克谢·沃尔科夫被派去勘察了这个地方。在他与修道院院长的谈话中，他介绍了罗曼诺夫一家的日常需求。院长同意了，并提出在那里建造一所合适的房子。随后，潘克拉托夫访问了修道院。他一直不喜欢这个主意，最终这个计划悄无声息地取消了。[31]

罗曼诺夫一家对潘克拉托夫第一次同意他们10月14日参加托博尔斯克的教堂礼拜非常高兴。[32]那天他们都很兴奋，早早便起床做准备了。原本的计划是他们走路去附近的天使报喜教堂，但最后一刻皇后因腿痛要求坐轮椅前往。所有人在花园集合，尼古拉用轻柔的法语对女儿和儿子说话。这次活动使他们看到了自由的希望，他们非常激动。他们离教堂只有不到五百步的距离，一路上都有军队守卫着。公主们美丽的黑狐皮大衣给围观者留下了深刻的印象。人们大声呼喊，希望也加入礼拜。潘克拉托夫直截了当地拒绝了。如果真的只有罗曼诺夫一家在场，他们只能做弥撒。[33]尽管如此，尼古拉在给妹妹谢尼娅的信中说他们非常兴奋。罗曼诺夫一家走近教堂，士兵都来聚集在他们周围。尼古拉把它比作狩猎聚会，但他也受到了人们笑声的鼓舞。[34]

他和其他人返回时，神职人员敲响了钟，以此来明确表示支持罗曼诺夫一家。虽然潘克拉托夫尽力平息气氛，但阿列克谢·瓦西列夫神父却用自己的方式与那些怀有相同想法的托博尔斯克居民分享喜悦。[35]尼古拉极为喜悦。他一直相信自己比敌人更受人民欢迎，往返教堂一路上的经历加强了他的感觉。

潘克拉托夫看到这样的场景却很痛苦。当他看到仆人抬着坐在躺椅上的亚历山德拉迈上花园台阶时，他不禁将她眼下的囚禁生活与自己在圣彼得堡彼得-保罗要塞所遭受的监禁之苦进行对比。他在特鲁别茨科伊塔的牢房终日黑暗湿冷，多年来他只能透过磨砂玻璃窗看外面的天空。在转移到什利谢利堡监狱的途中，突然看见树木、灌木丛、积雪和广阔天地，他感到异常兴奋。他恍恍惚惚地走着，道旁的树木仿佛在护送他。他开始产生幻觉，那些树枝仿佛化作了对他充满好奇的生物。由于脚踝和手腕上戴着镣铐，他行走很困难。尽管潘克拉托夫永远不会忘记多年的监禁生活，但那天在托博尔斯克他并未流露分毫。他是一个宽宏大量的人，对罗曼诺夫一家现在的境遇十分同情。[36]

第十五章
十月革命

虽然罗曼诺夫一家在托博尔斯克换了新的环境，但其他地方的革命危机正在加剧。彼得格勒的紧张局势并没有缓和，而克伦斯基认为，临时政府必须对苏维埃和卫戍部队采取严格管制。

考虑到这一点，他与科尔尼洛夫将军达成了一致，将可靠的部队从东线部署到了首都。自7月以来，科尔尼洛夫总司令受到军官和右派势力青睐。8月底，莫斯科举行了由所有政党和布尔什维克右派组织参加的国家会议，会上人们都认为，他拥有专断的能力，能够凭一己之力恢复国家的秩序。随着经济和军事危机加重，克伦斯基不再受到欢迎。当他带着保镖到达时，一名军官问他为什么需要这样的保护。克伦斯基对此倍感惊讶，而军官则无礼地说，通常只有棺材才需要这么多人护卫。[1]此外，据说一位哥萨克上校激怒了他，此人对他说："部长先生，不要以为哥萨克人对冬宫的主人漠不关心，不管是手握权杖的亚历山德拉·费奥多罗芙娜，还是拿着针管的亚历山大·费奥多罗维奇，都躲不过我们的眼睛！”这是在影射克伦斯基使用吗啡来缓解焦虑。[2]虽然这个故事可能是杜撰的，但它的传播确实表明，克伦斯基不再像以前那样受欢迎了。

尽管如此，克伦斯基仍然对科尔尼洛夫充满信心，直到电报往来的消息令他得出结论，科尔尼洛夫正在策划利用调来的部队发动政变。9月9日，他解除了科尔尼洛夫的总司令职务并撤销了军队部署。但此时科尔尼洛夫已经公开反叛。包括布尔什维克在内的社会主义者纷纷赶上已经开往彼得格勒的列车，说服士兵们返回基地。科尔尼洛夫和他的军事支持者被关进了贝霍夫监狱。他否认自己有过独裁的野心，并声称自己一直忠诚地执行克伦斯基的命令直到他命令自己停止转移。不可否认的是，如果科尔尼洛夫抵达了，那么很多立宪民主党和右派分子会拥护他登上政治舞台。另外，克伦斯基虽然赢了一局，但很奇怪这反倒削弱了临时政府的力量。如果没有苏维埃的帮助，他就不可能把列车开回去。剩下的日子里，随着孟什维克、社会革命党人，甚至是布尔什维克在首都的势力增强，他的权威逐渐消失。

几周以来，尼古拉一直处于备受关注的状态。科尔尼洛夫计划将部队部署到彼得格勒并镇压布尔什维克的消息令他高兴。[3]但如果尼古拉以为自己的命运即将改变，那他的希望就要落空了。科尔尼洛夫并不打算恢复君主制。非但如此，他坚信皇室给俄国带来了致命的麻烦。[4]在他向俄国人民发出的呼吁中，他着重讲到了目前祖国面临的致命危险，并提醒民众临时政府无力应对局势。[5]至少在这方面，尼古拉是同意科尔尼洛夫的。

9月11日下午，尼古拉收到一份电报，说科尔尼洛夫反叛了并被撤销了总司令职务。[6]他在监禁中仍然能够读到新闻。9月18日他在日记中写道：

> 我现在每天收到两份电报。很多内容非常不明确，我很难相信这些消息。显然，彼得格勒的局面很混乱，政府的组成也发生了变化。科尔尼洛夫将军的反叛显然没有成功。他本人以及支持他的将军和军官大多数被逮捕了，派去彼得格勒的军队正在撤回。天气很好，非常热。[7]

这是他最后一次提到近几周首都发生的事件，因为他忙于把家人及随从安顿在托博尔斯克。白天他习惯读书和锯木头，晚上他与妻子和孩子共度时光。但这并不意味着他不再关心国家的命运。他无休止地忧心军事形势，而报纸上的新闻总让他悲观。

到周末为止，大部分城市的食品供应量都在减少，克伦斯基派往农村征收粮食和蔬菜的军队也无力扭转局势。农民越来越不愿意向地主交租；在俄国农村，真正行使权力的是农民的土地公社而非政府。与此同时，城市的食品供应情况在明显恶化。随着原材料和金融信贷供应越发短缺，工业企业开始倒闭。一些大型工厂整个倒闭了。通货膨胀加剧了雇主与劳动者之间的紧张关系。即使雇主屈服于工会的压力提高了工资，工人的生活水平还是在下降。工业家帕维尔·里亚布申斯基明确表示："饥饿贫困的人民会扼住那些伪装成人民朋友的伪君子的喉咙，扼住各个委员会和苏维埃成员的喉咙，直到他们恢复理智。"[8]这种言论给了布尔什维克党话柄，他们宣称有产阶级的所有精英正在陷"人民"于糟糕的境遇。苏维埃、工会和工厂车间委员会重新进行选举，布尔什维克大为获益，而孟什维克和社会革命党则势力减弱。由此，布尔什维克党稳步地升入了苏维埃执行委员会的领导层。

人们渐渐意识到，农民可能要抢夺地主的资产，这令前线士兵和驻军焦躁不安。军官早已对手下的士兵失去控制，遗弃阵地成为普遍现象。德军最高统帅部趁机突破了波罗的海沿岸的防线，占领了里加。自1915年以来一直坚固的战壕被攻破，俄军失去了战斗力。而西方盟国纷纷质疑克伦斯基提出的经济援助请求。德国、奥匈帝国、法国、英国和美国理所当然地认为，除非彼得格勒发生显著的政治变革，否则俄国注定失败。

自一战开始以来，列宁就一直呼吁进行政治变革，认为参战国的社会主义国际主义者应当推翻帝国主义政府。从瑞士回来后，他获得了一部分布尔什维克的支持，他们希望推翻临时政府并建立以"苏维埃政权"为基础的社会主义政府。他认为，这个政府将退出战争，将农田交给农民，对银行和大型工业企业进行国有化，在工厂和矿场实行"工人治理"，并赋予少数民族自治权。通过推行这些政策，政府可以得到民众的支持。一旦他获得了党内认可，唯一的问题便是何时以及如何开展他的革命事业。布尔什维克中央委员会不愿意接受他在芬兰时提出的建议。他厌烦了等待，便回到彼得格勒劝说中央委员会尽早夺取政权。刚刚在夏天成为布尔什维克的托洛茨基制订了一个计划，它将于第二次全俄苏维埃代表大会召开期间实行。

1917年11月7日（旧历10月25日），他们利用卫戍部队和听从彼得格勒苏维埃的赤卫军发起行动。克伦斯基逃离了冬宫，临时政府不复存在。权力落入了苏维埃的手中。他们选举了新的人民委员会，列宁当选主席，托洛茨基被选为外交人民委员。他们颁布了《和平法令》和《土地法令》。他们要求俄帝国其他地方的苏维埃驱逐旧政府并行使自己的行政权力。农村并没有多少苏维埃，农民被告知以他们自己的方式进行革命并效忠人民委员会。布尔什维克党在议会中占少数，但孟什维克和社会革命党人的抗议反倒帮了他们。人们讨论着要与孟什维克和社会革命党组建一个联合政府。列宁和托洛茨基无法阻止布尔什维克中央委员会考虑这种可能性，因为大多数布尔什维克及其支持者推翻克伦斯基可能正是出于这个目的。讨论未有结果，布尔什维克便留下独自领导变革。

他们渐渐开始称自己为“共产主义者”，以区别于孟什维克和社会革命党人，并强调他们的最终目标是建立一个没有政府、没有官僚机构、没有军队的社会。在他们看来，这一目标与为实现它而实行统治并不矛盾。他们认为理论和逻辑上的严密没有革命行动来得重要。与孟什维克和社会革命党人不同，他们相信，在俄国的带领下，中欧和西欧国家会很快跟上这一革命进程。布尔什维克预言，工人阶级革命将推翻“资产阶级”的统治制度，从而迅速结束一战。他们很快认为，工人，而非资产阶级将主宰政治。他们拥有纪律严明的组织和庞大的数量，因此反革命活动很难成功。卡尔·马克思和弗里德里希·恩格斯19世纪中叶预测的人类历史时代终于——至少在热切的布尔什维克看来——要来临。列宁和他的同志们一直坚信共产主义，这个乌托邦梦想式的理念，即将真实地实践起来。他们中大多数人都认为，这项事业需要他们用一生去完成。

尼古拉和亚历山德拉的日记最初都没有注意到首都发生的重大事件。在布尔什维克夺取政权的那一天，尼古拉锯了木头，并接受了即将前往克里米亚的牙医谢尔盖·科斯特里茨基的问诊；他写下了他多么喜欢外面的空气：“又是一个微微霜冻的好天气。”亚历山德拉则注意到了气温（−6℃）并写道：“阳光很灿烂。”[9]

但是，彼得格勒的布尔什维克夺取政权的消息在托博尔斯克引起了骚动。报纸零零散散地从首都送来，其中的消息相互矛盾，很大程度上取决于每篇文章的政治立场。潘克拉托夫和科贝林斯基陷入了不利的境地。他们是由克伦斯基任命的，与列宁和托洛茨基领导的新政府没有任何关系，而人民委员会也没有与他们取得联系。[10]首都的形势风起云涌。克伦斯基虽然已经离开了冬宫，但几天之后他又带着一支哥萨克部队和其他志愿兵，出现在普尔科沃高地。作为被推翻的总理，他的目标是让列宁和托洛茨基所取得的成就成空。但忠于人民委员会的士兵和赤卫军打败了他，而列宁巩固了布尔什维克对权力的掌控。尼古拉不愿意记录他对局势转变的看法。他几乎没有提到十月革命，只在两周后写下：

> 下了很大的雪。已经很久没有收到彼得格勒的报纸了，电报也是一样。在形势如此严峻的时刻，这很令人不安。我们的女儿们玩了雪橇，从雪橇上跳进积雪中。九点钟有晚祷。[11]

在将近四周的时间里，他在日记里只讨论日常生活：他正在阅读的书、户外活动、他写的信，以及越来越糟糕的天气。

但他对随从谈到了自己的恐惧。西德尼·吉布斯回忆道：

> [彼得格勒的]斗争一开始，托博尔斯克就被切断了与世界的联系，很长一段时间我们都收不到任何报纸。然后突然又收到了一大堆报纸，它们披露了所有可怕的细节。我从没见皇帝如此恐惧。目前他完全没法说或做任何事情，没有人敢说一句话。[12]

临时政府的行为并不太严厉，但布尔什维克令人感到动荡不安。

12月1日，尼古拉写了第一篇直接讨论苏维埃政策的日记：

> 难以置信的消息传来，我们第五军的三名议员在德文斯克外与德国人见面，并签订了临时停战条约。我绝想不到这样的噩梦。当敌人占领了我们大片土地时，那些人怎么敢在没有征求人民意见的情况下，就与敌人签订和平条约？[13]

这些话是发自肺腑的。他似乎没有想到，他和他的祖辈在征求和遵循人民意愿这方面，与托洛茨基并没有什么不同。他并没有清醒的自我认识。他也没有认识到，自己的指责是不合逻辑的，几个月以来他们要做的事情是停止东线的屠杀，并通过行动和榜样来改变全球政治。这些布尔什维克没有提及的是，如果停战谈判并不能带来和平与“欧洲社会主义革命”，他们下一步便要在中欧掀起一场“革命战争”。

第十六章
罗曼诺夫家族流散

尽管尼古拉和他的家人依靠临时政府的补贴生活得很舒服，但他的亲戚们生活条件却不太稳定。乔治·米哈伊洛维奇大公退休后居住在位于芬兰的庄园。自1809年以来，芬兰一直是俄国统治下的自治大公国。虽然芬兰人要求独立的呼声在赫尔辛基和其他城市引发了革命骚乱，但芬兰乡下仍然很安静，因此乔治·米哈伊洛维奇觉得自己可以远离彼得格勒的动乱。

他很快便体会到了整体经济崩溃的影响，不能以过去的方式经营庄园了。他陷入财务赤字，不得不解雇许多仆人以平衡开支。他对此很难过，但他说自己问心无愧，因为他的资金已经耗尽。仆人们回到家乡，希望能够避开动荡的局势。乔治则保持低调。他一直认为——就像1917年3月尼古拉想的那样——自己最好的选择是去英国避难。他在几个月里谨慎地试探这样是否可行。他的女儿谢尼娅已经去了英国，住在沃辛，她在那里偶然间发现自己正处在战争的开端。他们一直保持通信。他热情地关心女儿。与此同时，他谴责英国政府拒绝给他颁发签证的“流氓行径”——他极为厌恶布坎南大使，他控诉说，自己本打算在一位友好的挪威外交官帮助下寄信到英国，但布坎南恶意破坏了他的计划。[1]

1917年7月11日，乔治·米哈伊洛维奇大公给女儿分析了俄国的弊病，他的分析粗略而简单：

> 犹太人发起了革命，而俄国人以为他们能很好地解决问题，但显然，他们很快就失败了。首先，他们将“上帝选定的人”从宝座上驱赶下去，这是大罪。上帝当然会严厉惩罚他们所有人，目前我不怀疑这一点。他们完全忘记了上帝，上帝会为此惩罚他们。[2]

这就是罗曼诺夫一家观念的精髓：反犹太主义与基督教君主主义相结合，用杂糅了种族主义俚语和虔诚的浮夸之词的语言表达出来。二月革命后不久，尼古拉·米哈伊洛维奇大公在给皇太后的一封信中，将国家遇到的所有麻烦都推到了中学生和大学生身上——他认为犹太人最该为此负责。[3]至于乔治·米哈伊洛维奇大公，没有人认为他是家族中最有思想的人，而革命风暴也并没有使他进行深刻反思。他是风中飘荡的叶子，希望阵风能将他送到身在沃辛的女儿身边。[4]

布尔什维克夺取彼得格勒政权三天后，乔治·米哈伊洛维奇写信给身处克里米亚的皇太后。人民委员会不亚于一个“叛徒政府”。他只信任阿列克谢·卡莱丁将军和拉夫尔·科尔尼洛夫将军，认为只有他们才能恢复俄国的秩序——他看到顿河哥萨克宣布卡莱丁为独裁者的报道时很高兴。他本人在很久以前就认定克伦斯基只有死路一条。在乔治·米哈伊洛维奇看来，早在1917年5月，克伦斯基任命社会革命党人维克托·切尔诺夫为部长时，他就背叛了俄国。[5]

1917年9月19日，尼古拉从托博尔斯克写信给母亲。他告诉母亲在他家离开之前首都的混乱情况。他还写了前往西伯利亚的旅程。但自从在亚历山大宫会面后，他便不知道弟弟米哈伊尔的消息。尼古拉很少抱怨，但他确实将总督官邸翻新前的生活条件描述为“难以居住”。[6]

妹妹谢尼娅于12月19日写信给尼古拉。她那时和母亲一起住在克里米亚艾托多的宫中，同样受到瓦西里·韦尔希宁监视，那时韦尔希宁已经为克伦斯基勘察了托博尔斯克。谢尼娅称他为“一个非常善良和蔼的人”。但是布尔什维克的夺权剥夺了他真正的权力，他不得不服从塞瓦斯托波尔苏维埃。时代已经发生了根本的变化。对于谢尼娅而言，警卫愿意用熟悉的俄语单词“你”来称呼他们就已经令人满意了。她说她发现其中一些人“同情”他们。至于国家的局势，她评论说：“[东线]已宣布了休战……时间一小时一小时地流逝，形势越来越艰难。每个人都得知了关于自己财产的令人沮丧的消息；所有东西都被抢走了，没有人敢说什么：我们都将成为穷人。我们正在想如何生活和赚钱。我们决定开一家酒店，已经分了工。”谢尼娅准备当女佣。[7]

尼古拉在回信中赞同了开酒店的想法。白天他做些手工活，可以轻松地打发时间。但他发现晚上的时间更容易打发，因为他可以一觉睡过去。[8]这是他最接近绝望的时候。也许他只能这样写信给谢尼娅：在总督官邸的囚徒中，他从来没有放松过警惕。

至于皇太后，谢尼娅说她得了一次流感，但已经能起床并在艾托多周围散步。她说，他们的弟弟米哈伊尔被逮捕了——他在二月革命时差点登上皇位——并被带到了彼得格勒。但是谢尼娅正确地推测出，米哈伊尔已获许返回他在加特契纳的住所。十月革命令她恐慌。像尼古拉一样，她对冬宫酒窖被抢感到震惊。虽然整个国家都受到暴力和政治冲突的影响，但这项犯罪行为触动了她的敏感神经，她向尼古拉解释说，她宁愿听到是德国人而不是俄国人犯下如此"野蛮的暴行"。[9]谢尼娅的妹妹奥尔加同样厌烦这些破坏行为，并写信给尼古拉说，临时政府在的时候，永远不会发生这样的事情：她为瓦连京·谢罗夫精美的绘画遭到破坏而难过。[10]1918年2月14日，谢尼娅告诉尼古拉，他们在艾托多被隔离了三个半月，这意味着她不能离开，也没有人能拜访他们。她从报纸上看到针对军官的暴力事件。她提到塞瓦斯托波尔发生了"真正的大屠杀"，并说骚乱已蔓延到雅尔塔，在那里，尸体被直接扔进大海。[11]

谢尼娅和母亲因为远离彼得格勒而得到了保护，他们是罗曼诺夫家族中的幸运儿。临时政府垮台后，其他皇室成员的处境越来越糟糕。布尔什维克决心强化对所有受监禁者的看管。

米哈伊尔大公尤其缺乏安全感。就在克伦斯基被推翻之前，10月24日，米哈伊尔写信告诉母亲自己患上了溃疡，并说移居国外的机会已经没有了。[12]在革命开始时，他再次写道："我们每个人都得挨过如此可怕的时期。"他祈祷上帝给母亲力量来平复创伤。虽然希望"备受折磨的俄国"能够迎来好时代，但他还是非常渴望离开这个国家。[13]但是布尔什维克夺取政权后，他本就渺茫的机会更是化作泡影。1917年11月18日，他告诉母亲，彼得格勒苏维埃军事革命委员会下令将他转移至首都。来自赫尔辛基的水手监视着他的日常生活，但他们并不凶。米哈伊尔安慰自己，选举了立宪会议以后，皇室就终于可以流亡海外，那时情况会有所改善。他对罗曼诺夫家族在俄国的前景已经不抱任何希望。[14]

第十七章
“自由之家”

总督官邸顺应革命年代的习惯，改名为“自由之家”。如果罗曼诺夫一家只从沙皇村带来了厨师和用人，那么“自由之家”已经足够他们居住了。但他们还带来了一大批随行人员。起初，皮埃尔·吉利亚尔是唯一住在官邸里的高级随从。[1]其他人都住在街对面的科尔尼洛夫宅邸中。他们每天都步行去服侍罗曼诺夫一家。只有潘克拉托夫和科贝林斯基两人获许进入官邸。与在沙皇村时一样，警卫分遣队留在外面。大多数时候，官邸中人员忙碌，活动繁多，直到晚上就寝时才安静下来，罗曼诺夫一家像以往一样生活。皇家地位和尊严在这里仍然很重要。西德尼·吉布斯很注重习俗和礼仪，但他也注意到，一些随从与罗曼诺夫一家发生眼神接触时更加大胆了。但不管怎样，昔日的礼仪仍然保留着。他很钦佩罗曼诺夫一家，在新环境中仍然至少能保持表面上的正常状态。[2]

待在官邸中必然会产生类似幽闭恐惧的心理，这给隔离在室内的人们带来了一些影响，随从开始频繁争吵。伊利亚·塔季谢夫试图保持平静：“人不能小气，人不能小气！”[3]最显而易见的解决办法是进行一些室内活动，来减轻阴郁的气氛。吉布斯和吉利亚尔给尼古拉的孩子们上课并布置家庭作业，这一招有效地分散了孩子们的注意力。花园是另一个他们释放压抑情绪的地方。戏剧表演也是个好办法。有一次，尼古拉也参加表演，扮演安东·契诃夫的作品《熊》中的主角。[4]尼古拉亲自改编了剧本，让奥尔加和玛丽亚也参加表演。[5]一家人互相拍照，并在当地冲洗出来。[6]晚上他们一起玩伯齐克牌戏。[7]

1917年9月23日，玛丽亚·尼古拉耶芙娜写信给祖母皇太后，告知她自己的近况。她提到自己很喜欢他们的小花园，一家人在那里一起照顾母鸡、鸭子和四头小猪。[8]花园里还有一些火鸡，罗曼诺夫家的孩子们，包括阿列克谢，都喜欢照顾它们。花园里还有个网球场，不过并没有网。阿纳斯塔西娅·尼古拉耶芙娜写信给她的朋友叶卡捷琳娜·兹博罗夫斯卡娅说：“这里情况不太糟糕，我们大部分时间都在沟渠和类似的地方找球。我们坐在窗台上，自娱自乐地看着路过的人们。”[9]医生的儿子科利亚·杰列文科在指定的日子拜访了阿列克谢。[10]阿列克谢在1917年11月5日写给他“亲爱的奶奶”的信中说：“白天，爸爸和姐姐们一起锯木头或清扫小路。我希望您的身体已经康复了。我们给您一个大大的吻，永远想您。”[11]就像在沙皇村时一样，尼古拉还与多尔戈鲁科夫、塔季谢夫、吉利亚尔或他的女儿一起进行户外活动。他决心要保持健康。亚历山德拉继续坐在椅子上读书或缝纫。女儿们继续玩她们的相机，科贝林斯基觉得这里的气氛不像在亚历山大宫那样紧张。[12]

罗曼诺夫一家从阳台的窗户俯瞰街景，试图去了解托博尔斯克。阿纳斯塔西娅记录了一些与别处不同、令她印象深刻的事情。她注意到，这里的邮差不像在沙皇村那样是乘坐马车，而是乘坐铃声清脆的雪橇而来。冬天时，农民都穿着毛皮大衣做生意，样子古怪。他们和镇上的居民都把这种衣服叫做“鹅”。大多数俄国人在下雪天都会穿暗色冬靴，但托博尔斯克的农民却把靴子染成深红色。[13]一家人显然对尼古拉以前统治的地区充满好奇，他们之前只对这些地方匆匆一瞥。但遭到拘禁的罗曼诺夫一家不仅不能在街上散步，也不能与市民交流。这意味着，他们只能依靠可以随时进城的随从来收集当地的信息。[14]

“自由之家”虽然有些冷，房间透风，但总体还算舒服。塔季扬娜·尼古拉耶芙娜写信告诉朋友玛格丽塔·希特罗沃，只有父亲和弟弟的房间较为温暖。[15]这已经说明，罗曼诺夫一家需要比在亚历山大宫时更精打细算。尼古拉和亚历山德拉并不了解实际的需求，他们只是简单地在费用清单上签字，这些费用由尼古拉基金，再加上政府补贴来支付。他们的膳食仍然丰富。早餐通常有两道菜，同时还供应咖啡与冷盘。午餐有三道菜，随后是下午茶搭配糕点和甜蛋糕。[16]罗曼诺夫一家开始与博特金、伊利亚·塔季谢夫、瓦西里·多尔戈鲁科夫、阿纳斯塔西娅·根德里科娃、叶卡捷琳娜·施奈德、皮埃尔·吉利亚尔和西德尼·吉布斯同桌用餐。较低级别的随从饮食没有那么好，但仍然能够吃饱，还能将多余的食物用袋子装回去，带给城里的家人。罗曼诺夫一家和随行人员居住于此，因此当地的物资供应更加短缺，“自由之家”也影响了当地的经济。听到镇上人们的批评后，潘克拉托夫便禁止任何人从官邸中带走食物了。这让仆人很恼火，他们抱怨自己的工资不足以养家。潘克拉托夫回答说，他们应该与尼古拉商量此事。[17]

但实际上，罗曼诺夫一家的财务状况并不像托博尔斯克大多数人认为的那样乐观，在从沙皇村搬走不久，“自由之家”的收支平衡便遇到了困难。尼古拉没办法动用任何个人银行账户，在缺乏首都苏维埃当局足够资金支持的情况下，全家不得不靠信贷获得物资供应。他们的债务不断增长。科贝林斯基承认，这种情况无法持续下去。当他向国家银行的托博尔斯克分行请求援助时，分行建议他向一位叫亚努什维奇的商人借钱。亚努什维奇仍拥有大量财富，他借出了两千卢布，条件是叶夫根尼·科贝林斯基、瓦西里·多尔戈鲁科夫和伊利亚·塔季谢夫担任担保人。他们三人都同意了。尼古拉对此并不知情。[18]但这只是权宜之计，这笔钱终有一天会花光。几名主要随从都紧张地意识到，罗曼诺夫一家的生活条件已经远远超出了他们的支付能力。

亚历山德拉从来都不是一个铺张浪费的人，但她对财务状况并不了解。和其他家庭成员一样，她一直与社会上其他人没有什么日常接触。如今在托博尔斯克，他们比以往更与世隔绝。

罗曼诺夫一家走出“自由之家”，看看外面世界的唯一机会是他们去天使报喜教堂做弥撒。[19]1917年12月25日，阿列克谢·瓦西列夫神父为他们进行传统的祷告，为皇帝及其家人的健康长寿祈祷。[20]但这无意间惹来了麻烦。他以这种方式对潘克拉托夫不允许他向罗曼诺夫家中的年轻人教授经文的做法表达不满。[21]瓦西列夫是城里的重要人物，他加入了市杜马，与立宪民主党同属一个集团。他还在男子高中做宗教方面的指导。[22]他的祈祷文是有意的挑衅，因为他不断重复二月革命前的传统官方措辞。[23]值班的士兵一片哗然（科贝林斯基允许许多年纪大的军人站在教堂里面取暖）。人们开始叫喊，威胁要对神父开枪。为解决这个麻烦，格尔莫根主教将瓦西列夫赶到了修道院。科贝林斯基并没有惩罚吵闹的士兵。格尔莫根是俄国东正教会的主要人物，他不愿意忍受拉斯普京的势力不断增长，在1912年公开辞去了在教务委员会的职务。尽管他不会惹事，但遇到麻烦也不会退缩。[24]他也是一位君主主义者，他将瓦西列夫赶走，是为了让瓦西列夫和其他神职人员免受苏维埃当局处罚。

他们又任命了一位新神父，弗拉基米尔·赫雷诺夫神父，他比瓦西列夫行事更为谨慎。尽管如此，士兵们还是决定禁止罗曼诺夫一家参加教会活动，要求他们在总督官邸做弥撒。科贝林斯基设法让双方达成了妥协，罗曼诺夫一家可以去教堂，但去的频率不能像以前那样高了。[25]即便如此，托博尔斯克神职人员对罗曼诺夫一家的同情仍然令警卫很恼火，当他们在“自由之家”祷告时，警卫坚持要在场。在向圣亚历山德拉祈祷时，气氛十分紧张。一名士兵听到亚历山德拉这个名字后，认为指的是皇后。他们怀疑神父正在为已被推翻的皇朝祈祷。直到有人拿出一本教会日历证实确有一位叫亚历山德拉的圣人，他们才不再大惊小怪。[26]罗曼诺夫一家由此得到了一个教训，就是即使他们按照要求规矩行事，也是不够的：每个人都必须遵从那些同情苏维埃政府之人的意愿——没有人能够预测这些人一天天地会做出什么样的决定。

第十八章

向他人学习

罗曼诺夫一家很欣赏潘克拉托夫委员对“自由之家”温和、严格、井井有条的管理。他们最喜欢的牙医科斯特里茨基从克里米亚来为他们检查牙齿时，偶然看见了潘克拉托夫回忆西伯利亚流亡岁月的文章。这些文章可能会拉远潘克拉托夫与监禁在“自由之家”的罗曼诺夫一家之间的距离。事实却相反。牙医告诉尼古拉，从内容可以看出潘克拉托夫对过去并没有怨恨。同时，罗曼诺夫一家也得以知道导致潘克拉托夫被捕的那起暗杀事件的细节。“为什么，”亚历山德拉问牙医，“他不喜欢警察吗？”亚历山德拉对他早年的经历完全不理解。潘克拉托夫看起来如此温柔，从不惹人讨厌。皇后几乎不相信他曾经被关押在自己丈夫的监狱里。她和其他家庭成员一样，对这位克伦斯基派来的政委满心尊敬。[1]

潘克拉托夫审视尼古拉时，对他能力的局限有了更深的理解。政委告诉皇帝，在他长期统治下民怨沸腾并非偶然。他说，数以百万计的臣民对自己的境遇不满。1904年至1905年日俄战争期间已经出现了问题。1914年夏天，随着动员的报纸送达，巴尔瑙尔和库兹涅茨克爆发了暴力事件。潘克拉托夫在西伯利亚流亡时目睹了这一幕，看到人们上街洗劫伏特加酒商店。他认为，1917年2月和3月彼得格勒的骚乱也源于同样的民怨。潘克拉托夫请求尼古拉想一想，为什么德国和奥地利在参战时，其国内并未出现这样的骚乱。他说，当人民终于受够了一切，便会对专制统治发起攻击，这种攻击是猝不及防的。但他并没有说服尼古拉，尼古拉想了一会儿才问道："但是为什么要破坏宫殿呢？为什么不阻止暴民？……为什么放任他们抢劫和破坏珍宝？"[2]

不过他们两人发现，在西伯利亚这个话题上，他们是可以沟通的。潘克拉托夫正逐渐成为尼古拉人生中的一位重要人物。在拉斯普京出现之前，质疑皇帝基本想法的人都被禁止进入他的私人圈子。拉斯普京去世后，在沙皇村和托博尔斯克的随从中，也没有人敢与他争执。尼古拉活在他自己编织的心茧中，比国外那些敌视君主制的人更与世隔绝。潘克拉托夫打算打开他封闭的内心。作为一个在西伯利亚劳改监狱服过刑的人，他对西伯利亚人的日常生活有亲身体会；他也非常了解生活在寒冷北方的民族的特性。皮埃尔·吉利亚尔无意中听到他们俩交谈了一个多小时，潘克拉托夫讲述了自己在勒拿河流域的探险。尼古拉和潘克拉托夫喜欢一起聊天。而尼古拉已经忘记了潘克拉托夫为什么会到西伯利亚，他不断鼓励潘克拉托夫讲故事。身处位于苔原和针叶林深处的西伯利亚，他们俩都对俄国光明的未来充满信心。在爱国心方面，前皇帝和他曾经的囚犯是一致的。[3]

亚历山德拉不像丈夫那样欣赏潘克拉托夫。在不得不与潘克拉托夫沟通时，她更愿意让博特金医生做中间人。博特金很乐意这么做。他对亚历山德拉的困境深表同情并愿意尽力帮助亚历山德拉。他经常向当局转达亚历山德拉的请求。[4]

潘克拉托夫也从来没有喜欢过皇后。每当他在周围，皇后冷冰冰的态度都让他不舒服，皇后也从没有因潘克拉托夫迁就他们一家而表示丝毫的感激之情。尽管潘克拉托夫为人慷慨宽容，但他越来越瞧不起皇后的举止。这不仅仅因为他是一个反对旧皇朝的民粹主义革命者。代表临时政府在托博尔斯克任职后不久，他同意领导当地委员会，为对德作战的俄军收集民众的自愿捐款。人们很快便纷纷向他抱怨罗曼诺夫一家是多么吝啬。于是，他将捐款申请表交给塔季谢夫，希望看看罗曼诺夫一家到底会怎么做。他原本并不相信他们会如此吝啬，直到看到他们只捐了区区三百卢布。“这究竟是吝啬还是缺乏同情心？”他问道，“或者这是报复的标志？”潘克拉托夫认为，这笔捐款一定是皇后签的支票。[5]

但他对罗曼诺夫家其他人则另眼相待。尼古拉和女儿们热切地忙着锯木头生火、清理路上积雪，潘克拉托夫对此很感兴趣。革命派曾以为他们会像骄奢的特权阶级一样行事。他们对沙皇一家喜欢体力劳动感到很惊讶。即便如此，潘克拉托夫仍然认为，沙皇全家始终被人为地与其治下的百姓生活隔离开了。另外他认为，他们的成长经历阻碍了个人发展。尼古拉和亚历山德拉用礼仪规范将家庭封闭起来，权力和皇朝的骄傲使他们的人生观变得狭隘和不切实际。然而，潘克拉托夫一直都是一个乐观主义者。他已经看到他们作为普通公民的潜力，相信他们现在开始改变自己并不算太晚。（当然，他不相信那位冷漠的皇后会改变自己。）[6]

他注意到，尼古拉在教育孩子方面不太成功。尼古拉教孩子们俄国历史，他与阿列克谢读一本关于彼得大帝的书——这可能是S. A. 奇斯佳科夫编写的一本很流行的教科书，后来在罗曼诺夫一家的物品中被发现。[7]他写信给身处基辅的母亲，骄傲地说："我和阿列克谢一起研究俄国的历史，我很喜欢历史，可以说，我也很懂历史。"[8]潘克拉托夫并不这样认为，他怀疑尼古拉除了俄军和战争之外还知道多少历史。尼古拉本人毫不掩饰，他一直很喜欢研究军事史。[9]

即便如此，尼古拉也意识到需要修改一下教学资料，并向潘克拉托夫寻求建议。潘克拉托夫认为孩子们的教师阿纳斯塔西娅·根德里科娃和叶卡捷琳娜·施奈德不够理想。他推荐了克拉夫季娅·比特纳，一位在沙皇村学校有八年教学经验的女教师。（潘克拉托夫没有提到她是科贝林斯基的情人。）皇帝喜欢这个主意，并说他会咨询皇后。皇后欣然同意。[10]比特纳乘坐潘克拉托夫和尼科尔斯基坐的那艘船来到了托博尔斯克。在与科贝林斯基相处的同时，她还希望能在高中找一份法语教师的工作。据博特金医生说，罗曼诺夫家的女儿们也赞同让比特纳来教他们。比特纳小姐很快回到沙皇村终止了她与学校的合同，然后在家庭教师西德尼·吉布斯的陪同下回到托博尔斯克。她是一个知道自己想要什么的女人，她告诉潘克拉托夫，她希望单独与皇后谈一谈聘用条件。尼古拉和女儿们欢迎她来到尼古拉的办公室。尼古拉简单地说道："我妻子在等你。"在随后的谈话中，亚历山德拉非常礼貌热情，因此比特纳决定接受他们的邀请。[11]

她对皇后每天都表现得如此亲切倍感惊喜。当亚历山德拉纯粹出于好奇询问她是否要给母亲寄钱时，比特纳解释说自己缺钱。亚历山德拉便坚持自掏腰包给她一些钱。[12]比特纳也对尼古拉印象深刻。尼古拉的举止无可挑剔，经常会给那些尚未决定反对他的人留下好印象。比特纳注意到，每次她因病请假，回来时尼古拉总会问她是否好些了。她想为尼古拉做些好事。[13]但她认为，尼古拉和亚历山德拉造成了孩子们缺少文化。在她看来，孩子们对俄国文学、历史和地理一无所知。诗歌方面，他们只读过一点普希金，对莱蒙托夫读得更少，他们甚至没有听说过涅克拉索夫。[14]他们不太了解涅克拉索夫，这不令人惊奇。涅克拉索夫是革命者中备受尊敬的反沙皇作家，但他并非真正的一流诗人。潘克拉托夫顽皮地敦促比特纳向她的学生们大声朗读他的诗。她选择了《俄国女人》和《红鼻子弗罗斯特》这两首诗。她向潘克拉托夫报告说，罗曼诺夫家的女儿们很高兴。“为什么我们以前不知道，”她们问，“我们有这么好的诗人呢？”[15]

与此同时，阿列克谢在某种意义上不是一名模范学生，他喜欢让比特纳把所有东西都读给他听，这令比特纳很失望。她认为，也许是疾病让阿列克谢变成这样。皇后虽溺爱儿子，但在这方面对他则不那么宽容了。皇后将儿子与他的父亲相比，他的父亲在童年时读起书来如饥似渴。[16]不管怎样，在其他所有方面，比特纳都很喜欢阿列克谢。皇储是一个性情温和又勇敢的小伙子。除非实在无法解决问题，他都不会找人帮助自己。比特纳常常对他说：“阿列克谢·尼古拉耶维奇，你的腿受伤了。”他通常会回答：“没事，我不疼。”她会反驳说：“但我亲眼看见了。”小伙子还是很顽固：“你看见它受伤了，但实际上它并不疼。”他俩都知道真相。在一个难忘的场合，阿列克谢告诉了她自己的担忧：“你觉得，这[病]会不会好？”[17]

到十三岁时，他渐渐成长为一个有想法的人。任何形式的浪费都会使他恼火。虽然他和家人饮食偏好不同，但他仍然坚持与大家吃得一样。他还认为，家庭开支应该保持在最低限度。他小心翼翼地看守着个人财产。[18]奇怪的是，相比沙皇村，他更喜欢托博尔斯克，他说："这里好多了。在那里，他们总是欺骗我。他们非常喜欢欺骗我。"[19]不过，他显然从没有解释过他抱怨的是什么。不久，他便对"自由之家"的生活也产生了怀疑，因为一些皇室随从渐渐离去。有一天，皇储问比特纳："告诉我，克拉夫季娅·米哈伊洛芙娜，为什么每个人都在欺骗我们。"比特纳回答说："你是怎么被欺骗的？谁在欺骗你？"阿列克谢解释说，杰列文科医生让他去洗澡。于是，他就让人去准备，然后坐下来等着仆人准备好水。但等了很长时间之后，人们告诉他水管坏了。但第二天，他得知女仆玛丽亚·图泰尔伯格去洗了澡。这位曾经的皇位继承人很快就察觉到，宫廷礼仪日渐衰微。[20]

第十九章

他们手中的时间

二月革命后，尼古拉和亚历山德拉读了很多书。为了将她对宗教的理解传授给儿子，亚历山德拉读了尼古莱・果戈理的《圣礼沉思》；[1]为了启迪自己，她阅读了基督教的简史。[2]虽然亚历山德拉小心翼翼地收拾行李，尼古拉却没有从沙皇村带走多少书。幸运的是，潘克拉托夫允许他向托博尔斯克高中图书馆借书。尼古拉看了K. 戈洛德尼科夫的《托博尔斯克及其周边》。[3]他还如痴如醉地阅读了奥斯卡・耶格尔的《世界历史》。[4]西德尼・吉布斯借给他一本J. R. 格林写的《英国人简史》。（吉布斯随身携带这本书，万一被捕还可以读。）这本书轻松愉快地分析了英国几个世纪以来的发展，在伦敦的多个版本都很畅销。听吉布斯这么一说，尼古拉早餐后便去看这本书，到上午十一点就把书看完了。事实上，根据尼古拉的日记，他花了十二天来完整阅读这本书。他把书归还给吉布斯时，说自己年轻时看过几部类似的作品，他很感谢能有机会重拾旧时记忆。[5]

他大部分时间还是在读19世纪的俄国文学经典。他在成长过程中并没有读过太多这样的书，因为他的父亲亚历山大三世文化修养不高，认为艺术可能会腐蚀儿子。从1917年9月26日起，尼古拉开始阅读尼古拉·列斯科夫的作品，兴致勃勃地填补自己早年教育的空白。[6]10月16日，他高兴地给家人朗读了列斯科夫的《抢劫案》；[7]又读了尼古莱·果戈理的《婚礼》。[8]然后，他又和他们一起读了布拉姆·斯托克的《德古拉》。[9]为了启迪自己，他又去阅读了俄国经典作品，1918年他第一次阅读列夫·托尔斯泰的《安娜·卡列尼娜》。他承认自己完全被它吸引住了。[10]此后，他又读了米哈伊尔·莱蒙托夫的作品。[11]随后是弗谢沃洛德·索洛夫约夫的小说。[12]同时，他还为家人选择了伊凡·屠格涅夫的《猎人笔记》，还有他的小说《前夜》《烟》《春潮》。[13]

晚上闲暇时，他还朗读了奥切男爵夫人的《红花侠》。[14]故事发生在法国大革命时期，作者对皇室和贵族深表同情，对巴黎的穷人则完全蔑视。第一页便为开场故事奠定了基调：

> 骚动、沸腾、怨恨的人群，他们只是名义上的人类，因为从眼睛和耳朵看，他们似乎只是野兽，他们为邪恶的激情，为复仇与仇恨的欲望所驱使……每天大部分时间，断头台上都异常繁忙：法国在过去几个世纪中引以为傲的那些历史悠久的姓氏、高贵的血统，都成为她争取自由与博爱的牺牲品。[15]

奥切笔下的主人公是高个子、蓝眼睛的珀西·布莱克尼爵士，他偷偷横渡海峡，秘密营救受难的贵族。这些故事总将英国和法国的贵族描绘为坚强而慷慨的人，而马克西米利安·罗伯斯庇尔和让-保尔·马拉等革命者，则被描绘为凶恶贪婪的平庸之徒。社会阶层较低的英国人与法国人不同，他们知道自己的地位，并且忠诚爱国。他们的言谈举止总带有一丝滑稽。

奥切的反动态度必定使得尼古拉及家人更加喜欢她的作品。自1903年以来，她一直是畅销书作家，当时她的原创戏剧《红花侠》登上了伦敦舞台。尼古拉长期以来一直是她的崇拜者，并在1917年阅读了她当时已发表的所有五部小说。[16]这位前皇帝本人就是一个遭到监禁的人。他没有——或者说他不认为自己——面临着被处死的威胁。但他和家人显然在奥切的故事中获得了一定程度的心理安慰。他们对她反动的政治观点很感兴趣。(奥切是一位典型的匈牙利保守派人士，一直把犹太人描写为诡计多端、不值得信任的人。当书中珀西·布莱克尼爵士伪装成犹太商人时，他完全按照对犹太人的这种刻板印象行事。)[17]科贝林斯基回忆说，尼古拉就是“不喜欢犹太人”。[18]尼古拉在给母亲的一封信中总结了他的感受:“有一件事是清楚的：只要犹太人继续握有权力，一切都就会继续恶化——俄国对他们意味着什么？”[19]

1917年11月，他给他的妹妹谢尼娅写了一份左派革命者名单。这些人用假名来掩饰他们的犹太血统：

斯捷克洛夫——纳汉克斯

季诺维也夫——阿普费尔鲍姆

加米涅夫——罗森菲尔德

戈列夫——戈德曼

梅霍夫斯基——戈尔登伯格

马尔托夫——采杰尔鲍姆

苏哈诺夫——吉默

扎戈尔斯基——克拉赫曼

梅什科夫斯基——戈伦德[20]

他试图说明，犹太人为获得权力会施展各种诡计——他认为这是自己退位后俄国真实发生的事情。

确实，与犹太人在俄国人口中所占的比例相比，犹太激进分子在布尔什维克各领导层中的比例都过高。他们在孟什维克和社会革命党中也很突出，就连立宪民主党和其他自由组织中都有影响力很大的犹太成员。其他民族和族裔群体也涌现出许多在革命运动中拥有权威地位的活动家，包括布尔什维克党人——格鲁吉亚人、拉脱维亚人和波兰人在其中很突出。但如果像尼古拉一样认为，俄国的犹太人设计了一个中央集权的政治宗教阴谋，那就纯粹是幻想了。此外，尼古拉忽视了一点，许多在政坛活跃的犹太人都对他怀有敌意：不少人都知道，他很喜欢俄国人民联盟和其他极右组织。战前，这些组织煽动了人们迫害犹太人。犹太人是不会遗忘或宽恕这些发生过的暴力事件的。长期以来，在这片他统治过的土地上，他的名字一直都是宗教不宽容的代名词。

尼古拉从自己那基督徒的虔诚中寻求慰藉。1918年3月，他决定从头到尾读一遍《圣经》，但他很快就放弃了这个计划，转而去阅读书架上的其他图书。[21]他津津有味地阅读有史以来最邪恶的作品之一：谢尔盖·尼卢斯的《敌基督者将临与地上的魔鬼国度》。[22]

这本书于1917年由俄国东正教会出版，是对十二年前首版书的扩充。尼卢斯是一名神父，一个自诩为神秘主义者的人和狂热的反犹太分子。他的书逐字复述了自20世纪初起在俄国内外流传的臭名昭著的《锡安长老议定书》，并声称书中提供了在巴黎举行的国际犹太人大会会议内容的抄本，在那场会议上犹太人密谋要把整个世界置于他们的统治之下。所谓的《议定书》实际上是用多个来源模糊的文件伪造出来的。尼卢斯发表《议定书》是企图将犹太人判定为造成俄帝国所有弊病的原因，煽动人们对犹太人的仇恨。在二月革命后混乱的政治局势中，东正教的高层对打"反犹"牌毫不愧疚，他们为尼卢斯出版了书。1906年斯托雷平经过调查，确定《议定书》是伪造的。据说，尼古拉本人总结说："丢弃《议定书》。神圣的事物不能用肮脏的手段来捍卫。"[23]

即便如此，在托博尔斯克，尼古拉还是读了这本书，好像斯托雷平的调查从未发生过一样。事实上，从1918年4月9日晚上开始，他便向妻子和孩子大声朗读这本书。他把这本书与福音书中的段落交替阅读，因为当时正值四旬斋，罗曼诺夫一家正在研究福音传教士的作品。但此时尼古拉在全心阅读尼卢斯的作品。在耶稣受难日和复活节星期日，他选择向家人阅读《将临》；在接下来的几天里，他继续读这本书给他们听，直到读完最后一页。[24]他喜欢书中对共济会和犹太人的谴责；他总结说，这是一次"非常及时的阅读"。[25]像尼卢斯一样，尼古拉指责犹太人贪婪地渴望掌控俄国。他认为俄国人是一个"善良、美好、温柔的民族"。至少这是比特纳观察后得出的结论，尼古拉认为一旦革命浪潮退去，他的人民就会回归到过去的轨道上——尼古拉认为，目前的状况只是暂时的。比特纳同意科贝林斯基的观点，他曾评论说，皇帝认为犹太人渐渐掌控了俄国人。[26]

显然，尼古拉很同意这样一种观点，即犹太教的主要信徒编织了一个全球性的阴谋，企图颠覆整个文明。《将临》对他的核心思想产生了影响，他希望亚历山德拉和家里其他人听到这本书的每一个字，并和他一样对这个所谓的全球性阴谋产生反感。

第二十章

1 月里的变化

几个月过去了，尼古拉努力跟进时事，再次开始阅读英国的《泰晤士报》和法国的《辩论时报》，而亚历山德拉则阅读英国的《每日画报》。[1]他的随从们继续讲述进城时的所见所闻。与国内的每个地方一样，托博尔斯克到处是交谈和谣言，人们对人民委员会有自己的看法。但他们能获得的准确信息并不多。二月革命以来，苏维埃仍然掌握在孟什维克和社会革命党人的手中。虽然俄国的工业城市正纷纷汇入布尔什维克的政治洪流，但托博尔斯克却和从前处于临时政府管控之下一样。虽然克伦斯基已经失去权力，但他任命的人还在行使权力。特别是潘克拉托夫和科贝林斯基，他们并没有被人取代的危险。人民委员会在彼得格勒有太多的紧急事务需要处理，还无暇顾及托博尔斯克这样一座安静的偏远城镇。只要罗曼诺夫一家受到严密控制，且没有逃脱的危险，布尔什维克领导层就没有必要更换看守他们的人员。尼古拉一生中头一次不再是俄国政府的关注对象。

当听说1917年11月31日布尔什维克与德国人签订了停战条约时，他在日记中写道："我绝想不到这样的噩梦。当敌人占领了我们大片土地时，那些人怎么敢在没有征求人民意见的情况下，就与敌人签订和平条约？"[2]他很少会在写给自己看的东西里使用这样过于激动的言语。也许他希望有一天人们会读到他写的文字。

人民委员会决心结束在东线的战斗，并着手遣散旧俄军。老兵是最早收到文件要返回家园的，但"自由之家"分遣队的人员数量无法减少。替代退伍军人的往往都是更年轻、更不耐烦的士兵，镇上的革命武装分子发现他们更容易操控。[3]要让他们守纪律就更难了。罗曼诺夫一家在花园里堆了一座雪山，警卫把它推倒了，理由是有人可能会从街上向他们开枪——士兵会因此受到指责。[4]潘克拉托夫和科贝林斯基永远不认为服从是理所当然的：它总是需要通过协商来获得。像在沙皇村时那样，尼古拉试图亲近部队。他特别喜欢并很享受与图尔少尉、格里希琴科中士交谈。他还和一些士兵下棋。分遣队的人员渐渐变化，即将离去的士兵会爬上楼，亲吻他的手道别。[5]但是分别让他感到不安。他问接下来谁来守卫他们，分遣队中没有人可以回答他。[6]

托博尔斯克分遣队的人对继续守卫罗曼诺夫一家感到不满，不断地问他们为什么要按命令留在团里。与此同时，其他军人从德国和奥地利前线抵达这里，在街上游荡，很快便聚集了两千人。他们出了名地不守纪律。许多居民一看到军大衣就吓坏了，负责"自由之家"安全工作的当局也愤怒了，因为这些军人叫嚷着要闹出流血事件。自从由沙皇村搬到这里以后，罗曼诺夫一家的人身安全第一次受到如此严峻的考验。人们给尼古拉寄来威胁信，潘克拉托夫和他的助手们截获并烧毁了这些信。寄给公主们的一些情色信件也被他们烧毁了。当随从抱怨他们受到严格监禁时，有人便向他们指出，只有“出于特殊目的的隔离”才能保护他们免受可能的暴力袭击。潘克拉托夫用明确的语言对博特金医生说明了这点，并要求他为了全家人好向尼古拉强调这一点。[7]

罗曼诺夫一家在无数大大小小的方面都已经注意到，他们不再能享受特权待遇。尼古拉收到了一张写着他的全名和地址的配给卡，并注意到他的社会身份为“前皇帝”。即使是他，也必须凭这种卡购买面粉、食用油、盐、蜡烛、糖、肥皂、去壳燕麦和带壳燕麦等物资。持卡人可以在官方开办的城镇商店或自营合作社购买。[8]

尼古拉看到，自从他被推翻以来，每座城市都在发生持续的骚乱，感到很震惊。但在托博尔斯克，市民从没有对他们造成太大威胁，科贝林斯基说的可能是对的，许多人其实很高兴看到皇室，但不敢在公共场合表现出这一点。[9]事实上，很多人在去教堂的路上看到他们都很高兴，有些居民甚至送来自己家做的美味佳肴，以表达他们的美好祝愿。在1917年的最后几个月里，“自由之家”从不缺各种款待。[10]但即使在托博尔斯克，气氛仍日益紧张，特别是在士兵和曾经的士兵中间。尼古拉焦虑地观察着事态的发展。虽然他鄙视民主制度和民主程序，但现在他开始把希望寄托在期待已久的立宪会议上，这令他自己也很惊讶。他经常问潘克拉托夫，立宪会议何时在彼得格勒召开。不幸的是，潘克拉托夫和其他人一样不知道。[11]

罗曼诺夫一家收发的信件在送达之前一直要接受审查，而他们则用自己的办法保护信件中的秘密内容。亚历山德拉有时会用教会斯拉夫语写信给沙皇村一名叫茹克的前卫生员，让安娜·维鲁波娃送信。[12]她还让西德尼·吉布斯和女仆安娜·乌特金娜去邮局送信。[13]阿纳斯塔西娅让她的朋友叶卡捷琳娜·兹博罗夫斯卡娅写信给罗曼诺夫家的仆人安娜·杰米多娃，因为杰米多娃受的审查不那么严格。阿纳斯塔西娅还避开潘克拉托夫，把自己的一些信件悄悄送走。[14]她并不试图向外界隐藏罗曼诺夫一家被监禁的地方——早些时候，她甚至写信给兹博罗夫斯卡娅，落款地址为总督官邸，信中指出他们住的房间，还附上一张从马路上拍摄的官邸的照片。[15]她已经尽力说明采取救援实际需要掌握哪些情况——罗曼诺夫一家没有放弃任何可能性。

潘克拉托夫想办法平息了分遣队制造的麻烦，尼古拉很欣赏他的处理方式。这是一项艰巨的任务，潘克拉托夫和科贝林斯基都为纪律和秩序松懈感到不安。士兵经常抱怨食堂烹饪标准不一。他们注意到罗曼诺夫一家用餐后盘子里经常剩着肉。他们不明白为什么"尼古拉什卡"——他们对皇帝的称呼——可以被如此纵容。他们对自己不得不睡在地上而尼古拉却睡在舒适的床上表示抗议。他们的薪水也比来托博尔斯克之前低，这也令他们不满。当1917年8月给他们的财务担保在十月革命中化为乌有时，他们威胁要出去抢劫当地的商店。科贝林斯基谨慎地给他们增加了工资并改善了伙食。[16]虽然这让局势平息了一段时间，但怨恨很快又出现了。一些士兵为了取乐，在罗曼诺夫家女孩们玩的秋千上刻上了猥亵的话。[17]

与此同时，分遣队中的政治激进情绪在不断增长，一直活跃的社会革命党人受到了挑战，挑战来自一个名为皮萨列夫斯基的资深政治流亡者，此人编辑了社会民主党报纸《工人真理报》，他还是托博尔斯克苏维埃的主席。科贝林斯基没有意识到布尔什维克与孟什维克的分裂对托博尔斯克来说没有太大意义，错误地指责皮萨列夫斯基是一个彻头彻尾的布尔什维克。皮萨列夫斯基相信罗曼诺夫一家正试图逃脱。这一地区政局动荡不安，在鄂木斯克，布尔什维克领导的西西伯利亚地区苏维埃执行委员会一再要求将沙皇一家投入监狱。托博尔斯克尚未受到苏维埃专权的影响，仍保有临时政府任命的省长。皮萨列夫斯基即使不是布尔什维克，也同情人民委员会，并且力主发挥“苏维埃的力量”。听说沙皇已在前一天晚上逃脱后，他立即前往“自由之家”要求面见沙皇。这纯粹是幻想。正如潘克拉托夫所坚称的，身在托博尔斯克的所有罗曼诺夫家的人当天早上都去了教堂。[18]

然而，皮萨列夫斯基拒绝放弃。虽然他承认罗曼诺夫一家仍然待在这里，但他认定，潘克拉托夫不值得信任。在一次关于分遣队的讲话中，他谴责潘克拉托夫是一名“反革命者”。[19]

1月14日，也就是俄国旧历的元旦，奥尔加和塔季扬娜发烧了。医生怀疑她们患上了风疹。罗曼诺夫家把两名女孩留在家里，其余人去天使报喜教堂做弥撒。尽管她们二十四小时后感觉好了一些，第二天还是确诊患了风疹。阿列克谢在1月16日也感染了，二十四小时后玛丽亚也感染了。但尼古拉对孩子们的病情比较冷静。他更加为之震惊的是，第二步枪团的士兵行为越来越粗鲁。相较之下，第四团显得文明可亲。[20]第二步枪团的士兵要求每天喝伏特加，还要求加薪，当局因而担心他们以后可能会不服从命令。当局随后承诺将他们每月的工资增加到四百卢布。[21]

来自彼得格勒的消息称，人民委员会于1月19日突然关闭了立宪会议。选举如期于11月举行，但结果令布尔什维克和左派社会革命党联盟大为失望，他们得到的选票不超过四分之一。社会革命党赢得了最多的席位。布尔什维克指出，候选人名单是在左派社会革命党发生组织分裂前制定的。这意味着社会革命党人在大会中获得的代表数比应得的要多。还有一个原因是，在结束投票前，人民委员会关于和平与土地的法令尚未产生全面影响。尽管如此，这次选举是在成年人普选制基础上举行的自由竞选，而且是在苏维埃官员的监督下进行的。当立宪会议于1月18日召开会议时，社会革命党领袖维克托·切尔诺夫声称他们有权组建政府，并组织了公众示威。第二天，人民委员会下令终止程序。这是由喀琅施塔得海军基地的水兵促成的，他们的无政府主义领导人阿纳托利·热列兹尼亚科夫粗暴地宣布："警卫累了！"

由于缺乏抵抗的部队和武器，切尔诺夫和其他社会革命党领导人撤离到了伏尔加地区的萨马拉，并建立了一个替代政府，称为"立宪会议议员委员会"(科穆奇)。在成立了政府并组建了自己的人民军后，他们的目的是夺取人民委员会的权力并重新获得当选议员代表的权利。他们的势力从萨马拉延伸到伏尔加地区其他城市。切尔诺夫在实现自己进军首都的计划之前便赶走了布尔什维克。1918年的头几个月里，他们对"苏维埃政权"构成了主要威胁，这些社会主义者挑战了十月革命的合法性。

正如潘克拉托夫认识到的那样，这一系列的事件完全降低了他在托博尔斯克"自由之家"的地位。他同意在立宪会议在首都召开之前担任政委。但人民委员会驱散了大会并废除了与临时政府有关的所有机构。潘克拉托夫是由克伦斯基任命的，所以他总结说，自己的职责和作用已经结束了。[22]当托博尔斯克大会代表从彼得格勒回来时，他的想法得到了证实。警卫分遣队内部已经开始选举新的指挥官和新的士兵委员会。首都的苏维埃当局也使出了刺激手段。他们一直不满意托博尔斯克，因为它是一个几乎没有任何布尔什维克的城镇。这就是他们授权鄂木斯克的西西伯利亚地区苏维埃执行委员会去监督局势的原因。鄂木斯克开始正式负责苏维埃组织层级内的整个地区，而人民委员会则要求它管控该镇，尤其是“自由之家”。

但在革命形势下，没有什么事情是可以简单完成的。分遣队中有的分队很希望看到潘克拉托夫转身离去的背影，而其他人则希望说服他留下来。然而，尖锐的争论只增加了潘克拉托夫的决心。他相信，是时候离开了。[23]

因此，他于1918年1月24日向士兵委员会递交辞呈，称他知道自己留下来会带来更多麻烦。潘克拉托夫在官方宣誓陈述书中说明了理由，委员会主席基列耶夫同意了。[24]潘克拉托夫一生中大部分时间都屈服于当局的专制意愿。如果沙皇一家发生任何不幸，他想证明那不是他的错。他辞职后便立刻去与尼古拉道别。[25]他和尼古拉都知道，对罗曼诺夫一家来说这个结果是无益的。尼古拉用英语秘密写信告诉母亲：“监视我们的人终于被士兵带走了。如今我们身边只有亲爱的上校［科贝林斯基］。他不读我们的信件，也不读我们从你那里收到的信件；他总是亲自把信送来，在人前假装一切都按常规进行。”[26]这封信里的英语表达得并不十分清楚，也许是要保证如果信碰巧被布尔什维克拦截了，里面的内容不会被他们看懂。可能尼古拉也想为后代留下合适的记录。

事情又发生了变化，士兵委员会耀武扬威地命令索菲娅·布克斯赫韦登搬出科尔尼洛夫的宅邸。[27]布克斯赫韦登不受军队欢迎。最初她因患阑尾炎而没有跟罗曼诺夫一家来到托博尔斯克。手术后，她独自一人乘坐火车前来，火车上满是不守规矩的士兵，其中一些人在她车厢外的走廊上徘徊，大喊“资产阶级必死！”。1918年1月5日，当她出现在托博尔斯克时，值班的警卫不让她进去。显然，军人们不喜欢她华丽的服装，尤其是她的灰色大衣。[28]她别无选择，只能和母亲的朋友马瑟小姐住在一起。[29]

士兵委员会也毫不迟延地命令潘克拉托夫和尼科尔斯基搬出科尔尼洛夫的宅邸。[30]他们两人被这种强制命令搞糊涂了。塔季扬娜·博特金娜无意中听到尼科尔斯基说：“我们从未想过我们会在你之前离开。”尼科尔斯基拿着一只小手提箱，戴着一顶“夸张的毛茸茸的黑色高帽，这顶帽子让他看起来比以往任何时候都更像一个强盗”。他心情很不好。当被问到他和潘克拉托夫要去哪里时，他回答说：“我们不知道。我们会去找个角落待着，平复我们怨愤的心情！”[31]潘克拉托夫和尼科尔斯基在托博尔斯克待了一个月，于1918年3月抵达赤塔。[32]罗曼诺夫一家勇敢地面对当下的局势。他们愉快地看到，托博尔斯克冬季的光线比沙皇村要好，阿列克谢则在雪地上搭了隧道，在里面爬来爬去。[33]他们所能做的只有抱着乐观的希望。

1月28日，帕维尔·马特维耶夫少尉和士兵委员会领导人，第一步枪团的军士基列耶夫，决定由警卫分遣队来掌控局势。基列耶夫把自己的床搬进了“自由之家”，并在会议室舒服地安了家。这令罗曼诺夫一家感到不安和屈辱。罗圈腿司炉格奥尔基——大家都叫他若尔日克——咒骂了一通基列耶夫，威胁要把他和他的床扔到街上去。然而，真正的权力还是掌握在士兵手中。对他们来说，基列耶夫违背了时代的民主精神。如果说邻近的驻军态度就很粗暴，那么他又会有何不同呢？[34]他们将他和马特维耶夫调换了一下，马特维耶夫住在马路对面科尔尼洛夫的宅邸里，并竖起了一块牌子:“帕维尔·马特维耶维奇·马特维耶夫同志的驻所”。有人一定告诉他,他把“住所”这个词拼错了。很快他又竖起了一块言辞温和的牌子,只写着“公民P. M. 马特维耶夫”。后来,他晋升了,他买了地球仪和书,请了当地老师来给自己上课。[35]

警卫分遣队希望获得莫斯科的指示,并发电报请求莫斯科派遣一位布尔什维克政委。与此同时,他们还进一步限制了罗曼诺夫一家自由外出活动的权利。士兵们很快就厌倦了执行命令,罗曼诺夫一家正式获许可以每周两次不受军事监视外出活动两小时。[36]但同时,他们不能去教堂,他们也不能再步行前往天使报喜教堂。[37]罗曼诺夫一家知道他们的监禁条件可能会逐步恶化,全家人心里都充满了与日俱增的危险感。[38]

第二十一章

莫斯科的讨论

1918年1月29日，人民委员会对罗曼诺夫一家的问题展开了为数不多的几次讨论之一。[1]但是他们并没有给托博尔斯克更多的指示。潘克拉托夫单方面辞职的决定对中央政府没有任何影响。潘克拉托夫对“自由之家”管理严格，并将监督权交给了鄂木斯克的西西伯利亚地区苏维埃执行委员会。中央当局由此认为他们已经做得足够多了。但人民委员会依然面临着做出何种长期决定的问题。他们一致认为，最好是将尼古拉带到首都并让他接受公开审判。人民委员会计划通过司法程序揭露沙皇秩序下对权力和特权的滥用。尼古拉以往一直手握所有政治权力。立宪会议的选举表明，俄国及其边境地区的大多数人尚未接受布尔什维主义。显然，人民委员会必须更广泛地宣传他们的革命目标，而对尼古拉的审判旨在达到这一目的。人民委员亟须向大众宣传他们夺取政权的合理性，并争取大众对社会主义秩序的支持，他们打算将社会主义秩序传播到整个俄国乃至欧洲。

然而，尽管人民委员会计划在德国开展颠覆活动、发动革命战争，但他们必须遵守与轴心国谈判时商定的条款。一旦停战条约在东线生效，下一阶段俄国和德国之间就要交换外交代表。双方都对此很反感。苏维埃当局将德国精英阶层视为帝国主义者，而德国的部长和指挥官则否认布尔什维克是革命者。但当局认为，向柏林派遣使团是一次宣传马克思主义事业的好机会。德国事实上的军事领导人埃里希・冯・鲁登道夫试图确保，他解决西线的盟军时俄国处于他的控制之下。1917年12月28日至29日晚，德国和奥匈帝国的外交使团抵达彼得格勒，住在三家最好的酒店里。酒店里还住着随本国外交使团前来的英国、法国和美国官员。[2]虽然德国人试图威胁苏维埃政府，让他们与自己单独签订一份东线的和平条约，但盟军的特使们认为恢复对德作战有利于俄国。大战处于紧要关头，交战国同意搁置罗曼诺夫一家的问题。

同时，人民委员会承认，他们处置罗曼诺夫一家的计划可能有错。1917年春天，没有人会为推翻君主制感到遗憾，其他人都知道局势很容易改变。特别是农民，他们很可能会反对让尼古拉接受质询，也很可能对前皇帝产生同情。人民委员会也意识到，不管判沙皇什么罪，都可能引发争议。如果数百万农民为尼古拉难过，就必须谨慎考虑未来如何处置他。将他处决还是监禁？如果监禁，那么监禁多久？只有人民委员会可以做出这些决定。此时，布尔什维克和左派社会革命党执政联盟正在争论，是否应当与德国签订一份单独的和平条约。人民委员会和布尔什维克中央委员会的大多数人不赞同。战争或和平的问题比罗曼诺夫一家的问题更急迫。人民委员会决定，让担任副农业人民委员的左派社会革命家尼古拉・阿列克谢耶夫宣告在最近全俄农民代表大会上通过的关于沙皇一家的决议。人民委员会希望听一听农村的舆论。[3]

1918年2月20日，当时沙皇一家的问题是首要议程，阿列克谢耶夫由莫伊谢伊·乌里茨基陪同做了报告。莫伊谢伊·乌里茨基是新成立的名为契卡的政治警察组织在彼得格勒的领导人。经过进一步讨论，人民委员会决定要求人民司法委员部和农民代表苏维埃代表大会的两名代表准备关于尼古拉的调查材料。将尼古拉从托博尔斯克转移走的时间要推迟到人民委员会研究完整个问题，但最终苏维埃中央领导层意识到了紧迫性，加快了进程。[4]

国家财产人民委员和左派社会革命党人弗拉基米尔·卡列林于1918年2月23日用电报发出了一份预算命令，大意是人民委员会不能继续维持罗曼诺夫一家目前的开支了。除此以外，暂时没有其他事情发生。从那时起，罗曼诺夫一家的国家补贴固定为每人每月六百卢布。随从没有补贴。尼古拉不得不做出选择，要么解雇一部分随从，要么用自己的基金继续给他们支付工资。他让塔季谢夫、多尔戈鲁科夫和吉利亚尔研究如何应对这种情况。经过一番艰难的讨论，他们得出结论，除了减少随从的数量之外，别无选择。皇帝表示同意，并决定，那些个人能力欠缺或不能留在工资单上的人必须离开。[5]他们计划于3月1日开始行动。[6]吉利亚尔在日记中说，黄油和咖啡成了奢侈品。[7]皇帝解雇了十二名工作人员；他还降低了所有留下来的人的工资。[8]

被解雇的人靠豪饮来纾解情绪——“自由之家”仍有不少酒。有些仆人喝得烂醉，只能爬过沙皇一家住的地方回到自己的房间，昏睡过去。[9]这只是士气低落的另一个阶段。在此之前，随从们一直坚持遵守传统的行为规范，但如果罗曼诺夫一家不再需要他们的服务，他们也就没有义务去遵守这些规范了。

亚历山德拉希望通过多付三个月工资来解决解雇仆人的问题。然而，她查看账目，发现钱已经不够用了。她的解决办法是，将留用人员的工资减少三分之一，用这笔钱补偿被解雇的人。她也希望进一步节省开支，以弥补那些留下来的随从的损失。[10]她和吉利亚尔检查账目，发现预算中的漏洞比她想象的更大。[11]她恳求吉利亚尔向其他随从解释这一情况，当然，随从不可避免地向他发泄不满。工作人员对降薪感到愤怒，尽管他们现在仍能吃饱喝足，住在舒适的房子里。[12]他们对沙皇一家的忠诚度正在不断下降。塔季扬娜·博特金娜注意到，随从中有几个人开始提出难以满足的开支要求，并在为罗曼诺夫一家准备的食品中随意挑走他们想要的东西。[13]

“自由之家”以外的皇室支持者秘密帮助尼古拉渡过经济难关。莫吉廖夫的前副总督弗拉基米尔·施泰因于1918年1月前往托博尔斯克，并回到莫斯科告诉皇室支持者们尼古拉遇到的经济困境。随后，施泰因募集了二十五万卢布，再返回托博尔斯克将钱交给塔季谢夫和多尔戈鲁科夫。[14]尼古拉瞥见他站在外面的街上。他在1918年3月26日的日记中感激地写道：“善良的朋友们给了我们一笔数目可观的款项。”施泰因还带来了茶和书，供罗曼诺夫一家使用。[15]

罗曼诺夫一家对于自己面临的长远规划一无所知。不过，他们确实知道首都召开了一场讨论会，对他们每个人都有影响。1918年2月23日，布尔什维克中央委员会终于同意，单独签订和平条约是拯救十月革命的唯一可行方法。[16]自12月以来，一些人主张接受德国关于俄国退出战争的条款。但它遇到了大多数人的抵制。这些人认为，如果与欧洲最贪婪的军事和经济大国签订条约，他们作为布尔什维克的身份便毫无意义了。他们中许多人都清楚地看到，俄国在东线正不可避免地走向失败。事实上，旧俄军已经纷纷选择了逃离战壕。俄国已经没有了真正的前线，德国人随时可以在彼得格勒横冲直撞。考虑到情况这样危险，人们决定将首都迁到莫斯科，并紧急派火车转移了苏维埃政府及大多数领导人。

条约于3月3日在东线附近的布列斯特-立托夫斯克签订。人民委员会赢得了“喘息的机会”，但它的代价是将左派社会革命党人赶出了执政联盟，并将布尔什维克一分为二。根据该条约，人民委员会放弃了对前俄帝国西部边境地区的所有主权。德国人拥入乌克兰等地区，占领了克里米亚、顿河州和北高加索。他们甚至推进到了俄国南部的罗斯托夫。

虽然罗曼诺夫一家没有读过《真理报》，他们对此消息并不感到惊讶。亚历山德拉写道：“德国人在普斯科夫。俄国将接受最糟糕、最可怕的条件以换取和平。”[17]她从来都不擅长预测政治走向。但这一次，事实证明她是完全正确的。尼古拉回忆说，亚历山德拉经常被人指控密谋损害俄国利益。

每个人都能清楚看出尼古拉的痛苦。吉利亚尔后来回忆说：“《布列斯特-立托夫斯克条约》对他产生了深刻的影响，他非常沮丧，身体都受到了影响。从那一刻起，他似乎老了很多。我们在托博尔斯克的人都看到，他脸色苍白，眼袋明显，胡须都白了。”[18]

亚历山德拉对《布列斯特-立托夫斯克条约》同样感到沮丧。她觉得只有神可以挽回局面。1918年3月19日，她写信给瑟罗博亚尔斯卡娅女士，说：

> 现在是什么时候？未来会怎样？这是只用一年就酿成的

事件。他们唯一的成就是摧毁了一切。军队正被尽数歼灭,如何抵抗敌人呢?但是,上帝超乎一切,人无能为力,上帝也许有办法。局势会扭转。受制于德国人比受制于鞑靼人更糟糕。不,主不会允许这种不公正的事情发生,主会让一切都回到正轨。[19]

亚历山德拉正全心关注着俄国的未来。她或是尼古拉都尚未发现,这一条约可能对罗曼诺夫全家产生影响。事实上,人民委员会与德国的关系将影响俄国公共事务的每一个方面。布尔什维克领导人重新考虑罗曼诺夫一家的问题时,德国因素总会出现在他们的考量中。危险,正在悄悄地与日俱增。

第二十二章
营救计划

皇朝垮台使君主主义组织感到震惊和丧气，1917年的事件正朝着与其目的完全背离的方向发展。他们认识到，任何从沙皇村亚历山大宫救出罗曼诺夫一家的企图都是自杀性的，因为当地驻军规模巨大，里面都是讨厌尼古拉什卡的士兵。彼得格勒苏维埃会动员他们抓捕罗曼诺夫一家及企图营救他们一家的人。因此，没有阴谋分子准备采取行动。君主主义只是一个想法，还不是一场行动。

罗曼诺夫一家被转移到托博尔斯克，随后爆发十月革命，少数君主主义者因此改变了几个月以来的被动状态。尽管他们渴望果断行动，但还是不清楚如何才能营救沙皇一家。这件事风险巨大。如果他们进入“自由之家”，警卫分遣队势必会抵抗并造成流血事件。如果救援人员设法劫走沙皇一家，那么追捕将是不可避免的。在春季冰雪融化之前，他们无法利用河流向北到达北冰洋或向南到达秋明。在冬季，唯一的选择是乘坐马车或雪橇。如果他们前往秋明或鄂木斯克，那么托博尔斯克苏维埃会发出消息，红军会拦截他们。另一种可能性是救援队前往城西的森林，但是如果采取这种方法，他们仍然需要决定下一步去哪里。城中遍布敌人。逃离“自由之家”只是艰难历程的开始。

二月革命后支持君主制的最活跃人物是尼古拉·马尔科夫，即众所周知的马尔科夫二世。他在1917年之前曾领导俄国人民联盟，并且自1907年以来一直担任杜马议员。他腰身粗壮，留着长发，外貌很有特点。他是一个恶毒的反犹太主义者，他在报纸上开玩笑地用“非犹太人”当笔名。马尔科夫二世是独裁者的狂热信徒，他对尼古拉执政的主要批评是，尼古拉向自由主义政治观点屈服了太多次；他不认为二月革命的结果是不可逆转的。他认为，亟须对尼古拉展开救援并恢复尼古拉的权力。

银行家和制糖商卡尔·亚罗申斯基似乎为君主主义组织炮制出的这些计划提供了十七万五千卢布的资助。[1]亚罗申斯基是一位充满活力的金融家，在战争期间积累了大量财富。他拥有五家大银行的控股股份。他在资助疗养院时与沙皇一家熟悉起来，在二月革命之前，亚历山德拉和女儿们在疗养院里任护士。[2]克伦斯基担任总理时，亚罗申斯基向他提出了一项旨在恢复国家枯竭的财政的计划。他提出可以动用自己的资源提供帮助，他无疑是希望将来在尽力帮助俄国的同时也为自己创造利润。克伦斯基将这一计划提交给财政部审查，很快便遭到了拒绝。亚罗申斯基也从公众视野中消失了。[3]布尔什维克在彼得格勒夺取政权后，马尔科夫二世对他唠唠叨叨地讲述了营救罗曼诺夫一家的计划。

沙皇一家在沙皇村时，马尔科夫二世曾让亚历山德拉的密友尤利娅·杰恩作为信使送信给皇后。沙皇一家被转移到托博尔斯克时，他派了一名克里米亚团的可靠军官去找他们，以期组织营救。他希望安娜·维鲁波娃也加入，但她拒绝合作，并反对马尔科夫二世派一名军官到西西伯利亚。维鲁波娃认为，马尔科夫二世使自己营救沙皇一家的努力复杂化了。她在秋明的行动负责人鲍里斯·索洛夫约夫采取措施阻止了马尔科夫二世的使者前往托博尔斯克。[4]

索洛夫约夫是一名陆军军官，1918年时只有二十八岁，是众所周知的狂热君主主义者。他性格暴躁。临时政府的贸易和工业部副部长彼得·帕尔金斯基对尼古拉二世的专制统治颇有微词，这惹恼了索洛夫约夫，两人差点打起来。[5]他后来没有再回到自己的部队，而是开始为亚罗申斯基工作。他和其他人说服亚罗申斯基为他们的营救任务提供资助。[6]然而，索洛夫约夫不仅仅是一个自称支持已废君主的狂热分子，还是拉斯普京曾经的追随者。通过结识拉斯普京，他向他的女儿马特廖娜求婚并娶了她。对尼古拉和亚历山德拉来说，这是一个好人选。许多俄国君主主义者对拉斯普京的态度仍然存在差异。在1917年的政治乱局中，很少有人敢大胆为尼古拉说话，但索洛夫约夫时刻记着罗曼诺夫一家的利益，因此获得了一些人的认可。他还接受了军事训练以便执行危险的项目，这令曾经的宫中众人感到震惊。索洛夫约夫年轻而充满活力，似乎准备好牺牲个人安全来营救尼古拉及其家人。

1918年1月20日，他离开彼得格勒前往托博尔斯克，途经叶卡捷琳堡和秋明，行李中放了钱、巧克力、香水、亚麻布以及人们给罗曼诺夫一家准备的礼物。他还带了三包来自安娜·维鲁波娃、弗拉基米尔和叶夫根尼娅·维耶科夫的信件——维耶科夫家在二月革命前一直是皇室随从，男人担任宫廷指挥官，女人担任侍女。[7]索洛夫约夫小心翼翼地隐藏了自己的身份，在秋明，他使用化名斯坦尼斯拉夫·科尔热涅夫斯基。[8]

他后来称，他把人们送给罗曼诺夫一家的钱转交给了男仆阿列克谢·沃尔科夫，后者将其交给了皇后。[9]皇后对这份礼物很满意，开始与索洛夫约夫通信。[10]沃尔科夫带来了皇后的信息，皇后建议索洛夫约夫与阿列克谢·瓦西列夫神父联络。[11]1918年2月6日，亚历山德拉可能向索洛夫约夫提出了以下要求："让我知道你对我们境况的看法。我们的共同愿望是安静地生活，就像普通家庭那样，远离政治、争斗和阴谋。我很坦率地给你写信，因为我收到你的信时很相信你的诚意。"[12]索洛夫约夫不愿意表现得过于乐观："非常感谢您表现出的感情和信任……整体来看，目前的情况非常困难，可能会变得危急。我确信我需要来自忠诚的朋友的帮助，或是奇迹，好让一切顺利，您对安静生活的渴望也得到满足。你诚挚而忠诚的鲍[里斯]。"[13]

这次，索洛夫约夫决定白天从"自由之家"的路旁走过。如他所希望的一样，罗曼诺夫一家看见了他——阿纳斯塔西娅、玛丽亚和塔季扬娜当时站在窗户旁俯瞰街道。皇后给他写了一张便条，由女仆传递。他之前对于救援的希望一直描述得模糊不清，在亚历山德拉看来，除非神帮助他们，他们没有希望逃脱：

> 你已经证实了我害怕的事情：我感谢你的诚实和勇气。我们的朋友要么在遥远不为人知的地方，要么已经不在了。我不知疲倦地向主祈祷，将我的希望寄托在主身上。你谈到了奇迹，但主将你送到我们面前不正是奇迹吗？愿上帝保佑你。感激不尽，亚。[14]

亚历山德拉从来没有见过索洛夫约夫，但直觉上很信任他。她很绝望。索洛夫约夫是除了宫廷随从以外，少数几个成功突破他们一家周围警戒线的人之一。在她眼里，他是一位完美的骑士，愿意为皇朝的事业和基督教信仰牺牲自己。

托博尔斯克和其他地方的一些人认为索洛夫约夫不那么温和。甚至他的妻子都反对他。他们的婚姻并不幸福，马特廖娜经常遭到殴打。[15]她还抱怨索洛夫约夫对金钱的态度。在1918年3月2日的日记中，她提到亚罗申斯基是她丈夫经济上的资助者之一："我知道雅罗申斯基［原文如此］给了鲍里亚［即鲍里斯］多少钱，但他一点钱也不想给我。他认为他的钱只属于自己，而我的钱却属于他。"[16]几乎可以肯定，索洛夫约夫将一部分用于帮助或营救罗曼诺夫一家的资金收入自己囊中。他似乎只给了皇后三万五千卢布，而这只是亚罗申斯基资助的十七万五千卢布中的一小部分。[17]在后来的几年里，亚罗申斯基证实，他与索洛夫约夫没有直接交往过。当然，在资金被从彼得格勒转移走后，亚罗申斯基可能并不知道确切的资金转移链。他也不清楚钱是被一次性转走还是分开转走的。即便如此，索洛夫约夫被那些同情沙皇一家的人视为骗子，那些人近距离看到了他和阿列克谢·瓦西列夫神父在托博尔斯克开展的行动。

索洛夫约夫不喜欢被人反驳。他也十分狡猾，每当手下的新兵挑战他的权威时，他都会以编造的理由向托博尔斯克苏维埃告密，而苏维埃很乐意拘捕这些人。[18]塔季扬娜·博特金娜很鄙视他，她对瓦西列夫评价也不高，认为瓦西列夫看起来对赚钱更有兴趣，而不是真的想帮他们一家获得自由。她猜测，如果尼古拉重返皇位，瓦西列夫可能也会操纵政治以便自己可以获利。[19]

索洛夫约夫和瓦西列夫经常夸大他们“组织”的规模和潜力，而瓦西列夫，一个酗酒成性的人，常常端着酒杯夸耀营救罗曼诺夫一家的计划。[20]两人声称，已有三百名以前的军官潜入了托博尔斯克。虽然镇上确实有一些新兵，但塔季扬娜·博特金娜怀疑其中是否真有索洛夫约夫和瓦西列夫所说的那些训练有素的人。[21]在她看来，索洛夫约夫和瓦西列夫就是骗子和幻想家。她遇到了一个两人招募来的人，这人向她讲述了自己是如何到达秋明并伪装成体力劳动者在这里生活的。[22]博特金娜发现，他从未到过托博尔斯克这一点很重要，她认为，沙皇一家的希望被人为地放大了。据她所知，唯一一位成功的资助者是雅科夫·罗斯托夫采夫伯爵，他让部下从秋明北上并通过博特金医生向多尔戈鲁科夫转交了八万卢布。(这似乎是多尔戈鲁科夫4月份带到叶卡捷琳堡的所有钱。)博特金一家还结识了一位活跃的君主主义者，他在托博尔斯克居住了几个月。但事实证明，他所属的组织完全没有制订任何严肃的计划来营救罗曼诺夫一家。[23]事实上，人们越来越怀疑，索洛夫约夫不仅仅是骗子，还是为德国人卖命的间谍。直到1919年人们发现他拥有德国情报文件，这一点才得到证实。博特金娜得出的结论是，他的目标就是要摧毁沙皇一家。[24]

年轻的康斯坦丁·梅尔尼克少尉也对索洛夫约夫和瓦西列夫没有什么好印象。康斯坦丁·梅尔尼克于1917年9月和1918年5月两度留在托博尔斯克。他认为他们的“组织”是假的。据他所知，他们截留了大部分给罗曼诺夫一家的钱，而且根本没有安排任何营救行动。据说，瓦西列夫索取并获得了一万四千卢布，钱的用途却未向梅尔尼克透露，但梅尔尼克确信他意图不良。[25]

谢尔盖·马尔科夫也是军中一位听命于马尔科夫二世，为君主主义事业服务的年轻人。在沙皇退位前的最后几天，他曾闯入亚历山大宫，问皇后自己如何才可以帮助她。[26]作为克里米亚骑兵中一名骄傲的军官，他认为二月革命中的叛乱是叛国。[27]1918年3月，他化名为一位叫马琴科的商人，前往托博尔斯克制订合适的救援计划。[28]他忽视了他的上级马尔科夫二世给他的警告，即任何此类冒险的资金都非常紧张。在秋明，他找到了已经与罗曼诺夫一家建立联系的索洛夫约夫。索洛夫约夫的话使他相信自己可以完成任务。他乘坐马拉雪橇抵达了托博尔斯克，在靠近市中心的一家空荡荡的酒店里住了下来，酒店里的其他房客主要是布尔什维克。他们在努力改变俄国的私营商业，而索洛夫约夫正是伪装成一个普通商人的：他必须小心行事。[29]

马尔科夫静静地向索菲娅·布克斯赫韦登介绍了自己，并向她展示了自己从彼得格勒带来的包裹。布克斯赫韦登将包裹转交给了男仆沃尔科夫，沃尔科夫又把包裹带进了“自由之家”。[30]马尔科夫在去教堂祷告后的第二天，向当地教区的格尔莫根主教介绍了自己，并解释了他在托博尔斯克的目的。格尔莫根告诉他：“上帝会因此而奖励你。”[31]马尔科夫还联系了阿巴拉克修道院的阿列克谢神父，罗曼诺夫家的仆人基尔皮奇尼科夫和他住在一起。[32]

基尔皮奇尼科夫是最低级别的随从，他在厨房工作，还照看罗曼诺夫一家来到托博尔斯克后买的猪。（他还在院子里单独划出了一块地来养自己的猪。）他是一个衣衫褴褛但力气巨大的男人，因为忠诚而受到喜爱，但他为罗曼诺夫一家做饭和为动物准备食物用的是同一套锅碗瓢盆，这让人们非常厌恶他。基尔皮奇尼科夫没有注意到其他人的想法，但有一段时间，厨房里的臭味太浓烈，罗曼诺夫一家和随从们不得不逃到楼上的房间，把门关上。吉布斯很挑别，当基尔皮奇尼科夫为猪准备食物时，他实在没法继续待在“自由之家”。他没法忍受难闻的气味，便称得了流感，回到自己的房间，整个冬天都开着窗户。但是警卫队的士兵信任基尔皮奇尼科夫，他能够把信件和糖果带进“自由之家”，交给罗曼诺夫一家。[33]

皇后对马尔科夫记忆深刻，乐于收到他送来的信和书。她通过阿列克谢神父送给马尔科夫一件礼物：“给小马，长官非常感谢你，并送上来自陛下的礼物，一支象牙烟斗。”神父解释说，亚历山德拉不知道该给马尔科夫什么，但她希望马尔科夫每次点烟时都会记得她。[34]亚历山德拉很快也表达了对马尔科夫的安全的担忧，因为他很可能被科贝林斯基和比特纳认出来，毕竟比特纳在沙皇村见过他，可能会告发他。虽然科贝林斯基为罗曼诺夫一家提供了不少帮助，但他毕竟是临时政府任命的人，在亚历山德拉看来终究是不值得信任的。她建议马尔科夫回到索洛夫约夫身边，那时索洛夫约夫住在波克罗夫斯科耶。[35]但是马尔科夫行事不够谨慎。在与皇后交换信息后，他在“自由之家”外面晃悠了一阵，这样罗曼诺夫一家就会看到他。亚历山德拉正巧站在阳台上，发现了他。1918年3月25日，她在日记中写道：“看见我的前克里米亚军官马尔科夫路过，还有施泰因。”[36]

然而，这已经是马尔科夫最接近营救皇室的尝试了。格尔莫根主教并不惊讶，因为他已经得出结论，俄国的君主主义者仍然缺乏严密的组织，将沙皇从宝座上推下的革命风暴也会轻易将这些人吹散。[37]马尔科夫是大胆的，甚至是无所顾忌的，但除了在“自由之家”外面大摇大摆地走来走去以外，他什么也做不了。

马尔科夫对其他君主主义者的消极态度很不满，他继续想办法营救罗曼诺夫一家。他认为有几种可能。一种方法是组织尽可能多的骑兵军官，马尔科夫二世可以提供人马并将他们以最快的速度送到托博尔斯克。他认为该镇偏僻的地理位置对他有利，他可以请求秋明的君主主义者帮忙。红色武装中也有同情皇室的人，马尔科夫认为可以组织他们对“自由之家”发动突袭。另一种方法是在托博尔斯克之外煽动一起虚假的农民起义，趁随后的紧张局势，带一支队伍进入该镇并接管沙皇一家。马尔科夫相信，他可以鼓动君主主义者离开红军，在托博尔斯克躲藏起来等待关键时刻。现在重要的是在“自由之家”附近集中建立一个坚定的武装中心。[38]

尼古拉也在尽力保持乐观。他有一种强烈的直觉，认为科贝林斯基其实对他是友善的，只是在分遣队警卫面前表现得严厉。[39]两人相处得很好，尼古拉在日记中对科贝林斯基充满谢意：“科贝林斯基是我最好的朋友。”[40]塔季扬娜·博特金娜猜测，托博尔斯克的人大胆地表现出对罗曼诺夫一家极大的支持。她告诉亲信，她相信，如果尼古拉真的想要逃脱监禁，就能找到很多士兵和渡船船工来帮助他。[41]甚至有传言说，马雷舍夫少尉麾下的一群步兵告诉科贝林斯基，如果在他们当值时有人组织救援行动，他们不会插手。[42]亚历山德拉听取了这些建议，并向家人和随从保证，“自由之家”分遣队中有一些暗地里同情尼古拉并为自己所作所为内疚的军士。她指出，他们一直暗中为他们一家留下无酵饼或鲜花作为礼物。[43]

如果每个人都痛恨罗曼诺夫一家，这种现象又该怎么解释呢？但亚历山德拉忽略了这样一个事实：俄帝国是一个分裂的社会，有数百万公民仍然厌恶“血腥的尼古拉”，或者充其量对他的命运漠不关心。罗曼诺夫一家自然想安慰自己，认为自己仍被大多数百姓所喜爱。但他们的想法与革命洪流中的俄国现实是脱节的。

第二十三章
俄国的未来

监禁期间，尼古拉对自己曾经的统治方式并没有表现出任何悔意。他和亚历山德拉都坚信，俄国遇到的军事和政治问题完全是外国恶势力造成的。在尼古拉眼中，1917年的二月革命是彻头彻尾的国家灾祸。就算他想过应该改变统治方式以避免革命爆发，那么他也只把这个念头放在心里。相反，他为自己履行了职责而自豪，正如他向吉利亚尔解释的那样："我在即位时便发誓，要保护好我从父亲那里继承的政府形式，并完好无损地将它交给我的继任者。"[1]离开沙皇村后，他再也没有提过退位危机。但亚历山德拉并非如此，她经常为退位感到痛心，她相信，如果当时自己是和尼古拉一起待在莫吉廖夫，而不是与家人待在一起，那么尼古拉一定不会放弃皇位。但她并不埋怨丈夫。过去的事已经发生了，她有责任去应对事情的结果。她对尼古拉的爱正如她所需的尼古拉对她的爱一样，仍然浓烈。

罗曼诺夫一家痛恨有关革命的一切，当他们得知苏维埃政府已经将历法从尤利安历法改为格里高利历法时，尼古拉惊恐万分。2月1日，他醒来，发现历法上已经是将近两周后了。他不喜欢这种失去十三天的感觉，并预言说："误解和混乱将永无止境。"[2]

然而，尼古拉没有对苏维埃政府任何其他政治和经济政策发表评论。不过，关于德国、战争和俄国军事力量的问题是另一回事。1918年2月20日，他写道："从电报来看，由于休战时间快结束了，与德国的战争要重新开始了；但我们的前线似乎已经没有剩下任何东西了，军队已经复员，武器和物资在面对命运和敌人的攻击之前便被丢弃了：羞耻和恐怖！"[3]

尼古拉作为一个爱国者，对战败非常痛苦；他无法想象怎么会有人不愿意反抗德国人。他一直抱有破釜沉舟的信念。在他看来，俄国的荣誉受到了玷污。2月25日，他补充说："今天收到电报，称布尔什维克或人民委员会必须接受德国政府的条款以便议和，因为敌军正在推进，无法阻挡。这是一场噩梦。"[4]

但是尼古拉或亚历山德拉如何解释俄国的分裂呢？在与吉利亚尔谈话时，尼古拉指责克伦斯基造成了军队的崩溃，尽管克伦斯基并不是有意为之。他对托洛茨基的看法更为负面。[5]他认为，《布列斯特-立托夫斯克条约》对俄国来说是一种耻辱。几个月过去了，尼古拉一直为军队崩溃、领土分裂和外交耻辱感到愤懑压抑。1917年军队的崩溃使他非常悲痛，对他的打击不亚于他自己经历的创伤。但他从未想过，俄国政府会签订和平条约。

尼古拉和亚历山德拉非常蔑视威廉，认为他不值得尊敬。即使在战争中，有些做法也是站不住脚的。[6]1917年之前，亚历山德拉对男仆沃尔科夫说过："他是一名演员，一名出色的喜剧演员，一个虚伪的人。”在《布列斯特-立托夫斯克条约》之后，她惊呼：“我知道他小肚鸡肠的本性，但我从没想过他会沦落到如此境地。多么可耻啊！”[7]作为出生于黑森的大公小姐，她从来与霍亨索伦家族没有多少瓜葛。比特纳目睹她在托博尔斯克长篇大论地攻击德皇和德国。亚历山德拉向科贝林斯基解释道：“人们指责我爱德国人。没有人知道我多么憎恨威廉，因为他对我的祖国作恶！”她强调，她所说的祖国是指俄国，而不是她出生的国家。皇后预言，德国也会像俄国那样迅速崩溃，她的语气并不是幸灾乐祸的。她写信给她在沙皇村疗养院照顾过的亚历山大·瑟罗博亚尔斯基将军，说：“在我看来，这种‘传染病’将传播到德国，但在那里，它会变得更危险更严重。我将此视为俄国能得到的唯一救赎。”[8]

3月19日，尼古拉听瓦西里·多尔戈鲁科夫说，有报道称德国人要求俄国保证罗曼诺夫一家健康安全，他暴怒道：“即使这不是在蓄意诋毁我，也对我造成了伤害！”[9]他们全家都与德国人划清界限了。女儿们甚至扔掉了威廉皇帝在一次游艇旅行中送给她们的礼物。[10]

罗曼诺夫一家对俄军抱有幻想，并以此安慰自己。亚历山德拉在写给安娜·维鲁波娃的信中说：

> 俄国人的性格很古怪。一个人可能很快变得令人厌恶，变坏，变残忍，失去理性，但同时他也可能向另一个方向转变。这叫缺乏个性。本质上，这种人是没有受过教育的大孩子。众所周知，在常年的战争中，所有的感情都变得更为强烈。他们所做的一切——杀人、撒谎、偷窃和监禁——都很可怕，但是人必须忍耐、悔改和重生。[11]

鄂木斯克的赤卫军发生动乱后，克拉夫季娅·比特纳失去了耐心。亚历山德拉称，只要军官表现得更主动一些，军队就会听从他们。[12]她补充道："人们说他们很糟糕。但他们很好。看看他们吧。他们环顾四周，微笑着。他们很好。"[13]对比特纳来说，这是胡言乱语。她告诉亚历山德拉，她与现实脱节了，她并不知道士兵对她的看法。他们在罗曼诺夫一家的听证会上表现出的尊重并没有任何意义。虽然亚历山德拉认为俄国士兵"有素、朴实、善良"，但比特纳坚持认为这些士兵对待长官的态度令人震惊。[14]

自1894年亚历山德拉到俄国以来，还从来没有人如此强势地与她说话。她不禁掉下了眼泪。她特别批评了比特纳说她与现实脱节。亚历山德拉说，她知道其他人是怎么评价她的。她俩的谈话很激烈。和通常发生争论一样，两人谁也没有表达清楚自己的观点。等有时间反思自己所说的话时，比特纳认为，亚历山德拉觉得自己在批评她与已故的拉斯普京之间的关系。这显然仍是亚历山德拉的痛点。[15]事实上，比特纳讨论的是军队的情况。比特纳想向皇后阐明自己的观点，告诉皇后她并不理解军队在一战中遇到的困难。在比特纳看来，强调军官和士兵之间的对比是毫无意义的。她们一直争辩，谁也不肯让步。两人都心烦意乱，疲惫不堪，当天她们在不友好的气氛中分手了。比特纳拒绝与其他人一起用晚餐，称自己头痛。亚历山德拉给她送去一张纸条，请她不要生气：亚历山德拉终于棋逢对手。[16]

但皇后永远不会改变她的方式，不管什么话题，她都仿佛专家一般侃侃而谈。在宗教方面，她坚定而严苛。其余的随从都了解这一点，在四旬斋开始时，他们停止了星期日晚上的短剧活动——他们称之为"盛况"，吉布斯把布置的灯光也拆除了。[17]为了迎接复活节，全家人开始禁食，亚历山德拉希望官邸里的每个人都能这样做。然而，比特纳通常会等到复活节前第二周才开始，并解释说这是她的意愿。亚历山德拉对此显然很不满。但比特纳也很固执，并不亚于亚历山德拉。[18]

比特纳对尼古拉的看法比较温和。从她在“自由之家”所见所闻来看，皇帝希望家人环绕在他身边，他能像一个丈夫和父亲一般生活。在比特纳看来，他渴望安静的生活，永远不会重返皇位。[19] 但吉利亚尔反对这一点，至少有一段时间，尼古拉和亚历山德拉都希望最终重回皇位。这可能是他们最初放弃流亡海外的想法的原因，但那也或许是因为他们相信苏维埃领导人不会放他们走。尼古拉经常告诉科贝林斯基，他害怕自己和家人会被送到国外。[20]沙皇夫妇坚强地忍受着施加于他们的命运，亚历山德拉向吉利亚尔吐露：“我们的朋友［拉斯普京］预言了所有这些苦难，但他说在一切苦难之后，是迎来长久和繁荣的平静期。”[21]此外，女儿们经常谈到回沙皇村。奥尔加是个例外，她似乎觉得这样的梦想是不切实际的——她的父亲似乎也这样认为。在心底，尼古拉意识到他作为君主的日子已经结束了。[22]

这个问题让比特纳很感兴趣，她问年轻的阿列克谢：“如果你登上皇位，会怎么办？”他马上说：“不，这已经不可能了！”比特纳问：“但如果你能登基呢？”阿列克谢给出了一个有趣的答复：“那我必须要做一些安排，以便更好了解周围发生的事情。”他是否听到了母亲谈论人们如何欺骗他的父亲？这是否说明，与尼古拉相比，阿列克谢有潜质成为一个更严格且更有效的统治者呢？比特纳认为是这样的。在她看来，阿列克谢已经有了自己的想法。她问，如果他成为沙皇，他会怎么做。他说，他会为她建一所医院，并把一切都管理得井井有条。[23]比特纳还认为，他并不认同家人对拉斯普京的崇敬。这是她在发生了一件小事后得出的结论。当时阿列克谢生病了，她便在病床前给他上课。桌子上通常放着一张拉斯普京的小照片。这张照片突然掉了下来，比特纳想把它捡起来。但阿列克谢告诉她不必捡。显然，他并不看重这张照片，比特纳还在他的话音中觉察到一丝讽刺。[24]

如果说阿列克谢确实不再和父母一样崇拜拉斯普京，那么尼古拉和亚历山德拉还坚持着他们多年来的态度。在他们看来，1917年3月以来发生的一切都证明，结束沙皇统治是不正确的。他们太自矜，不会为自己感到难过。他们已经准备好忍受未来生活中的酸甜苦辣。

第二十四章

前进中的同志

1918年3月26日，即使是最渺茫的解放皇室的机会也消失了。这一天，在完全没有任何警告的情况下，鄂木斯克的西西伯利亚地区苏维埃执行委员会派遣了一支二百五十人的赤卫军分遣队。[1]皮埃尔·吉利亚尔担心最坏的事情发生了。鄂木斯克的军队吵闹且不服管教，他们大吼大叫以示对皇朝的仇恨。[2]亚历山德拉却不愿意像吉利亚尔那样把事情看得太糟，她说服自己，这些新来的人其实是伪装起来的君主主义军官。但这种猜测毫无根据：吉利亚尔能一眼看到残酷真相。[3]

在托博尔斯克周围数百英里的地方，鄂木斯克和叶卡捷琳堡是布尔什维克的两座城堡。鄂木斯克是西西伯利亚地区的首府，而叶卡捷琳堡是乌拉尔地区的中心，他们之间就罗曼诺夫一家的问题存在很多争议。[4]中央当局已将处理这些事务的权力下放给鄂木斯克，原因很简单，托博尔斯克位于西西伯利亚地区。但叶卡捷琳堡自豪地认为自己革命热情更高，希望接管此事。不过，两座城市的布尔什维克都认为，目前的情况是无法容忍的。从他们的角度看，托博尔斯克是敌人的领土。那里仍然有一个由社会革命党人和孟什维克领导的苏维埃。守卫罗曼诺夫一家的分遣队由在沙皇村服役的军人组成。科贝林斯基是由克伦斯基任命的，并在潘克拉托夫离开后留任。[5]谣言四起，说罗曼诺夫一家将沿着西伯利亚大铁路逃往日本。他们担心，在托博尔斯克没有人能阻止罗曼诺夫一家。[6]

就在叶卡捷琳堡商讨方案时，鄂木斯克已经采取了行动。[7]分遣队的负责人V. D. 杜茨曼政委先于大部队两天抵达了托博尔斯克，并在科尔尼洛夫宅邸住下。[8]没有人期待他来或邀请他来。他是一个高大的男人，有着灰蓝色的眼睛，表情神秘，看起来便是那种为了革命事业而铁面无私的人。（显然，后来便是他签署了格尔莫根主教的死刑令。）[9]此外，其他人对他的拉脱维亚-犹太血统感到不满。[10]在接下来的日子里，他完全放纵那些由A. D. 杰米亚诺夫政委及其副手杰格佳廖夫指挥、追随他从鄂木斯克而来的赤卫军。杰米亚诺夫曾被东正教会神学院驱逐，而杰格佳廖夫曾经是一名骑兵少尉，在圣彼得堡大学期间曾加入反动组织天使长米迦勒联盟。[11]杜茨曼、杰米亚诺夫和杰格佳廖夫三人我行我素。随着鄂木斯克的这帮人肆意横行，这座曾避开大城市动荡的小镇也陷入混乱。

1918年3月29日，他们前往“自由之家”并遇到了警卫分遣队。他们冒着可能引发暴力事件的风险，要求进入官邸。[12]没有人知道如何应付他们。两支分遣队之间的谈判使局势得到了缓和，但气氛仍然不稳定。

杜茨曼表示，他的当务之急是置托博尔斯克苏维埃于布尔什维克的控制之下，掌管全镇最高权力，这令“自由之家”的囚禁者舒了一口气。其他公共机构要么解散，要么从属“苏维埃政权”。杰米亚诺夫宣布关闭当地政府从前设置的地方机构，如市杜马，并建立“人民经济委员会”。仅仅改变政治机构是不够的。一直远离尘嚣的托博尔斯克不得不像几个月前的其他俄国城市一样，开始进行经济革命。[13]在这一切进行之时，杜茨曼认为没有必要扰乱科贝林斯基的工作。相反，他担任了镇苏维埃的书记，几乎整日忙于那里的工作。科贝林斯基远远观察着事态发展，尽管他也带有一点反犹太主义的倾向。[14]但是杜茨曼并没有来干涉他，于是科贝林斯基竭尽所能在“自由之家”维持了一定程度的安宁，并保护罗曼诺夫一家，不让他们像自己那样担心局势日益恶化。

西西伯利亚地区苏维埃执行委员会主席弗拉基米尔·科萨列夫于1918年3月28日从鄂木斯克写信给托洛茨基。自从人民委员会授权他监督托博尔斯克的政治局势以来，已经过去将近两个月了。在能够向四百英里以外的托博尔斯克派遣分遣队之前，他自己在鄂木斯克也遇到了麻烦。科萨列夫是典型的布尔什维克领导人，充满了革命的热情和主动性，但鄂木斯克的赤卫军现在掌控着该镇，科萨列夫通过电报与杜茨曼、杰米亚诺夫、杰格佳廖夫保持联系。他所掌握的信息足以让他相信，斯维尔德洛夫低估了局势的危险性。人民委员会下令遣散旧俄军时，并没有决定好由哪支部队来替代他们。“自由之家”的警卫分遣队来自旧俄军，而科萨列夫的解决方案是用鄂木斯克的部队取而代之。他请求斯维尔德洛夫授权他任命新的政委，并告知托博尔斯克的当值人员。[15]

托博尔斯克的情况甚至比科萨列夫所知道的更为动荡。大约在鄂木斯克赤卫军冲进城镇的时候，五十名赤卫军也从秋明赶来，尼古拉感到震惊。秋明的部队乘坐着十五辆装饰着铃铛的三驾马车。他们无论走到哪里，都会带来巨大的轰响和噪声。秋明人显然还没有进行军事训练的习惯。如果说鄂木斯克赤卫军是破坏性的，那么这帮新来者制造的就是纯粹的骚乱。[16]科贝林斯基请皇后三天内不要再坐在阳台上了。他们还临时讨论，是否要将罗曼诺夫一家搬到城镇主山上安全的教堂里。[17]这些消息越来越令人担忧。虽然尼古拉在“自由之家”里能看到的不多，但他很容易听到步枪兵弹琴唱歌到清晨五点钟。[18]秋明的赤卫军已经冲进了广场，并要求获得免费的食物。鄂木斯克的军队和科贝林斯基手下的人一样警觉，他们联合起来赶走了入侵者，消除了麻烦。[19]在抵达托博尔斯克一周以后，秋明的赤卫军终于如众人所愿返回了秋明。[20]

数周以来，乌拉尔地区苏维埃执行委员会一直认为他们也该发挥作用了。科萨列夫自从接受人民委员会授权以来做的事太少，而托博尔斯克的危险在不断增加。亚历山大·别洛博罗多夫后来表示，叶卡捷琳堡担心德国人可能会施加压力，要求释放罗曼诺夫一家。乌拉尔的领导人不愿意看到这样的结果，如果有必要，他们决心“清算”尼古拉。[21]早在1918年2月，他们就计划通过他们的副主席鲍里斯·迪德科夫斯基领导的三人小组来管理托博尔斯克。叶卡捷琳堡派来了他们最厉害的人物之一。迪德科夫斯基曾是一名移民，也是一位训练有素的地质学家，他既有革命热情，又很了解俄国以外的世界。在1917年十月革命之后，他在黄金和白金行业任职，并负责叶卡捷琳堡许多行业的国有化工作。他用该市的电话簿来决定将哪些企业收归国家。[22]他在叶卡捷琳堡收到的简报是，要与鄂木斯克的西西伯利亚地区苏维埃执行委员会合作控制托博尔斯克。[23]

就这样，鄂木斯克赤卫军在托博尔斯克出现几天后，一支四百人的赤卫军分遣队从叶卡捷琳堡来到这里。[24]别洛博罗多夫和迪德科夫斯基让帕维尔·霍赫里亚科夫指挥他们，霍赫里亚科夫沿途伪装成商人，因为西西伯利亚有很多反对布尔什维主义的人。他假扮成叶卡捷琳堡一位女布尔什维克的未婚夫，她的母亲住在邻近的亚卢托罗夫斯克。[25]实际上，霍赫里亚科夫是维亚特卡农民的后代，年轻时在帝国海军的战舰上做司炉。他平静稳重，不喜自夸，随后成了叶卡捷琳堡的布尔什维克领导人之一。他是一位实干型的革命者。他不善言谈，看重忠诚。他说话温柔，但性格坚强。据说，他后来亲自处决了从托博尔斯克和鄂木斯克带到叶卡捷琳堡的反革命分子。其中有一位神父是格尔莫根主教的兄弟。神父恳求他留自己一命，将处决改为苦役时，霍赫里亚科夫安慰他道："别担心，老人家。我们不会折磨你。我们一开枪，一切就结束了。不会有任何不必要的痛苦。"[26]

霍赫里亚科夫的三名代表谢苗·扎斯拉夫斯基、亚力山大·阿夫杰耶夫和伊万·洛吉诺夫分头抵达了这里。阿夫杰耶夫矮小纤瘦，长着一头蓬乱的长发，是一名二十多岁的车工，曾与洛吉诺夫在兹洛卡佐沃的同一家工厂工作。他声称自己曾三进克列斯特监狱。[27]扎斯拉夫斯基是彼得格勒的一名金属工，被中央委员会派来加强乌拉尔的政治工作，他很快就在那里领导了纳杰日金苏维埃。[28]4月初，上面又派来了一小队赤卫军。他们也没有集体行动：托博尔斯克及其周围地区是敌人的领地，镇上的情况似乎令霍赫里亚科夫和他的同志很不安。事实上，霍赫里亚科夫向叶卡捷琳堡报告，就他们最初的经历发出警告。[29]这三位领导人的目的是摆脱鄂木斯克的影响，并布置一条通往叶卡捷琳堡的指挥链。霍赫里亚科夫专心致力于赢得托博尔斯克苏维埃的权力；阿夫杰耶夫的任务是获得“自由之家”中军官的信任；扎斯拉夫斯基将集中精力计划如何将尼古拉转移到叶卡捷琳堡并置于乌拉尔领导层的控制之下。[30]实现这些目标并不容易，据扎斯拉夫斯基报告，科贝林斯基和托博尔斯克苏维埃对他们态度冰冷。[31]

但是叶卡捷琳堡的队伍一心想完成任务，他们对离开托博尔斯克的每个人都进行了检查。[32]他们想确保尼古拉无法沿着鄂毕河向北逃跑。因此，他们派出一支五人组成的队伍去别廖佐夫中心区设置交通路障。其他队伍被派到戈雷什马诺沃和通往鄂木斯克的路上。他们接到的指令直接且明确：击毙任何符合前皇帝特征的人。正如叶卡捷琳堡通常对决定的领会一样，这一命令的执行情况有些混乱。派往别廖佐夫的队伍在一路向北跋涉之后，被地方当局逮捕。与此同时，派去戈雷什马诺沃的队伍中，有几人在离开叶卡捷琳堡后便吹嘘自己的任务是“杀死沙皇”；他们也被捕了。这两个地方的富商对可疑的闯入者采取了行动。[33]别洛博罗多夫和他的同志们收到消息，如果托博尔斯克有反布尔什维克的活动家的巢穴，那么周围地区就更加危险了。将沙皇一家留在此处的想法越来越行不通。

要补充说明的是，这件事的另一个版本更为暴力。据说，两个武装团体离开叶卡捷琳堡，在托博尔斯克城外的路上巡逻。第一支队伍确实在别廖佐夫被拘押了。第二支队伍由乌拉尔地区执行委员会派往托博尔斯克南部，很快就到了小村庄戈洛普托夫斯科伊。当地居民得知他们是谁派遣来的之后，便杀了他们。[34]

即使在秋明的赤卫军离开后，托博尔斯克也充斥着来自其他城镇的分遣队，科贝林斯基也得承认，事态的发展令他措手不及。[35]不同分遣队之间的关系再次紧张起来。科贝林斯基的人员受到鄂木斯克和叶卡捷琳堡分遣队两者的威胁，而鄂木斯克的军队则谴责叶卡捷琳堡的赤卫军是惹是生非的入侵者，他们无权在西西伯利亚耀武扬威，科贝林斯基觉得自己夹在了中间。托博尔斯克苏维埃的三位代表来"自由之家"了解情况。但这只是让局势更加紧张了。鄂木斯克分遣队声称要负责守卫罗曼诺夫一家，这也引发了争议。[36]与此同时，杜茨曼和其他鄂木斯克赤卫军领导人认为，他们得到了人民委员会的许可，可以进行管控。队伍之间相互对峙时，镇上发生了各种骚动和冲突。霍赫里亚科夫遇到鄂木斯克的领导人时，遭到了拘捕并被指责提出反革命"挑衅"。只有在与乌拉尔地区苏维埃执行委员会直接联系后，拘押者才同意释放他，而不是处决他。[37]

赤卫军领导层曾谈到要将罗曼诺夫一家转移到托博尔斯克监狱，而这成了乌拉尔苏维埃的政策。科贝林斯基匆匆赶去向赤卫军抗议。他们拒绝了他的要求，他称只有莫斯科当局才可以做出这样的决定，他指出他们这么做无论如何都是不切实际的。如果要将沙皇一家转移到监狱去，那么所有警卫也要一同转移过去。[38]

在这段时间里，罗曼诺夫一家一直试图跟上局势，但他们发现缓和不断恶化的局面的最佳方法是，以他们过去的方式继续生活。"自由之家"的早餐和午餐菜单上有火鸡肉冻、野鸭、香煎小牛排、烤牛肉，以及皇后喜欢的意大利面。[39]亚历山德拉一向不喜欢吃肉，经常让仆人伊万·谢德涅夫做她最喜欢的通心粉奶酪，这道菜是在一只旅行用的酒精炉上做的。[40]家里其他人更喜欢他们平常的饮食。最近几天的混乱之后，局势稍微缓和下来，他们希望能够不受新的赤卫军打扰，继续平静地生活下去。一家人锻炼，阅读，玩有趣的游戏。不在户外干杂活时，尼古拉便带着自己最喜欢的书，静静坐在他最喜欢的地方——橘园的屋顶上。[41]尼古拉在4月1日的日记中写道:“我们从不知疲倦的线人亚历山大·基尔皮奇尼科夫那里,了解到许多关于那些从鄂木斯克来的布尔什维克的有趣事情。”[42]

但不管基尔皮奇尼科夫告诉他们什么信息,罗曼诺夫一家都什么也做不了。消息总是对他们不利,而且似乎越来越坏。

第二十五章
托博尔斯克与莫斯科

在签订和平条约之后，有关德军和日军大面积军事渗透的消息开始在托博尔斯克传播。[1]孟什维克的媒体继续在镇上批评布尔什维克的社会和经济政策，[2]它还谴责条约违背了工人阶级的利益。[3]此时，人们正在重新选举苏维埃。如果不是前皇帝住在这里，苏维埃政府并不会特别关注托博尔斯克这座小城镇。[4]在西西伯利亚的局势持续恶化的同时，守卫尼古拉的部队为遭到人民委员会忽视而异常愤怒。托博尔斯克当月一直处于混乱之中，“自由之家”的分遣队决定派出帕维尔·马特维耶夫和一名叫卢金的代表前往莫斯科替他们表达意见。马特维耶夫和卢金赶去秋明，在那里乘坐下一班开往新首都的列车。[5]

1918年4月1日，卢金得以在人民委员会的办公室做报告，详细介绍最近在“自由之家”及附近发生的骚乱。他证实，他的许多同伴已经离开分遣队，其余的人对迟迟不付他们工资感到不满。卢金演讲时充满一名现役士兵的激情。他明确表示，如果中央苏维埃希望确保罗曼诺夫一家安全，他们必须对“自由之家”的安排做出改变。参谋长弗拉基米尔·邦奇-布鲁耶维奇听过之后认为，这些内容已经足以令他相信，他们需要采取紧急行动。在与苏维埃代表大会中央执行委员会的官员联系时，他强调：“这是一个严重的问题。”斯维尔德洛夫担任中央执行委员会主席，负责处理罗曼诺夫一家的事务。斯维尔德洛夫立刻要求卢金去见他，他想亲自听听卢金的报告。[6]

中央执行委员会主席团在同一天会见了斯维尔德洛夫。与布尔什维克一样，左派社会革命党人斯皮里多诺娃和普罗尚也出席了会议。所有人都同意对托博尔斯克进行改革。莫斯科将任命自己的委员，带领一个二百人的全新分遣队前往托博尔斯克——其中三十人来自中央执行委员会自己的党派分遣队，还有二十人来自左派社会革命党。“自由之家”的政权将发生改变，包括多尔戈鲁科夫、塔季谢夫和根德里科娃在内的所有人员都将与尼古拉及其家人一样，被视为囚犯。而吉布斯可以选择，是以同样的条件待在那里，还是置身事外，与罗曼诺夫一家切断联系。斯维尔德洛夫向他保证，为他提供必要的资金。这些安排只是暂时的，因为斯维尔德洛夫强调，他们的计划是尽快将所有人转移到莫斯科。任何宣传都被禁止了。得知西西伯利亚局势不妙之后，斯维尔德洛夫想在最严格保密的情况下处理罗曼诺夫一家的问题。[7]

但这仍未能阻止谣言传播。一段时间以来，有传闻说托洛茨基本人将作为政委来到托博尔斯克。罗曼诺夫随从中有些人居然对此信以为真，这也表明他们对布尔什维克中央委员会如何运作知之甚少。[8]如果托洛茨基去了遥远的托博尔斯克，他可能也就退出领导层了。相反，他正将精力集中在军事人民委员这一新职位上。不过，也许“自由之家”的人犯这样的错是情有可原的。他们没有看过《真理报》一类的报纸。他们也不认识任何了解人民委员会讨论的人。他们听到，皇帝在谈论他希望有一天回到皇位。从这一点来看，这只是夸大了莫斯科的布尔什维克领导人对罗曼诺夫一家命运的重视程度。

主席团于4月6日重新讨论了托博尔斯克的问题，并进一步修订了处置罗曼诺夫一家的计划。在调整“自由之家”的警卫后，等待任命的新政委应该迅速安排将罗曼诺夫一家转移到乌拉尔。托博尔斯克已不再是安全的拘禁之地。尼古拉在莫斯科接受审判之前，叶卡捷琳堡取代鄂木斯克成了人们更青睐的权力中心。斯维尔德洛夫承诺将通知叶卡捷琳堡和鄂木斯克的苏维埃地区当局。他希望自1月底以来随着事件发展而发生的混乱不要重演。他表示，他只等人民委员会批准——显然他需要批准执行预定的行动方案。[9]

到1918年4月9日，斯维尔德洛夫得到了必要的支持：他与当局就必须做的事情达成了一致，作为乌拉尔地区苏维埃执行委员会主席，斯维尔德洛夫可以向别洛博罗多夫发送电报以报告详情。叶卡捷琳堡接到通知，要准备好接收罗曼诺夫一家。斯维尔德洛夫表示，这是一项临时安排。他没有提及长期计划，目前他们仍然计划将尼古拉带到莫斯科接受公开审判。别洛博罗多夫将成为尼古拉主要的临时监管人。斯维尔德洛夫任命布尔什维克党人瓦西里·雅科夫列夫为政委，负责监督将罗曼诺夫一家转移到乌拉尔。尼古拉和家人将被移交给地区苏维埃执行委员会的主席亚历山大·别洛博罗多夫或军事委员菲利普·戈洛谢金。斯维尔德洛夫让乌拉尔地区苏维埃决定应该将罗曼诺夫一家关押在监狱中还是经过特别改造的住所中。一旦罗曼诺夫一家到达叶卡捷琳堡，没有经过莫斯科允许，他们绝不会被移到其他地方。斯维尔德洛夫强调，要优先保证他们的人身安全。[10]

别洛博罗多夫和戈洛谢金是一对令人生畏的搭档。两人都是资深的布尔什维克。别洛博罗多夫于1918年1月才抵达叶卡捷琳堡，他根本没有时间与其他领导人联络寒暄，便成了乌拉尔地区苏维埃执行委员会的当选主席。[11]他中等身材，消瘦苍白，留着胡须。[12]1891年，他出生在乌拉尔山脉索利卡姆斯克矿区的一个工人家庭里，长大后接受了电工培训。别洛博罗多夫年轻时便加入了布尔什维克，并在监狱中度过了漫长的岁月。与他那些富裕的同志不同，他从未移民过，而常年在彼尔姆周边地区生活的经历使他对实际情况有着敏锐的认识。他的朋友戈洛谢金"大约四十岁，身材魁梧，一头鬈发，还留着小胡子"。[13]他做地下革命工作时化名菲利普，叶卡捷琳堡的人都以这个名字称呼他。只要有可能，他从不坐着。这是在监狱养成的习惯：他要走动以保持健康。在旅途中，他成为十月革命后乌拉尔和首都之间的主要联系人，并于1918年初两次与斯维尔德洛夫联络。他在2月底和3月上半月出行。在3月份党代表大会上，他是乌拉尔代表。[14]

无论谁将尼古拉带出托博尔斯克，他都必须获得"自由之家"警卫分遣队的信任。叶卡捷琳堡的人在这方面已经表现得极为"笨拙"。鄂木斯克的部队也做得不好，事实上，他们做得更糟糕。这时需要"一个中立的人"来完成转移的任务。[15]此外，斯维尔德洛夫似乎向托博尔斯克苏维埃发了一份电报，要求在雅科夫列夫到达前由他来负责"自由之家"。如果他不完全信任乌拉尔的领导人，他肯定也为警卫分遣队担忧。[16]但是，在接下来的好几天里，这支分遣队仍然要负责保护罗曼诺夫一家。1918年4月11日，马特维耶夫和卢金从莫斯科返回，他们召开了士兵委员会的紧急会议来传达消息。他们在莫斯科晋升了，这是表彰他们及时跟进西西伯利亚情况。[17]

卢金告知大家，新政委即将到来，并传达了一个消息，即部队很快将被托博尔斯克以外的一支新的分遣队取代。这支分遣队大力执行首都的命令，并着手在“自由之家”实行与在沙皇村亚历山大宫一样的隔离措施。[18]马特维耶夫主持了讨论，他还邀请了杜茨曼、杰米亚诺夫和扎斯拉夫斯基。他们展开了激烈的讨论。来自叶卡捷琳堡和鄂木斯克的局外人要求将罗曼诺夫一家转移到他们的监护之下：他们从未信任过科贝林斯基或“自由之家”分遣队，并希望在雅科夫列夫到达托博尔斯克之前完全控制住局势。马特维耶夫目前对局势丝毫没有控制力。自去年夏天以来，他和这支队伍保护了罗曼诺夫一家并击退了所有的威胁；最近这次对他们权威的外部挑战使他们感到自己受到了冒犯。杜茨曼、杰米亚诺夫和扎斯拉夫斯基非常愤怒。他们离开时恶狠狠地威胁，如果马特维耶夫不在三十六小时内撤销决定，后果将不堪设想。如果他继续挑战他们，就会发生暴力事件。[19]马特维耶夫和分遣队都绷紧了神经。他们知道莫斯科想要什么，也准备好面对叶卡捷琳堡或鄂木斯克军队的挑战。整个3月他们都面临各种各样的威胁。马特维耶夫和卢金在考虑预期的变化时将科贝林斯基也纳入了考量，以便在“自由之家”建立统一战线。

第二天，科贝林斯基将莫斯科的书面命令告知了尼古拉。房间已经收拾好，以便指定的随从们可以从科尔尼洛夫的宅邸转移。[20]

家具和行李箱都搬到了街对面。[21]这里还要住进七位新来者，很快房子就变得很拥挤，至少按照在位君主的标准来看是这样。尼古拉推测，警卫分遣队希望以坚定的态度给即将抵达的新政委留下深刻印象。[22]

然而，乌拉尔苏维埃领导人执行命令并不是非常顺利，1918年4月13日，鲍里斯·迪德科夫斯基向人民委员会发去电报，警告说罗曼诺夫一家从海上或陆上逃脱的风险正在持续增大。他们也许可以到达中国，这不得不引起重视。他支持扎斯拉夫斯基和阿夫杰耶夫协助霍赫里亚科夫在托博尔斯克获得最高权力，因为鄂木斯克赤卫军拒绝服从镇苏维埃，局势失控。迪德科夫斯基警告说，来自叶卡捷琳堡的部队、来自鄂木斯克部队和"自由之家"分遣队之间有可能发生武装冲突。他提议，由他的人负责将罗曼诺夫一家送到斯维尔德洛夫要求送至的任何地方。[23]他的电报只有一个意思：迪德科夫斯基不喜欢让像雅科夫列夫这样的局外人来领导乌拉尔的同志。但他没有反抗上级的命令。他请求斯维尔德洛夫根据他关于托博尔斯克的报告，改变莫斯科的计划。

与此同时，"自由之家"受到了进一步的限制，4月15日，警卫分遣队搜查了那里。尼古拉当时穿着"契尔克斯卡"——这是一种传统的高加索束带大衣。警卫发现他还带着传统匕首，便要求搜查整座官邸。像往常一样，科贝林斯基不得不安抚所有人。他向大家保证，这是让军队平静下来的唯一方法。尼古拉沮丧又愤怒，但他仍交出了自己的匕首，多尔戈鲁科夫和吉利亚尔也交出了他们的礼仪佩剑。[24]

虽然科贝林斯基在纷争出现时维护了和平，但当他的分遣队撕下他的肩章时，他自己的意志也动摇了。在被剥夺了最后一个象征着他的权威的实物标志后，他直接去见了皇帝，请求辞职。尼古拉眼里含着泪水，搂着他的肩膀说："叶夫根尼·斯捷潘诺维奇，我代表我自己、我的妻子和孩子们，请求你留下来。你可以看出来，我们很有耐心。你也要有耐心。"[25]他们以俄国人的传统方式彼此拥抱和亲吻。科贝林斯基留了下来，但他与士兵之间的关系恶化了。尼古拉喜欢穿军装，当士兵委员会宣布要以同样的方式撕下皇帝的肩章时，科贝林斯基警告说，尼古拉可能会做出肢体上的反抗，如果他的英国表兄乔治五世得知了暴力行为，可能会有严重后果。他建议委员会问问莫斯科的意见。这为科贝林斯基争取了一些时间来与尼古拉商讨办法。最终的结果是，尼古拉决定在户外散步时穿黑色短外套。不过，在室内他仍穿全套军装。[26]

在镇上的其他地方，局势也愈演愈烈。尽管霍赫里亚科夫已经成为托博尔斯克苏维埃的主席，但乌拉尔的赤卫军仍未能控制局势。4月20日，霍赫里亚科夫在叶卡捷琳堡向迪德科夫斯基报告了自己遇到的困难。第二天，当戈洛谢金听说这个消息时，他通过电报发来了严厉的指责。他认为霍赫里亚科夫没有履行好自己的职责。戈洛谢金说他将从叶卡捷琳堡再派去由彼得·古扎科夫领导的三支小队，以加强军力。与此同时，他命令霍赫里亚科夫公开宣布，如果有人敢对雅科夫列夫做出一丝抵抗，他们就用火炮来摧毁"反革命的巢穴"。[27]尽管乌拉尔的领导人对莫斯科最近的命令不满，但他们也不愿意看到鄂木斯克或托博尔斯克有任何人制造麻烦。不过，叶卡捷琳堡的领导人和他们在托博尔斯克的特使之间关系紧张。这一动荡的局面对人们翘首以盼的政委的能力构成了挑战。

第二十六章
雅科夫列夫政委

瓦西里·雅科夫列夫实际上是康斯坦丁·米亚钦的化名，他是斯维尔德洛夫的朋友和同志，两人在一战前就一直为布尔什维克工作。雅科夫列夫和斯维尔德洛夫用“你”来互相称呼。斯维尔德洛夫称雅科夫列夫为“安东”——他的另一个化名。[1]雅科夫列夫长着一双黑眼睛，身材精瘦，肌肉发达。他把小胡子修成英国式，喜欢不停地向后拨弄浓密的头发，引起人们的注意。他说话急促，无疑表明他希望得到服从：他的气势很强。[2]

雅科夫列夫虽然并不是在尼古拉下台后一年内形成的乌拉尔精英阶层的一分子，但他从小就很熟悉乌拉尔。雅科夫列夫出生于1886年，在奥伦堡省长大，年纪不大却经历丰富。他在教区学校短暂地学习了一阵，后来做了钟表匠学徒，再后来又做了鞋匠学徒。后来他逃离了恶劣的工作环境，在冶金工厂开始了新的生活。在那里，他加入了俄国社会民主工人党，并与布尔什维克结盟。他成为布尔什维克为攻击当局并实施行动而组织的乌拉尔战斗小组中的一名重要武装分子——布尔什维克通过这种战斗小组扩充他们的金库。雅科夫列夫坚强而自信，面对危险时非常平静。在为实现政治目标而寻求资金支持时，雅科夫列夫几乎跑遍了乌拉尔的每一座城镇，带着武器去“筹集”资金。雅科夫列夫的最后一次行动发生在1909年，目标是车里雅宾斯克西部的米阿斯邮政局。[3]

筹集来的资金用以资助小说家马克西姆·高尔基在意大利南部海岸卡普里岛上开办党校。雅科夫列夫本人前往国外以逃避俄国警方的追捕。由于没有立身之本，他便做了电工，在列日和布鲁塞尔工作，在那里他学会了法语，同时与党保持联系。直到1917年二月革命之后，他才安全返回俄国。(他是在德国当局的帮助下回国的。) 随后他前往乌法，在乌拉尔的辛姆工厂工作，同时也推动了布尔什维克的事业。秋天，乌法苏维埃派他作为代表，参加彼得格勒第二届苏维埃代表大会。他留在那里帮助建立了契卡，在辛苦工作一段时间后，他请求回到乌拉尔休养。中央当局提议他担任叶卡捷琳堡的军事委员。但抵达后，他发现这一职务已有人担任，而此人正是菲利普·戈洛谢金。随后他们便发生了短暂的争执，但雅科夫列夫没有继续纠缠，而是回到了乌法，在那里，他征调了大量粮食，运往食品短缺的彼得格勒，作为交换，乌法获得了资金和武器。[4]

当首都从彼得格勒迁到莫斯科时，他也搬到了莫斯科。斯维尔德洛夫要求他负责将罗曼诺夫一家转移到乌拉尔。[5]斯维尔德洛夫认为，雅科夫列夫是解决托博尔斯克混乱局面的恰当人选。雅科夫列夫拥有革命者的坚强外壳，他也是苏维埃安全部门的教父之一。斯维尔德洛夫知道现在各方情绪都很激动，因此他挑选了一位对乌拉尔很了解，同时对叶卡捷琳堡领导人不会太宽纵的人担当重任——几周前他刚刚受到叶卡捷琳堡领导人的冷遇。斯维尔德洛夫认为，没有谁能比他更好地驾驭托博尔斯克和叶卡捷琳堡的混乱局势。

尽管斯维尔德洛夫从莫斯科调了部队，但雅科夫列夫必须自己做出安排以完善他的分遣队。他首先在家乡乌法组织了人手，在那里他认识可以信赖的人。乌拉尔地区苏维埃执行委员会的戈洛谢金当时正在那里，两人详细谈论了雅科夫列夫的任务，并取得了一定程度的相互信任：雅科夫列夫争取叶卡捷琳堡的合作是有道理的。他从乌法前往车里雅宾斯克，并在附近的明亚尔工厂挑选志愿者组成了一支骑兵队伍。他没有告诉任何人他具体的目的是什么，便带领着分遣队从车里雅宾斯克前往叶卡捷琳堡，到达那里后，在乘火车前往秋明之前，他与乌拉尔的领导人进行了商讨。那时，他才告诉部下计划是什么，所有人都兴奋起来。乌拉尔地区苏维埃执行委员会传话给托博尔斯克，命令托博尔斯克的人民服从雅科夫列夫。亚历山大·阿夫杰耶夫从托博尔斯克来到秋明与他会面，并陪他走完北上的最后一段旅程。此时一切都进展顺利。

雅科夫列夫带来了自己的报务员和护士——他们显然和雅科夫列夫本人一样都来自乌法。如果出现尴尬局面，他需要与首都保持可靠的联系，而且他预见这里可能会缺少必要的医疗支持。他和作为副官的报务员加尔金一起，准备在这里大显身手。

4月22日晚，他与他的分遣队刚刚到达托博尔斯克，便知道了杜茨曼、杰米亚诺夫和扎斯拉夫斯基惹的麻烦。这使他更迫切地要掌控局势。他向镇上的叶卡捷琳堡和鄂木斯克部队传话称，他不容许任何人干涉他，并要求立即与士兵委员会谈话。随后他召集了警卫分遣队的全体人员开会。他挥舞着由斯维尔德洛夫和苏维埃代表大会中央执行委员会书记V. A. 阿瓦涅索夫签署的授权书，明确表示他——且只有他——可以全权处理罗曼诺夫一家的事宜。他透露，他已经向士兵委员会承诺，将在一两天内解决他们的工资问题。随后，在谈到服役期限时，雅科夫列夫说，随着旧俄军被遣散，该分遣队中的每名士兵都可以自由选择离开或留下。但无论离开还是留下，都要有序进行。他声称，与托博尔斯克其他分遣队之间的紧张局势已经缓和。他已经告诉了他们，他想要什么，现在他希望大家服从他的指令。[6]

担任主席的帕维尔·马特维耶夫给予他支持，并讲述了潘克拉托夫离开后警卫分遣队面临的许多困难。杜茨曼、杰米亚诺夫和扎斯拉夫斯基只会一味制造麻烦，而且经常直接做出肢体上的威胁。[7]在会议上，扎斯拉夫斯基试图将责任推卸给杰米亚诺夫；他为自己的行为辩护，称自己是完全按照乌拉尔地区苏维埃执行委员会的指示，在托博尔斯克苏维埃似乎已彻底分裂的情况下，提高“自由之家”的安全系数。杰格佳廖夫对此嗤之以鼻，并指责扎斯拉夫斯基在渲染阴谋气氛。他承诺，当地的驻军会停止使用武力。[8]雅科夫列夫赢得了辩论。当马特维耶夫指出士兵对拖欠工资日益不满时，雅科夫列夫对部队的勇气和忠诚表示感谢，并承诺会将工资问题作为紧急事务来处理。马特维耶夫感谢他伸出援手，并期待能缓和托博尔斯克的紧张局势。[9]

罗曼诺夫一家一直在惴惴不安地等待着。女儿们害怕又要受到搜查，便将她们的信件付之一炬，以防雅科夫列夫发现什么会引起麻烦的东西（不过，她们的许多信件都安全地保留下来了）。玛丽亚和阿纳斯塔西娅甚至烧毁了日记。[10]雅科夫列夫传话来了，表示他希望在第二天上午十一点拜访“自由之家”。这令她们更加紧张。[11]

事实上，他提前了半小时到达，随行的还有报务员加尔金、科贝林斯基、马特维耶夫、阿夫杰耶夫和一位当值军官。亚历山德拉还没有准备好会见他们，但雅科夫列夫走上前去向尼古拉和他的三个女儿解释了此行的目的。雅科夫列夫询问他们是否对警卫分遣队或住所有任何不满，他的微笑和彬彬有礼的态度使他们感到宽慰。尼古拉像平时一样和蔼，回答道，部队并没有让他担心之处。雅科夫列夫表示，在做任何进一步的决定之前，他们需要对这座官邸进行全面搜查。当雅科夫列夫要求见阿列克谢时，尼古拉与女儿们一阵不安。尼古拉委婉地回绝了他，称儿子身体很差。但雅科夫列夫坚定地重申了要求。女儿们在一旁默默地观望着。最终，尼古拉同意雅科夫列夫进入阿列克谢的房间。眼前的场景让雅科夫列夫确信，这个男孩看起来确实病得很重。他得出结论，这种疾病是由黑森家族的遗传病导致的。[12]

三十分钟后，雅科夫列夫又去见了亚历山德拉，当时他又看了一次阿列克谢。[13]尼古拉和亚历山德拉都对这位新的政委没有什么深刻的印象，但他们都认为，他比他们预想的要好一些。他显然不是一个流氓，也绝对彬彬有礼。亚历山德拉很惊喜：“没有问题：他对我说话很轻柔。”[14]吉布斯甚至认为他是一个体面的人。[15]从沙皇村跟随罗曼诺夫一家而来的高级副官芒德尔认为，他在思想和行为上都是一位知识分子，并注意到他经常使用法语短语，科贝林斯基也这样认为。[16]

然而，雅科夫列夫并不愿对监禁者太温和，他给他们的日常生活设置了一些小小的限制。他还要求降低他们的伙食标准。在他到来之前，罗曼诺夫一家和随从的晚餐一般有三道菜。但雅科夫列夫减少了他们伙食中糖的供应，因此他们再也不能享用布丁了。[17] 雅科夫列夫可能是出于本能做出这些安排，他希望罗曼诺夫一家必须意识到，只有他一人掌控着“自由之家”。抑或是他觉得，在大多数俄国人难以维持温饱时，罗曼诺夫一家不应再如此锦衣玉食。无论如何，他主要担心的不是罗曼诺夫一家的伙食，而是托博尔斯克的军事情况。在抵达后的前两天，他狂热地投入工作以确保能控制局势。他知道叶卡捷琳堡和鄂木斯克赤卫军分遣队之间存在怨恨。他拥有自己的分遣队，并已掌控了“自由之家”的警卫分遣队。但如果想要镇上不发生武装冲突，他必须让所有人相信他是一个真正的革命激进分子。仅靠武力是不够的。

然而，事实证明有些人是无法被说服的。例如谢苗·扎斯拉夫斯基，他显然对罗曼诺夫一家怀有恶意，尽管他着力掩饰。[18] 莫斯科的命令是保护罗曼诺夫一家的安全。但扎斯拉夫斯基表现得就好像他无须服从人民委员会或中央委员会。他并不是自作主张地行事：几十年后人们才明白，他是在遵照乌拉尔领导层的批准采取秘密行动。尽管他们更希望尼古拉待在叶卡捷琳堡而不是托博尔斯克，但如果具备“合适的条件”，他们会冷静考虑在途中处死他。[19] 扎斯拉夫斯基接受了指示，代表领导层执行该计划。但他行事不够谨慎，镇上的每个人都能猜到他想做什么。[20] 他甚至向雅科夫列夫建议，雅科夫列夫在送罗曼诺夫一家南下秋明的途中，不要坐在尼古拉旁边。他已经暗示得不能再明显了，有人企图暗杀皇帝。[21]

雅科夫列夫非常警觉，他指示扎斯拉夫斯基在叶卡捷琳堡的同志阿夫杰耶夫逮捕扎斯拉夫斯基。阿夫杰耶夫尽职地遵从了他的命令。雅科夫列夫很高兴自己赢得了这场实力的较量。但这只是暂时的胜利；因为阿夫杰耶夫很快便派人释放了扎斯拉夫斯基，获释后，他立即离开了小镇。没有人知道扎斯拉夫斯基下一步会做什么。[22]

第二十七章
转移的命令

1918年4月24日，雅科夫列夫向科贝林斯基通报了莫斯科的最新指示：皇帝和他的家人将立刻从托博尔斯克转移走，不得延误。这个消息令科贝林斯基非常震惊，他惊呼："但是阿列克谢·尼古拉耶维奇怎么办？他不能舟车劳顿。他生病了！"雅科夫列夫打断了他的话："你看，整件事情的关键就是这一点。我与中央执行委员会直接通话了，他们的命令是将全家留在这里，将前沙皇转移。"他要求科贝林斯基陪他在第二天早餐后与尼古拉讨论一下。塔季谢夫告知了尼古拉即将举行一场会面。[1]

第二天，尼古拉和亚历山德拉在约定的时间等待雅科夫列夫。雅科夫列夫表现得很有礼貌，甚至向尼古拉鞠躬。但他忽略了亚历山德拉：显然他心中有重要的事情要办。他向沙皇夫妇传达的信息令他们倍感震惊："我必须告诉你们，我是莫斯科中央执行委员会的特命全权代表，我有权力，也有责任将你们全家从此处转移走。但是，因为阿列克谢·尼古拉耶维奇生病了，我接到了后续的命令，只带你离开。”[2]尼古拉失去了耐心，他惊呼：“我不会去任何地方！”雅科夫列夫保持冷静，向这个已成为他阶下囚的男人解释道：

> 我请您不要这样做。我必须执行我收到的指示。如果您拒绝离开，我必须使用武力完成任务，或是放弃执行已经交给我的任务。在那种情况下，他们会派一个比我更不讲情面的人来。您可以保持冷静。我以项上人头保证，您会很安全。如果您不想独自出行，您可以选择任何你想要的人一起走。做好准备。我们将于明天［早上］四点离开。

说完他再次鞠躬，转身离开。雅科夫列夫离开后，尼古拉示意科贝林斯基回到他们身边：他需要和科贝林斯基谈谈如何应对新的命令。科贝林斯基回来了，他发现尼古拉、亚历山德拉正与多尔戈鲁科夫、塔季谢夫深入交谈。[3]

尼古拉独自在外面散步了整整一小时。亚历山德拉则有些发狂。作为母亲，她想留在生病的儿子身边，但作为妻子，她觉得自己对尼古拉负有同样的责任。她很虚弱，她发现自己无法坐下来与女儿塔季扬娜还有皮埃尔·吉利亚尔激烈地交谈。但有时，她会自言自语，就好像无人在场似的。她喊道：“这是我生命中第一次完全不知道该如何做。”她一想到尼古拉独自离开会发生什么事，便感到痛苦。她确信，他们会对尼古拉施加压力，要他签字，为《布列斯特-立托夫斯克条约》背书。她推测，如果他拒绝，他们便会威胁要伤害他的家人。她在房间里踱步，想下定决心。塔季扬娜和吉利亚尔恳求她做出决定。最后，她再也忍受不了，做出了她唯一能够遵行的解决方案。“好，我已经决定，”她说，“我的职责是和尼古拉在一起。我不能让他一个人去。你们留在这里照顾阿列克谢。”[4]

尼古拉散步归来时，她告诉尼古拉：“我要和你一起去。我不会让你一个人去的。”如果她决意一起走，尼古拉是不会阻止她的。正如吉利亚尔记录的那样，尼古拉的回答很简洁：“这是你的决定。”他们转而用英语交谈，大概是为了不让这位瑞士家庭教师知道他们在说什么。[5]

尼古拉问科贝林斯基，雅科夫列夫计划带他去哪里。科贝林斯基说，一些线索指向莫斯科——这与雅科夫列夫的这次旅行预计需要四五天的说法吻合。罗曼诺夫一家与随从已经期待了好几周。科贝林斯基补充道，雅科夫列夫希望在两周之内回到托博尔斯克，然后带上罗曼诺夫家的其他人离开。相比对出行安排，尼古拉对布尔什维克领导人打算在尚未公布的目的地如何对待他更加愤怒：“好吧，他们想让我为《布列斯特-立托夫斯克条约》背书。但我宁愿砍断自己的手，也不会那样做！”亚历山德拉也表示同意。她重申自己的决定，并补充说，她的存在对她丈夫至关重要：“我也应该一起去。如果没有我，他们会强迫他做任何事，就像他们曾经强迫他的那样！”她指的是二月革命中发生的事情，但事实上那与布尔什维克没有任何关系。回想起尼古拉退位的情景，她仍然认为，是米哈伊尔·罗江科动摇了她丈夫继续留在皇位上的决心。[6]

亚历山德拉也认为，布尔什维克的计划是迫使尼古拉支持该条约。她告诉男仆沃尔科夫：“我要离开阿列克谢·尼古拉耶维奇，请你在这里照顾他。我已经下定决心，必须与君主共命运。”[7]雅科夫列夫下离开的最后通牒时，正好赶上小阿列克谢腿痛难忍。他哭着喊着，呼唤他的母亲。亚历山德拉最终转身离去时，泪水顺着脸颊流下来。沃尔科夫从来没有见过她这样。[8]只有靠忙于为出行做准备，她才得以保持镇定。她还必须在女儿面前展现出勇敢的一面，塔季扬娜尤其恐惧，惊恐地握紧她的手。[9]当玛丽亚·图泰尔伯格表示同情时，亚历山德拉回答说："不要夸大我的悲伤，图泰尔斯。这对我来说是最重要的时刻。你知道儿子对我意味着什么。我必须在儿子和丈夫之间做出选择。但我做出了决定，就必须坚守这个决定。我必须离开儿子，与丈夫共命运。"[10]

雅科夫列夫几乎不敢相信那天看到的亚历山德拉。雅科夫列夫根据自己的观察和传闻，知道她对生病的儿子是多么全身心投入，但是突然她放弃了儿子，转而去照顾别人。她的母性本能怎么了？[11]她的政治逻辑没有任何意义。雅科夫列夫所在的政党为了《布列斯特-立托夫斯克条约》闹得几乎分裂。而他现在最不愿意做的事情，可能就是寻求那位受人憎恨的前皇帝的支持，从而重启讨论。

在科尔尼洛夫的宅邸里，雅科夫列夫问科贝林斯基："谁将一起去？"他最终承认，尼古拉可以和任何自己选择的人同行。唯一的限制是行李重量。[12]科贝林斯基赶回"自由之家"，塔季谢夫告诉了他最终的决定。尼古拉希望带亚历山德拉和女儿玛丽亚一起走，同行的还有叶夫根尼·博特金、多尔戈鲁科夫、男仆捷连季·切莫杜罗夫、伊万·谢德涅夫和安娜·杰米多娃。科贝林斯基再次匆匆赶去见雅科夫列夫，雅科夫列夫说："这对我来说都是一样的！"对于雅科夫列夫来说，最重要的就是做好出发准备。[13]他这么不耐烦是可以理解的。尽管他四处询问，仍然没有人能告诉他扎斯拉夫斯基在哪里或者和谁在一起。雅科夫列夫是一个行动派，他想在乌拉尔人阻止他之前将尼古拉转移到乌拉尔首府。凭借一贯的稳健作风，他推测，从托博尔斯克迅速离开，便可以迷惑扎斯拉夫斯基这样企图阻挠他的人。因此，他敦促团队中的每个人为出行做好准备。

最后，雅科夫列夫请求莫斯科明确告知要求。苏维埃代表大会中央执行委员会的I. A. 特奥多罗维奇发来了一条消息，允许只将“主要部分”转移到叶卡捷琳堡。(特奥多罗维奇用加密语言写了消息，以防电报落入没有阅读权限的人手中。他对雅科夫列夫带着尼古拉、亚历山德拉和玛丽亚一起离开的计划表示支持。)这仍然让雅科夫列夫有些担忧，他要求提供有关乌拉尔领导层的信息。他想知道戈洛谢金是否真的召回了扎斯拉夫斯基。[14]

遵照雅科夫列夫的命令，科贝林斯基集合了警卫分遣队，以严格保密的方式宣布了这一计划。雅科夫列夫亲自致辞。他强调了自己对罗曼诺夫一家的厌恶，他称尼古拉为“前沙皇”。他向士兵证实，确实是阿列克谢的病情使罗曼诺夫一家不能一起离开。这就是他带着尼古拉、亚历山德拉和他们的一个女儿先行离开的原因；一旦阿列克谢恢复了健康，就会随罗曼诺夫家的其他人一起离开。雅科夫列夫知道一些士兵可能会反对，他警告说，任何拒绝服从命令的人都有可能被枪决。他宣布，他已经要求科贝林斯基起草一份合适的名单，选出要参加武装护送的士兵。已经有人抱怨科贝林斯基选了军官纳博科夫和马特维耶夫。这可能是某种破坏革命事业的伎俩吗？雅科夫列夫驳斥了这样的想法——毕竟，马特维耶夫也是布尔什维克，也是从士兵中晋升的人。他做出了决定，现在他希望所有人能完全服从。[15]

科贝林斯基认为，雅科夫列夫的目的是在托博尔斯克苏维埃领导层的任何人听到风声之前就离开。问题是，现有警卫分遣队的人对计划不满意，他们想自己护送。雅科夫列夫认为，用他从乌法带来的人完成护送会更好。但是，他提议让马特维耶夫、卢金和其他革命意志坚定的人一起行动。他希望让所有人放心，他并不打算从事任何背叛活动。[16]

天气是一个重要因素。冬天渐近尾声，春天即将来临，北方的河水开始融化。冰雪正渐渐融化为湿泥，但融雪才刚刚开始，这意味着人们仍然需要乘马车，而不是轮船，前往位于秋明的铁路。[17]无论采用何种交通方式，都可能遇上复杂的政治状况，雅科夫列夫显然认为，要带着罗曼诺夫家的三名成员抵达托博尔斯克的郊区，不是一件容易的事。因此，他将他在乌法的布尔什维克同志D. M.丘季诺夫派去托博尔斯克，请求苏维埃领导层保证他们没有密谋任何意外的计划。丘季诺夫的另一项任务是为他们找到大量的四轮马车——他想办法采购了其中的十九辆。[18]他还安排按英里给马车夫支付薪水。他们还在途中给马车夫提供发票格式。[19]

“自由之家”中开始了紧张的准备工作。仆人费奥多尔·戈尔什科夫为皇帝收拾了四只手提箱。[20]三个人都为最坏的情况做好了准备，并决定带上露营床。[21]

罗曼诺夫一家在皇帝离开前夕独自用餐，随从与他们分开吃饭。每个人都悲伤而沮丧。[22]但罗曼诺夫一家从小便被教育在逆境中要坚强忍耐。苏维埃当局可以随意要求他们，他们只能接受。根据雅科夫列夫的说法，皇帝和皇后将带上多尔戈鲁科夫、叶夫根尼·博特金医生、皇帝的男仆捷连季·切莫杜罗夫、皇后的女仆安娜·杰米多娃和伊万·谢德涅夫。雅科夫列夫还同意让玛丽亚女大公陪伴父母。杰米多娃提到自己很害怕：“哦！吉布斯先生，我非常害怕，我不知道他们会对我们做些什么。”夜里十一点，所有人都喝了茶。他们好像在守夜。谁也没有说什么。没有人假装很高兴。雅科夫列夫随后宣布，他们一行人将在黑夜的掩护下离开。随行人员回到楼下等待命令。命令最后在凌晨三点左右下达。尼古拉和亚历山德拉下楼，随后是同阿列克谢和其他孩子痛苦分离。亚历山德拉和玛丽亚先出来，随后是尼古拉。出发的时刻到了。[23]

雅科夫列夫表示，他希望尼古拉和亚历山德拉乘坐不同的车辆，分歧便产生了。尼古拉不反对与雅科夫列夫乘坐同一辆车，但亚历山德拉对自己要坐在帕维尔·马特维耶夫身边感到很震惊。作为皇后，即使是前皇后，她不喜欢与一名仪容不整的骑兵有肢体上的接近。她要求让女儿坐在她身边。雅科夫列夫认为争论下去没有任何意义，便做出了让步。多尔戈鲁科夫和博特金坐在一起，切莫杜罗夫则与谢德涅夫同乘一辆车。雅科夫列夫让马特维耶夫坐到杰米多娃旁边。[24]他看着尼古拉，问他为什么只穿着大衣。一些随从听到此话很诧异，仿佛用这种语气询问尼古拉是一种令人难以忍受的不礼貌行为——他们是相当自负的。但雅科夫列夫明显只是在关注寒冷的天气。尼古拉回答说，这是他出行时一贯的穿着，而雅科夫列夫认为这非常愚蠢。雅科夫列夫叫来皇储的男仆伊万诺夫，说："给他拿些东西。"然而，伊万诺夫习惯用更高雅的方式来称呼尼古拉，因此他问雅科夫列夫要给谁拿东西。雅科夫列夫指着尼古拉喊道："你是什么意思，给谁拿？我的意思是他！"他的话最终奏效了，伊万诺夫为俄国的前沙皇取来了毯子，垫在座位上。[25]

第二十八章

南下秋明

安排护卫人员是为前往秋明途中可能出现的任何暴力事件做好准备。雅科夫列夫不知道扎斯拉夫斯基的下落，因此不得不为最坏的情况做好准备。作为一名地下革命党，他知道如何制订计划。在第一辆马车中，他安排了两名持枪的步兵；在第二辆马车中，有一名机枪手。这三名士兵组成了一支先锋队，他们接到的命令是对任何袭击者开火。雅科夫列夫和尼古拉乘坐第四辆车，亚历山德拉和玛丽亚乘坐第六辆。多尔戈鲁科夫和博特金被安排到第九辆车上，塔季谢夫在第十二辆车上。在黑夜的掩护下，他们以最小的动静将罗曼诺夫家三个人的行李箱搬上了第十三到第十五辆车。[1]紧张的气氛感染了所有人。最后每个人都上车了，他便下令出发。俄国的前皇帝、他的妻子和一个女儿开始了旅程。

即使到这时，雅科夫列夫仍拒绝透露他们的目的地。尼古拉和亚历山德拉还为留在托博尔斯克的儿子担心。但是天气变化很快，也没有多少时间来慢慢考虑。马车穿过小镇时，毫无疑问，一支有一定规模的队伍正在移动。就在他们快从视线中消失时，吉布斯拍下了皇后所乘马车的一组长曝光照片。[2]在远处，雅科夫列夫提前派出的五名骑兵已经在监视这条路线上的每一段行程，他们接到命令，车队进入视线后，便立即亲自前来报告。[3]

雅科夫列夫命令车队继续前进，连停下来喝口茶都不允许。如果罗曼诺夫家的人和护送人员想喝水，就必须或者等停车过夜时，或者在行驶途中喝一大口水。[4]那个时节，南下的道路颠簸而泥泞，行车很不舒服。刺骨的寒风吹了好几个小时，车轮上很快就结了冰。每辆车都少了一个轮子，或严重受损。第一天，雅科夫列夫便安排更换了四次马匹，黄昏时，他们在伊夫列沃稍事休息。车队已经行进了八十六英里，途中他们艰难地涉过了额尔齐斯河的深水。罗曼诺夫家的人和他们的随从表现得很坚忍，但也疲惫不堪，雅科夫列夫找了一间宽敞整洁的房子给他们过夜，他们很感恩。他们三个人已有两个晚上没有睡觉，躺下后很快便睡着了。[5]

但雅科夫列夫还不能休息。阿夫杰耶夫带着一支部队跟随他到达伊夫列沃，雅科夫列夫曾亲自命令阿夫杰耶夫在秋明征用一列火车，以便运送罗曼诺夫家的人。[6]但他们在伊夫列沃碰面时发生了不快，雅科夫列夫决定将其中一人拘捕。[7]很明显，有人密谋解除车队的武装并抓住罗曼诺夫家的人，扎斯拉夫斯基和霍赫里亚科夫是背后的密谋者，他们准备发动攻击。雅科夫列夫发电报给迪德科夫斯基和戈洛谢金，抗议此事："迅速采取措施，否则可能发生流血事件。告知秋明详情。扎斯拉夫斯基偷偷溜出了托博尔斯克；我没法逮捕他。我准备离开伊夫列沃。"雅科夫列夫要求秋明苏维埃主席涅姆佐夫为车队的到来做好一切准备；他命令自己的部队中途来见他。[8]他指示第二天早上五点出发。但事实上，雅科夫列夫太累了，不小心睡过了头，因此车队出发的时间比预定的要晚。[9]

尼古拉尽他所能观察着外面发生的事情，但雅科夫列夫并没有告诉他太多信息。审讯完被捕的叶卡捷琳堡士兵后，雅科夫列夫知道他们仍然可能遇到麻烦。他不想惊动罗曼诺夫家的人，只将可能发生的危险放在心里。[10]

第二天，四轮马车和运货马车由新的马匹拉着出发了。到了托博尔河，每个人都不得不下马过河。尼古拉和以前一样善于交际，他结识了雅科夫列夫的朋友兼副手彼得·古扎科夫，以了解他们目前的行进方向。天气已经好转，这一天明媚温暖，但路仍然不好走。道路上尘土飞扬，树林里泥泞难行。他们坐在摇晃的车厢里，尼古拉为妻子的身体状况担忧。[11]他坐在雅科夫列夫旁边几个小时，因此不得不和雅科夫列夫说说话。这令雅科夫列夫有些惊奇，当尼古拉称自己完全支持宗教自由时，他尤其吃惊。雅科夫列夫起初并不清楚尼古拉是否在开玩笑。他回忆起1917年以前对犹太人的迫害。但尼古拉认真地看着他，因此雅科夫列夫认为尼古拉的确是这么想的。[12]

过了托博尔河之后，雅科夫列夫调整了车队，他与副手彼得·古扎科夫同乘一辆马车，而带领分遣队的丘季诺夫则坐在尼古拉旁边。他们忙着避开马车驶过时溅起的大量泥浆，无暇交谈。尼古拉拿出烟盒，给丘季诺夫递了一支烟。丘季诺夫谢绝了，但他们休息时，尼古拉又递给他一支烟，问道："你们的政委是在哪所军校受训的？"丘季诺夫回答道："据我所知，他只在比利时的电工学校学习过。"尼古拉说："是的，他显然见过一些世面。他是一位脾气有些火暴的政委。"[13]虽然旅途中体力消耗巨大，但每个人都十分兴奋。丘季诺夫记得，他们在途中换马时遇到一个灰胡子的农民：

农民：小伙子，看在上帝的分上，你能告诉我他们要把我们的沙皇带去哪里吗？是去莫斯科吗？

丘季诺夫：去莫斯科，老爷爷，去莫斯科！

他们离开那个中转站时，丘季诺夫听到有人说："现在，我的天啊，一切就要恢复秩序了！"[14]我们并不清楚，这些路人是希望尼古拉受到惩罚，还是希望他恢复权力。这种模糊的心理是很普遍的，当时没有几个俄国人知道国家要怎样实现稳定和繁荣。

换马需要遵照一套流程进行。丘季诺夫向早些时候留在村里的马车夫喊话，马车夫便将新的马匹带出来。过程通常不会超过五分钟。[15]波克罗夫斯科耶是一个令人印象深刻的中转站。新的马匹恰巧在拉斯普京的屋外套上车。罗曼诺夫家的人感动地看到，已故朋友的所有家人都在屋内看着他们。不允许发生接触，丘季诺夫还掏出毛瑟枪瞄准了屋子，以确保屋里的人服从指令。但是有传闻说，他们一行人停留在附近时，拉斯普京的妻子和母亲画着十字为他们祈祷。新的马匹套上车后，车队立刻全速出发。[16]

对雅科夫列夫而言，每一天都是对他的忍耐度的考验。斯维尔德洛夫给他下达的任务是将罗曼诺夫家的人安全带到乌拉尔，然而乌拉尔布尔什维克的领导人却不顾一切地密谋反对他。雅科夫列夫认为自己是唯一执行莫斯科命令的官员。在过了额尔齐斯河后，雅科夫列夫与他的副手彼得·古扎科夫碰头，古扎科夫带来了一些令人不安的消息。他早些时候遇到了叶卡捷琳堡部队的副指挥官古夏茨基，古夏茨基比雅科夫列夫一行提前离开托博尔斯克。这一次雅科夫列夫真的要担心了，因为古夏茨基已经向古扎科夫透露，确实有人在密谋拦截车队并刺杀尼古拉。这证实了雅科夫列夫一路上的猜测。他大发雷霆。在与古夏茨基会面时，他说，只要他们敢开一枪，他就会毫不犹豫地处决古夏茨基和他的整支部队。[17]

但事情并没有结束。来自叶卡捷琳堡赤卫军的亚历山大·涅沃林当晚偷偷找到他，透露他们仍然在积极地密谋。根据涅沃林的说法，古夏茨基告诉他的部队，雅科夫列夫打算将罗曼诺夫家的人带到莫斯科并让他们流亡海外。古夏茨基的应对计划是将尼古拉带到叶卡捷琳堡。当古夏茨基说到他要伏击罗曼诺夫家的车队，并明确表示他不仅要清算尼古拉，还要清算雅科夫列夫及其分遣队时，他手下的一些人表现出了不安。涅沃林问道："我们要变成强盗了？"随后，他们之间发生了一场充满怨恨的争执，古夏茨基很恼火地看到，涅沃林获得了很多支持。涅沃林担心自己的人身安全，便悄悄去了雅科夫列夫的分遣队。[18]

次日早晨，雅科夫列夫再次加紧行程。科贝林斯基已经下令给分遣队，要随时告知他进展。纳博科夫从波克罗夫斯科耶发去电报，说一切进展顺利。[19]事实上，只有里程数是顺利走完的，乘客和大部分护送人员都已疲惫不堪。在路上一处有车辙的地方，亚历山德拉和玛丽亚乘坐的马车出了故障，他们只能到附近的小屋里等待换车。[20]他们最后一次换马是在博尔基村。那时，博特金医生患了肾肿大，最后的决定是他留下来，等恢复健康后再继续前行。在博尔基，车队在一处校舍中喝了点茶，吃了些东西。这一次，雅科夫列夫终于抽时间对秋明之行的第八个也是最后一个阶段做了安排。由于担心前方可能有埋伏，他让部下准备好应对可能出现的任何情况，然后下令出发，长途奔赴秋明。车队于晚上九点十五分到达秋明，一轮明月已经高高升起。[21]

分遣队的先头部队派出十六名骑兵前往秋明下游十英里处，与雅科夫列夫会面。队长佩尔米亚科夫向他们提出要求："让前沙皇见识一下红军的纪律和力量，这是世界上最自由的军队！"[22]他曾在秋明发生一系列抢劫事件后，带兵解除了秋明赤卫军的武装，他说这话时带有很强的个人权威。[23]当车队和增援部队驶近秋明郊区时，由大约五十人组成的另一支护送队也出发了，前去组成保护链。[24]当车队驶过额尔齐斯河上的活动栈桥，来到火车站时，天色已经漆黑了。[25]

谢尔盖·马尔科夫在托博尔斯克没能营救罗曼诺夫一家，便去了秋明。他相信只要他们坚定地尝试，仍有很大概率营救罗曼诺夫一家。他像往常一样机智和乐观，并以苏维埃同情者的身份渗透进了红军。他负责指挥七十名新兵，这也显明了他的能力。他显然有胆量放手一搏。他甚至可能已经哄骗部下，一起对雅科夫列夫的车队发动攻击。但人们不知道他能否继续营救罗曼诺夫家的人——他们很容易在交火中丧生。不管怎样，他已经不能自由行动了。4月初，托博尔斯克苏维埃当局怀疑他对人民委员会不忠诚，将他投入监狱。他在狱中得知尼古拉来到了秋明。[26]即便如此，当地局势中仍有许多不确定因素，因此雅科夫列夫仍很谨慎。反对布尔什维克的马尔科夫也许正被严密关押着，但谁又能保证牢房外没有他的同伙呢？布尔什维克的扎斯拉夫斯基和他的武装人员又在哪里呢？

列车已经在秋明的车站等着雅科夫列夫和罗曼诺夫家的人。列车只有四个车厢，其中一个是一等，另外三个是三等。[27]因长途跋涉而疲惫不堪的乘客从三辆马车上下来。考验结束了，他们安然无恙。车厢里没有人打扫卫生，[28]他们对里面的情况不太满意，但也没有抱怨。至少他们不用再整天坐在马车上，他们也知道晚上会睡在哪里了。晚上十点，他们便沉沉睡去。[29]

在他们安睡时，雅科夫列夫通过电报请示了莫斯科方面。[30]他让阿夫杰耶夫留在列车上，严令他不准离开，表面上看，他这么做是因为需要一个有权威的人留下来监督罗曼诺夫家的人。但是阿夫杰耶夫不愿意看到雅科夫列夫在没有他人在场的情况下与莫斯科方面沟通。但是在阿夫杰耶夫爬下站台想同雅科夫列夫一起去时，雅科夫列夫的部下拦下了他。他转向古扎科夫，问道："这是什么意思？难道我被捕了？"当明确得知雅科夫列夫在单独使用电报机时，阿夫杰耶夫从车厢的窗户给他的同志伊万·洛吉诺夫递了一张纸条，让洛吉诺夫告知叶卡捷琳堡这里发生的事情——在这种情况下，古扎科夫只能任由他这么做。[31]

雅科夫列夫恳请斯维尔德洛夫批准他改变目前的计划，理由是叶卡捷琳堡领导层已不可信任。他们在托博尔斯克的代表显然打算消灭"行李"；他们甚至劝告他，不要和罗曼诺夫家的任何一个人同坐一辆马车。他们的目标显然是在抵达秋明之前袭击雅科夫列夫一行。雅科夫列夫在整条路线上都部署了自己的部队，从而挫败了他们的阴谋。但是来自叶卡捷琳堡的部队仍然给他带来了极大的压力。他警告说，在列车到达叶卡捷琳堡之前，他们可能会采取行动。按照雅科夫列夫的说法，戈洛谢金是唯一不想消灭"行李"的乌拉尔领导人。因此，继续执行原计划是十分愚蠢的。他要求前往鄂木斯克。他将从那里乘坐西行的列车，沿着铁路南部环线前往锡姆河矿区。在矿区，他可以找到一个安全监禁罗曼诺夫一家的地方。否则，他不能保证安全地执行任务。[32]

斯维尔德洛夫此时正舒服地坐在莫斯科的电报机旁，手头有无数的事务等待处理。他问自己的老同志是否过度焦虑了。但从托博尔斯克开始经历了这么多之后，雅科夫列夫对自己说出的每一个字都很谨慎。他不是在求怜悯，而是希望对方的理智能占上风。如果他不得不执行原有计划，那么后果可能是灾难性的。面对他如此坚定的决心，斯维尔德洛夫批准了他改变目的地的请求，并承诺，等雅科夫列夫与鄂木斯克的西西伯利亚地区苏维埃执行主席维克托·科萨列夫见面了，就下达新的指示。[33]

雅科夫列夫本人给戈洛谢金发了一份电报，愤怒地抱怨扎斯拉夫斯基、霍赫里亚科夫和古夏茨基。他相信戈洛谢金的诚意，并表示，不知道他是否已经卷入了那些乌拉尔人计划的恶作剧。雅科夫列夫很肯定，扎斯拉夫斯基正计划在列车到达叶卡捷琳堡之前将其拦截。阴谋的策划者没能在他们从托博尔斯克到秋明的途中完成任务，现在他们试图在列车从秋明开往乌拉尔首府的途中再次行动。雅科夫列夫告诉戈洛谢金，他决心用武力抵抗“这些年轻男子”；他强调，他正在执行人民委员会的命令，并要求戈洛谢金予以协助。[34]他知道，仅仅有人民委员会的书面批准可能还不够，毕竟他们在遥远的莫斯科。如果可以，他想让乌拉尔地区苏维埃执行委员会遣散扎斯拉夫斯基手下的那些佣兵。但他仍然打算尽量避免前往叶卡捷琳堡。斯维尔德洛夫曾让他一到达鄂木斯克便前来磋商。对于雅科夫列夫来说，这比告诉他去叶卡捷琳堡要好一些，但仍然不尽如人意。为了完成任务，他还有很多事要做，他会像往常一样努力。

雅科夫列夫回到列车上，告诉下属：“我们要去鄂木斯克，从那里经车里雅宾斯克到锡姆河地区的乌斯季-卡塔夫工厂。”当阿夫杰耶夫提出异议并拒绝前往时，雅科夫列夫镇住了他。他遇到过比阿夫杰耶夫更强悍的男人，他无疑颇具血气之勇。他告诉阿夫杰耶夫，斯维尔德洛夫本人已经要求他必须一起走。阿夫杰耶夫做了最后的抵抗，要求雅科夫列夫解释为什么将他限制在列车上。雅科夫列夫简单地回答说，必须有人不间断地监视罗曼诺夫家的人。这时阿夫杰耶夫才听从他的指示。[35]这不仅仅是因为党的纪律对每一名布尔什维克都至关重要，还因为阿夫杰耶夫没有办法咨询他在叶卡捷琳堡的同志。莫斯科的命令高于其他一切因素，雅科夫列夫摆出他一贯的派头来解决问题。目前看来，乌拉尔领导层的反对意见已经无关紧要了。

第二十九章
暂未确定的目的地

4月28日早上五点，天快蒙蒙亮时，司机和司炉在机车上忙碌着，列车朝西向叶卡捷琳堡的方向一路飞奔——这与雅科夫列夫告诉阿夫杰耶夫的计划完全相反。[1]与欧洲中北部的铁路网络相比，俄国的列车速度较慢，即使在铁路干线上，也很少能达到平均每小时二十五英里。(在支线上，预定的速度通常更慢。)[2]开到乌拉尔差不多要花一整个白天。至少这是雅科夫列夫给秋明站站台上每个人留下的印象。他已经指示司机，他们真实的目的是在第一个小交叉路口停下列车，掉头开往鄂木斯克。虽然这样列车会再次驶过秋明，但雅科夫列夫推测，他可以在秋明的任何人猜到他的意图之前完成部署。他的目标是骗过那些他认为对他不利的人，他确信在鄂木斯克，他可以在不受威胁的情况下决定下一步该做什么。[3]

然而，在秋明的洛吉诺夫和古夏茨基却恰好目睹了这一切，并通过电报告知乌拉尔地区苏维埃执行委员会列车将掉头开往鄂木斯克。上午十点，叶卡捷琳堡收到电报，别洛博罗多夫读完立即召开苏维埃地区执行委员会会议，谴责雅科夫列夫是革命的叛徒。[4]叶卡捷琳堡的所有人都不知道，雅科夫列夫已经与斯维尔德洛夫商量过此事，并获得了同意。乌拉尔领导人唯一在意的是，雅科夫列夫故意将罗曼诺夫家的人从他们的势力范围内转移走了。扎斯拉夫斯基关于他的所有警告似乎都得到了证实。执行委员会还回想起，他对尼古拉讲话时表现得那么尊重，并为身在托博尔斯克的罗曼诺夫一家安排生活。雅科夫列夫没有与叶卡捷琳堡商量过改变行程一事，这让人深感可疑。乌拉尔领导层认为雅科夫列夫可能不准备在鄂木斯克停留，这令他们有些慌张。别洛博罗多夫和他的同志们推测，斯维尔德洛夫最喜欢的这位政委是一名秘密的君主主义者，他计划前往符拉迪沃斯托克（海参崴），在那里放任尼古拉流亡海外。

这样的推测对尼古拉而言无异于无稽的梦魇，因为这意味着他要把儿子和两个女儿留在遥远的托博尔斯克，将他们置于重重危险中。但乌拉尔的领导层开始做最坏的打算，他们中有些人认为应该索性处死尼古拉。这些人包括左派社会革命党人霍季姆斯基和波利亚科夫，以及布尔什维克党人鲍里斯·迪德科夫斯基、格奥尔基·萨法罗夫、伊万·通图尔和彼得·沃伊科夫。萨法罗夫支持他们，他批评从托博尔斯克开始的整个运送过程。“让军事委员戈洛谢金同志告诉我们，”他要求道，“沙皇尼古拉是怎么一路疾驰到鄂木斯克的！”沃伊科夫喊道：“无耻之徒！”[5]戈洛谢金面色苍白，神情激动，尽力解释发生的一切，但他无法消除人们的印象，人们愈加相信他是雅科夫列夫公认的密友，是他向执行委员会隐瞒了重要信息。执行委员会决定与莫斯科联络，同时向通往鄂木斯克的铁路上的每座火车站发出警报：不得允许雅科夫列夫绕过叶卡捷琳堡。至少对这一点，每个人都同意。[6]

别洛博罗多夫愤怒地通过电报告诉斯维尔德洛夫，“他的”政委雅科夫列夫欺骗了所有人，违反了鄂木斯克的命令。他说，没有人知道列车的最终目的地，雅科夫列夫的行为是在叛国。他还透露，乌拉尔地区苏维埃已下令将他逮捕并与尼古拉一起转移到叶卡捷琳堡。[7]

在他向秋明—鄂木斯克铁路线上的火车站发去的电报中，别洛博罗多夫批评雅科夫列夫无视莫斯科的命令。乌拉尔苏维埃地区执行委员会得出的结论是，雅科夫列夫已经“背叛了革命”并将自己“排除在革命者之外”。别洛博罗多夫要求逮捕雅科夫列夫，并说如果他做出任何抵抗，就当场开枪。雅科夫列夫的整个分遣队也将被拘捕。别洛博罗多夫预料会发生暴力事件，并暗示其他乘客也可能遇害——这其中自然包括罗曼诺夫家的人。他认为，雅科夫列夫可能会提交文件来为自己辩护，他要求任何人都不得受到这些文件的影响。乌拉尔地区的布尔什维克领导人、左派社会革命党人和极左最高纲领主义者一致同意结束这一“犯罪计划”。[8]乌拉尔地区苏维埃下令让自己的列车全速拦截雅科夫列夫一行。对罗曼诺夫一家的追捕开始了。[9]

在快到达位于秋明东南方近二百英里处的伊希姆时，雅科夫列夫让罗曼诺夫家的人下车透了透气。[10]经他允许，他们给托博尔斯克发了一份电报，包含以下信息：“这次旅行很顺利。基督与你们同在。小家伙的健康状况如何？雅科夫列夫。”[11]几乎可以肯定，这段话是由尼古拉或亚历山德拉组织成文，由雅科夫列夫批准的。雅科夫列夫希望罗曼诺夫家的人在前往鄂木斯克的途中感到舒适。他本人专注于前方的旅途。尽管他面临巨大的压力，也无法确定乌拉尔领导层可能会采取什么行动，但他始终保持冷静，即使亚历山德拉表现得像往常一样傲慢，他也彬彬有礼。她根本无法控制自己。她讨厌在去洗手间的路上遇见走廊里的人。她无法摆脱雅科夫列夫的警卫和铁路工作人员，她就在早上四五点起床，那时没有人会在她身边晃来晃去。如果她看到有人，就立刻转过脸回到自己的车厢里。[12]

第一天在列车上醒来时，罗曼诺夫家的人感觉休息得很好。他们看着路过的车站名，猜测自己正朝着鄂木斯克前进。但雅科夫列夫仍拒绝透露他们要去哪里，尼古拉和别洛博罗多夫一样，猜想是否要去符拉迪沃斯托克（海参崴）。如果这是真的，那么唯一可信的计划就是将沙皇夫妇流放海外。另一种可能性是，雅科夫列夫打算在西伯利亚大铁路南线的交叉路口来一个急转弯，然后向西将他们转移到莫斯科。雅科夫列夫下令在瓦盖短暂停留，十一点钟他们享用了一顿愉快的午餐。尼古拉把打探消息的任务交给了玛丽亚。她便向站在车厢尽头、负责警卫任务的四名步兵打探消息。但她一无所获，这些士兵可能也什么都不知道。罗曼诺夫家的三位成员盯着窗外打发时间，看见人们正在庆祝棕枝主日。用过冷盘晚餐后他们早早上床休息，他们对雅科夫列夫的意图仍不甚明白。[13]

尽管阿夫杰耶夫在雅科夫列夫的胁迫下一同旅行，但他仍继续与雅科夫列夫讨论自己的计划。雅科夫列夫告诉他自己承诺将罗曼诺夫家的人带到莫斯科——他现在不提叶卡捷琳堡了。他提醒阿夫杰耶夫，他们要遵守保护罗曼诺夫家的人的指示，并再次提到他担心扎斯拉夫斯基潜伏在某处，企图搞破坏。鉴于情况有变，他在柳比诺再次停车，下达了严格的指示。随后，他征用了一辆汽车，前往鄂木斯克了解情况。[14]他抱着乐观的希望。西西伯利亚地区苏维埃执行委员会的维克托·科萨列夫是他的老战友。他们一起在卡普里党校学习，雅科夫列夫希望获得他的帮助，来对抗叶卡捷琳堡的自命不凡。[15]

科萨列夫对于雅科夫列夫的行为有自己的担忧，他派出部队前往位于叶卡捷琳堡—车里雅宾斯克铁路线上鄂木斯克以西几英里的库洛姆济诺小站。他是在接到乌拉尔领导人的电报后这么做的。他还派出近两千名携带机枪和火炮的武装人员，要逮捕雅科夫列夫和罗曼诺夫家的人。在到达位于城外两英里的鄂木斯克站时，雅科夫列夫立即明白，他必须直接与斯维尔德洛夫通话。只有莫斯科方面可以将他和他的皇室成员从灾难中解救出来。[16]斯维尔德洛夫再一次站在了他这边，并给科萨列夫发电报说，雅科夫列夫值得“完全信任”，他是完全在按照指示行事。[17]雅科夫列夫同时发现，试图挫败他全部计划的敌人扎斯拉夫斯基就在鄂木斯克的某个地方。不久，据说扎斯拉夫斯基在声称自己必须出差回叶卡捷琳堡后便失踪了。雅科夫列夫怀疑这也是暗杀阴谋的一部分。他与戈洛谢金通话，问乌拉尔领导人是否召回了扎斯拉夫斯基。戈洛谢金说，他们没有发出这样的命令。雅科夫列夫现在知道了，肮脏的勾当仍在继续，而扎斯拉夫斯基便是幕后主使。[18]

斯维尔德洛夫向乌拉尔地区苏维埃执行委员会发了电报，为雅科夫列夫受到的背叛指控辩护，并强调他是在遵守斯维尔德洛夫的指示。他警告别洛博罗多夫，不要不经莫斯科同意就采取任何行动：“我再说一遍：不要插手。”[19]执行委员会在得知斯维尔德洛夫已经与雅科夫列夫进行了秘密磋商后，不是很高兴。斯维尔德洛夫的行为使乌拉尔领导人感到不安，他们声称，已经来不及“撤销”向鄂木斯克和铁路沿线城市下达的逮捕雅科夫列夫的指示了。这显然是一种讨价还价的策略，旨在确保雅科夫列夫能接到命令，立即前往叶卡捷琳堡。他们还告诉斯维尔德洛夫，布尔什维克地区党员大会正在讨论整件事。[20]大家普遍抱怨，斯维尔德洛夫没能让他们及时了解“人民委员会的目标”的变动。斯维尔德洛夫对此没有回应，他们便通过电报联系了列宁，并问道:“您对此怎么看？”他们要求得到“直接而明确的答复”。他们反复强调，雅科夫列夫“经您批准”，在将“行李”运往鄂木斯克时做了“一件大蠢事”。但他们最后还是打算为罗曼诺夫一家提供人身安全保障，“条件是整件事必须通过地区苏维埃来办”。[21]

别洛博罗多夫给科萨列夫发电报，要科萨列夫作废处置雅科夫列夫的3507号电报。与此同时，他表示他已经经过斯维尔德洛夫同意，要将罗曼诺夫家的人乘坐的列车沿着鄂木斯克—秋明铁路线向西开往叶卡捷琳堡。他表示，莫斯科即将告知雅科夫列夫该计划。[22]别洛博罗多夫也不得不警告扎斯拉夫斯基，命令扎斯拉夫斯基不得采取任何措施阻止罗曼诺夫家的人安全转移到叶卡捷琳堡。他复述了斯维尔德洛夫发来的电报，斯维尔德洛夫礼貌地询问乌拉尔领导人，是否对莫斯科指示雅科夫列夫前往秋明并将“全部行李”移交给乌拉尔地区苏维埃感到满意。他还附上了迪德科夫斯基、萨法罗夫，霍季姆斯基和普列奥布拉任斯基表示同意的意见。别洛博罗多夫希望扎斯拉夫斯基毫无疑虑地相信，莫斯科和叶卡捷琳堡之间已经商定了政策；他指示扎斯拉夫斯基立即前往秋明。为了缓和扎斯拉夫斯基可能怀有的怨恨情绪，他让扎斯拉夫斯基在火车站与雅科夫列夫会面，并指示扎斯拉夫斯基与雅科夫列夫一起，护送罗曼诺夫家的成员毫发无损地到达乌拉尔首府。[23]迄今为

1. 尼古拉二世与儿子阿列克谢在前线附近小憩

2. 尼古拉二世身着俄罗斯传统长袍。在公开场合，他有时会这样穿着

3. 格里高利·拉斯普京。只有他可以在阿列克谢病重时，帮其缓解病情

4. 尼古拉二世签署退位诏书时所在的列车。时代变了，人们可以聚集在车厢旁围观沙皇了

5. 总参谋长米哈伊尔·阿列克谢耶夫将军：戴着眼镜，勤勉而疲惫。阿列克谢耶夫机智地促使了尼古拉退位

6. 米哈伊尔大公。他拒绝了哥哥尼古拉的继位邀请，这是一个明智的决定

7. 退位诏书草稿的一页。
铅笔标出了修改建议

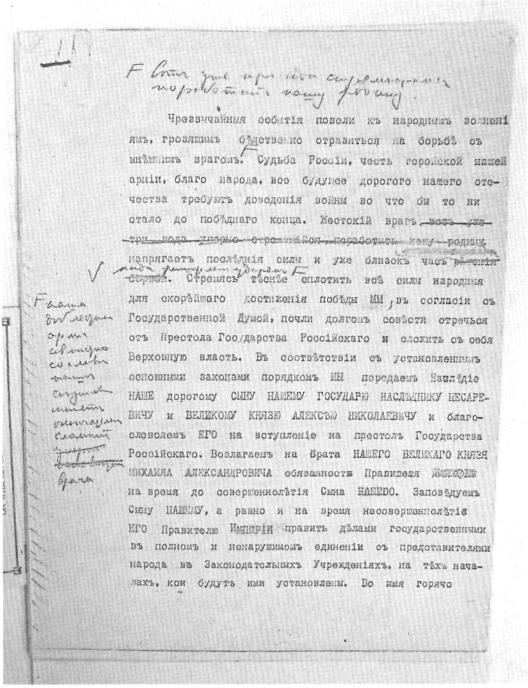

Чрезвычайныя событiя повели къ народнымъ волненiямъ, грозящимъ бѣдственно отразиться на борьбѣ съ внѣшнимъ врагомъ. Судьба Россiи, честь геройской нашей армiи, благо народа, все будущее дорогого нашего отечества требуютъ доведенiя войны во что бы то ни стало до побѣднаго конца. Жестокiй врагъ ~~вотъ уже три года упорно стремившiйся поработить нашу родину~~ напрягаетъ послѣднiя силы и уже близокъ часъ ~~рѣшенiя борьбы~~. Стремясь тѣснѣе сплотить всѣ силы народныя для скорѣйшаго достиженiя побѣды МЫ, въ согласiи съ Государственной Думой, почли долгомъ совѣсти отречься отъ Престола Государства Россiйскаго и сложить съ себя Верховную власть. Въ соотвѣтствiи съ установленнымъ основными законами порядкомъ МЫ передаемъ Наслѣдiе НАШЕ дорогому СЫНУ НАШЕМУ ГОСУДАРЮ НАСЛѢДНИКУ ЦЕСАРЕВИЧУ и ВЕЛИКОМУ КНЯЗЮ АЛЕКСѢЮ НИКОЛАЕВИЧУ и благословляемъ ЕГО на вступленiе на престолъ Государства Россiйскаго. Возлагаемъ на Брата НАШЕГО ВЕЛИКАГО КНЯЗЯ МИХАИЛА АЛЕКСАНДРОВИЧА обязанность Правителя Имперiи на время до совершеннолѣтiя Сына НАШЕГО. Заповѣдуемъ Сыну НАШЕМУ, а равно и на время несовершеннолѣтiя ЕГО Правителю Имперiи править дѣлами государственными въ полномъ и ненарушимомъ единенiи съ представителями народа въ Законодательныхъ Учрежденiяхъ, на тѣхъ началахъ, кои будутъ ими установлены. Во имя горячо

8. 尼古拉、亚历山德拉与孩子们在
欢乐一些的日子里

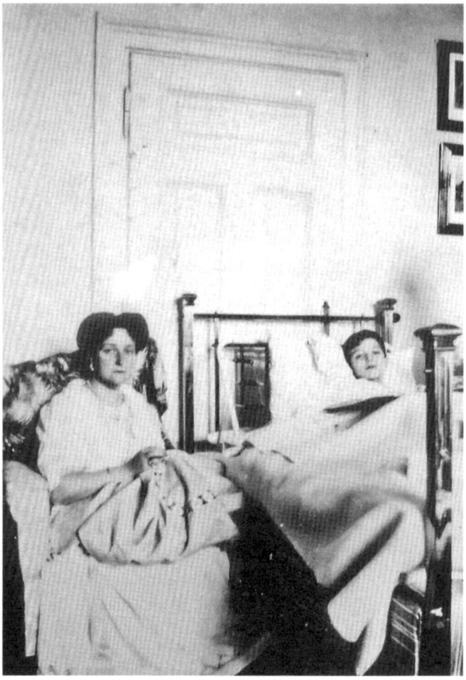

9. 亚历山德拉面带愁容，正在照顾儿子阿列克谢。她为儿子的病情自责

10. 虚弱的亚历山德拉坐在轮椅上，摄于沙皇村

11. “尼基”从沙皇村写给母亲玛丽亚·费奥多罗芙娜的信。他为字迹潦草道歉，并说他最近在教阿列克谢历史与地理。他用的还是从前的信纸

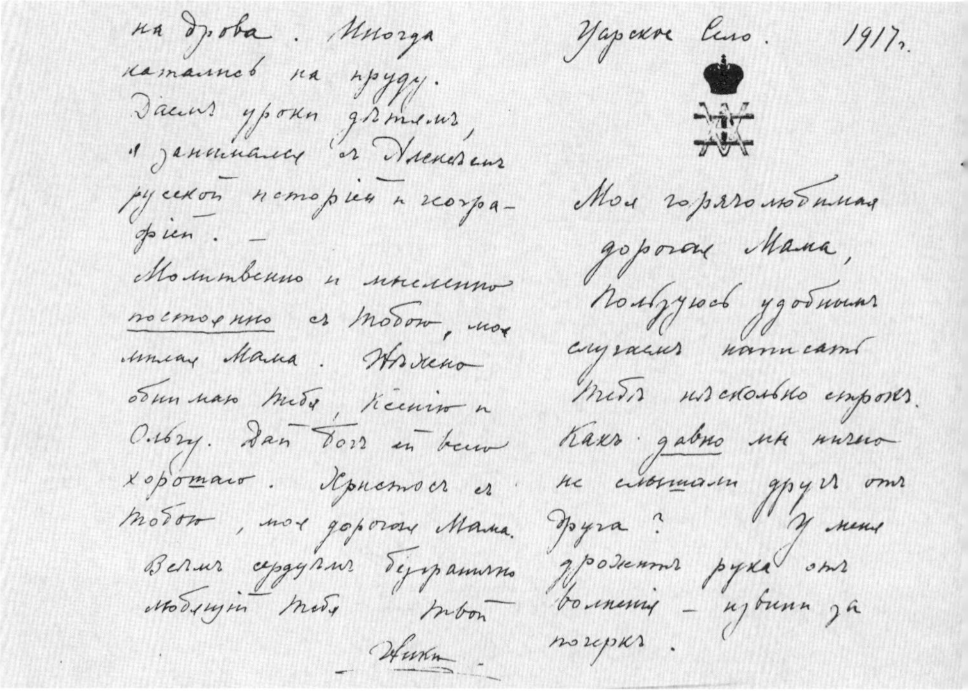

Царское Село. 1917 г.

Моя горячо любимая
дорогая Мама,
Пользуюсь удобнымъ
случаемъ написать
Тебѣ нѣсколько строкъ.
Какъ давно мы ничего
не слышали другъ отъ
друга? У меня
дрожитъ рука отъ
волненія – извини за
почеркъ.

на дрова. Иногда
катались на пруду.
Даемъ уроки дѣтямъ,
и занимался съ Алексѣемъ
русской исторіей и геогра-
фіей. –
Молитвенно и мысленно
постоянно съ Тобою, моя
милая Мама. Нѣжно
обнимаю Тебя, Ксенію и
Ольгу. Дай Богъ ей всего
хорошаго. Христосъ съ
Тобою, моя дорогая Мама.
Всѣмъ сердцемъ безгранично
любящій Тебя твой
Ники

12. 奥尔加·罗曼诺娃与母亲的亲信安娜·维鲁波娃。维鲁波娃的处境不稳，克伦斯基命令她离开亚历山大宫

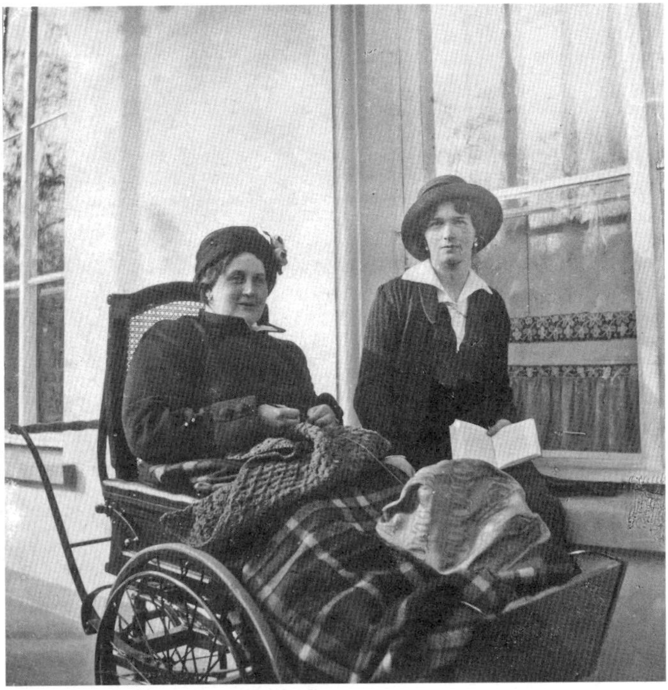

13. 两位君主，尼古拉二世与乔治五世表兄弟，摄于一战前。两人样貌相似

14. 亚历山大・古奇科夫，十月党人，临时政府陆军和海军部部长

15. 亚历山大·克伦斯基，社会革命党人，司法部长，1917 年出任总理

16. 帕维尔・米留可夫，立宪民主党人，尼古拉退位后任外交部长

17. 乔治·布坎南爵士，战时任驻彼得格勒的英国大使

18. 拉夫尔·科尔尼洛夫将军，彼得格勒指挥官，被克伦斯基任命为总司令。1917 年 8 月，科尔尼洛夫转而反对克伦斯基

19. 亚历山大·克伦斯基，十月革命前与官兵在一起

20. 位于托博尔斯克的“自由之家”，罗曼诺夫一家从沙皇村转移到这里

21. 警卫分遣队的部分人员，在一个雪天摄于“自由之家”外面

22. 尼古拉坐在“自由之家”的阳台上，摄于托博尔斯克

23. 尼古拉给母亲的信，写于十月革命爆发第三日，他为一家人被禁止在托博尔斯克走动而难过

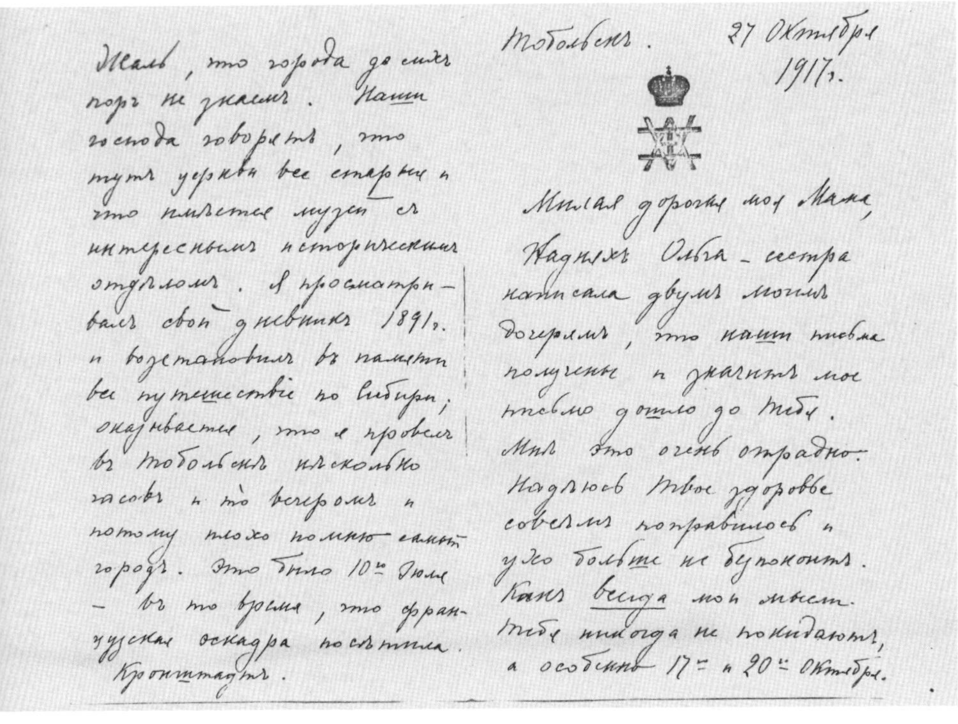

Тобольскъ. 27 Октября 1917 г.

Милая дорогая моя Мама,

Надняхъ Ольга-сестра написала двумъ моимъ дочерямъ, что наши письма получены и значитъ мое письмо дошло до тебя. Мнѣ это очень отрадно. Надѣюсь твое здоровье совсѣмъ поправилось и уже больше не безпокоитъ. Какъ всегда мои мысли тебя никогда не покидаютъ, а особенно 17-го и 20-го Октября.

Жаль, что города до сихъ поръ не знаемъ. Наши господа говорятъ, что тутъ церкви все старые и что имѣется музей съ интереснымъ историческимъ отдѣломъ. Я просматривалъ свой дневникъ 1891 г. и возстановилъ въ памяти все путешествіе по Сибири, оказывается, что я провелъ въ Тобольскѣ нѣсколько часовъ и то вечеромъ и потому плохо помню самый городъ. Это было 10-го Іюля – въ то время, что французская эскадра посѣтила Кронштадтъ.

24. 尼古拉与阿列克谢在“自由之家”喂鸡。一家人以劳动为消遣

25. 奥尔加·罗曼诺娃在“自由之家”的院子里，用雪橇拉着弟弟阿列克谢

26. 瓦西里・潘克拉托夫，身着他喜爱的西伯利亚服饰。他是出狱囚犯，作为全权代表在托博尔斯克监视罗曼诺夫一家

27. 叶夫根尼・博特金，罗曼诺夫家忠心的私人医生

28. 西德尼・吉布斯，英国人，罗曼诺夫家孩子们的家庭教师。他厌恶在托博尔斯克个人隐私受到侵犯

29. 索菲娅・布克斯赫韦登男爵夫人，亚历山德拉的亲信。刚到托博尔斯克，她就惹恼了警卫，被驱逐出科尔尼洛夫宅邸

30. 皮埃尔·吉利亚尔，瑞士家庭教师，协助亚历山德拉管理家庭账目

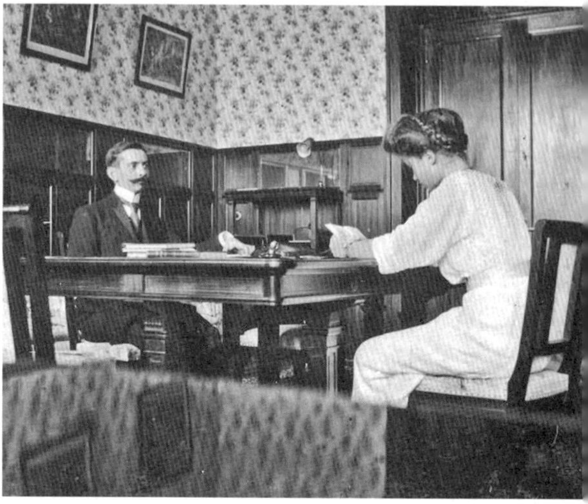

31. 叶卡捷琳堡第一车站，群情激奋，亚历山德拉与玛丽亚要在这里下车

32. 被征收的伊帕季耶夫宅邸，位于叶卡捷琳堡，罗曼诺夫一家从托博尔斯克转移到这里

33. 亚历山大・别洛博罗多夫，乌拉尔地区苏维埃执行委员会主席。曾被关押在彼尔姆监狱

34. 菲利普・戈洛谢金，乌拉尔地区苏维埃执行委员会军事委员

35. 雅科夫・尤罗夫斯基，伊帕季耶夫宅邸的最后一任指挥官，1918 年 7 月负责安排处决罗曼诺夫一家

36. 雅科夫·斯维尔德洛夫，布尔什维克中央委员会书记、苏维埃代表大会中央执行委员会主席

37. 罗曼诺夫一家被处决后，伊帕季耶夫宅邸地下室中染血的墙壁

8. 1918 年捷克斯洛伐克部队的一辆装甲列车。捷克斯洛伐克部队装备了列车，以防途中遭到袭击

39. 一份有关罗曼诺夫一家遭遇的重要调查文件，由尼坎德·米罗柳博夫收集。米罗柳博夫继续担任喀山法院的检察官

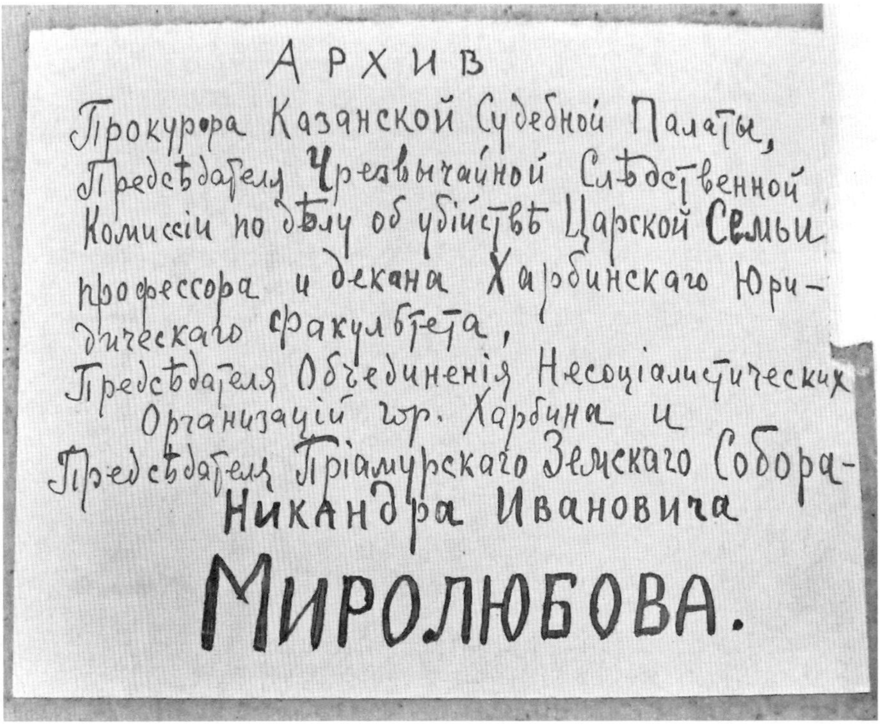

АРХИВ

Прокурора Казанской Судебной Палаты,
Предсѣдателя Чрезвычайной Слѣдственной
Комиссіи по дѣлу объ убійствѣ Царской Семьи
профессора и декана Харбинскаго Юри-
дическаго факультета,
Предсѣдателя Объединенія Несоціалистических
Организацій гор. Харбина и
Предсѣдателя Пріамурскаго Земскаго Собора -
Никандра Ивановича

МИРОЛЮБОВА.

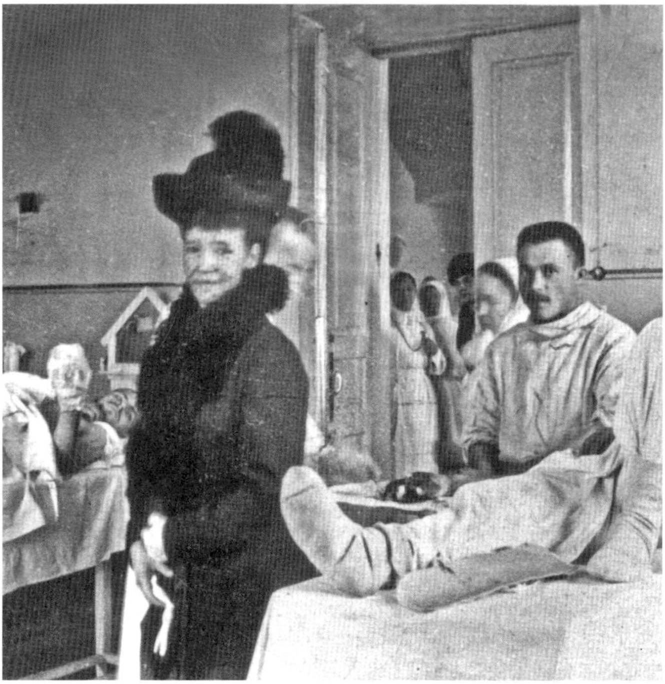

40. 玛丽亚・费奥多罗芙娜皇太后一战时在沙皇村慰问伤兵。1917 年 3 月，她与尼古拉二世在莫吉廖夫分别后，两人再未相见

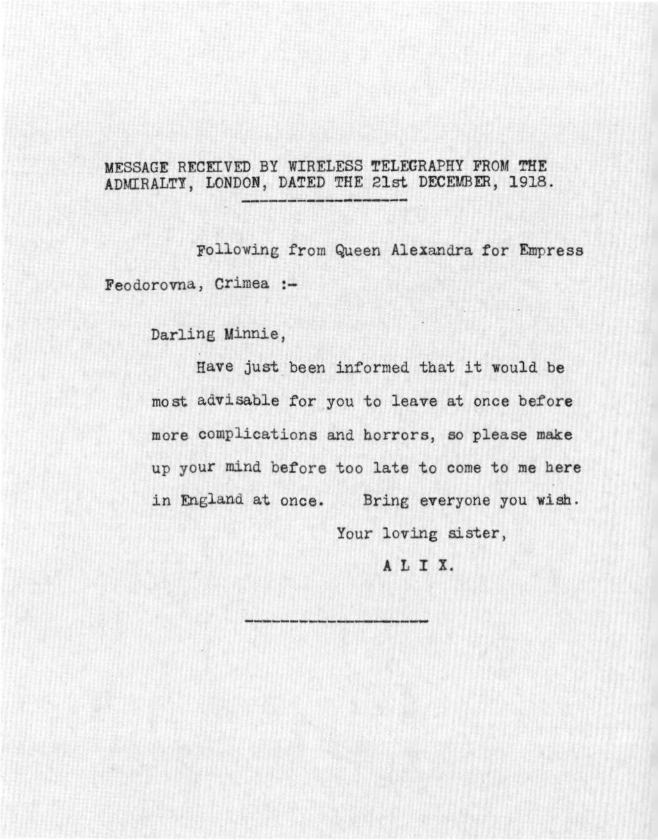

MESSAGE RECEIVED BY WIRELESS TELEGRAPHY FROM THE ADMIRALTY, LONDON, DATED THE 21st DECEMBER, 1918.

Following from Queen Alexandra for Empress Feodorovna, Crimea :-

Darling Minnie,

Have just been informed that it would be most advisable for you to leave at once before more complications and horrors, so please make up your mind before too late to come to me here in England at once. Bring everyone you wish.

Your loving sister,

A L I X.

41. 阿丽克丝（亚历山德拉皇后）给明妮（玛丽亚・费奥多罗芙娜）的电报，发送于 1918 年 12 月 21 日，她请求明妮流亡国外。玛丽亚・费奥多罗芙娜为离开祖国而内疚止，扎斯拉夫斯基一直在暗处扮演刺客的角色，现在却要公开亮相，并接管所谓的“行李”。雅科夫列夫的地位正急剧下降。

当雅科夫列夫再次坐到电报机前时，斯维尔德洛夫的话让他失望。他命令雅科夫列夫放弃将罗曼诺夫家的人带到鄂木斯克的想法：“我们已经与乌拉尔方面达成一致。他们采取了措施——他们以地区领导人的个人职责担保。将秋明的‘所有行李’转移给乌拉尔地区委员会的代表。这是必要的。你也和他们一起去，为代表提供帮助。”[24]雅科夫列夫将一直留在列车上直到抵达叶卡捷琳堡，并将“全部行李”交给前来见他的人。斯维尔德洛夫感谢他所做的工作，说：“你已经做完了最重要的事情。”[25]他还补充说，雅科夫列夫在与罗曼诺夫家的人重新会合之前，应该向鄂木斯克的科萨列夫借调增援部队。这是在隐晦地承认，事情仍然可能出岔子。乌拉尔领导层非常顽固，不排除他们仍然想实施一些暴力的诡计。[26]

午夜刚过不久，1918年4月29日凌晨，科萨列夫通过电报与乌拉尔地区苏维埃执行委员会主席团成员格奥尔基·萨法罗夫进行了商谈。这时，雅科夫列夫还没有回到柳比诺，他在那里离开了罗曼诺夫家的人；事实上，他也通过电报与莫斯科方面联系。科萨列夫收到了萨法罗夫的保证，乌拉尔领导层已经澄清了与斯维尔德洛夫之间的误解。无论雅科夫列夫愿意与否，他都不得不将“行李”带到叶卡捷琳堡。萨法罗夫想知道，雅科夫列夫抵达鄂木斯克后是否引发了任何暴力事件——他显然很想收集一些针对雅科夫列夫的指控。这是一个很奇怪的局面；在这次商谈发生的同时，叶卡捷琳堡的布尔什维克正指望雅科夫列夫按照斯维尔德洛夫的指示去做。科萨列夫拒绝参与对雅科夫列夫的任何诋毁。相反，他重复了斯维尔德洛夫的要求，即乌拉尔领导人应避免做任何违背莫斯科意愿的事情。[27]科萨列夫发了一份电报，作废了别洛博罗多夫前一天发出的3507号电报。他强调，雅科夫列夫是经斯维尔德洛夫本人同意才前往鄂木斯克的，他希望所有布尔什维克能够团结合作。[28]

雅科夫列夫最后一次试图劝说斯维尔德洛夫，锡姆河矿区比叶卡捷琳堡更安全。他认为，转移到那里的话，中央当局能够在适当的时候将"行李"带到莫斯科。他怀疑，一旦尼古拉被移交给乌拉尔领导层，就不能这样做了。他称古扎科夫和阿夫杰耶夫也认为仍然存在危险。当斯维尔德洛夫拒绝改变计划时，雅科夫列夫承诺他将遵照莫斯科的指示，但他强调，他无法再为接下来的事情承担道义上的责任。他批评电报收发混乱，并要求人民委员会的V. I. 涅夫斯基命令部下不要接收偏离斯维尔德洛夫的计划的电报。随后，他再次承诺会将"行李"带到叶卡捷琳堡。[29]

那时，乌拉尔领导层已将自己的分遣队派往库洛姆济诺，并阻止列车驶入西伯利亚大铁路的南部环线，以此迫使雅科夫列夫和罗曼诺夫家的人返回车里雅宾斯克。雅科夫列夫在政治上和地理上都被逼得走投无路。他怀着沉重的心情离开了科萨列夫返回柳比诺，在那里，他下令返回秋明。为了不让罗曼诺夫家的人知晓，他告诉他们，通往鄂木斯克的一座桥坏了，他不得不改变计划。[30]

他没有按之前与斯维尔德洛夫达成的一致行事，没有与扎斯拉夫斯基见面，而是趁夜直接经过秋明，继续前行。他在叶卡捷琳堡的对手古夏茨基之前就在秋明，得知此事后便开始追赶他们。没有人确知雅科夫列夫的前进方向，他们担心他会走铁路支线到达沙德林斯克，与罗曼诺夫家的人一起逃之夭夭。不过古夏茨基很快便松了一口气，他发现雅科夫列夫已经向戈洛谢金让步，前往叶卡捷琳堡。尼古拉听说这个消息，心情沉重起来。他对复杂的马克思主义思想毫无了解，但他也知道乌拉尔革命派作风凌厉。他在走廊上问帕维尔·马特维耶夫："告诉我，他们已经决定让我们留在叶卡捷琳堡了吗？"得到马特维耶夫证实后，尼古拉叹了口气，说："我宁愿去乌拉尔之外的任何地方。"马特维耶夫宽慰他，苏维埃掌权地区的任何地方都没有区别。尼古拉悲观地说，从当地媒体的报道看，乌拉尔的工人对他充满敌意。[31]

雅科夫列夫在途中尽量拖延时间。列车向西行驶后，他两次下令停车，让罗曼诺夫家的人可以活动一下筋骨。第一次停车时，他要求他们在靠近铁路线的地方活动。随后，他便允许他们由他陪着走进附近的田地。每个人的精神都好了一些。[32]但是停车只能延缓旅程，雅科夫列夫和罗曼诺夫家的人仍不可避免要继续前行。1918年4月30日上午八点四十分，列车缓缓驶入叶卡捷琳堡的第一车站——尼古拉仔细记住了这个时刻。[33]车站里已经聚集了一群人，雅科夫列夫让列车先不要进入站台，他在评估外面的情况。他让部下列队站在列车两侧，威胁说如果人群不散开，机枪手就开枪。但没有人理会。有人喊道："把吸血鬼带出来给我们看看！"他们都是来看尼古拉的——可能还准备伤害他。[34]雅科夫列夫告诉过斯维尔德洛夫，选择前往叶卡捷琳堡是有风险的。斯维尔德洛夫没有采纳他的意见，但是现在看来，雅科夫列夫的预感即将成真。

第三十章
去伊帕季耶夫宅邸

雅科夫列夫将目的地从托博尔斯克临时改为秋明，又改为鄂木斯克和现在的叶卡捷琳堡，于是莫斯科当局给了乌拉尔领导人几天时间来决定，一旦罗曼诺夫家的人到达乌拉尔，乌拉尔方面将如何保护他们。他们需要一个既容易保持隔离状态，又坚不可摧的地方。最容易想到的是城里的监狱。别洛博罗多夫和戈洛谢金去那里，查看能否将尼古拉与其他囚犯关押在不同的楼里。他们很快就认定，那里的建筑结构不适合这种操作。另外，让别洛博罗多夫失望的是，监狱长舍奇诺夫1911年至1912年曾在彼尔姆监狱任副监狱长，而他本人当时正在那里服刑。舍奇诺夫当时经常亲自下令将别洛博罗多夫关禁闭，以此惩罚他。因此，别洛博罗多夫又与地区执行委员会的左派社会革命党领导人霍季姆斯基一起研究其他的方案，他们走访了整个中心区，寻找适合关押罗曼诺夫家的人的地点。[1]

在检查了各种公共建筑后，他们将范围缩小到了富裕市民的住宅，并查看了与布尔什维克合作的叶卡捷琳堡自由主义者K. S. 阿尔希波夫医生的房子。不知道别洛博罗多夫是否认为占据阿尔希波夫的房子不太合适，他们最终选择了位于沃兹涅先斯基大街和沃兹涅先斯基路交叉路口，伊帕季耶夫家的宅邸。

尼古拉·伊帕季耶夫是一位采矿工程师和商人，在大战前和战争期间受益于这里繁荣的经济而发家致富。他是一位富有的中产阶级人士，他的财产被判定为适合政府征收的目标——如果征收只是暂时性的。伊帕季耶夫家的房子是一栋两层的石砌大楼，一层有一半位于地下。对他和家人来说，这是一幢舒适的房子。铁屋顶漆成了绿色，外墙粉刷成白色。车道的一侧有一座小花园。[2]房子坐落在小山上，一面俯瞰宽阔的湖面。[3]从安全角度看，这两个特点都很有利。它离市中心也不远：领导层希望选一个在他们快速联络范围内的地点。唯一的缺点是，英国领事馆就在沃兹涅先斯基大街上，正对这座房子。[4]但是乌拉尔领导人决心不让英国人的眼线注意到这里，他们要将这座房子变成一个除了名字以外其他方面都等同于监狱的地方。

他们的第一个要求是合法占有空屋。1918年4月27日，就在前皇帝离开托博尔斯克整一天后，乌拉尔住房委员A. N. 日林斯基拜访了尼古拉·伊帕季耶夫，命令他们一家在四十八小时内离开这里。确认书将于次日送达。伊帕季耶夫无权知道新住客的身份，只知道他们“不会破坏东西”。伊帕季耶夫一家惊慌失措地收拾东西准备离开。事实上，他们只有时间收拾一些随身可带的财物。乌拉尔领导人坚持要把大家具留在原地。伊帕季耶夫已经提前将陶器和一些地毯锁好，但后来他被要求——或者更确切地说是被命令——留下钥匙：当局打算在新住客到达叶卡捷琳堡之前将所有东西都准备好。伊帕季耶夫对此不太高兴。叶卡捷琳堡布尔什维克领导人兼地区执行委员会成员帕维尔·贝科夫前来编写房屋财产清单时，他才放心一点了。[5]

作为有产者，根据新拟定的宪法，伊帕季耶夫不管怎样都会失去他所有的公民权利和个人权利。他是一位“资产阶级人士”，是当局憎恨和迫害的社会阶层中的一员。他已经被盯上了，必须小心，不要惹恼契卡。所以他放弃了房子和大部分财产，在叶卡捷琳堡外面的库林斯科伊村与他的戈尔孔斯基亲戚住在一起。[6]他只能寄希望于他们能真的如自己所说，照看好房子，直到他重新拥有产权。贝科夫完成了清点并将那些他认为对罗曼诺夫家的人和警卫分遣队没用的物品都存放起来。[7]他更大的任务是将这座宅邸变成一座城中要塞。戈洛谢金给住房委员日林斯基四十八小时的时间完成任务。日林斯基招募了一百名工人来翻新房子内部，并安排外部的安保。为了防止有人突然闯入，他还设置了一道双层围栏——外面的人只能透过外层围栏看见楼上的窗户。日林斯基催促工人加快翻新进度，所有的工作都在尼古拉到来前完成了。[8]

乌拉尔领导人没能保守住这个计划的秘密，叶卡捷琳堡的许多人都听说罗曼诺夫家的三位成员正在转移途中。有消息说，他们乘坐的列车离开秋明正往这座城市来时，嘈杂的人群便聚集在车站了。20世纪初，俄国火车站经常会聚集人群，当时列车到站仍然是一件令人兴奋的事情。人们谈论起前皇帝的长相，就更加兴奋了。[9]

列车缓缓驶入第一车站，人群骚动了。然而，尼古拉据此猜测，雅科夫列夫和乌拉尔布尔什维克领导人之间又发生了一次争执。事实是，越来越多的人聚集在这里，试图一窥罗曼诺夫家的人的真容，别洛博罗多夫和戈洛谢金已经对车站内外的局势失去了控制。[10]有些人是出于好奇，有些人则是为了对尼古拉和皇室表达怨愤。人群情绪越发激动，人们开始大喊威胁的话："他们要完蛋了！他们终于落在我们手中了！"乌拉尔布尔什维克派出的警卫在站台上紧张地走来走去，局势很可能演变成暴力事件。这时，雅科夫列夫走出车厢，命令士兵准备好机枪，在列车周围形成警戒线。他惊讶地发现车站政委正在人群中大叫："雅科夫列夫！把罗曼诺夫家的人带出车厢。让我往他那脏脸上吐口水！"武力对峙就这样形成了，很明显，站台上有些士兵支持政委，并挥舞着上了膛的枪。[11]

雅科夫列夫认为，解决办法是将列车及乘客转移到该市另一头、距离郊区几英里的第二车站。第二车站是商用的，这就意味着列车还要再开十五分钟，而且他们希望列车能在人群赶到之前到达第二车站。但雅科夫列夫没有料到在第一车站的站台上会出现持续这么长时间的困难局面。他们又谈判了三个小时，确保罗曼诺夫家的人将受到严密关押，并且保证没有任何人会密谋营救他们。雅科夫列夫则坚持要求他们保证罗曼诺夫家的人不会受到伤害。正如他一再强调的那样，斯维尔德洛夫的指示是确保尼古拉的生命安全。雅科夫列夫自离开托博尔斯克以来一直面临着各种威胁，他要求乌拉尔领导人做出可靠的保证。人群一直拒绝散去。但是随着时间推移，他们达成了一致，让司机重新启动列车。[12]

这次争执很自然地重新唤起了雅科夫列夫对安全的担忧。列车驶入第二车站，他并没有及时将车上的人移交给别洛博罗多夫和迪德科夫斯基。这一次，他们没有平静地谈判，乌拉尔领导人对他在旅途中的管理感到愤怒，直截了当地命令他把罗曼诺夫家的人带出车厢。[13]

这一次他们无法再求助莫斯科了。现在别洛博罗多夫说了算。[14]雅科夫列夫的最后一项主动措施是命令他的分遣队在列车周围排成一圈，等他确认对方准备有序转移罗曼诺夫家的人。他花了几分钟时间来检查周围的环境。但他拖延不了多久。他拖拖拉拉地带着尼古拉、亚历山德拉和玛丽亚走出车厢，亲自将他们交给别洛博罗多夫和迪德科夫斯基，这时他才说出他们的名字。[15]两位乌拉尔领导人给了他一份正式的收据：

> 1918年4月30日，本人，乌拉尔地区工农兵代表苏维埃的签名主席亚历山大·格奥尔基耶维奇·别洛博罗多夫，从中央执行委员会委员瓦西里·瓦西列维奇·雅科夫列夫处收到来自托博尔斯克的下列人员：1）前沙皇尼古拉·亚历山德罗维奇·罗曼诺夫；2）前皇后亚历山德拉·费奥多罗芙娜·罗曼诺娃；3）前女大公玛丽亚·尼古拉耶芙娜·罗曼诺娃，并在叶卡捷琳堡市看管他们。
>
> A. 别洛博罗多夫
>
> B. 迪德科夫斯基（乌拉尔地区苏维埃成员）[16]

行政工作干净利落是整个苏维埃政权区内布尔什维克的标志。叶卡捷琳堡也不例外，乌拉尔的官员用这张极为正式的收据向雅科夫列夫表示，他作为人民委员会全权代表的权力已经行使完了。

士兵将罗曼诺夫家的人带到两辆高级轿车上，他们将被带到伊帕季耶夫宅邸。三位布尔什维克领导人一同前往，全程监督：迪德科夫斯基坐在前排，尼古拉和亚历山德拉坐在后排；而别洛博罗多夫和阿夫杰耶夫坐在第二辆车上。他们计划全速前往沃兹涅先斯基大街上的伊帕季耶夫宅邸。没有车队护送。第一车站发生骚乱后，别洛博罗多夫认定，直接参与的人越少，就越容易将罗曼诺夫家的人带到目的地。这并不是他们原先的计划，本来戈洛谢金已经安排了一辆满载赤卫军的卡车在途中护送“行李”。但最后，只有迪德科夫斯基、别洛博罗多夫和阿夫杰耶夫参与了护送。他们各佩一把左轮手枪——迪德科夫斯基带了纳甘，别洛博罗多夫带了勃朗宁，阿夫杰耶夫则带了毛瑟。如果当时有人组织一场营救活动，有很大概率成功。[17]

尽管采取了这些预防措施，但消息还是传开了，在伊帕季耶夫宅邸外面已经聚集了一群人。戈洛谢金发出命令，这些好奇的旁观者才散去。[18]罗曼诺夫家的人高兴地走进了屋子，漫长而疲惫的旅途终于结束了。他们并不知道，自己再也不会活着离开这里。

对于雅科夫列夫和他领导的、从托博尔斯克来的分遣队来说，麻烦还远没有结束。一旦他们交出罗曼诺夫家的三个人，他们便会被视为嫌犯。雅科夫列夫和部下为雅科夫列夫同别洛博罗多夫之间的信任破裂付出了代价。显然，乌拉尔领导人只承认雅科夫列夫从柳比诺开始对尼古拉的监管是合理的，因为这是确保他们一行抵达叶卡捷琳堡的唯一可行方法——他们也不想与斯维尔德洛夫发生争执。但是现在，分遣队要为参与此事付出沉重的代价。他们没有因为在困境中竭力执行任务而得到赞扬，反倒被扣留在叶卡捷琳堡。分遣队的士兵声称，他们被关在地下室里整整三天。[19]纳博科夫和列别杰夫的待遇比马特维耶夫更糟糕。马特维耶夫与他们分开监禁，想办法与别洛博罗多夫和戈洛谢金取得了联系。[20]作为一名布尔什维克，马特维耶夫对他们暗示说他一直在怂恿尼古拉逃跑很愤怒。[21]

雅科夫列夫本人被带到乌拉尔地区苏维埃执行委员会。委员会召开了紧急会议，对他最近的行为进行评估。雅科夫列夫由部下陪同出席。扎斯拉夫斯基和阿夫杰耶夫批评他表现得像尼古拉的忠实臣民，而不像一位革命者。他们愤怒地交谈着。雅科夫列夫没有被吓住。他制作了一份与斯维尔德洛夫谈话的录音带，作为他有权采取行动的证据。这不可避免地展现了他对叶卡捷琳堡领导层的不信任，但也透露了他是如何要求斯维尔德洛夫同意他将罗曼诺夫家的人带到他的家乡乌法山区去的。最重要的是，这表明雅科夫列夫在秋明和鄂木斯克的这几天都就自己的行动请示了斯维尔德洛夫。他谴责扎斯拉夫斯基和阿夫杰耶夫想杀害尼古拉，而斯维尔德洛夫命令他保护罗曼诺夫全家——他说这就是他要求斯维尔德洛夫批准他前往乌法的原因。虽然斯维尔德洛夫拒绝了，但至少他曾经批准将鄂木斯克作为替代的目的地。[22]

雅科夫列夫证明了自己的清白，乌拉尔地区苏维埃执行委员会主席团承认，他确实不是叛徒。尽管如此，别洛博罗多夫和雅科夫列夫之间已经势同水火。裁决并不理想。会议认为雅科夫列夫表现得过度紧张和疑心。他们没有考虑到，乌拉尔领导人已经给了雅科夫列夫足够的理由去怀疑，他们是否一致遵守了莫斯科的命令。[23]

但是，他们没有进一步威胁雅科夫列夫的安全或声誉。别洛博罗多夫与斯维尔德洛夫通话，告知他们，尼古拉、亚历山德拉和女儿玛丽亚被安全地关押在叶卡捷琳堡。党内紧张的关系得到了缓和。别洛博罗多夫告诉莫斯科，他等待进一步的指示。[24]乌拉尔领导人明确表示，不愿与雅科夫列夫再次合作。曾与他达成谅解的戈洛谢金对他说："哦，雅科夫列夫，你已经失去了革命精神！"[25]执行委员会让他收拾东西返回莫斯科。他手下的士兵被解除武装，得到了工资，最后被遣散了；他们可以自由选择回家或是回托博尔斯克。从那时起，叶卡捷琳堡的布尔什维克将负责守卫罗曼诺夫家的人。[26]雅科夫列夫的第一个想法就是把整支分遣队带到首都去，让他们证实自离开托博尔斯克以来他所经历的一切。他确信，斯维尔德洛夫一定会震惊。但是首先，雅科夫列夫回到了乌法，并于1918年5月3日向聚在一处的两支红军队伍做了报告。他仍然很聪明地讲述了叶卡捷琳堡的布尔什维克如何对待他。他按照与斯维尔德洛夫达成的一致履行自己的职责，却不断经历欺骗和危险。[27]随后，他才去了莫斯科。他手下的士兵已经不在身边了，他是只身前往的。[28]

第三十一章

乌拉尔和那里的布尔什维克

之所以选择叶卡捷琳堡作为罗曼诺夫一家的拘禁地，是因为它是一个布尔什维主义非常活跃的中心，它的领导人已经给全党留下了深刻印象。1917年4月当选的布尔什维克中央委员会委员包括雅科夫·斯维尔德洛夫，他后来离开乌拉尔，成了中央委员会书记。另一位来自这里的中央委员会委员是尼古拉·克列斯京斯基，而在8月，叶夫根尼·普列奥布拉任斯基被任命为副委员。其他想留在叶卡捷琳堡的乌拉尔人还包括别洛博罗多夫、迪德科夫斯基、戈洛谢金、萨法罗夫和扎斯拉夫斯基。他们每一个人都在许多党内政策的争议中持激进的观点。他们渐渐被称为左派。他们反对与轴心国签订单独的和平条约，坚持进行彻底的经济改革。他们希望立即实现马克思主义梦想，坚持认为十月革命的全部意义是抓住机会立刻实现共产主义。在世界上其他地方的人看来，托洛茨基似乎是毫不妥协的激进派，但左派却批评他过分谨慎，而乌拉尔是他们试图将思想付诸实践的革命熔炉。

尽管叶卡捷琳堡已经发展为俄国的一座大城市，但在地图上它仍仅仅被标为彼尔姆省的一座地区城镇。在十月革命爆发后的几个月里，彼尔姆仍保留着为临时政府服务的那些行政机构。此外，直到冬天，孟什维克和社会革命党人继续领导着彼尔姆苏维埃。人民委员会在彼得格勒成立后不几天，布尔什维克便在叶卡捷琳堡掌权了。[1]

自19世纪末以来，乌拉尔地区的工业活动飞速发展，随着西伯利亚大铁路建成，工业更是成了该市最重要的一部分。现代和传统在这里共存。传统的皮草贸易仍然是伊尔比特年度展览会上的一大亮点，在整个俄国，伊尔比特展览会的盛大程度仅次于伏尔加河畔下诺夫哥罗德举世闻名的展览会。[2]不过，真正刺激经济发展的是采矿业。几十年来，人们在叶卡捷琳堡附近开采煤和铁。俄国勘探者拥入乌拉尔，发现了世界上最大的铂矿——铂已经是制造业中的重要金属。他们还惊喜地发现了铬铁矿，并且开始开采铜、锰和石棉。在车里雅宾斯克西南部俗称磁山的地区，人们勘探发现，这里如预期一样储藏着可满足全球需求的丰富金属资源。[3]

虽然布尔什维克很自豪，能统治像叶卡捷琳堡这样的大型“无产阶级”中心，但他们知道，这里的工人阶级还远远不符合传统马克思主义理论描述的经典形象。乌拉尔的许多工人与农村还保留着联系，他们是自彼得大帝统治以来被迫在工厂和矿山工作的农民的后代。这是工业农奴制的一种形式。农民在企业周围建起了定居点，房子和园子都很常见。工人都是半农民半无产阶级，通常一家几代人都在同一家工厂工作。

这种与农村的紧密联系使得该地区一直是招募社会革命党人

的好基地。社会革命党人与布尔什维克之间的对抗一直延续到十月革命之后。几周来，他们保持着一种同志关系。叶卡捷琳堡的社会革命党人——甚至其中许多孟什维克——都对布尔什维克没有敌意，而在首都那种敌意是相当典型的。城市苏维埃的意见已经转为支持在初秋建立“苏维埃政权”。最近再次当选的苏维埃大会在11月7日召开会议，布尔什维克的地位得到了巩固提升，大会还批准推翻临时政府。这件事与彼得格勒苏维埃军事革命委员会夺取政权并将权力转交给苏维埃第二次代表大会发生在同一天。乌拉尔的代表，无论是不是布尔什维克，都衷心支持十月革命。[4]

叶卡捷琳堡的布尔什维克开始在整个地区点燃政治之火。早在1917年11月8日，城市苏维埃就宣布自己是唯一的权威。临时政府的全权代表被解雇，当地的立宪民主党报纸停刊。反对者占少数，当邮政工会组织的一次罢工，意图切断这座城市与其他地方的联系时，结果把布尔什维克的敌人给隔离起来了。布尔什维克着手进行革命转型。起初，孟什维克和社会革命党人于11月14日加入了苏维埃军事革命委员会，与他们合作，但社会主义政党之间关系紧张起来了。托洛茨基在俄国首都的革命是残酷却又脆弱的，孟什维克和社会革命党人一步步地加入了彻底的反对派的行列中，并保持自己的操纵自由。[5]随着立宪会议选举日期临近，一切都成为可利用的工具，各方相互谴责成了常态。

12月6日，结果宣布了，人民委员会联盟在选举中失败的趋势越发明显。当地的布尔什维克重申，叶卡捷琳堡苏维埃是当地权力的唯一来源：他们决定先发制人，防止社会革命党人组建新政府。[6]12月26日，城市苏维埃要求阻止立宪民主党在彼得格勒占据席位。在布尔什维克的眼中，立宪民主党支持1917年8月科尔尼洛夫的政变，企图借助卡莱丁和杜托夫将军的武装推翻人民委员会，这些举动已经太出格了。参加立宪会议的布尔什维克代表由尼古拉·克列斯京斯基和列夫·索斯诺夫斯基领导，他们接到指示，要为革命法令提供一切支持。[7]叶卡捷琳堡的社会革命党人不出所料站在了相反的立场上，要求服从立宪会议的意愿。他们对1918年1月6日人民委员会的关停感到愤怒，乌拉尔社会主义者之间达成的脆弱的一致瓦解了。[8]

这座城市的社会革命党的整张关系网都被破坏了，领导人被逮捕和公开审判，为要揭露他们自沙皇退位以来进行的所谓反革命活动。[9]乌拉尔地区苏维埃执行委员会立即被要求释放他们的人们包围起来。布尔什维克不能忽视街头民众的意见，因为他们是以人民的名义推翻了临时政府。由于社会革命党人仍被视为真正的革命者，叶卡捷琳堡的契卡勉强同意释放一些被监禁的人。[10]

布尔什维克在1918年1月和2月开始实施工业国有化的总体计划，[11]但这反而加速了经济崩溃。生铁的月产量从1917年1月的8.1万吨下降到1918年5月的3.4万吨。[12]随着顿河盆地的煤炭和铁产量急剧下降，人民委员会把目光转向了乌拉尔的矿山，希望将其作为主要供应方。但他们很快就失望了。该地区的布尔什维克擅长企业国有化，但在促进生产方面却束手无策。许多制造和采矿中心的工业停滞不前。工人担心如果他们长时间失业，可能会吃不上饭。孟什维克和社会革命党人开始再次当选，进入苏维埃。布尔什维克在兹拉托乌斯特等地做出回应，命令部队向示威者开火。革命正在以一种出人意料的方式愈演愈烈。为了保住他们的权力，各地的布尔什维克领导人纷纷让自己的官员和分遣队掌管特权工资和食品分配。[13]

与此同时，反布尔什维克的军官在奥伦堡聚集在亚历山大·杜托夫将军麾下。作为一名身经百战的骑兵，杜托夫1917年在哥萨克部队中服役，并于10月成为他们的领袖之一。没有哪个省的军官在组建军队推翻人民委员会时像他效率这么高。11月15日，他夺取了对奥伦堡的控制权，这标志着乌拉尔内战开始。几个月后，他用志愿者组建成了自己的奥伦堡军队。[14]他有自己的政治倾向，并从奥伦堡被选入立宪会议。当立宪会议在彼得格勒被强行关停后，他留在奥伦堡为科穆奇服务。[15]当他向叶卡捷琳堡方向一路朝北扫荡时，乌拉尔地区苏维埃面临着第一次严重的威胁。他们向中产阶级征收一千万卢布的金融“捐款”以支付新红军的费用。但事实上，他们只收到了二百万卢布，但布尔什维克领导人成功地训练出了可以抵抗杜托夫的分遣队。1918年1月31日，他们第一次举行了红军士兵的葬礼。[16]

叶卡捷琳堡红色政权声称自己是整个乌拉尔地区的最高权力，并成立了地区苏维埃执行委员会。即便如此，布尔什维克仍然遭到了本地的抵抗。乌拉尔教学联盟让教师罢工反对苏维埃政权。别洛博罗多夫反应敏捷，迅速关闭了旧的教育管理局，开始设立一个全新的教育管理局。他为学校招聘了一些同情人民委员会事业的教师。但这并不比寻找资金来维持该地区的财政更容易。1917年11月，乌拉尔金属生产商协会呼吁削减用于银行和企业的资金。国有化趋势迫在眉睫，资产所有者争相将资产转移到布尔什维克征收的范围之外，这导致了资金外流。[17]由于纸币短缺，乌拉尔领导人印发了自己的区域性货币。[18]他们还呼吁莫斯科提供预算援助。但随着经济危机不断恶化，苏维埃的理论与实际取得的成就之间鸿沟日深。[19]

1917年12月，人民委员会下令所有银行收归国有，乌拉尔布尔什维克打开叶卡捷琳堡的银行保险柜，获得了其中之物。同时，他们废除了传统的司法系统。旧法庭被废弃，革命法庭在上伊谢季区剧院里审案。第一次开庭要审判被控杀害赤卫军的人。城市苏维埃的军事部门催促布尔什维克抓紧遣散旧俄军，首先就是允许伤残士兵及要撤离的士兵停止服役；他们还要求将指挥官撤职。[20]

到1918年初，戈洛谢金已经明显看出，整个乌拉尔地区的苏维埃财政状况都无比糟糕。他呼吁布尔什维克提高效率——他们几乎完全没有准备好去管理城市。现在权力掌握在他们手中，他们必须学会有效地使用它。[21]布尔什维克党委中对纪律的呼声越来越高。否则，他们很容易受到人民委员会的敌人的武装攻击。但现实是，他们在组织方面是混乱的。布尔什维克中也有一些名望很高的老手，他们反对将等级控制观念强加给其他同志。萨法罗夫搬到叶卡捷琳堡之前曾与列宁一起返回俄国，他对过度集权的危险发出过警告。他提醒大家不要走德国马克思主义者的老路，他们最终误入歧途，采取了敌视真正的革命的政策。[22]有些人反对对国家的铁路进行集权管理。许多乌拉尔布尔什维克的本能反应是，认为只有本地苏维埃的迅速反应水平才能满足本地工人的期望。[23]

叶卡捷琳堡的中产阶级感受到了革命的压力，他们中的一些人——比如尼古拉·伊帕季耶夫——不得不将自己的房子移交给新的苏维埃机构。汽车、保险箱和打字机也被没收，苏维埃还设立了征用委员会以使这一过程正规化。[24]

布尔什维克希望教师和医生等技术专家能留下，但与此同时他们坚称工人阶级的利益居于首位。医疗成为第一批引入“劳动责任”的行业之一。他们颁布法令，要求内科医生和外科医生在市卫生人民委员部指定的范围内救治患者。布尔什维克认为应该优先考虑穷人。他们建立免费诊所，提供夜间医疗服务。药房被“市政化”了——这意味着城市管理部门接管了药房，并希望药剂师同意为其工作。他们为所有医生制定了强制性的薪资规划。每个人每月赚三百卢布，每多一个家庭成员再增加五十卢布。他们必须按照人民委员部的命令来工作。健康委员尼古拉·萨科维奇是一位左派社会革命党人和一位医生，他宣布，他决定派谁去处理某个地方的痢疾疫情，谁就必须完全服从。[25]

与其他革命性变化一样，书面形式的决议很少会得到完全执行，有时甚至完全得不到执行。萨科维奇希望当地医生能在1918年3月他组织的医学大会上服从他的命令，但他们拒绝出席。5月，他再次尝试，但当他建议医疗保健系统应该远离政治影响时，乌拉尔布尔什维克领导层提出了反对。这次，医生出席了会议，但他们表达完对改革的反对意见之后便离开了。[26]

那时人们有一种强烈的感觉，认为“苏维埃权力”可能即将结束。尽管行业团体反对十月革命，但他们无法挑战叶卡捷琳堡的赤卫军，只能进行被动抵抗，例如拒绝在政府的各种社会和经济机构中工作。[27]他们走出政府机构，试图依靠积蓄生活。然而，在通货膨胀严重，卢布日益贬值，而乌拉尔布尔什维克及其盟友左派社会革命党的财政需求日益增加之时，这种做法只可能是权宜之计。粮食短缺是另一个问题，每个人都必须拥有配给卡。苏维埃地区领导人称赞阶级冲突是布尔什维克在彼得格勒和叶卡捷琳堡发起革命的指导原则，而“资产阶级”里则充斥着不可挽救的人民公敌。

《布列斯特-立托夫斯克条约》破坏了执政联盟，左派社会革命党人纷纷从人民委员会辞职。在叶卡捷琳堡，即使双方关系紧张，他们也继续保持合作。乌拉尔左派社会革命党人承认，别洛博罗多夫和他的同志们一样，对与德国签订单独的和平条约不满。与叶卡捷琳堡布尔什维克团结起来似乎是左派社会革命党人可行的目标，他们坚守在位于叶卡捷琳堡沃兹涅先斯基大街的商会大楼里。[28]这两个政党一起度过了政治风暴的漫长冬季。虽然军事威胁，特别是来自杜托夫将军的威胁，其阴影依然笼罩着这个地区的许多地方，但产业工人渐渐不再支持“苏维埃权力”了。然而，乌拉尔地区苏维埃执行委员会为其成就自豪，并决心要保持叶卡捷琳堡的革命精神。别洛博罗多夫和他的同志们认为，只要他们做出必要的承诺，任何本地困难都可以很快解决。布尔什维克和左派社会革命党人因不满与德国签订和平条约而团结在一起；他们渴望人民委员会回归原来的轨道，在俄国和全世界无条件地反对资本主义和帝国主义。

第三十二章

此刻，在托博尔斯克

乌拉尔领导层认为，伊帕季耶夫宅邸并不适合给大多数与尼古拉、亚历山德拉和玛丽亚一起抵达的随从居住。契卡对多尔戈鲁科夫进行了个人搜查，发现了许多可疑物品。他带了一大笔钱，以及两张西伯利亚地图，上面标出了所有的航道。这足以将他关进叶卡捷琳堡监狱。[1]塔季谢夫在契卡没有这种借口的情况下也受到了同样的待遇。事实上，他们不希望罗曼诺夫一家获得任何有军事或政治经验者的支持。在尼古拉准许费奥多尔·戈尔什科夫因健康状况不佳而离职后，他们囚禁了戈尔什科夫。[2]

他们在托博尔斯克同时加强了控制，苏维埃主席帕维尔·霍赫里亚科夫在那里开展了一场政治镇压运动。他是叶卡捷琳堡派到镇上的主要代表。当托博尔斯克终于收到消息称，尼古拉、亚历山德拉和玛丽亚已被移交时，乌拉尔地区执行委员会的影响力日益增大得到了证实。5月3日，在“自由之家”的科贝林斯基收到帕维尔·马特维耶夫的电报，讲述了车队的冒险之旅，转移的秘密终于首次公之于世。在此之前，人们一直认为莫斯科是他们转移的目的地。[3]现在所有的道路似乎都通往叶卡捷琳堡。莫斯科通过电报指定霍赫里亚科夫接替雅科夫列夫，担任管理“自由之家”的政委，他留下来成为这里唯一的负责人——他经常前来监督。[4]托博尔斯克上下皆感受到了他的权威。1918年4月28日，他下令逮捕格尔莫根主教，送往乌拉尔。[5]格尔莫根一直反对十月革命，还参与了准备营救罗曼诺夫一家的断断续续的活动。托博尔斯克几乎没有任何土生土长的布尔什维克。霍赫里亚科夫的目的是把此地变为一个对人民委员会来说安全的地方，他不放过任何一个细节：围捕“苏维埃权力”的每一个敌人，要么监禁，要么枪决。

作为安全运动的一部分，他彻底搜查了布克斯赫韦登男爵夫人和她的财产。一些人退役了，另一些人来服役，包括拉脱维亚人，部队的组成继续发生变化。[6]霍赫里亚科夫加强了对部队的改组，遣散了雅科夫列夫留下来的队伍，并用自己在叶卡捷琳堡的赤卫军取而代之。[7]他还呼吁乌拉尔领导人派左派社会革命党人和地区苏维埃执行委员会委员罗季奥诺夫前往托博尔斯克，对“自由之家”进行日常管控，因为雅科夫列夫指派的指挥官酗酒成性，不再可靠了。[8]

罗季奥诺夫和几周前的霍赫里亚科夫本人一样，害怕遇到麻烦，因此不愿意经过秋明。[9]5月6日抵达托博尔斯克后，他带来了别洛博罗多夫的一封信和新命令，别洛博罗多夫告诉他，雅科夫列夫的八名部下因为暂时的误解而被拘捕。别洛博罗多夫补充说，一切都已经解决了，他们已经友好地分别了。这夸大了他们的感受。据推测，别洛博罗多夫意识到，马特维耶夫的许多同志仍留在托博尔斯克，并且有能力制造麻烦。别洛博罗多夫在尼古拉应拘押在何地的争论中赢了雅科夫列夫，他希望托博尔斯克的一切能秩序井然。但他也希望布尔什维主义取得胜利，并任命霍赫里亚科夫为托博尔斯克苏维埃主席，向中产阶级征收特别的财政“捐款”，并对每一个反革命迹象做出无情的处理。霍赫里亚科夫继续搞镇压运动，并把所有惹了大麻烦的人送到叶卡捷琳堡。[10]事实上，雅科夫列夫的护送人员纳博科夫和马特维耶夫于1918年5月8日与其他五位同志从叶卡捷琳堡抵达这里。[11]他们在霍赫里亚科夫和罗季奥诺夫的眼中无关紧要，而他们与雅科夫列夫之间的良好关系也不再对他们有利。雅科夫列夫已经是历史了。

罗季奥诺夫是个身材苗条、年轻健康的人，有军旅经历，性格莽撞。罗曼诺夫家的人和随从惶恐地等待着他的到来，但并不是每个人都认为他像猜想的那样严厉。塔季谢夫认出了罗季奥诺夫，两人在一战前曾一起在国外服役。他向罗季奥诺夫提到这件事并请求罗季奥诺夫帮忙。根据吉利亚尔的说法，罗季奥诺夫回答说：“我知道你是一个好人。你从不蔑视别人。我准备尽我所能在当前的情况下帮助你。”塔季谢夫回答说：“我只有一个请求，如果你能做到，我将不胜感激：希望你不要将我与君主分开，让我可以随时与他待在一起。”但是，罗季奥诺夫并没有做出这样的承诺。正如他解释的那样，他只是地区委员会的委员，而不是一位自由的代表。他愿意表现得彬彬有礼，但不会做出未经授权的让步。[12]

科贝林斯基已经没有权威——部队闹了一次事后，他甚至失去了进入“自由之家”的权利。他向霍赫里亚科夫提出请求后，受到的限制开始被渐渐取消，但罗季奥诺夫的到来使一切又回到原点。5月11日，他撤销了科贝林斯基的职务，这是一个不可逆转的决定。罗季奥诺夫命令手下的拉脱维亚部队禁止科贝林斯基进入“自由之家”。在这种情况下，科贝林斯基的健康状况也变得糟糕，开始卧床不起。[13]旧人员的变动仍在继续。1918年5月17日，罗季奥诺夫解散了整个警卫分遣队，取而代之的是他从叶卡捷琳堡带来的部队。[14]同一天，他着手强化对罗曼诺夫家的人的日常生活管理。罗季奥诺夫对有人密谋营救罗曼诺夫家的人的谣言心有戚戚，命令他们晚上睡觉时将房门半敞着。罗曼诺夫家的女儿们自然对此感到震惊，阿列克谢·沃尔科夫代表她们提出反对，罗季奥诺夫回答说：“我的士兵不会在敞开的房门前走动。但是如果你们不按我的要求做，我有权当场枪毙你们。”强硬的作风逐渐取代以往文明的做法。[15]

他们越来越受苛待。负责照顾阿列克谢的忠诚的前水兵克列缅季·纳戈尔内从镇上回到“自由之家”时遭到搜查，士兵发现他携带着杰列文科医生的儿子写给皇储的一封信。罗季奥诺夫告诉霍赫里亚科夫，这说明需要进一步强化对他们的限制。他还没收了阿列克谢留下的匕首。修女来“自由之家”时，分遣队对她们搜身，而在宗教仪式上，罗季奥诺夫在房间里安排了一名警卫。奥尔加再也忍受不了了，她说，如果她事先知道，她宁愿神父不要来。[16]

一旦阿列克谢的健康状况改善，留在托博尔斯克的年轻人便打算去与父母会合。亚历山德拉向托博尔斯克发来消息，要家人在来叶卡捷琳堡时尽可能多带些家里的贵重物品。她用了暗号，将她的珠宝称为药品。[17]与此同时，“自由之家”的晚餐继续遵循惯例。菜品质量依然不错——餐桌上甚至还有烤牛肉。[18]他们的日常需求从未被忽视。阿列克谢的身体正在好转，到了5月中旬，他感觉好多了，这令他的姐姐们很高兴。[19]塔季谢夫和吉利亚尔本能地尽可能推迟前往叶卡捷琳堡；他们觉得留在托博尔斯克更安全。但是三个女儿非常想与父母会合，塔季谢夫和吉利亚尔都没有理由阻止她们。[20]

1918年5月20日上午十一点，第二批罗曼诺夫家的人乘坐“鲁斯号”轮船离开托博尔斯克。[21]船上有奥尔加、塔季扬娜、阿纳斯塔西娅和阿列克谢，他们在尼古拉、亚历山德拉和玛丽亚留下的二十六名随从的陪同下离去。科贝林斯基留在托博尔斯克。严格地说，作为克伦斯基任命的人，他不属于随从，但他尽可能地照顾罗曼诺夫一家并且很被他们看重。只不过疾病使他没法与他们一起离开。[22]罗季奥诺夫负责转移他们。他将阿列克谢和纳戈尔内锁在他们的房间里。这似乎很残忍，因为他认为没有必要将阿列克谢的姐姐们也锁起来，而其实阿列克谢的状态并不是很好。[23]两天后，他们在秋明停靠。拉斯普京的女儿玛丽亚碰巧在港口买票要北上波克罗夫斯科耶。她注意到阿列克谢和他的老师阿纳斯塔西娅·根德里科娃正透过轮船的窗户看着她。尽管他们并没有接触，但她记录道：“他们就像天使一样。”[24]罗曼诺夫家的人在严密的监视下被护送到火车站，列车已等候在那里。他们乘车前往叶卡捷琳堡，预留给他们的是四等车厢。[25]

他们于1918年5月23日凌晨两点到达叶卡捷琳堡。在接下来的七个小时里，列车在叶卡捷琳堡的两座火车站之间往复行驶。这是为了确保没有人群在现场聚集。[26]阿列克谢和三个姐姐是第一批在九点钟后下了火车被带到伊帕季耶夫宅邸的。塔季扬娜还带着她的宠物狗。[27]布尔什维克中午返回列车，从车厢中带走了塔季谢夫、根德里科娃和另一位家庭教师叶卡捷琳娜·施奈德。随后，他们又回去带走了厨师哈里托诺夫、仆人谢德涅夫、男仆沃尔科夫和仆人特鲁普。索菲娅·布克斯赫韦登可能感到自己被遗忘了，她与吉利亚尔和其他人搬进了同一个车厢。最后，罗季奥诺夫告诉所有留在船上的随从，他们已经“无人需要了”，已经“自由了”——随后命令他们一起离开这里，返回秋明。[28]伊帕季耶夫宅邸的执勤簿上记录了奥尔加、塔季扬娜、阿纳斯塔西娅和弟弟阿列克谢，以及他们从托博尔斯克带来的一些随从的到来。尼古拉一家终于团聚了。[29]

第三十三章

永远的叶卡捷琳堡

尼古拉、亚历山德拉和玛丽亚在五朔节前夕抵达了伊帕季耶夫宅邸。第二天清晨，他们听见鸟儿在树上啁啾。但随后，公众庆祝活动便开始了。在屋内可以清晰地听到红军游行乐队的声音。[1]那时，尼古拉并未意识到叶卡捷琳堡公众情绪的危险波动。上伊谢季工厂的人们准备宣布一个“复仇日”，对沙皇一家展开报复。这也令别洛博罗多夫震惊，他因此安排地区苏维埃领导人二十四小时待在伊帕季耶夫宅邸。[2]他的首要任务是在反苏维埃军队计划争取控制乌拉尔的时候，说服更多的工人报名参加红军。沃兹涅先斯基大街上的人们能听到中央街道上的游行。人们摇晃着横幅。苏维埃领导人就他们为保卫叶卡捷琳堡制订的紧急计划发表了讲话。富裕的中产阶级居民被迫匆匆挖掘地道。路障竖立起来。他们逮捕、关押了人质，并威胁要处决人质。[3]

乌拉尔领导人告诉监禁中的罗曼诺夫一家，他们不会纵容罗曼诺夫一家。迪德科夫斯基和阿夫杰耶夫要求检查他们的财物，亚历山德拉深受侮辱——她认为没有理由采取这样的举措。刚从托博尔斯克过来担任伊帕季耶夫宅邸指挥官的阿夫杰耶夫驳回了她的申诉，并说当局必须确保他们安全。他的言论令尼古拉不再镇定："鬼知道发生了什么事。到目前为止，我们得到的都是彬彬有礼的照顾，遇到的都是体面人……但现在呢？！"阿夫杰耶夫直截了当地解释说，叶卡捷琳堡不是沙皇村，如果尼古拉惹了什么麻烦，他们会把他与家人隔离开。尼古拉不愿意冷静下来，阿夫杰耶夫补充说，如果前皇帝继续顽固不化，他将被带走参加强制劳动。[4]这断了尼古拉和亚历山德拉的抵抗念头。他们无法想象分离的生活，无论是彼此分离还是与孩子分离。他俩还有四个孩子没有从托博尔斯克赶来。

阿夫杰耶夫和迪德科夫斯基希望确保罗曼诺夫一家只靠国家补贴生活，没有多余的钱资助武装抵抗行动。他们的调查显示，尼古拉和亚历山德拉身上一个铜板都没有——他们的女儿玛丽亚带了十六卢布，随从费奥多尔·戈尔什科夫随身带了六千多卢布。布尔什维克拿走了大部分钱，只给他们留下了写有金额的字据。[5]

斯维尔德洛夫于5月3日通过电报下达了新的指示。这份电报表明，他继续支持雅科夫列夫，同时也表明局势是如何发展到超出莫斯科的精确掌控的。斯维尔德洛夫说，应该"以最严格的标准"关押尼古拉，而雅科夫列夫将返回托博尔斯克，组织转移留在那里的罗曼诺夫家的人。[6]别洛博罗多夫通过电报做了言辞尖刻的答复。罗曼诺夫家的人已被"严密监禁"，禁止外人探访。包括博特金在内的随从都被监禁了，而多尔戈鲁科夫和格尔莫根主教则被关押在监狱中。多尔戈鲁科夫身上发现的文件表明，他们可能制订了一个逃跑计划。别洛博罗多夫告诉斯维尔德洛夫，不要听其他任何人抱怨。乌拉尔领导人仍然不愿意承认，雅科夫列夫在离开托博尔斯克后不得不采取预防措施来保护“行李”，而别洛博罗多夫报告说，双方之间存在着冷漠的分歧，但执行委员会已经调查清楚了对雅科夫列夫反革命的指控，将其行为归因于过度紧张。他指出，雅科夫列夫已不在叶卡捷琳堡，而在锡姆河地区的阿莎–巴拉舍夫钢铁厂。[7]

执行委员会缩小了随从的规模。尼古拉为此指责别洛博罗多夫。每当他前来视察时，都能明显看出他是乌拉尔领导层内部最具影响力的人。[8]尼古拉很明显不喜欢他，并向一名警卫问了他和其他领导人的宗教背景。尼古拉的调查是出于反犹太主义动机，因为他得出的结论是，别洛博罗多夫一定是犹太人。警卫解释说，事实并非如此，别洛博罗多夫是俄国人，尼古拉很惊讶。[9]尽管如此，他继续将自己的不幸归咎于别洛博罗多夫和执行委员会。他为随从的待遇感到难过。多尔戈鲁科夫、塔季谢夫和戈尔什科夫，以及伊万·谢德涅夫和克列缅季·纳戈尔内被拘禁在叶卡捷琳堡监狱。1918年5月28日，谢德涅夫和纳戈尔内写信给别洛博罗多夫，请求允许他们回家乡去；他们认识到，自己为皇室服务的日子已经结束，永远地结束了。[10]最后，十八名随从乘坐火车返回秋明，中途他们在卡梅什洛夫停留了十天。[11]

戈洛谢金亲自挑选了一批布尔什维克的支持者进入分遣队，在阿夫杰耶夫的指挥下守卫罗曼诺夫一家。[12]警卫的人数在稳步增加。谢尔盖·姆拉奇科夫斯基刚从“杜托夫前线”领导赤卫军归来，他参观了瑟谢尔季工厂，以每个月四百卢布的工资招募了三十名工人。一周后，当地一名矿工帕维尔·梅德韦杰夫回到工厂，又招了二十名志愿兵。兹洛卡佐沃金属厂是另一处招募场所，阿夫杰耶夫亲自去那里招募志愿兵。大多数新招的警卫都是俄国人，但其中也有一些是拉脱维亚人。这两家工厂被称为布尔什维克的支援中心。[13]劝说人们加入并不难。工业活动在减少，人们很难找到工作，而伊帕季耶夫宅邸的警卫工资很高，在收入和粮食供应量下降的情况下仍可以衣食无忧。在短时间内，分遣队便招到了五十多名武装人员，他们有很高的政治忠诚度。戈洛谢金、姆拉奇科夫斯基和阿夫杰耶夫从当地工厂招募组建了一支乌拉尔分遣队。这支队伍从一开始便纪律严明。执行委员会希望避免出现托博尔斯克经常发生的那种暴乱。[14]

阿夫杰耶夫每天从早上九点到晚上九点都待在伊帕季耶夫宅邸。他的副手亚力山大·莫什金和帕维尔·梅德韦杰夫一直住在房子里。[15]警卫岗位每天安排四次轮班。[16]警卫工作本质上很简单。梅德韦杰夫向大家解释说，警卫在执勤时应该待在岗位上，不要睡觉。[17]不允许女性进入这座房子。[18]

罗曼诺夫一家的主要慰藉便是他们的宗教信仰，但布尔什维克不允许他们去教堂，只允许在伊帕季耶夫宅邸参加少数几场仪式。1918年5月4日，约安·斯托罗热夫神父为他们办了一场仪式。他们的下一场仪式推迟到了一个月后。事实上，神职人员只获许在四种情况下为他们举行仪式。[19]斯托罗热夫回忆起一个星期日——事实上是6月2日——一名看上去仪容不整、没有携带武器的士兵在清晨弥撒之后出现在他家，对他说："你要为罗曼诺夫一家举行仪式。"神父问是为谁，士兵回答说："好吧，为前沙皇。"（叶卡捷琳堡的部队拒绝给尼古拉一个长期身份。）斯托罗热夫同意了，条件是他的执事布伊米罗夫陪他一同前往。然而，阿夫杰耶夫规定只有斯托罗热夫一个人前去。神父坚持自己的立场，士兵只好让步，并护送两名神职人员前往伊帕季耶夫宅邸。阿夫杰耶夫让他们进来了，但不允许皇帝从斯托罗热夫手里接过圣餐饼——布尔什维克不允许有任何东西通过手传递。斯托罗热夫解释说，没有圣餐饼，就连简短的弥撒都做不了。阿夫杰耶夫只好让步。[20]

沙皇一家一直急切地盼望举行仪式。他们已经准备好一张桌子，作为临时的祭坛。病中的阿列克谢躺在床上，母亲坐在他旁边的椅子上。尽管亚历山德拉看起来身体状况不佳，但在尼古拉的带领下，罗曼诺夫一家都表现得很好——或者斯托罗热夫这么认为。尼古拉深情地念着主祷文。仪式即将结束，神父考虑是否让家人亲吻十字架。他和尼古拉瞥了一眼指挥官，随后尼古拉亲吻了十字架。其余的家人也都依次亲吻了，只有阿列克谢除外。斯托罗热夫拿着十字架靠近他，让他也亲吻。[21]

在食物方面，阿夫杰耶夫一开始坚持食物应该直接从附近的苏维埃餐厅取出，送给罗曼诺夫一家及其随行人员，并应在送达时加热。但他对自己掌控了局势比较满意后，便允许随从为罗曼诺夫一家做饭。[22]叶卡捷琳堡修道院派过来两名便衣修女，为他们一家提供加餐，包括奶油、萝卜、鱼汤、小黄瓜、香肠和面包。阿夫杰耶夫对此并不反对，甚至还为如何照顾可怜的阿列克谢提出了一些建议。[23]他看似乐于助人，其实另有所图，他一拿到食物，就把自己和分遣队想要的拿走，再将剩余的分给罗曼诺夫一家。[24]他们没有足够的餐具，有一次，喝汤时只有两把勺子。[25]有时，阿夫杰耶夫想强化权威，便选择和罗曼诺夫一家共进晚餐。他的做派粗野且招摇，有一次，他从盘子里取菜时，迎面用手肘挡住了皇帝。[26]有时，他在当值时也喝得醉醺醺。[27]

情况在不断恶化。1918年5月14日，尼古拉从博特金医生那里了解到，他们每天只能进行一小时的日常锻炼。尼古拉要求警卫解释，警卫说："这样，这里才会变得像一座监狱。"[28]第二天，一名工人来给所有的窗户上了漆。这样一来，罗曼诺夫一家就看不到外面的城市街道了。一家人下午三点十五分到花园里散步，还没有到整整一个小时，便被命令回到室内。

尼古拉无法获得有关叶卡捷琳堡或俄国其他地方的消息。没有人再来拜访他，他也看不到报纸。他收到的信件中也几乎没有关于公共事务的信息，因为与他通信的人知道不能提及这些，以免惹恼负责审查信件的人。对于一个仍然关心俄军溃败情况的人来说，了解不到新闻是非常令人沮丧的。他们一家都希望了解莫斯科如何安排他们的最终命运。他们为数不多的消息来源之一是杰列文科医生，他在叶卡捷琳堡的其他地方有住所。阿夫杰耶夫看到了正在发生的一切，他规定杰列文科只能在他的监督下服侍罗曼诺夫一家。有几天，阿夫杰耶夫不在，这就意味着医生无法进入伊帕季耶夫宅邸。[29]在此之前，罗曼诺夫一家已经能够将杰列文科当作双向的信息渠道。有阿夫杰耶夫在一旁监视，医生再也不能讲述，或听到任何可能给尼古拉和亚历山德拉带来麻烦的事情了。[30]

罗曼诺夫一家对布尔什维克的内部政治了解并不多，现在他们知道的更少了。虽然潘克拉托夫、科贝林斯基，甚至雅科夫列夫都充当了他们与"苏维埃权力"之间的缓冲，但伊帕季耶夫宅邸中的所有掌权人都对他们充满敌意。尼古拉关注布尔什维克报刊是有道理的。当地区布尔什维克报纸的编辑沃罗比约夫要求他正常支付一个月的订阅费时，尼古拉照做了。他还从警卫那里打听新闻。他问战争会如何发展，帕维尔·梅德韦杰夫回答说，现在是俄国人和俄国人之间的战斗。[31]

尼古拉喜欢问所有士兵他们是何时参军的，每当他们中有人说自己是1917年之前参军的，他便会称其为“我的士兵”。如果答案是1917年或1918年，他便会说那名士兵是一个年轻人。[32]有一天，尼古拉问梅德韦杰夫为什么要采摘牛蒡并把它撕碎。对方回答时讲了很多经济方面的原因：梅德韦杰夫把这种植物用作烟草的替代品。[33]尼古拉对他的命运表示同情，甚至布尔什维克的领导人都承认，罗曼诺夫一家并没有太多奢侈物品。尼古拉穿着打了补丁的旧靴子。女儿们不像母亲那样高傲，经常跑到厨房揉面团，帮助准备饭菜。[34]罗曼诺夫家的女性都忙着缝补和编织，阿列克谢为他的玩具士兵做了一些小链条。尼古拉在沙皇村和托博尔斯克都进行一些户外活动，但不久之后，当局甚至不允许他清理花园了。[35]他的痔疮也犯了，不得不躺下来缓解疼痛，博特金医生安排他在床上用餐。[36]

与此同时，叶卡捷琳堡正不断吸引着君主主义者前来。其中一支队伍驻扎在彼得格勒的第一卫队骑兵师，并称自己为重型炮兵联盟。他们为基里尔·索博列夫上校制订了一项计划，以寻找可能的机会。5月，他表面上来到总参谋部学院训练，但实际目的是策划营救罗曼诺夫一家。他对伊帕季耶夫宅邸周围的环境和安全防范措施进行了调查，认为袭击这座宅邸将带来自杀性的后果。虽然他留在学院与同情罗曼诺夫一家的同事展开讨论，但他没有采取行动。[37]

叶卡捷琳堡的酒店继续迎来一批批请求地区苏维埃允许他们与罗曼诺夫一家会面的访客，伊帕季耶夫宅邸对面的英国领事馆还建起了一个观察点，可以跟进那里发生的事情。[38]乌拉尔领导人拒绝了所有拜访尼古拉的请求。这些请求只是令布尔什维克更不悦，他们非常担心有武装阴谋的危险。索菲娅·布克斯赫韦登、皮埃尔·吉利亚尔和西德尼·吉布斯不断向西方国家领事馆施压，请求他们想方法确保尼古拉及其家人获释。[39]但是外交官在这种情况下无能为力，他们发现自己对伊帕季耶夫宅邸的询问反而激怒了乌拉尔领导层。塞尔维亚军队总参谋部的米吉奇少校能说一口流利的俄语，他特别坚持必须与尼古拉讨论一战的进程。其他塞尔维亚人也陆续抵达，包括一名叫沃塞提克的少尉和一个在塞尔维亚王后随从中任职的叫斯米尔诺夫的人。后来人们才知道，他们是代表叶连娜·彼得罗芙娜大公夫人前来的，她是曾在乌拉尔被拘的尼古拉堂弟约安·康斯坦丁诺维奇的塞尔维亚籍妻子。[40]

别洛博罗多夫和戈洛谢金永远不会让罗曼诺夫家族中的外国人进入伊帕季耶夫宅邸，更不用说讨论一战了。罗曼诺夫一家要保持隔离状态，以免苏维埃事业受到损害。[41]事实上，尼古拉从来就不像他表面装出来的那样，是一名无辜的囚犯。契卡的一位官员I. I. 拉津斯基后来声称，尼古拉曾写了一些嘲笑布尔什维克的文字——据说是在他床头的抽屉里发现的。[42]这是他破坏性最小的举动。有一次在写给亲戚的信中，他把一张伊帕季耶夫宅邸的草图塞进信封里，并标出每个房间里住着谁。如果营救者能找到办法进入房子，这将给他们提供帮助。尼古拉显然怀着得到营救的希望，他认为阿夫杰耶夫不会对每一封信都进行审查。

阿夫杰耶夫对此非常生气。他不像往常那样和博特金医生谈话，而是亲自叫来了尼古拉。尼古拉要求让博特金陪他。当阿夫杰耶夫拒绝了这个请求时，他便让一个女儿陪他。阿夫杰耶夫向他招招手，示意他坐下。但尼古拉拒绝了，宁愿站着。如果他认为这样会令他在心理上处于优势，他很快就明白自己错了。阿夫杰耶夫首先称，他在最近寄出的信件中发现了禁止出现的草图。尼古拉咆哮着说，他对此完全不知情。阿夫杰耶夫没有胡说八道；他解释说，任何人都可以看出这明显是前皇帝的笔迹。尼古拉服软了，承认草图是自己画的，并承诺再也不会那样做。毫无疑问，阿夫杰耶夫警告他，如果他不遵守诺言，就把他投到监狱里去。这足以动摇他的决心：他无法忍受与家人分离，只能又和以前一样被动地接受眼前的境况。[43]

彼得·沃伊科夫和I. I. 拉津斯基给亚历山德拉写了两封煽动性的信，以此来测试她的诚意。食品供应地区委员沃尔科夫参与其中是因为他移民多年，懂法语。他将这些文本交给拉津斯基，拉津斯基用红色墨水誊写出来并签名“俄国军官”。他们的目的是骗罗曼诺夫一家参与一个根本不存在的阴谋。[44]一名警卫在6月下旬给了他们一封信，写信人署名“俄军军官”，他提醒他们布尔什维克的军事情况日益恶化。萨马拉、车里雅宾斯克和西伯利亚现在被布尔什维克的敌人占领，而曾经投降的捷克斯洛伐克军团已经起兵反抗人民委员会，他们就在距离叶卡捷琳堡只有五十英里的地方。根据这封信的内容，即将到来的军事失败增大了布尔什维克对尼古拉及其家人的威胁。这位自称“军官”的人正在准备救援行动，并请他们传递出伊帕季耶夫宅邸内部的草图。[45]他们随后进行了几次通信交流，“军官”指示他们穿着衣服睡觉，并准备好在夜深人静的时候爬上前窗。在要求“军官”保证不发生流血事件之后，罗曼诺夫一家落入了陷阱。乌拉尔领导人证实了自己的感觉，尼古拉会配合任何试图营救他们的行动。[46]

双方的疑心都在日益加重。6月10日，警卫抢空了存放在前庭的手提箱，拿走了许多罗曼诺夫一家从托博尔斯克带来的物品。他们没有给出任何解释。尼古拉相信这些东西最终会落到警卫家中，永远找不回来："恶心！"[47]他注意到，警卫队的行为彻底改变，尤其是他们不愿意和他说话了。他感觉他们在担心什么事情："难以理解！"[48]随后，6月15日，杰列文科医生被禁止进入宅邸。他站在外面恳求至少允许他将牛奶和鸡蛋送进去。与罗曼诺夫一家一起住在伊帕季耶夫宅邸的博特金医生请求给地区苏维埃寄一封信，将他们户外活动的时间延长到每天两小时，并允许他们打开窗户。[49]这两位医生的请求都遭到拒绝了。在乌拉尔领导层的眼中，罗曼诺夫一家本已受损的声誉现在更加狼藉了，所有代表他们提出的请求都不可能得到满足。

第三十四章

对世界的感知

沙皇一家的精神支柱，是他们对彼此的爱和他们的东正教信仰。因此，苏维埃当局想击溃他们的精神，显而易见的方法就是将尼古拉、亚历山德拉与孩子们分开，并没收他们的祈祷书。还有一个会令尼古拉精神崩溃的方法是禁止他读文学作品。乌拉尔苏维埃当局不允许他像在托博尔斯克时那样，从当地图书馆借阅图书，而他的高级随从们被禁止进入伊帕季耶夫宅邸，这意味着他也不能再从他们那里借书。亚历山德拉继续投入对东正教的学习研究中，沙皇夫妇不再像执政期间那样热切对话以维系婚姻。但尼古拉仍然可以阅读他们从托博尔斯克带来的书，以及他在伊帕季耶夫宅邸的书架上找到的书。他通过阅读来稳定心境。

尼古拉读的第一本书是亚历山德拉的藏书，比利时作家莫里斯·梅特林克的作品《智慧与命运》，为法文书。[1]这本书收录格言冥思，在战前很受欢迎。梅特林克凭借这本书，于1911年获得了诺贝尔文学奖。尼古拉迅速读完了这本书。他印象非常深刻，还在晚上大声地给家人朗读。[2]

《智慧与命运》慢悠悠的叙事风格和装腔作势的内容，使它早已不再受欢迎。尼古拉从来没有记录过他喜欢里面的什么内容，他很可能是被梅特林克对法国大革命期间路易十六的艰难处境表现出来的同情所鼓舞：

> 让我们想象一下，我们处在他的位置，和他一样满心怀疑和困惑，身处黑暗和困境之中。现在我们知道了当时发生的一切，要评论他当时应该怎么做是很容易的；但是此时此刻，我们是否明白我们的责任是什么？我们不是在与自己的烦恼和疑虑斗争吗？如果有一天后世人要评论我们，他们不是应该追溯我们留在我们攀爬过的小丘沙地上的足印，希望能够发现未来吗？路易十六很困惑：我们知道应该做些什么吗？我们是否知道自己究竟放弃了什么，究竟捍卫了什么？当我们在人类理性的权利和周围环境主张的权利之间摇摆不定时，我们是否比他更聪明呢？当犹豫不决是因为要认真尽责，那么这犹豫不决是不是也常常具有责任的所有要素呢？[3]

如果曾有一位统治者如此含泪挣扎，那他一定是1917年3月俄国的尼古拉。

尼古拉试图自己想明白怎么去做正确的事，这正是梅特林克对路易十六所说的：

> 从这位不幸的国王的例子中，我们可以学到一个最重要的

> 教训：当我们心有疑虑时，而疑虑本身是高尚而伟大的，我们便有责任勇敢地向前迈进，既不往左也不往右，要在看起来合理、实际、公正的阶段之上再迈进一步。我们今天对义务、正义和真理的看法，对今天的我们而言也许是非常清晰、先进、自由的；但几年之后，几个世纪之后，人们的看法会迥然不同！[4]

我们很容易想象，这些话宽慰了一个“勇敢向前”行进的人，并令他相信自己正在履行职责，对抗敌对的政治要求。

此外，根据梅特林克的说法，一系列令人不安的新思想正对路易十六的王国产生影响，而他就是早期的受害者：

> 在这个世界上，还有什么能比正义更令人放心，或者更贴近我们，更深刻地反映出人性呢？路易十六可能会感到遗憾，这个毁掉了他平静人生的理念竟在他统治期间被唤醒；但这是他唯一可以埋怨命运的一点，当我们自己小声埋怨命运时，我们的抱怨也有同样的价值。[5]

18世纪末的法国是欧洲启蒙运动的发源地之一，人们热爱理性、科学和正义，致力于从上至下消除无意义的传统和压迫。1917年初，俄国开始致力于创造一个更公正的社会。这并不是什么新的运动，它已经由反对沙皇制度的人们推动了几十年。尼古拉一直不接受这些理念，他下台后也从不怀疑自己的猜想。也许他从梅特林克传达的情绪中得到了一些安慰，但他会错了意。

作者认为，统治者不应该因为预判失误而受谴责。尼古拉可能从这个观点中得到了些许安慰：

掌权者应该相信一切都可以预判，可以预测到，这当然是好的；但我们内心也应该悄悄相信并永远记住，最伟大的事情必然是不可预见的，这一信念不可动摇、不可摧毁。只有不可预见的、未知的事物，才能成就我们绝不敢尝试之事；但如果我们内心深处没有设立一座崇拜它们的祭坛，它们就于我们无益。拥有最强大意志的人——如拿破仑这样的人——都谨慎地明白，他们最非凡的事业中仍有一些事情需要听从命运的安排。[6]

梅特林克把政治描绘成一股无法控制的自然力量：

这些狂热的历史时刻就像我们在海上看到的风暴；我们来自遥远的内陆；我们带着热切的期盼向海滩奔去；我们好奇又热切地盯着巨浪，几乎像孩子一般热忱。随后而来的是比其他浪头要高三倍和凶猛三倍的惊涛骇浪。[7]

不难想象，当一个曾犯下那么多本可避免的错误的俄国皇帝发现，历史可以令世上最强大的沙皇跪在它面前时，他无疑会感到一丝安慰。

梅特林克强调，命运在人类历史上发挥了重要作用，而信仰理性是错误的：

我们不会仅靠崇拜理性而变得聪明，而智慧也不仅仅意味着理性战胜劣等的直觉。这样的胜利可以帮助我们，但如果我们的理性没有学会完全屈服于另一种迥异的直觉——我们的灵魂本性——那么它给我们带来的帮助将是很微小的。[8]

身为宿命论者的尼古拉终于找到了一位凭直觉说话的作家。

读完《智慧与命运》之后，他转向俄国文学，特别是N. A. 列金的《振奋的俄国人》，这本书不是19世纪经典，但对贵族及上层以下的社会做出了深入生动的洞察。[9]尼古拉内心知道，他对自己的人民知之甚少，也许他终于开始意识到，坐在皇位上的那些年里他对俄国商人的忽视和鄙视是错误的。[10]直到1906年去世，列金一直与安东·契诃夫保持亦敌亦友的关系，他因在《彼得堡日报》上发表有关商人的文章而闻名。他一贯关注首都的商人阶层，因为他自己就出身于这一阶层。列金用幽默而富有同情心的语言描写了那些中等收入的商人、职业人士以及他们的各种小缺点。他带着感情逐项列出他们的服装、食物和举止，揭穿了他们在社交场上的势利。[11]但在讽刺风格的背后，列金是一个自豪的俄国人。他将俄国的城镇描绘成一座民族大熔炉，俄国文化在其中和平、恰当地战胜了其他文化。[12]

尼古拉还阅读了一些对俄国社会提出深刻见解的书。工程师伊帕季耶夫在书架上留下了米哈伊尔·萨尔蒂科夫-谢德林的作品集。不久之后，尼古拉便开始阅读《戈洛夫廖夫老爷一家》。[13]这部小说毫不留情地控诉了小城镇中的生活和贸易。老头戈洛夫廖夫是一位吝啬的商人，他专横地对待儿子们，把他们变成了和他一样充满怨恨、无趣乏味的人。萨尔蒂科夫-谢德林俘获了19世纪读者的心，他们认为他注意到了俄国社会死气沉沉的局面，国家要进步，就必须搅动这一潭死水。尼古拉没有写下自己对这部小说的看法，人们甚至不确定他是否读了令人沮丧的结局。(如果他读了，那么他在软禁期间真是有非同寻常的韧性。）

在读过萨尔蒂科夫-谢德林的作品之后，他继续阅读托尔斯泰的《战争与和平》。对于受过良好教育的俄国人来说，这本书是俄国经典杰作之一，我们从他的日记可以得知，在被关押于叶卡捷琳堡之前他从未读过此书。尽管托尔斯泰名震天下，但直到1910年去世时，他的作品都要受到审查。他也曾被俄国东正教会驱逐。《战争与和平》中有些内容强烈地吸引着尼古拉。这部小说讲述了俄国遭受拿破仑大军入侵，战败，最终又获胜的艰难历程。尼古拉1917年初下台时，俄国还远未战败。但那是一个危机迭起的时刻，一旦他退位，前线的情况就越来越糟。此外，《布列斯特-立托夫斯克条约》的签订标志着俄国因败给德军而遭受的军事损失和领土损失，与1812年败给法国人时一样惨重。1812年底，俄国人抓住了拿破仑战略中的后勤弱点，结果，拿破仑本人逃往巴黎，他的大军被迫屈辱地从俄国撤走。

尼古拉对《战争与和平》充满热情，5月的晚上，他向家人朗读这部小说的最后一部分。[14]这些章节描写了俄国当局试图夺去法国军事胜利的果实，于1812年放火烧了莫斯科。其中一位主人公皮埃尔·别祖霍夫开始将暗杀拿破仑当作个人使命。与此同时，俄军重新集结反击，很快法国人就陷入了屈辱性的撤军。不难想象，对被击败的法军的描写鼓舞了尼古拉和家人——也许同样的命运也在等待着德国占领者。罗曼诺夫一家紧紧抓住残余的希望。

第三十五章

内　战

将罗曼诺夫一家转移到叶卡捷琳堡的前提是，在那里关押他们比在托博尔斯克更安全，布尔什维克需要等到莫斯科准备好对他们进行大型公审。这一考虑唯一正确的一点是，托博尔斯克作为关押地是不安全的。布尔什维克从来没有在附近打下坚固的政治基础，而人民委员会的主权完全依靠彼得格勒、鄂木斯克和叶卡捷琳堡的外部军事力量。目前，暴力事件很少。6月，一支赤卫军分遣队再次攻打戈雷什马诺沃。村里的神父在他们临近时敲响了教堂的钟，赤卫军认为他在向反布尔什维克分子发警报，让他们躲藏起来。双方交火后，神父被俘虏并被带走执行死刑。[1]

1918年初，乌拉尔地区和邻近地区的武装冲突大多是局部的，对莫斯科和彼得格勒来说没有什么实际意义。前俄罗斯帝国的大多数地区也是如此。1917年，布尔什维克尽管经常谈论可能爆发内战，但他们并没有意识到要夺取政权，可能引发战争的规模有多大。

科穆奇人民军打算一旦拥有足够的部队和装备，就攻入俄国中部。那将是两个左派势力之间的战争，一个由社会革命党领导，另一个由布尔什维克领导。但右派政治势力也在组建自己的军队。科尔尼洛夫将军在逃脱囚禁之后，与深入俄国南部的阿列克谢耶夫将军会合，他们在那里招募了一支志愿军。志愿军最初主要由退役军官组成，但阿列克谢耶夫计划扩大队伍，并尽快向莫斯科进军。身处西伯利亚中部的高尔察克海军上将也有同样的打算。这些军事准备活动将最终引发全面内战，布尔什维克将被迫坚守他们占领的俄国中部城市。发生这一切只是时间问题。

尽管如此，布尔什维克仍然确信，早在2月份俄国南部的红军击败了由阿夫里坎·博加耶夫斯基领导的一小股哥萨克部队时，内战就已经结束了。直到4月，他们仍然明显表现出军事自满：

> 对那些剥削者的反抗活动的镇压，在1917年10月25日至1918年2月（前后），或者至博加耶夫斯基投降时，已经完成了。
>
> 接下来提上议程的是……一项任务——一项紧迫且在当下尤为重要的任务——那就是组织对俄国的行政管理。[2]

布尔什维克仍然相信，只要他们能够始终获得产业工人的支持，他们的安全就有保障。2月，在遣散了旧俄军之后，他们开始组建自己的工农红军，但他们不够急迫，党内领导层对于军事专业主义依然存在看法。

叶卡捷琳堡的布尔什维克和左派社会革命党人把军事准备工作的重点放在防御杜托夫将军的部队。据估计，在过去的那个冬季，乌拉尔共有12 375名赤卫军，其中就有3 000名部署在叶卡捷琳堡。[3]乌拉尔地区苏维埃执行委员会将他们分成两队。第一队由伊万·马雷舍夫领导，第二队由谢尔盖·姆拉奇科夫斯基领导。1918年初，马雷舍夫带领部下到达奥伦堡，对抗杜托夫领导的一支部队。姆拉奇科夫斯基集中力量准备叶卡捷琳堡的防御工作。[4]这些志愿兵不是经验丰富的部队的对手。地方赤卫军习惯按他们自己的意愿行事，而不是遵守命令。他们跟培训他们使用武器的教官作对，也不喜欢练习行进或队列变化。领导者只是让情况变得更糟糕。A. 卡多姆采夫作为1905年革命中该派系部队的老兵而闻名。他为布尔什维主义在没有俄军那些令人憎恶的军官帮忙的情况下而取得的成就自豪。对他来说，每支赤卫军（或近卫军）主动采取行动是件好事。他优先考虑从工厂招募新兵。在早期的遭遇战中，敌人出现在前方时，士兵往往会一通乱打。[5]

但在乌拉尔之外，还有其他势力与杜托夫结盟。其中最主要的是科穆奇人民军，他们从伏尔加河地区扩张壮大，寻找有组织的队伍来对抗人民委员会及其当地政府机构。到目前为止，乌拉尔地区苏维埃执行委员会并没有受到科穆奇及其盟友的直接威胁，但显然他们有必要为战略形势的任何突变做好准备，并努力加强叶卡捷琳堡的军事力量。

在签订了《布列斯特-立托夫斯克条约》后，乌拉尔的征兵活动愈发火热，一些乌拉尔志愿兵声称——当然作为反革命势力的囚犯，他们可能希望自己表现得比实际更加爱国——他们渴望与德国人作战，却被动员起来反对杜托夫。[6]布尔什维克地区领导层鼓励这一切。虽然他们不能破坏和平条约，并且仍然相信大错已铸成，但他们希望做好军事准备，尽力将这件糟糕的事情做好；他们也反对对德国做出任何让步。[7]他们希望党中央委员会能够看到道路的错误，并宣布对世界范围内的资本主义开战。招募部队是为了准备打响“革命战争”，让红军对抗德国和奥匈帝国，粉碎中欧的政权，并在整个欧洲大陆建立共产主义政府。乌拉尔领导层承认，光靠他们自己是无法打响这场战争的。他们等待着国家层面的举动，但他们也希望使乌拉尔得到适当的控制。这首先需要在“杜托夫战线”上打一场关键性的战役；新兵也被派到村庄去，从不愿意交粮的农民那里征收粮食。[8]

在罗曼诺夫一家转移到叶卡捷琳堡后，军事局势进一步恶化。虽然这与乌拉尔没有任何关系，但这件事对该地区的影响很快会变得非常深远。

捷克斯洛伐克军团在车里雅宾斯克发动了暴乱，乌拉尔暴力事件的强度随之达到了新高。车里雅宾斯克在叶卡捷琳堡以南仅一百四十英里，且两地间有直达铁路。该军团是一支由捷克和斯洛伐克战俘组成的部队，各路人马奔赴符拉迪沃斯托克（海参崴）。他们的意图是重新加入西欧盟军一方。在《布列斯特-立托夫斯克条约》签订之后，托洛茨基作为军事人民委员一直寻求与盟军保持一定程度的合作，以牵制德国人。他意识到，《布列斯特-立托夫斯克条约》可能不能带来和平。德国总有可能突然入侵俄国并推翻布尔什维克。为了防止与柏林的关系恶化，托洛茨基继续与英国、法国和美国的外交官商讨，并与英国驻莫斯科最重要的大使罗伯特·布鲁斯·洛克哈特建立了工作联系。允许捷克斯洛伐克军团离开俄国是人民委员会做出的一种姿态，旨在证明苏维埃当局尚未完全受德国控制。他们也希望这会阻止盟军派军队远征苏维埃俄国。

这一直是一个冒险的政策。托洛茨基对捷克斯洛伐克军团的指挥官越来越不信任，他不得不发布命令，要求对行进中的部队解除武装。在车里雅宾斯克的第一次交战中，红军不敌奥匈帝国旧军。奥匈帝国旧军看到了东线上的军事行动，士气和决心增强了。捷克斯洛伐克人占领了电报设施，并向西伯利亚大铁路沿线分布在车里雅宾斯克东部和西部的人马发出消息，呼吁他们作战。在沿线的每个站点，他们都粉碎了红军的抵抗，并将消息传递给其他地方的战友。

迅速发展壮大的捷克斯洛伐克军团计划将所有人马聚集在一起，与科穆奇结盟，推翻布尔什维克。他们从车里雅宾斯克出发，向西派遣人马，去夺取包括乌法方向上的米阿斯和兹拉托乌斯特在内的一些矿业小镇的政权。捷克斯洛伐克人的另一支部队也沿着车里雅宾斯克—叶卡捷琳堡铁路线向北移动，在克什特姆停留；他们还从车里雅宾斯克沿着西伯利亚大铁路向东移动，并占领了沙德林斯克和库尔干。6月7日，鄂木斯克落入捷克斯洛伐克部队手中。他们的胜利鼓舞了俄国其他反布尔什维克分遣队展开行动。[9]再往北，秋明也落入反布尔什维克部队手中。不久，下塔吉尔也沦陷了。这给地区政府造成了重大损失，因为秋明就位于叶卡捷琳堡以东，而下塔吉尔位于它以北。到7月初，敌人的封锁圈就要在叶卡捷琳堡周围收紧。[10]他们既不能去北方也不能去南方，如果他们想视察阿拉帕耶夫斯克，就必须绕开下塔吉尔，乘坐支线铁路。乌拉尔地区苏维埃执行委员会在该地区各省几乎都失去了权力。

车里雅宾斯克沦陷的消息传来，恐慌在整个叶卡捷琳堡蔓延。军事局势越发紧张，叶卡捷琳堡苏维埃因而动员了一部分自己的代表来支持红军，而红军准备抵抗捷克斯洛伐克军团的袭击。[11]火车站挤满了人。[12]叶卡捷琳堡的布尔什维克需要寻找所有他们能够找到的志愿兵来帮助他们阻止捷克斯洛伐克部队前进。他们转而向最近刚被驱逐出政治总部的无政府主义者求助。捷克斯洛伐克部队的威胁再次使他们团结在一起，他们组织了赤卫军和无政府主义武装团体联合采取行动。[13]

苏维埃政权的范围正在迅速缩小。6月中旬，鄂木斯克在西伯利亚哥萨克人和不断推进的捷克斯洛伐克部队的攻击下沦陷。捷克斯洛伐克人还控制了靠近秋明的铁路。[14]红军和他们的政治领导人战略性撤退。初夏，工人起义在乌拉尔依然普遍。[15]人们对人民委员会未能带来经济复苏十分不满，对警察制造的恐怖气氛满腹怨恨。就连产业工人阶级也对现实感到幻灭，这种情绪很快传到了乌拉尔。各地都多次要求重新选举苏维埃。[16]捷克斯洛伐克军团推进到叶卡捷琳堡是迟早的事，负责防守这座城市的人们面临着严峻的形势。布尔什维克只有一千多兵力。其中还包括一些不太可靠的赤卫军。很多武器质量很差——多支部队的士兵只背着猎枪。[17]

几天之内，苏维埃对伏尔加和符拉迪沃斯托克（海参崴）之间铁路的控制权就几乎丧失殆尽。组织有序的部队无论规模多小，只要有足够大的决心，都能产生巨大的军事影响。首都的布尔什维克领导层敏锐地意识到他们已经不安全了。如果没有部署在克里姆林宫内外的拉脱维亚步兵，人民委员会就面临着遭到奇袭的危险。出于同样的原因，已经完全不再信任列宁和托洛茨基的捷克斯洛伐克部队也许会成为破坏十月革命成果的先锋。

第三十六章

德国的操纵

德国人通过《布列斯特-立托夫斯克条约》获得了他们想要的东西：东线的战斗结束了，德军可以在美国的增援部队到达前转移到英国和法国战场。德军和平民可以获得乌克兰的食品。德军最终控制了俄国西部令德国企业家垂涎欲滴的广袤领土。俄国很快就会成为德国的经济附庸国。

但托洛茨基是否值得长期信任呢？对德国真正的掌权者鲁登道夫和兴登堡来说，轻视人民委员会是不明智的。左派社会革命党的人民委员辞去了职务（尽管左派社会革命党继续在下级政府中任职）。布尔什维克中反对该条约的人仍然坚持反对。托洛茨基尤其受到怀疑，因为他非常不情愿地接受了和平条约，并且一直在争取盟军外交官的青睐——他经常和英国外交使臣罗伯特·布鲁斯·洛克哈特待在一起，没有人能确定托洛茨基不会回归原先的立场，支持开战。事实上，许多布尔什维克会赞成他这么做。苏维埃的统治面临着巨大的困难，不难想象，政府会在产业工人和农民的不满情绪中倒台。出于所有这些原因，德国外交采取双轨政策，一方面与布尔什维克领导层合作，另一方面也寻求与亲德的俄方人士结盟。

俄国反布尔什维克团体正竭力推翻人民委员会，并愿意考虑接受德国提供的金融或军事援助，因此第二条道路正变得日益可行。他们的逻辑很现实。他们认为俄军不再能够挑战德军的实力，并预测同盟国将战败。许多俄国爱国者认为，如果德国要统治东欧，他们可以适应新的现实，希望借此推翻布尔什维主义。他们试图说服柏林，鉴于共产主义及其对欧洲各国（包括德国）构成的反君主、反商业和反神职威胁，他们应当在莫斯科建立另一个更好的政府。

冯·米尔巴赫伯爵一直拖到1918年4月26日才在杰涅日尼路5号建立并开放了德国大使馆。使馆与法国军事使团的驻所同处一条街，两边的外交官便开始较劲。他们的公务轿车经常发生刮擦碰撞，杰涅日尼路俨然变成了赛车道。[1]米尔巴赫为同事定下了基调；他表现得好像布尔什维克只不过是临时掌管俄国，他拜访君主主义领袖的做法无疑表明他对沙皇一家抱有同情心。他甚至还结交了尼古拉二世的姊子纳塔利娅。[2]尼古拉听说这个消息一定会很震惊，因为他一直将德国视为自己国家的主要敌人。但米尔巴赫正在构想，在未来的俄国，德国人将处于统治地位，而布尔什维克将不复存在。获胜的威廉皇帝希望以某种形式恢复俄国的君主制。与此同时，米尔巴赫要求人民委员会将1914年以来被没收的德国企业的资产归还给其所有者。人民委员会被迫照做，并在国家工业所有权方面破格规定：德国人的所有财产都是神圣不可侵犯的。[3]

俄国君主主义者抓住时机，向德国大使馆求助，请求他们让苏维埃领导人改善罗曼诺夫一家的监禁条件。[4]尽管米尔巴赫三次接到前议员德米特里·奈德加特的请求，但他只是表达了他个人的同情而没有提出任何行动计划。[5]很自然，奈德加特很沮丧。亚历山大·特列波夫曾在1916年末担任尼古拉的首相，他与其他君主主义者一起尝试不同的方法。他们想去找奥伯-戈夫马沙尔伯爵帕维尔·本肯多夫，并说服他向米尔巴赫求情，理由是在《布列斯特-立托夫斯克条约》签订之后，只有德国人才有权力保证罗曼诺夫一家的安全。特列波夫想暗暗警告德国人，如果罗曼诺夫一家发生任何不幸，他和他的朋友们会告诉世界，德国应该受到指责。[6]米尔巴赫是一位贵族，同时也是一位专业的外交官，他礼貌地接待了本肯多夫，但态度与对待奈德加特差不多。他认为尼古拉二世的命运应该掌握在俄国人手中。他只同意考虑一下德国可以为“那位德国公主”做些什么。[7]

有一些迹象表明，德国人采取了一些试探性的行动。1918年4月的一天，米尔巴赫按德国皇室和西班牙女王的要求与斯维尔德洛夫会面，希望将罗曼诺夫一家转移到彼得格勒。显然，斯维尔德洛夫告诉米尔巴赫，自己会尽力而为，同时强调当地的苏维埃当局很难处理这件事；他不想为乌拉尔发生的任何不愉快承担责任。[8]并非每一位大使馆官员都认为，德国方面如果真的有此意愿，就不能坚持按照《布列斯特-立托夫斯克条约》要求确保释放尼古拉。但是，这些外交官也承认，如果柏林当局采取这种措施，可能会遭到德国国会大厦中社会主义者反对。[9]而且不管怎样，尼古拉即使获得了自由，仍有被暗杀的危险。尽管如此，1918年5月15日前后，当吉利亚尔听说德国的一个红十字会使团最近来到了叶卡捷琳堡时，他便起了疑心。他和布克斯赫韦登以及亚历山德拉·捷格列娃坐在餐馆里，发现一些德国护士在公开用自己的语言交谈。[10]

并没有迹象表明，罗曼诺夫一家除了遵从看守人的要求外还有其他动作。但可能依然有暗流在涌动。到了6月，一直试图营救罗曼诺夫一家的谢尔盖·马尔科夫决定，只有在德国的帮助下才能营救他们。[11]他还相信自己的领导者马尔科夫二世已经与“德国人”合作，这似乎解释了为什么那年初很少有志愿兵抵达秋明——马尔科夫二世不敢惹恼德国政府，因此他不能让尼古拉领头参与撕毁《布列斯特-立托夫斯克条约》的运动。他们认为，德国人只会支持促使罗曼诺夫一家前往海外的行动。[12]弗拉基米尔·基斯利岑少将1919年作证说，1918年12月他在柏林遇见了谢尔盖·马尔科夫。马尔科夫给他看了自己携带的一封信，称这是亚历山德拉从托博尔斯克写给哥哥黑森的恩斯特大公的信。虽然这封信未开封，但基斯利岑确信他认出了信封上亚历山德拉的笔迹。[13]像其他旧俄军军官一样，马尔科夫受到了德国人的友好接待。他很健谈，声称德皇——当时已经下台了——早些时候曾提议将亚历山德拉和她的女儿们接到柏林，但亚历山德拉直接拒绝了。[14]

马尔科夫从来没有透露过他认为信中写了什么，这个秘密已经和他一起进了坟墓。旧俄军里一位将军的儿子、年轻的贵族瓦西里·戈利岑则讲述了一个更为不同寻常的故事。他说自己与叶卡捷琳堡的普拉斯洛夫少尉见面，少尉曾与一位政委交谈。政委告诉他，自己从一位红军政委那里听说，一位德国将军已经前往叶卡捷琳堡，并在伊帕季耶夫宅邸与尼古拉本人见了面。据称，他要求尼古拉支持和平条约，尼古拉拒绝了这一建议。据说，德国将军警告说，他最后会被处死，而尼古拉回答说，他已准备好为祖国献出生命。[15]这样的交谈是否真的发生过是值得怀疑的，但如果德国情报机构没有试图去了解乌拉尔地区发生了什么事情，那就太奇怪了。在这种情况下，谣言四起就不足为奇了。

与此同时，德国人和奥地利人在占领的大片俄国领土上肆意横行。他们每占领一座大城市，那里都会爆发大规模游行。士兵在中央大道两侧列队站立，阻挡人群。每个士兵的头盔上都戴着一根常青树的树枝。骑兵获得了首要地位。军乐团在行进的队伍旁奏响乐曲，整个游行都用胶卷拍摄下来了。在德国和奥地利最高统帅部庆祝胜利时，当地居民沉默地看着。接下来的几天里，商店会重新开业，人们会恢复正常的生活。侵略者靠那些愿意与他们合作的乌克兰人和俄国人建立了傀儡政府，但没有人试图掩盖事实，即德国人掌握着大权——即使奥地利人也得听命于他们。[16]乌克兰成为人们逃离苏维埃统治的地方。德国人没有兴趣打乱旧的社会秩序，俄国的贵族和富裕家庭可以自由出现在公共场所，而不会再像1917年那样受到各种骚扰。其中一些人断定，如果俄国在东线上输掉战争，德意志帝国也许能有效地帮助他们推翻现政权。

因此，虽然尼古拉二世仍然对与德国达成任何和解都持敌对态度，但来自旧俄军的君主主义官员愿意考虑获得德国人的帮助从而向乌拉尔进军，营救罗曼诺夫一家。在基辅的一些德国军事指挥官赞成这一选择，但他们的外交官同事却不太热心。曾在宫中任职的A. I. 莫索洛夫将军要求身处乌克兰首都的穆姆大使澄清柏林的意图。穆姆直截了当地回答说，他不认为“营救沙皇的问题对德国来说很重要”。[17]

1917年盟军取得胜利的热情支持者，立宪民主党领导人帕维尔·米留可夫是俄国首批政治观点大转变、去寻求德国武装援助的公众人物之一。1918年5月下旬，他化名伊万诺夫教授偷偷越过新的俄乌边境。他称自己代表最近成立的秘密反苏维埃组织右派中心，并与德国占领当局取得了联系。他呼吁德国帮助阿列克谢耶夫志愿军中的俄国军官，在莫斯科组织一场反人民委员会的军事政变。要封锁进入首都的道路，并威胁要采取行动反对布尔什维克，德军是至关重要的。米留可夫希望，德国将为志愿军提供武器和弹药。[18]

米留可夫必须非常谨慎。如果传出他低声下气向德国人求助的消息，会毁了他的名声。在基辅，米留可夫请求N. P. 瓦西连科担任他与德国之间的中间人。瓦西连科是米留可夫在立宪民主党的同事，在由德国人的门徒帕夫洛・斯科罗帕茨基领导的乌克兰政府中担任部长。这是一件很微妙的事，因为直到最近，米留可夫一直坚决支持对德国作战并取得压倒性胜利，他还谴责签订了《布列斯特-立托夫斯克条约》。米留可夫的乌克兰之行还牵涉皇朝方面的奇怪事务。瓦西连科在德军管理层中的联系人是哈塞少校，他在赫尔曼・冯・艾希霍恩将军领导下，担负外交和安全事务重任。哈塞实际上是黑森的恩斯特大公的化名，而恩斯特正是前皇后亚历山德拉的哥哥。黑森方面的谨慎是可以理解的。《布列斯特-立托夫斯克条约》使德军能够从东线转移到法国北部，为一战中的德国带来了好处。如果米留可夫上台，哈塞希望他保证德国的战争成果不会受到影响。[19]

米留可夫6月21日会见了黑森大公，称阿列克谢耶夫将军和志愿军愿意承认当前军事形势中的客观事实，并且愿意与德国合作。(这纯粹是米留可夫单方面的幻想，也许他希望这是真的。) 恩斯特大公让他描述对俄国未来的看法。米留可夫敦促德国人放下自命不凡的架子，并解释说，尽管他希望看到俄国与乌克兰再次联合，但他认为两国之间会维持较松散的关系——他预计德国会对此满意。

他一直渴望建立一个君主立宪制国家，并表示希望米哈伊尔大公登上皇位。他喜欢米哈伊尔温柔的性子，认为他很容易受操纵。但现在一个明显的障碍是米哈伊尔被布尔什维克拘禁了，但米留可夫仍保持乐观。对他来说，继承皇位只是“一个技术问题”。他建议，如果米哈伊尔最后无法登上皇位或不够顺从，当局可以让德米特里·帕夫洛维奇大公迎娶尼古拉的大女儿奥尔加。[20]

米留可夫似乎并不担心，他在抨击恩斯特大公的近亲时如此玩世不恭。德米特里大公曾卷入刺杀拉斯普京的阴谋，尼古拉因此将他流亡到波斯前线作为惩罚。二月革命之后，和罗曼诺夫家族的其他成员一样，他不得不离开军队，选择向在德黑兰的英国使团寻求庇护。他几乎不太可能和德国人走得很近。此外，米留可夫有关未来俄国政府的规划排除了尼古拉重返皇位的可能性。这将对恩斯特的妹妹亚历山德拉产生不利的后果。也许米留可夫只是觉得，恩斯特认为尼古拉统治俄国是一场彻底的灾难。无论如何，堂叔侄之间的婚姻——德米特里和奥尔加——从遗传学角度看很难获准。米留可夫陷入了疯狂的猜测中。他对自己国家的前景感到绝望，在这种绝望中胡乱抓住稻草。他用缺乏技巧的方式恳求德国当局，将他们的利益托付给他这样的爱国者。

米留可夫没有意识到，阿列克谢耶夫的志愿军招募来的军官一直将德国人视为仇敌。让他们转而支持柏林是非常困难的。7月4日，他收到阿列克谢耶夫发来的消息，阿列克谢耶夫明确表示他无意采纳德国的“观点”。[21]此外，西方盟国开始向那些致力于反德斗争的组织提供经济援助。

但是米留可夫不愿放弃。他留在基辅，于7月10日再次会见了哈塞，并敦促德国与他这样的反布尔什维克的俄国人合作。他认为《布列斯特-立托夫斯克条约》远远没有巩固德国至高无上的地位，如果德国人认真考虑他们的国家利益，那么这个条约对德国人来说步子迈得太大了，但他没有解释为什么这么想。他重申了自己坚持君主主义原则的立场，并坚持认为即使工人不会，农民也会欢迎一位新的沙皇。[22]但是，如果没有阿列克谢耶夫的支持，推翻莫斯科的布尔什维克的希望明显很渺茫。在离开基辅时，他仍未能与德国人达成协议。更糟的是，他在立宪民主党的同志们决定离开右派中心：这必然会使恢复与西方盟国之间富有成效的联系变得更加困难。[23]即便如此，如果布尔什维克不担心他们在俄国的敌人会努力与德意志帝国达成协议，他们便不会像往常一样担忧国际关系中可能存在的危险。德国人绝对可以撕毁《布列斯特-立托夫斯克条约》，并在莫斯科寻求更具有可塑性的合作伙伴。

第三十七章
伊帕季耶夫宅邸的最后时日

到1918年5月，越来越多的证据显示，伊帕季耶夫宅邸警卫分遣队内部出现了渎职行为。阿夫杰耶夫在月底开展了一项调查，结果他的副手亚历山大·莫什金因盗窃罗曼诺夫家的财物而被解雇。阿夫杰耶夫本人也不廉洁。不久，他也被认定犯有盗窃罪。乌拉尔地区苏维埃执行委员会解除了他的职务，从此他再也没有出现在伊帕季耶夫宅邸。[1]

契卡成员雅科夫·尤罗夫斯基接替阿夫杰耶夫担任指挥官，重整警卫秩序。新指挥官是一个脸颊泛红、身形魁梧的人，性格与他的长相很匹配。[2]尤罗夫斯基战时在军医院做过卫生员。二月革命后，他被选入叶卡捷琳堡苏维埃。有人说他最初是社会革命党人。[3]如果这是真的，那这是一个不寻常的立场变化。1917年，布尔什维克对许多人来说颇具吸引力，他们认为布尔什维克是唯一能够驯服资本主义并结束大战的政党。和其他年轻的激进分子一样，尤罗夫斯基在国家动荡的战火中证明了自己的实力。在布尔什维克夺取政权并建立人民委员会之后，他获得提拔，进入乌拉尔地区的契卡委员会。

乌拉尔领导人要求在警卫分遣队中恢复秩序。他们没有告诉尤罗夫斯基罗曼诺夫一家最终的命运是怎样的，此刻他们也只知道一些莫斯科的流言蜚语。而人民委员会讨论要审判尼古拉的消息也不会不传到苏维埃地区执行委员会和亲信官员那里。[4]

尤罗夫斯基对伊帕季耶夫宅邸进行了第一次检查后，他确信阿夫杰耶夫既不称职又腐败。他决定引进新的警卫，尽管旧的警卫是在4月底才聘用的。他带来了叶卡捷琳堡领导层自己的特遣队成员，以组建一个可靠的核心团队。[5]尤罗夫斯基不满意阿夫杰耶夫从乌拉尔工厂招募的俄国工人，他聘用了一些值得信赖的拉脱维亚人。他继续让俄国人在房子外面巡逻，而将内部警卫任务交给了他的拉脱维亚队伍。除了出于加强纪律的目的，他可能也认为，派那些俄语不太流利的人做警卫有一定优势，他们无法与罗曼诺夫一家私下交谈。[6]他让新来的人住进伊帕季耶夫宅邸一楼的房间，对生活区进行了彻底的重新布局。[7]尤罗夫斯基每次值班时都表示，过去的松懈状态是不能容忍的。作为一名契卡军官，他将这座宅邸变成了一座监狱堡垒。

别洛博罗多夫到访，亲自告知尼古拉人事变动。盗窃财物的行为不会再出现，尤罗夫斯基和一名助手一起列出了金戒指和手镯的清单。他们将这些物品带走妥善保管，但后来他们才解释说，已经查出了几起非法盗卖物品的事件——盗窃者是阿夫杰耶夫。（尼古拉私下认为阿夫杰耶夫管不了部下，为他难过。）[8]然而，尤罗夫斯基有不同的观点。如果阿夫杰耶夫抵挡不了诱惑，那么任何一个拉脱维亚人也抵挡不了。实际情况比他想象的要复杂得多。尤罗夫斯基试图从皇后手上取下手镯，皇后惊呼这只手镯她已经戴了二十年，需要用钥匙才能取下。尤罗夫斯基放弃了。[9]第二天，他带来了一个首饰盒，里面装着所有取走的物品，他让罗曼诺夫一家检查一下是否还遗漏了什么物品。随后，他将首饰盒封好，交给他们保管。[10]

对阿夫杰耶夫的反对意见越来越多：他没有制订火灾疏散计划；他曾允许罗曼诺夫一家和城外的朋友通信，而且附近修道院的修女仍能把食物带进这座房子。[11]

尤罗夫斯基从一开始就很严厉。他拒绝了尼古拉提出的清理花园的请求。[12]在食品供给方面，罗曼诺夫一家的待遇和普通的叶卡捷琳堡市民一样，他还禁止外人给他们提供美味佳肴。他想将尼古拉的生活条件降级到“普通资产阶级水平”。他们不能享有任何特权。厨师哈里托诺夫抱怨自己无法用四分之一磅肉为罗曼诺夫一家做一道像样的菜，尤罗夫斯基驳斥了他的抱怨，并表示，罗曼诺夫一家必须习惯囚徒的身份，他们不再是深受尊敬的皇室成员。[13]当修女玛丽亚·克罗哈列娃像往常一样拿着一篮子食物出现在门口时，尤罗夫斯基问：“谁允许你带东西来的？”克罗哈列娃解释说，阿夫杰耶夫根据杰列文科医生的建议，允许她带食物来。尤罗夫斯基放心不下，他继续问牛奶来自哪里。克罗哈列娃解释说，奶牛来自修道院的农场。克罗哈列娃明显很坦诚，他平静下来，开始对修道院还可以提供哪些东西提出了建议。（和前任一样，他可能也希望能改善沙皇一家的伙食。）[14]

尽管他纠正了以前警卫人员的非法行为，但对总体的行为标准没有做任何规定。尤罗夫斯基这样的契卡成员都渴望建立政治秩序，对中产阶级充满偏见和蔑视。他们不管背景如何，都养成了一种傲慢粗鄙的态度。其中一名警卫，法伊卡·萨福诺夫在墙上写脏话，唱下流歌曲。罗曼诺夫一家已经不太能获许定期参加宗教仪式。另外，有一次，阿纳斯塔西娅想从窗户往街上看，一个人竟向她开枪。尤罗夫斯基和尼库林都完全放纵自己。尼库林晚上坐在指挥官房间里的钢琴前，唱起了革命歌曲，有人听到尤罗夫斯基也一起唱。尼库林还把他的金发情人带进宅邸。[15]

有关伊帕季耶夫宅邸出了麻烦的报告开始传到莫斯科，斯维尔德洛夫想起雅科夫列夫曾就乌拉尔领导层及其疯狂的作风多次发出警告。他给别洛博罗多夫捎去消息，表示他很关注此事，告诉别洛博罗多夫自己听到了哪些传闻。别洛博罗多夫向他保证，现在一切都很好，莫什金被捕了，尤罗夫斯基取代了阿夫杰耶夫，宅邸内部的警卫人员已经大换血。因此，莫斯科没有理由担心。[16]乌拉尔地区却谣言满天飞。其中有谣言称，布尔什维克处死了尼古拉及其家人。待在叶卡捷琳堡英国领事馆的法国副领事于7月9日发电报反驳了这些谣言。[17]一条谣言被成功证伪后，另一条谣言又在全城传开。叶卡捷琳堡对即将到来的捷克斯洛伐克军团有一种不祥的预感，许多人开始转而思考沙皇一家可能面临的命运。

约安·斯托罗热夫神父在7月14日为罗曼诺夫一家举行仪式时，察觉出他们有些沮丧。很显然，他们渴望从宗教获得振奋的感受，尽管他们不能在祷告后与神父交谈，但神父觉得自己还是听到其中一个女儿轻声说了一句“谢谢”。神父觉得这种经历令他筋疲力尽。后来，在指挥官的办公室里，尤罗夫斯基问道：“你为什么大口喘气？”神父回答说：“我感到难过，仪式很简短，但我很虚弱，汗流浃背。现在我要走了，我快感冒了。”尤罗夫斯基终于找到了自己与这位神职人员共通的地方，他说：“好吧，我们关上窗，不要让风透进来。”斯托罗热夫回答说，是时候，该回家了。尤罗夫斯基表示如果他愿意，他可以再等一段时间，并同情地补充道：“好吧，你看，他们已经祷告完了，现在心里更平静了。”他又道：“我从来没有否认过宗教的影响，我是非常坦率地对你说这番话的。”斯托罗热夫听到他这么说，很吃惊，并感谢他允许他们在这里举行仪式。尤罗夫斯基似乎被这句话惹恼了，厉声说道：“我们在哪里禁止这一切了？”斯托罗热夫意识到继续谈话是不明智的。尤罗夫斯基伸出了手。他们握手告别。[18]

斯托罗热夫和他的执事布伊米罗夫离开伊帕季耶夫宅邸，等身边没有别人时，他们回想了当天的经历。布伊米罗夫说出了他的直觉：“你看出来了吧，神父，他们身上发生了一些事情。”斯托罗热夫也这么想，但他让布伊米罗夫解释一下。布伊米罗夫回答说，仪式上罗曼诺夫一家没有人唱歌。众所周知，罗曼诺夫一家非常喜欢唱歌。他认为，他们的沉默必定意味着发生了什么不愉快的事情。[19]

事实上，罗曼诺夫一家对于叶卡捷琳堡附近的军事情况有一些模糊的了解，尽管警卫什么也没告诉他们，有时甚至还给他们提供错误信息。但他们可以看和听，他们知道外面正在发生重大变化，而这些变化对他们的人身安全不利。街上传来喧闹声，他们从中听出了熟悉的炮声。他们知道那些曾是战俘的奥地利士兵正在准备抵御捷克部队的进攻。亚历山德拉在7月13日的日记中写道，奥地利和捷克部队中的士兵都曾是俄国人的阶下囚。[20]托博尔斯克“自由之家”外面的动乱，完全无法与此刻正在乌拉尔一带肆虐并逐渐逼近叶卡捷琳堡的熊熊战火相比。由于处于激烈内战的边缘地带，这座城市将成为主要军事前线之一。尼古拉与家人几乎可以肯定，战争对他们的影响是不利的。

第三十八章

叶卡捷琳堡的陷阱

人民委员会和布尔什维克中央委员会只能向叶卡捷琳堡提供间歇性的援助。通信变得断续且脆弱——电报系统经常中断，以至于两个中心之间的消息有时不得不通过彼得格勒中转，这延迟了沟通。布尔什维克在各省干部中培养自力更生的精神，这帮助他们进一步获得权力。他们在自认为合适的时机推动党内事务的进展。人民委员会和布尔什维克中央委员会在必要时都会派出使者，但地方党委总是恳请他们派出更多的人。布尔什维克党长期缺人。自1917年春天以来，他们的人数飞速增长，他们没有时间充分培训一个执政党所需的所有官员。有时，列宁能做的最多就是颁布法令，并呼吁下级党组织主动思考如何实施法令。他解释说，这些法令本身是“示范性”的，不是详细的法律指示。他和斯维尔德洛夫坚持认为，这就是他们在革命热潮中应该做的事情。[1]

斯维尔德洛夫一直与叶卡捷琳堡保持着密切联系，在尼古拉从托博尔斯克转移到叶卡捷琳堡的途中，他们经常通过电报对话。[2]1918年5月2日，在罗曼诺夫一家抵达叶卡捷琳堡三天后，人民委员会首次讨论他们的问题。乌拉尔传来的报告证实，目前没有罗曼诺夫一家成功逃脱的风险。他们需要公布尼古拉的转移，斯维尔德洛夫要为苏维埃报刊撰写一份合适、简短的草稿。[3]除此以外，有关罗曼诺夫一家的消息很少透露出来。但也有例外。1918年5月16日，《消息报》就托博尔斯克之旅采访了雅科夫列夫。雅科夫列夫提到了他与尼古拉、亚历山德拉之间的谈话。他在谈到尼古拉时没有任何怨恨之词，只是批评了他“惊人的有限性”。但他对亚历山德拉并没有口下留情，他指责亚历山德拉的狡猾和傲慢很低级。他没有提到托博尔斯克、鄂木斯克和叶卡捷琳堡三地的布尔什维克之间的争执。[4]

5月19日，布尔什维克中央委员会再次将“尼古拉·罗曼诺夫”列入议程。斯维尔德洛夫指出，他主持的中央执行委员会主席团最近讨论了较为适合罗曼诺夫一家的“命运”。他报告说，乌拉尔的布尔什维克领导人正在迫切要求对此事做出裁决。在斯维尔德洛夫的建议下，他们决定推迟一切行动，同时保障尼古拉的人身安全。斯维尔德洛夫将这一决定传达给乌拉尔，并要他们理解莫斯科日益艰难的处境。[5]尽管如此，中央委员会仍然把重点放在准备公审上。根据这一点，1918年6月4日，人民司法委员部指派博格罗夫同志帮助人民委员会开展工作。博格罗夫将为法庭诉讼收集必要的文件，以便当局能撰写一份可靠的案情记录，用来指控尼古拉。[6]这与1918年2月人民委员会首先要求人民司法委员部准备案件时的情况一样。现在，人民司法委员部又把任务推回了人民委员会，并让年轻的博格罗夫帮忙。

莫斯科一些不受布尔什维克控制的报纸上登出了新闻，称赤卫军已经在叶卡捷琳堡处死了尼古拉。[7]苏维埃政府对这条谣言的传播感到震惊，这有可能破坏他们与德国人及同盟国之间的关系。此外，乌拉尔领导层向来有自行其是的习惯。确认真相变得至关重要。6月20日，列宁的私人助理弗拉基米尔·邦奇-布鲁耶维奇发电报询问乌拉尔领导人，处决尼古拉的新闻是否属实。消息传到叶卡捷琳堡需要三天。邦奇-布鲁耶维奇第二天不得不又询问了一次。[8]

莫斯科很难确定叶卡捷琳堡究竟发生了什么，他们有些怀疑别洛博罗多夫和他的同志们可能会提供片面的信息。首都又传开另一条谣言，称地区执行委员会已经处死了罗曼诺夫一家，斯维尔德洛夫要求，无论如何要获得独立证据。他们命令北乌拉尔和西伯利亚阵线的总司令贝尔津什·赖因霍尔德去检查伊帕季耶夫宅邸。拉脱维亚人贝尔津什是深受莫斯科信任的军事领袖，他没有涉足内部斗争。他于6月27日将调查结果发给莫斯科。他向列宁和斯维尔德洛夫保证，处决皇帝的新闻只是一项“煽动”行为，毫无可信度。[9]但这个插曲表明，如果叶卡捷琳堡对莫斯科缺乏坚定的信心，那么莫斯科也会对叶卡捷琳堡缺乏信心。毕竟，让红军的一名总司令丢下作战任务，跑去对几名被拘禁的平民开展现场调查，这么做对苏维埃的军事准备工作并无助益。

乌拉尔地区苏维埃执行委员会及其所有委员，还有贝尔津什这样罕见的局外官员都非常清楚，这座城市面临着越来越大的挑战。1918年5月，契卡领导人米哈伊尔·叶夫列莫夫组织了一次对立宪民主党办公室的突袭，抢走文件并逮捕了主要活动分子。[10]一股更危险的反对势力也出现了。社会革命党人开始在郊区的树林中训练部队。十名赤卫军被派去驱赶他们。这次搜索毫无结果。出现对布尔什维主义的内部军事挑战的可能性增大了。[11]5月17日，赤卫军前往上伊谢季镇压社会革命党人起义，处死了三十名被俘的武装分子。[12]无政府主义者也有自己的城市力量，并不断批评布尔什维克。他们的领导人彼得·热别涅夫在曾属于工程师热列兹诺夫的总部竖起了一面黑旗。契卡对他们发出最后通牒，让他们撤出，否则就要发起攻击。后来契卡在那里发现了他们囤积的机枪，地区苏维埃政府确信，这些人一直在策划制造麻烦。[13]

尽管沃兹涅先斯基大街上的管控很严格，但中心区域的其他地方就不那么容易管理了。1918年6月12日，布尔什维克领导人发现，有人为留在这里的伤兵提供武器，明显企图开展颠覆活动。有关捷克斯洛伐克部队在西伯利亚和伏尔加地区的行动的红军情报令人恐惧。仅在四天前，鄂木斯克已经落入他们手中。现在看来，反布尔什维克分子从内部对苏维埃政权发起了攻击。

自5月底以来，别洛博罗多夫不得不为最坏的情况做好准备，因为他的办公桌上已经放着捷克斯洛伐克军团乘坐火车不断调动的报告。五百名喀琅施塔得水兵抵达，以提振革命士气。但他们也惹出了不少麻烦，特别是在他们抢了伏特加酒厂和里面的酒以后。[14]叶卡捷琳堡不得不准备自己来防守并敦促当地招募红军。但这变成了一项艰巨的任务，因为前方传来消息说，乌拉尔地区苏维埃执行委员会的部队即将迎来的对手，是一支已经消灭了所有抵抗它的苏维埃士兵的分遣队。但别洛博罗多夫仍保持着乐观情绪。虽然反对布尔什维克的市民已经开始祈祷捷克斯洛伐克人快速赢得战争，但他决心要让他们领教一下布尔什维克的勇敢与无情。首先，他征调了一批富裕市民，让他们参加体力劳动。他们要在城郊挖掘战壕，叶卡捷琳堡苏维埃改变了在这种紧急情况下的社会惯例。被征调的人中间立即出现了反对声音，有些人称自己身体不适，无法劳动。健康委员萨科维奇代表乌拉尔地区苏维埃审查了其中三人。他后来称，他为人们免除义务的习惯反而害了自己，他被动员前去挖掘战壕。[15]

乌拉尔布尔什维克很自豪，他们不愿走妥协之路。他们坚持推行他们1917年倡导的政策。在避免直接破坏人民委员会稳定的同时，他们竭力促使布尔什维克的措施变得更加激进。在莫斯科，他们认为，《布列斯特-立托夫斯克条约》的签订者可能会在柏林进一步施压时屈服。

地区执行委员会接到命令，命令要求他们把一批波罗的海地区的知名贵族从叶卡捷琳堡派往彼得格勒，他们便怀疑这可能牵涉一些用心险恶的政治让步。这些人是作为政治人质最近抵达乌拉尔的。其中有利芬伯爵。别洛博罗多夫和他的同志们不希望看到人民委员会因德国人施加的压力而屈服，将他们释放。[16]但乌拉尔地区苏维埃执行委员会不能仅仅对命令嗤之以鼻。捷克斯洛伐克人离得越来越近了，叶卡捷琳堡的布尔什维克需要莫斯科能够提供的任何援助。别洛博罗多夫和戈洛谢金希望得到军事支持，他们知道自己力量不足，此时不能惹恼中央的党领导。此外，叶卡捷琳堡的财政状况也堪忧。5月初，他们紧急请求莫斯科提供救助——人民委员会送来了一大批钞票。在将这些装有钞票的板条箱从车站运走时，乌拉尔地区苏维埃执行委员会不得不在中央大街上部署赤卫军。[17]

苏维埃地区执行委员会意识到，他们无法有效地保护这座城市，因此开始采取措施，准备在捷克斯洛伐克部队抵达之前及时撤走人员和财物。根据可靠的消息，敌人正从两个方向畅通无阻地向这里逼近。捷克斯洛伐克军团沿着西伯利亚大铁路向西移动，而另一支部队正从库兹诺逼近。[18]捷克斯洛伐克部队离得越来越近，恐慌开始在同情人民委员会的人们中间蔓延。期待已久的大决战即将爆发，每一名赤卫军志愿兵都被动员起来。萨法罗夫和其他领导同志匆匆巡视工厂，以确保所有人都在岗；他们还在努力招募新的志愿兵。[19]他们告诉工人，如果反革命势力取得胜利，等待他们的将是大恐怖。但每一位乌拉尔领导人都知道，布尔什维克无法抵抗太长时间。他们优先考虑的事情是收齐值钱的东西，都运到火车站去，再运往西边。下一个目的地只能是彼尔姆。

第三十九章
莫斯科的支柱

虽然局势继续恶化，但布尔什维克仍然倾向在条件允许时立即在莫斯科公开审判尼古拉。斯维尔德洛夫如此焦虑的直接原因是，乌拉尔领导人可能会找借口抢先处死他。7月初，谣言再次出现，说布尔什维克确实在叶卡捷琳堡处死了尼古拉。托洛茨基被问到这消息是否属实。军事人民委员对此漠然置之。如驻莫斯科大使馆的一位德国外交官所说，托洛茨基只是说："我不知道；这对我来说完全没有意义。[1]我对一位俄国公民的生活不感兴趣。"只要他愿意，托洛茨基可以像神父一样谦逊，又可以像法官一样无情。他喜欢以冷漠的态度对待德国大使馆的人员，特别是那些贵族出身的人。

但这一切都只是假象。幕后的实际情况是，布尔什维克党最高层多次讨论这个问题，而托洛茨基一直疾呼要对尼古拉进行公开审判。但是对于人民委员会来说，局势进展得太快、太危险，他们来不及处理这些事情。1918年夏初，斯维尔德洛夫在莫斯科党组织召开的一场有五六十名领导人参加的闭门会议上发表讲话，称乌拉尔布尔什维克曾询问，如果他们决定处决沙皇全家，中央当局会有什么反应。按照他自己的说法，他微笑着回答："我想我们的总体情绪是这样的：这不是我们直接关心的问题。[我们支持]'所有权力下放至地方'，如果当地的同志因为当地的原因认为这么做是必要的，他们有权采取行动。我们不会反对！"[2]最高领导层开始努力与可能发生在罗曼诺夫一家身上的任何不幸事件撇清关系。苏维埃政府试图推卸所有可能的责任。但到目前为止，官方的政策仍未变：尼古拉将被带到首都接受司法审判。

1918年7月4日，戈洛谢金到莫斯科参加苏维埃代表大会并与中央当局磋商时，他对此没有任何预感。这就是叶卡捷琳堡布尔什维克所谓的"派去重型火炮"。[3]他的任务是与斯维尔德洛夫讨论未来的安排。两个中心的布尔什维克领导人都认为必须制订适当的行动计划。他们预计捷克斯洛伐克部队将在几天之内进攻叶卡捷琳堡，乌拉尔布尔什维克想知道，首都能为他们提供什么帮助。他们还必须讨论如何处置被拘禁的罗曼诺夫一家。叶卡捷琳堡在不久的将来可能会落入捷克斯洛伐克部队手中，那么让罗曼诺夫一家继续待在伊帕季耶夫宅邸显然是不合适的。

斯维尔德洛夫丝毫没有预感到，支持着安全政策的要素即将遭受严重破坏——他们也不知道，变革性的事件即将在莫斯科及俄国中部其他地方，而不是在乌拉尔发生。苏维埃代表大会以预料中的方式在首都的莫斯科大剧院开幕。现场很嘈杂，外国使团都坐在最好的包厢里，从高处观看。剧院的一侧坐着米尔巴赫与奥地利、匈牙利、保加利亚和土耳其的大使，德国情报部门负责人鲁道夫·鲍尔也出席了大会。剧院的另一侧、正对着他们的是盟军代表。[4]托洛茨基则讲了红军的军事准备工作。布尔什维克委员之间没有出现任何分歧。玛丽亚·斯皮里多诺娃和仍在公开活动的左派社会革命党人共同谴责人民委员会——鲍里斯·卡姆科夫尖叫着说他们是不人道的恶棍，当他抬头看向米尔巴赫一行时，叫喊声响起："打倒暗杀者！"[5]

幕后的气氛也是如此。他们的中央委员会秘密策划了莫斯科的恐怖主义活动。他们不是要杀死托洛茨基，而是要组织一项"挑衅"行动来破坏《布列斯特-立托夫斯克条约》，并使布尔什维克回到"革命战争"的道路上。他们准备暗杀米尔巴赫大使，认为这将迫使柏林与莫斯科决裂。

7月6日，仍然在契卡工作的十八岁左派社会革命党人雅科夫·布柳姆金混进了德国大使馆并开枪刺杀了米尔巴赫。人民委员会立即宣布左派社会革命党全党不合法，并逮捕了几名领导人。济尔辛斯基赶到他们党的总部，试图控制局势。左派社会革命党人反将他拘禁起来，直到兵力明显胜过他们的拉脱维亚步兵干预时，才将他释放。卡尔·拉狄克——党内主要的德国问题专家——赶紧前往大使馆正式表达哀悼，希望德军不要军事占领莫斯科。[6]他们希望维护在布列斯特-立托夫斯克签订的和平条约。这在拉狄克看来很难，他一直是该条约的强烈反对者。苏维埃领导人决心支持俄国与德国签订的条约。德国人呼吁逮捕、惩罚凶手与他们的"意识形态上的鼓动者"；他们还要求派他们的部队进入俄国。[7]政府不顾一切地满足他们的要求，下令处决契卡副主席、左派社会革命党人V. A. 亚历山德罗维奇。

形势渐渐缓和下来，德国人暗暗表示，他们赞赏官方的反应。

拉狄克开玩笑说，还有不少空位，尼古拉二世手下的将军可以结队去米尔巴赫的葬礼大厅，在众人面前流下鳄鱼的眼泪。[8]教化人民委员阿纳托利·卢那察尔斯基向英国和法国外交官保证，紧急状态即将结束。像其他布尔什维克一样，他担心盟军可能发动战争，以免俄国被德军占领。[9]

鉴于盟军一直努力想摆脱布尔什维克，这种想法并非偏执。英国和法国的外交官和情报部门鼓动鲍里斯·萨温科夫实施自己的计划，让他的"捍卫祖国与自由联盟"在位于莫斯科东北一百五十五英里处的雅罗斯拉夫尔发动起义。[10]他们的想法是煽动俄国北部和中部城市反对布尔什维主义，萨温科夫希望得到阿列克谢耶夫将军在南方聚集起的所谓白军的支持。[11]法国人还故意给萨温科夫一些消息，让他认为同盟国即将全面入侵。[12]7月6日，当左派社会革命党人刺杀米尔巴赫时，萨温科夫的武装团体开始发动起义，并占领了雅罗斯拉夫尔和附近的城镇。[13]但是萨温科夫被盟军欺骗了；他很快发现，在红军与起义部队作战时，盟军并没有提供援助。[14]

这些事件使莫斯科的政局天翻地覆。尽管政府对刺杀事件的反应让德国人十分满意，但一切都变得难以预料。人民委员会中没有人觉得可以信任德国人。可以想象，柏林可能在秘密策划颠覆俄国，并像在乌克兰一样也在俄国建立傀儡政府。那年夏天剩余的时间里，他们都必须尽力安抚德国当局。当戈洛谢金到代表大会时，布尔什维克领导人仍然打算将前皇帝送到首都进行公开审判。但是如果还有什么事无疑会激怒德国政府，那就是公审。不过，暗杀令这个计划戛然而止。

7月9日，乌拉尔地区苏维埃领导人与布尔什维克党地区委员会领导人召开联席会议，讨论米尔巴赫枪击案和左派社会革命党人的起义。结果十五票赞成，五票弃权，他们向莫斯科发出消息，表示支持，他们称左派社会革命党人已经把自己“置于革命之外”。这场会议使得叶卡捷琳堡的左派社会革命党人退出了他们的政党，加入了布尔什维克。[15]乌拉尔的两个政党一度反对和平条约。他们曾一起工作，即使在《布列斯特-立托夫斯克条约》签订后，左派社会革命党人也在地区一级担任重要职位。莫斯科处决了他们的几位领导人，但只要他们承认人民委员会的权威，别洛博罗多夫仍然准备敞开温暖的怀抱迎接他们。仍然有证据表明，莫斯科和叶卡捷琳堡之间存在分歧。

中央领导人密切关注乌拉尔的局势。7月6日之后那一周，中央领导人比前几个月更加直接地参与了莫斯科与叶卡捷琳堡之间的交流。他们想对关押在叶卡捷琳堡的三名芬兰人做好安排。7月13日，萨法罗夫保证，他们的事已经解决。[16]中央领导人还收到电报，回复有关堂兄弟亚历山大和弗拉基米尔·阿尔达舍夫的询问，这对堂兄弟住在叶卡捷琳堡。7月17日，乌拉尔的契卡告诉他，立宪民主党人亚历山大·阿尔达舍夫在上伊谢季工厂组织起义后逃走了。作为报复，他的两个侄子被扣为人质。[17]电报系统有效而缓慢地运行着：从莫斯科到叶卡捷琳堡的消息通常要三天时间才能送达。[18]1918年7月7日，在戈洛谢金离开莫斯科之前，中央领导人下令让别洛博罗多夫与克里姆林宫直线联系。[19]他们和别洛博罗多夫之间必须用更流畅的方式交流。中央领导人知道莫斯科和叶卡捷琳堡的军事形势有多糟糕，并预见到，必须对拘禁在伊帕季耶夫宅邸的罗曼诺夫一家的命运做出决定。斯维尔德洛夫不愿意将此问题留给乌拉尔领导人自己决定。

第四十章

不愿成为沙皇的男人

在苏维埃控制的所有领土上，整个罗曼诺夫家族的所有成员处境都越来越危险。赤卫军从芬兰的庄园带走了格奥尔基·米哈伊洛维奇，并将他软禁在沃洛格达。当局认为这还不够安全，到1918年4月，他在严密监督下回到了彼得格勒。[1]苏维埃官方对罗曼诺夫家族的担忧延伸到乌拉尔，地区执行委员会希望确保他们没有逃脱。维亚特卡省党员大会希望驱逐省内的罗曼诺夫家族成员，并投票决定将他们送到叶卡捷琳堡。谢尔盖·米哈伊洛维奇大公、康斯坦丁·康斯坦丁诺维奇、伊戈尔·康斯坦丁诺维奇、约安·康斯坦丁诺维奇、伊丽莎白·费奥多罗芙娜大公夫人和弗拉基米尔·帕列伊伯爵被送到位于叶卡捷琳堡西北九十多英里处的阿拉帕耶夫斯克。[2]叶连娜·彼得罗芙娜大公夫人——约安大公的妻子——是幸运儿之一。她是塞尔维亚王室成员。在当前阶段，中央党领导层希望避免发生不必要的国际事件。

她的血亲不断请求允许她自由生活。起初她获许住在叶卡捷琳堡的阿塔曼酒店，但乌拉尔地区苏维埃执行委员会不喜欢看到她在城中走动，便将她转移到彼尔姆，随后又转移到莫斯科。契卡坚持要她的丈夫留下来，这令她很苦恼。[3]

但是她别无选择，只能尽职尽责地收拾财物，她安慰自己这样就能和被迫留在彼得格勒的孩子们待在一起了。事实上，她被当作苏维埃外交政策中的棋子：布尔什维克中央委员会正在考虑用她来换回关押在国外监狱中的共产党领导人。用罗曼诺夫家族的一个小人物，换来德国极左派马克思主义领导人，如卡尔·李卜克内西或罗莎·卢森堡获释，这是非常值得的。事实上，德国政府对这一提议并不十分感兴趣。直到第二年年底，在匈牙利共产主义革命遇挫后，布尔什维克才得以用叶连娜大公夫人换回库恩·贝拉。[4]但至少在莫斯科，人们大多听说了这个消息，这也是乌拉尔地区苏维埃执行委员会对莫斯科的领导一直感到不安的原因。别洛博罗多夫和他的同志们担心，莫斯科可能会在德国的直接压力下释放罗曼诺夫一家，就像他们屈服了，签订了《布列斯特-立托夫斯克条约》一样。

执行委员会意识到，他们自己提出的安全要求一直执行得不太好。虽然他们可以保证满足叶卡捷琳堡的安全条件，但他们对整个乌拉尔地区都负有责任，而某些区域显然需要加强契卡人员的配备。要将如此多的罗曼诺夫家族成员转移到阿拉帕耶夫斯克，需要更好的组织和沟通能力。1918年5月，执行委员会朝这个方向迈出了一步，他们将彼尔姆和叶卡捷琳堡两地的契卡合并，由新的乌拉尔契卡指挥。办公地点选在宽敞的美国酒店，叶卡捷琳堡契卡搬出了之前位于官员街的办公地。[5]

尼古拉的弟弟米哈伊尔留在彼尔姆。米哈伊尔拒绝了尼古拉在二月革命中请他继承皇位的提议。自从苏维埃当局将他驱逐出彼得格勒以来，米哈伊尔一直与妻子安静地生活在彼尔姆。这对夫妇身边带着忠诚的私人秘书尼古拉·约翰逊。他们住在最好的酒店的皇家套房中，在城中的活动也没有受到任何打扰。有一次，他们晚上在剧院，有人向他们抛来鲜花。[6]对他们心怀善意的人会更加理智地避免用这种姿态表示支持。彼尔姆的布尔什维克总是比叶卡捷琳堡少，而且他们更急切地希望把握住继续掌权的机会。因此，他们往往更倾向使用武力手段。他们认为，表现得无情有助于防止他们被人赶下台。从党的角度来看，彼尔姆的主要劣势是缺少工厂、矿山和工业。布尔什维克尽最大的努力做好战斗准备，以此来弥补劣势。他们用武力解决问题的做法使他们成为一股巨大的力量。米哈伊尔继续住在高级酒店中，这挑战了他们的自负心理。如果人们认为罗曼诺夫家族的其他成员也应该受到拘禁，那么应该如何处置米哈伊尔的问题便浮出水面。

布尔什维克讨论中最有影响力的人物之一是彼尔姆的党的领导人加夫里尔·米亚斯尼科夫。他为人固执，性情多变，经常穿着长靴大摇大摆，精心卷起的小胡子透出一股咄咄逼人的气势。他在党内为所欲为，彼尔姆郊区的莫托维利哈布尔什维克已经习惯听命于他。在同意为彼尔姆苏维埃政府工作之后，他回到了城中，在那里，他可以获得更大的权力来为所欲为。

对如何解决米哈伊尔·罗曼诺夫的问题，他的建议是绑架并处死米哈伊尔。米亚斯尼科夫并不赞成将米哈伊尔拘禁在某个地方的主意，他似乎相信，唯有死去的罗曼诺夫才是好的罗曼诺夫。他准备让彼尔姆的契卡主席索罗金签署正式的命令。索罗金不愿意，米亚斯尼科夫便大发雷霆。最终，索罗金屈服了，米亚斯尼科夫可以如他所愿安排行动了。保密对行动取得成功至关重要。在乌拉尔地区，苏维埃当局喜欢采用一种特殊的转移方式。没有在监狱中被枪决的受害者会被告知，出于安全原因，他们将被转移到其他地方。在通常情况下，他们会被带到郊区。护送队到了树木繁茂的地方，便让他们下车，在公众看不到的地方处决他们——有时他们的尸体会被丢进乌拉尔众多的废弃矿井。

米亚斯尼科夫遇到的问题是如何诱使米哈伊尔离开酒店。他采取了一项极端措施，切断了电话线并将所有服务人员锁在各自的房间里。这样，米亚斯尼科夫得以进入米哈伊尔的套房并告诉他，他有遭暗杀的危险。米亚斯尼科夫冒充成保护他的人，劝说他和约翰逊乘坐一辆有人护卫的马车离开大楼。[7]一切都完全按计划进行。米哈伊尔和约翰逊同意坐车转移。他们来到树林中，被命令下车。这时，步枪枪口便对着他们了。他们没有机会逃脱，被当场处死。

列宁的口头和书面记录都完全没有提到他是否参与处决米哈伊尔这件事。1917年一整年里，没有留下任何痕迹，可以将他与布尔什维克中央委员会从德国政府获得财政补贴联系起来。实际上，确实没有迹象表明，列宁下令或批准处决米哈伊尔。如果乌拉尔的米亚斯尼科夫请示过他，他可能会把这段记录下来。米亚斯尼科夫这名布尔什维克的退伍军人知道，没有几个党内领导人对罗曼诺夫家族抱有同情。

在1918年年中，整个俄国都陷入了谣言的旋涡。有谣言暗指，米哈伊尔的目标是夺取他在二月革命中没有接受的皇位。海报和宣言开始出现在城中的墙壁上，据说都是由他签署的。仍然在亚速海以北的俄国领土上组建志愿军的阿列克谢耶夫将军对此感到不安。作为一名君主主义者，他对罗曼诺夫家族充满温情，尽管他曾建议尼古拉退位。但是，他希望他新组建的军队能够在现实的基础上运作。目前的局面令他困惑。1918年6月，在经过尽职尽责的调查后，他得出结论，米哈伊尔大公从未发布过任何此类海报或宣言。他对有关罗曼诺夫一家已流亡英国的消息同样持怀疑态度。[8]但阿列克谢耶夫将军知道自己获得的信息并不全面。他也听说了大公已经被布尔什维克处决的消息。真相到底是什么？阿列克谢耶夫一无所知。他被困在俄国南部，同彼尔姆和叶卡捷琳堡布尔什维克高层的所有人一样困惑。[9]

第四十一章

有限的选择

7月13日，人民委员会加紧了对罗曼诺夫家族的管控，宣布尼古拉及其家族的所有财产为俄罗斯联邦苏维埃社会主义共和国所有。这包括家族在俄国国内和国外拥有的一切财产。该法令涵盖了家谱列出的每一位成员，由参谋长弗拉基米尔·邦奇-布鲁耶维奇签署。[1]罗曼诺夫家族的土地已经在十月革命中根据土地法令被没收了，也没有人禁止苏维埃官员去没收他们的其他财产。

7月的第二周，斯维尔德洛夫忙于处理米尔巴赫遇刺一事以及莫斯科和雅罗斯拉夫尔的起义，首都的领导层很可能尚未明确决定如何处置罗曼诺夫一家。但有一件事是显而易见的：当时的莫斯科已不再适合做前皇帝的审判地了。

但还有另一种解释。根据叛逃海外的G. Z. 别谢多夫斯基伊在西方出版的回忆录，负责食品供应的政委彼得·沃伊科夫后来断言，乌拉尔地区领导层的新政策一度反映了他们与莫斯科之间的意见分歧。但沃伊科夫补充说，莫斯科内部就存在分歧，有人仍然希望保住尼古拉的性命，将他作为与德国人谈判的筹码，而斯维尔德洛夫和克列斯京斯基则支持乌拉尔方面的观点。然而，中央委员会确实警告说，在德国当局正讨论给他们提供庇护时，亚历山德拉和罗曼诺夫一家的死讯必须绝对保密。在米尔巴赫遇刺后，他们仍然非常害怕刺激柏林。[2]这个说法是完全可信的，但也是完全无法证明的。另外，沃伊科夫可能只是在复述即将得到一致认可的官方说法，即最终决定是由叶卡捷琳堡单方面做出的。另一种可能性是，斯维尔德洛夫派戈洛谢金带着他们批准的几种方案前去商讨，但把最终选择权留给了地区执行委员会。

7月12日，在戈洛谢金从莫斯科谈判回来后，地区苏维埃便开会讨论自己的前景。根据执行委员会委员帕维尔·贝科夫几年后提供的说法，军事指挥部面临的第一个大问题就是叶卡捷琳堡能坚持多久。[3]答案很明显。捷克斯洛伐克部队迅速占领了他们经过的每座城市。车里雅宾斯克已经成为他们在乌拉尔的军事中心，后来他们决定派团到伏尔加地区与科穆奇人民军联系，并派人在俄国指挥官谢尔盖·沃伊采霍夫斯基中校的指挥下对抗叶卡捷琳堡。[4]乌拉尔领导层承认，叶卡捷琳堡防御不足，红军在纪律和经验方面也不如敌人。于是，拘禁中的罗曼诺夫一家的命运被彻底确定下来。任何让他们待在叶卡捷琳堡或将他们带到其他地方接受审判的想法都是不现实的。整个地区的“苏维埃政权”面临灭顶之灾。叶卡捷琳堡和彼尔姆是仅剩的两座仍处于布尔什维克统治下的人口稠密的大城市。执行委员会决定不将罗曼诺夫一家向西转移，而是将他们就地处决。他们认为，相比承担罗曼诺夫一家可能落入反革命者手中的风险，这样做更好。执行委员会里有些人在1918年夏天之前就希望处决他们了。[5]

1918年7月9日，一名不明身份的男子出现在伊帕季耶夫宅邸。警卫让他离开，他破口大骂。警卫将他带到契卡总部。[6]在日益恶化的军事局势中，没有人敢冒险。人们的神经已经绷紧到快要崩溃。那时发生了另一件奇怪的事，在住所被布尔什维克征用后，阿尔希波夫医生在城镇周围奔波。他跑遍了每一家可以买到硫酸的商店。显然，他要买四百磅硫酸——这对于普通的医生来说量太大了。后来，人们回想起此事时才明白他这么做的可怕目的。[7]

1918年7月14日，戈洛谢金与乌拉尔领导层中他的副手兼地区军政委员阿努钦一起散步。萨法罗夫也与他们在一起。这是1917年之前布尔什维克经常采用的会面方式，可以避开女房东和警察的窥视。叶卡捷琳堡当前的形势如此紧急，地区领导人整日坐在委员会的办公室里，需要出去透透气，缓解一下情绪。正如他们所知，这可能是战火烧到这里之前他们的最后一次商讨机会。三人都认为，当前的紧张局势迫使他们处决罗曼诺夫一家。其他人则拒绝接受该提议，其中包括地区苏维埃执行委员会委员尼古拉·乌菲姆采夫。对于他而言，只处决亚历山德拉更合适，他认为她尤其应该对皇朝的暴政负个人责任。乌菲姆采夫认为，尼古拉太溺爱妻子，没有自己的主张；他也不赞成处死罗曼诺夫家的孩子们。最终，这群布尔什维克没能决定应该处决谁，回到了城中。处决已经提上叶卡捷琳堡领导层的议程，但目标名单尚未确定。[8]

7月16日，尤罗夫斯基早上八点来到伊帕季耶夫宅邸，别洛博罗多夫也在那里。他们检查了宅邸之后，便去开会了，让尼库林留下负责，直到尤罗夫斯基晚上回来。[9]别洛博罗多夫决定，莫斯科一旦批准处决，他们便立即执行。

当天晚些时候，乌拉尔地区苏维埃执行委员会在美国酒店（契卡的地区总部）会面，听取戈洛谢金汇报莫斯科之行。戈洛谢金一直和契卡领导人住在那里。[10]出席会议的一些人对他没能获得斯维尔德洛夫对处决罗曼诺夫一家的明确批示表示失望。萨法罗夫质问戈洛谢金，他指望叶卡捷琳堡能在捷克斯洛伐克的攻势下坚持多久。[11]但是如何处决、在何地处决，以及应该处决谁呢？经过一番讨论，他们决定在伊帕季耶夫宅邸处决。这就意味不仅处决沙皇一家，还要处决服侍他们的医生、厨师、男仆、女仆和帮厨。这么决定的理由是残酷的：他们选择将自己的命运与罗曼诺夫一家绑在一起，而现在他们不得不面对这一后果。[12]

但是如何组织这场处决呢？别洛博罗多夫的提议是，伪造出一起罗曼诺夫一家出逃的事件，由契卡将他们带到郊区的树林中处决。要把尼古拉本人留下来。他们希望宣读完对他的指控后，公开处决他。戈洛谢金认为这项提议不切实际；他看不出他们有什么办法可以逃跑。他倾向于将沙皇一家带到树林里枪决，将尸体扔到矿井里去。同时，他们向公众宣布，沙皇一家已被转移到一个更安全的地方。沃伊科夫有另一个想法，那就是将罗曼诺夫一家带到河边，绑上重物沉入河中。[13]最终，戈洛谢金的办法得到了广泛的认可。他的计划简单易行，也最容易避开窥探的眼睛。

尤罗夫斯基接到了命令，负责实施计划。他回到沃兹涅先斯基大街并做出安排。他让负责分遣队日常管理的帕维尔·梅德韦杰夫向值班警卫宣布处决沙皇一家的计划。[14]尤罗夫斯基还指示，将一个小男仆从宅邸带到波波夫住所，那里有士兵——尤罗夫斯基作为工人阶级的斗士，显然决定应该饶小男仆一命。他还指示梅德韦杰夫收走所有警卫的左轮手枪。梅德韦杰夫将枪交给他时，尤罗夫斯基解释说:“今天我们要处决他们全家。”他决定挑选一些负责室内的人组成行刑队，并希望他们使用最精良的武器。他让梅德韦杰夫告诉警卫，听到枪声时不要激动。他行事干练，意志坚定。[15]

同时，叶卡捷琳堡方面也必须向莫斯科汇报自己的意图。1917年7月16日，戈洛谢金和萨法罗夫给彼得格勒的季诺维也夫发了一份联合电报。当时，这是向莫斯科发送信息的最可靠方式，而季诺维也夫打算将内容转发给斯维尔德洛夫。联合电报是由戈洛谢金和萨法罗夫，而不是由别洛博罗多夫签署的，这一事实并不重要。叶卡捷琳堡即将遭受攻击，而统治集团正在准备疏散。乌拉尔领导层希望得到斯维尔德洛夫的支持，以处决罗曼诺夫一家。季诺维也夫立即认识到电报内容的重要性。他发出电报，在其中对叶卡捷琳堡的电报内容做了评论:“告知莫斯科，与菲利普［·戈洛谢金］商量好的审判不能因为军事情况而推迟。如果您的意见是否定的，请尽快告知：戈洛谢金和萨法罗夫。请您亲自与叶卡捷琳堡联系：季诺维也夫。”[16]

1918年7月16日晚上九点二十二分，即乌拉尔时区晚上十一点二十二分，彼得格勒的电报抵达莫斯科。[17]除了一些约定的代码外，电报内容没有任何意义。正如斯维尔德洛夫和雅科夫列夫在4月份将途中的罗曼诺夫一家称为“行李”一样，戈洛谢金和萨法罗夫也可能会避免使用“处决”这样的词，而换成更加无害的“审判”一词。布尔什维克领导人都知道苏维埃在内战中可能失败。如果他们之中有人不幸被敌人俘虏，而通信表明他们曾合谋处决罗曼诺夫一家，那么敌人是不会对他们手下留情的。无论如何，布尔什维克都对舆论持谨慎态度，他们不想因为处决尼古拉而招致大众不满和失望。二月革命之前，布尔什维克一直非常擅长编码和加密信息。十月革命之后，他们虽然控制了电报网，但仍然谨慎地沿用这些预防措施。不管怎样，戈洛谢金和萨法罗夫知道斯维尔德洛夫会明白他们的意思，因为他们已经统一了电报中的暗语。

在伊帕季耶夫宅邸，行刑队这段时间始终做好准备。但是，在执行委员会领导人得到首都的批准和授权，可以继续行动之前，尤罗夫斯基什么也做不了。[18]这也印证了，有关乌拉尔领导层自作主张处决沙皇一家，事后才告知莫斯科的说法是多么荒谬。

在莫斯科，斯维尔德洛夫商讨了一系列的行动，随后他们向阿基莫夫传递出消息。阿基莫夫接到斯维尔德洛夫的命令，骑摩托车将消息送到中央电报大楼。斯维尔德洛夫告诉他行事要异常谨慎，并且要将电报副本和电报纸条带回来。当发报员拒绝服从指令时，阿基莫夫掏出了左轮手枪。办完事后，他返回了克里姆林宫，继续履行警卫职责。电报经过从彼得格勒再到彼尔姆的同一环线，送达叶卡捷琳堡。[19]这一过程没有留下任何痕迹。因此，仍然没有证据证明是斯维尔德洛夫下令处决尼古拉及其家人的。这是故意为之的。但凡有可能让矛头指向莫斯科布尔什维克领导层的事情，在人民委员会、苏维埃中央执行委员会和党中央委员会的记录中都找不到任何痕迹。自1918年7月以来的几十年里，有些人一直认为，布尔什维克中央领导层对在伊帕季耶夫宅邸处决罗曼诺夫一家的决定一无所知。[20]

第四十二章
地下室中的处决

尤罗夫斯基已经做好了准备，但他一直对具体的计划保密，直到行动的那一刻才告诉他人。不过，他确实必须向梅德韦杰夫解释，他们要等乌拉尔地区苏维埃执行委员会发出信号。在一位同志到达伊帕季耶夫宅邸并说出“打扫烟囱”这个暗语后，才可以行动。同时，尤罗夫斯基将计划透露给他挑选的行刑队员。在描述行动细节时，他听到有人在嘟哝不同的意见。一些拉脱维亚士兵对要处决手无寸铁的年轻女子感到不安。尤罗夫斯基将这些人都撤换了，他不想用缺乏坚定信念以履行革命职责的人。[1]这将是一项艰巨任务，他需要已经做好准备的士兵。他选好人手之后，便告诉每个人他们要瞄准的目标。随后，他给行刑队发了纳甘左轮手枪。[2]为什么是左轮手枪而不是步枪呢？因为他想突袭罗曼诺夫一家，如果士兵只携带手持武器，他们就不太会察觉到要发生的事。

就在这一切发生时，捷克斯洛伐克部队的炮声四面响起，越来越响亮。[3]警卫分遣队敏锐地意识到，危机的最后时刻即将来临。然而，在莫斯科批准并发来电报前，伊帕季耶夫宅邸什么都不会发生。警卫被告知要耐心等待。罗曼诺夫一家根本不知道他们即将面临什么。宅邸内的一家人不知道，在外面的大街上，布尔什维克架好了机枪，阻止任何人进入。[4]

午夜临近，漫长的等待令每个人都神经紧绷，尤罗夫斯基不知道是何事拖延了行动。人们的情绪越来越紧张。到了一点钟，他变得非常担心：领导层仍然没有发出任何信号。等待的时间越长，就越难维持行刑队的士气。凌晨一点三十分，信号终于出现。一名同志出现在警卫点，并发出了"打扫烟囱"的指令。尤罗夫斯基终于可以采取行动了。那一刻来临了。作为一名契卡军官，他准备做任何他认为有利于革命的事情。如果上级下令处死可恶的罗曼诺夫一家，他便积极去执行。但与1917年2月以来发生的所有事情一样，领导者都不能确定他们的命令一定会得到执行。幸运的是，尤罗夫斯基小心地挑选了自己的队伍，知道他们会按照他的命令行事。[5]

尤罗夫斯基将博特金医生从睡梦中唤醒，并让他穿好衣服。他以城里发生骚乱为借口，称要将罗曼诺夫一家转移到一个更安全的地方。他向罗曼诺夫一家重复了同样的话，让他们穿好衣服，去地下室。尤罗夫斯基故意没有催促他们，以保持平静的气氛。虽然这是一个不寻常的、突如其来的命令，但沙皇一家还是心平气和地服从了，他们梳洗过后，便去见了警卫。[6]

两点钟，尼古拉把阿列克谢抱在怀里，下楼走进地下室。所有人都聚到一起了，尤罗夫斯基开始发号施令。在对他们说话之前，他命令亚历山德拉和阿列克谢坐在准备好的两把扶手椅上。其余人被要求站在一旁。尤罗夫斯基让尼库林和他站在一起。现场还有帕维尔·梅德韦杰夫、米哈伊尔·梅德韦杰夫、彼得·叶尔马科夫，以及七名拉脱维亚人。十二个男人每人都握住了尤罗夫斯基先前发下来的纳甘左轮手枪。[7]（根据梅德韦杰夫后来的证词，尤罗夫斯基命令他走出地下室，听听是否会听到枪声，[8]但是，很可能他这么说只是徒劳地希望逃脱罪责。）随后，尤罗夫斯基简短地宣布了乌拉尔地区苏维埃执行委员会处决罗曼诺夫一家的命令。尼古拉转过身来，惊讶万分，想问个问题。[9]

尤罗夫斯基重复了一遍，然后毫不犹豫地喊道："射击！"根据先前的安排，他亲自瞄准并射杀了尼古拉。枪声响成一片，子弹射进了墙壁又弹射出来。尽管距离很近，但并非所有的警卫都瞄得准。有些人认为乌拉尔契卡的米哈伊尔·梅德韦杰夫是杀死尼古拉的人，他特意要求将尼古拉作为自己的目标。[10]在宅邸外面，事先安排好的卡车发动机在快速运转，声音已盖过墙内的枪声。枪击持续着，直到尤罗夫斯基确信没有人存活才停止。然后，他走过去检查受害者。[11]

这是一幅可怕的景象。行刑队的一些队员再也无法忍受这一幕，尤罗夫斯基向帕维尔·梅德韦杰夫喊叫，让他去安抚值勤室里的其他警卫。他们听到枪声，想知道发生了什么。他还没来得及说话，便碰到了这些警卫。他们指出，他必须对所做的事负责；他们当然不希望将来有人将此事怪在他们头上。梅德韦杰夫命令他们重返岗位。尤罗夫斯基得知了他们的疑虑，他让梅德韦杰夫回去再与警卫谈话。尤罗夫斯基完成了执行委员会交给他的任务；但他不想让消息传出去，因为叶卡捷琳堡街头已经有人议论。警卫们不得不对发生的事情保密。[12]

尤罗夫斯基下令冲洗地下室的地板和墙壁，[13]并提供了桶、拖把和扫帚。这是一项令人不快的尴尬任务，因为在清洗之前，他们必须把尸体、衣服和尸体碎块移到一边。完成任务之后，警卫们想回位于波波夫住所的宿舍休息。但梅德韦杰夫不允许，担心他们会把消息传遍全城。他强迫他们在伊帕季耶夫宅邸的浴室中睡觉。[14]

与此同时，在伊帕季耶夫宅邸，罗曼诺夫一家和随从们的尸体堆在一辆卡车里，在彼得·叶尔马科夫的指挥下，卡车驶出了叶卡捷琳堡。他们要将尸体火化后倒进矿井。一路上道路崎岖不平，花费的时间比预期的要长。卡车到达目的地后，叶尔马科夫下令彻底搜查尸体上的珠宝和其他物品。他们发现罗曼诺夫一家把各种贵重的小物件藏在了衣服里。他们把尸体堆在一起，用衣服和外套作为火绒，倒上成罐的汽油，随后擦燃了火柴。火光冲天。草草焚烧后，为了不留下任何痕迹，叶尔马科夫决定最好将遗骨移到附近另一座矿井中，并用酸浸泡。虽然叶尔马科夫不知道为什么会有人想爬进一座废弃的矿井，但他不希望任何一具遗骨被辨认出来。

叶尔马科夫按照命令行事。捷克斯洛伐克军团将在几天内攻入这座城市。生活在矿井附近并被告知要远离卡车的农民必定会注意到燃烧的火堆，他们可不会保守秘密。乌拉尔领导层没有全面地考虑这个计划带来的影响，普通人要想弄清楚树林里发生的事情并不难。布尔什维克已经在计划撤离叶卡捷琳堡：他们知道，除非出现奇迹，否则捷克斯洛伐克部队和他们的俄国盟友将成为这里新的掌权人。英国领事馆仍然在伊帕季耶夫宅邸对面。就算他们被罗曼诺夫一家遇害时卡车发动机的声音骗过去了，他们也一定会怀疑有不妥之处，尤罗夫斯基已经很难控制住公众，不让他们传播消息。此外，商人伊帕季耶夫很快将收回他的房产，他可以告诉全世界在那里发现了什么。

尤罗夫斯基和他的队伍只能尽量消灭证据。火和酸会在矿井中发挥作用；刷子和洗涤剂会清除伊帕季耶夫宅邸里的痕迹。拘禁中的罗曼诺夫一家已经消失在茫茫夜色中了。

第四十三章
撤　离

1918年7月17日晚九点，别洛博罗多夫给弗拉基米尔·戈尔布诺夫发了一份加密的紧急电报。电报只有一句话："告诉斯维尔德洛夫，全家与他们的家长经历了一样的命运，一家人将在撤离时正式消失。"[1]根据I. I. 拉津斯基后来的说法，斯维尔德洛夫的一位秘书——一个是叫维诺格勒斯卡娅的人——告诉他这个消息使斯维尔德洛夫感到意外。[2]

第二天，斯维尔德洛夫将叶卡捷琳堡的电报带到苏维埃代表大会中央执行委员会，他们批准了乌拉尔领导层的做法。斯维尔德洛夫、索斯诺夫斯基和阿瓦涅索夫负责起草公告。他们的计划是，谎称只有尼古拉一人被处决。斯维尔德洛夫还打算公布一系列有关罗曼诺夫一家的文件，包括尼古拉的日记。[3]那天晚些时候，他把这个消息传递给了托洛茨基出席的人民委员会会议。人民委员会只注意到了尼古拉被处决的消息，并支持这一决定，将其归为"叶卡捷琳堡苏维埃”所为。[4]这便是苏维埃官方口径的缘起，即处决尼古拉完全是由乌拉尔而非莫斯科提出的，而叶卡捷琳堡的布尔什维克完全是为了应对“捷克斯洛伐克匪徒”的军事威胁才这么做的；此外，据称伊帕季耶夫宅邸里罗曼诺夫家的其他人已被带到一个安全的地方。一个弥天大谎由此开始成形，而斯维尔德洛夫便是始作俑者。[5]

为何苏维埃拒绝透露究竟处决了几名罗曼诺夫家的成员，这仍然是一个秘密，目前还没有文件可以解释斯维尔德洛夫为什么要这样做。他们可能意识到，处决五名沙皇子女会引起国内外广泛的反感。这么做可能也出于外交政策的考虑。莫斯科的领导人不能给德国的军事干预制造任何借口。亚历山德拉是黑森的大公小姐，德国方面经常问她和她的孩子是否安全，威廉皇帝很有可能告诉他的指挥官和外交官，要优先营救幸存的罗曼诺夫一家，如果得知他们已经被处决，德皇很可能会大发雷霆。因此，斯维尔德洛夫肯定会想到，最好是让每个人都以为，他们在伊帕季耶夫宅邸里只处死了一名成年男性。

在处理完莫斯科的事务之后，斯维尔德洛夫通过电报与别洛博罗多夫对话。[6]斯维尔德洛夫知道乌拉尔地区发生了非同寻常的大事，他要求地区领导人提供给他最新的信息。阿拉帕耶夫斯克发生了什么事？契卡做了什么？别洛博罗多夫不能，或许是不愿总是提供完整的回答。他坚持说叶卡捷琳堡并没有损失什么。也许他是想证明自己真的具备一名真正的布尔什维克领导人的斗志。他说除了红军之外，所有人都已撤离。乌拉尔布尔什维克要保卫这座城市。斯维尔德洛夫允许别洛博罗多夫公布中央执行委员会的决定；他敦促别洛博罗多夫坚持住，并承诺将派去增援部队——或是至少派去数百名彼得格勒和莫斯科工人，来为他们的事业做宣传。他提醒别洛博罗多夫，后方发生的事情与前线即将到来的战斗同样重要。[7]

当列车载着强大的捷克斯洛伐克部队即将抵达叶卡捷琳堡时，别洛博罗多夫一定觉得，斯维尔德洛夫的这个承诺和建议并没有多大吸引力。不过如果斯维尔德洛夫能够派出一支训练有素的部队，那就另当别论了。但军事人民委员托洛茨基正将伏尔加地区的红军部队集中部署在对阵科穆奇的前线。斯维尔德洛夫可以给予的唯一安慰是，他们不会与德国开战了，德国人不再如米尔巴赫遇刺后那样坚持要派一个营到莫斯科。

在叶卡捷琳堡，人们对军事形势的担忧达到了极限。伊帕季耶夫宅邸的警卫工作照常开展。菲利普·普罗斯库里亚科夫和他的警卫们直到1918年7月17日下午才被告知，可以自行离开并到城中放松一下。尤罗夫斯基、尼库林和梅德韦杰夫监督手下收集罗曼诺夫一家的财物。他们在执行处决之后收集整理了整整两天。做这项工作的人很平静，有些人在打包行李箱时甚至喝醉了。警卫对这些贵重物品爱不释手。米哈伊尔·列捷明带走了一条名叫“杰克”的小狗，这条狗很喜欢黏着他。7月18日晚，他们决定任务已经完成，帕维尔·梅德韦杰夫告知警卫乌拉尔领导层的分遣队计划：他们都要离开叶卡捷琳堡。[8]他们会成为反布尔什维克军队的明显目标，分遣队已经有一半的人在这一天离开了。[9]别洛博罗多夫命令将可靠的部队转移出危险区域，这便足以证明他根本没有打算为这座城市奋战到底。“苏维埃政权”即将结束。

人们将手提箱从伊帕季耶夫宅邸带出并搬上火车。随后尤罗夫斯基便与拉脱维亚籍的警卫们离开了。[10]7月20日，他必须从比谢尔季火车站给别洛博罗多夫发电报解释说，他急着离开伊帕季耶夫宅邸，有两千卢布落在了桌子上，请别人替他收起来。[11]

在他们离开乌拉尔之前，领导层认为有必要在大型公众集会上宣布消息。7月19日，格拉夫尼大街上的歌剧院里聚集了一大群人听戈洛谢金讲话。为了澄清有关罗曼诺夫一家的谣言，戈洛谢金发表了一场言辞激烈的演讲，庆祝处决“血腥的尼古拉”。在讲完他与斯维尔德洛夫一同编造的故事版本后，他声称罗曼诺夫家其他的人因自身的安全问题而被转移到了另一个地方；他还坚称，这是乌拉尔独立做出的决定——他要防止莫斯科被牵扯进来。听众对戈洛谢金的报告不满意，他们大喊：“给我们看他的尸体！”[12]不过，这也是唯一一次群情激动。叶卡捷琳堡的人们自己有太多问题需要解决，无暇顾及罗曼诺夫一家的命运。[13]

警卫分遣队离开是别洛博罗多夫为撤离苏维埃官员、布尔什维克和红军部队而制订的计划的一部分。列车抵站，将人员和货物装上车，再向西返回。乘火车逃难的唯一方向是彼尔姆。许多妇女和孩童也在出逃的队伍中，他们担心家中没有男人，捷克斯洛伐克人会报复他们。每一位妇女都获得了三百卢布的生活津贴。[14]（但并不是每个人都有机会出逃，一些被遗弃在后方的家庭将很快被捕、遭到审讯。）别洛博罗多夫计划聚集所有可用的人力和物力资源，这些资源对人民委员会做出最终的军事回应至关重要。聚集资源的方法包括筹集银行里的现金和药店中的医疗用品。[15]所有苏维埃当局认为将来可能有用的物品都被搬上推车，带到火车站。反布尔什维克分子接手的只有少数有用的设施。

一部分警卫一直在伊帕季耶夫宅邸待到7月21日，随后这座宅邸便物归原主了。[16]如果布尔什维克披露出罗曼诺夫一家被处决的具体人数，叶卡捷琳堡可能会发生骚乱。[17]不过还是有一个小麻烦。在处决发生之前两天，尤罗夫斯基让修道院的修女为罗曼诺夫一家带来鸡蛋和牛奶。他还帮其中一位女儿转交给修女一张纸条，请修女再给她带一些缝纫线。7月17日，就在屠杀开始几小时后，修女来了。她们注意到房子外面停着一辆陌生的车，没有多想。奇怪的是，迟迟没有人来应门。一名警卫终于出现了，她们问道："尤罗夫斯基在哪儿？"警卫回答说，他还在吃早饭。又磨蹭了一会儿，另一名警卫出来说："他们不需要更多的牛奶了。他们生病了。再等一下。"说完，他也离开了。修女紧张地等待着，她们无意中听到有人问："应该对她们怎么说？"门再次打开，又一名警卫命令她们道："你们知道吗，不要再带东西来了。走吧！"[18]

这是一个很不寻常的现象。在食物日益短缺的时期，叶卡捷琳堡的任何人都不会拒绝一顿营养丰富的饭菜。这只能说明，宅邸里的人不会在这里待很久了。但是，如果修女发现他们已被处决，就不会再对警卫说任何话了。有一个人起了疑心：尼古拉·伊帕季耶夫的姨妹叶夫根尼娅·波佩尔。她一直关注着沃兹涅先斯基大街上的动向，7月22日她发现最后一批布尔什维克撤离了宅邸，便发了一封加密电报给她的姐夫："占领者已经离开。"[19]

委员会命令那些有手艺的人质，特别是裁缝和鞋匠，做一些有用的工作，市监狱里的情况发生了变化。他们释放了许多罪行较轻的犯人，甚至还放了一些人质。但罗曼诺夫家的随从没有享受这种待遇。乌拉尔地区苏维埃执行委员会要开始向西转移囚犯了，这么做是为了防止他们落入反布尔什维克军队手中。家庭教师阿纳斯塔西娅·根德里科娃、叶卡捷琳娜·施奈德和阿列克谢·沃尔科夫一起转移了，而沃尔科夫的同伴捷连季·切莫杜罗夫则留在监狱中。他们问目的地是哪里，其中一名士兵说是莫斯科。沃尔科夫担心他们实际上是要被处决了。他们一走出监狱，他就悄悄对根德里科娃和施奈德说，大家一起逃跑吧。两人都拒绝了，因为她俩生着病，而且并没有意识到情况有多危险。沃尔科夫忠诚地留下了，和她们待在一起。实际上，这几个人被从叶卡捷琳堡送到了彼尔姆的监狱里。[20]

直到7月23日，布尔什维克党的地方报纸《乌拉尔工人报》才宣布处决的消息。他们与官方口径一致，只提到了尼古拉的死讯。萨法罗夫的社论直截了当，称："他活得太久了，享受着革命对他的纵容，他像一名戴着皇冠的凶手。"处决是由乌拉尔地区苏维埃决定的。萨法罗夫称，临时政府中充斥着君主主义者及同情他们的人。十月革命开了一个头，要明确进行变革，改善劳动人民的生活。但局势仍越发危险。捷克斯洛伐克部队沿着西伯利亚大铁路发动的叛乱，引发了"黑色百人团"大屠杀，一战前这帮人就曾在俄罗斯帝国西部边疆屠杀犹太人。阿列克谢耶夫将军正在聚集武装力量，以恢复罗曼诺夫皇朝。萨法罗夫对米留可夫试图寻求德皇的援助表示震惊。在这种情况下，他宣称，必须处决尼古拉——当然，处决不会经过任何司法程序。但萨法罗夫为布尔什维克竭力捍卫人民委员会自临时政府倒台以后所做的改变而自豪。[21]

同一天，第三军发给身在喀山的红军总司令I. I. 瓦采蒂斯的报告显示，情况很严峻。没有新的军事力量可以阻挡敌人对叶卡捷琳堡的进攻。库兹诺处境极为危险。[22]此时，乌拉尔领导层只有极小的可能获得外部援助。当瓦采蒂斯让希望破灭时，叶卡捷琳堡政权注定要消亡了。

第四十四章

谋杀、掩盖和冒充者

叶卡捷琳堡处决发生二十四小时后，在阿拉帕耶夫斯克展开了一场行动。自5月以来，罗曼诺夫家族的其他成员一直被关押在城郊的纳波尔纳亚学校。他们的处境比尼古拉一家要自由一些，能够在街上走动并与居民交谈。守卫他们的拉脱维亚人并不像伊帕季耶夫宅邸那些警卫一样严格，警卫还允许年幼的大公们与当地的小孩子一起踢足球、玩撞柱游戏。罗曼诺夫家族的人尽力充实自己的生活。他们去照看学校的花园，还阅读俄国文学作品和《圣经》。[1] 然而，1918年7月初，当局不再允许他们在街上散步，并在学校周围竖起了铁丝网，挖掘了一条壕沟，防止有人来袭击或他们逃跑。1918年7月17日，就在尼古拉一家的尸体被运到树林中火化时，契卡官员来到了这座小镇。[2]

1918年7月17日至18日夜间，秘密警察与阿拉帕耶夫斯克苏维埃的一些领导人乘坐几辆三驾马车出现在了纳波尔纳亚学校里，并通知被软禁的罗曼诺夫家族的人，他们将被转移到一个更安全的地方，因为反布尔什维克军队的进攻迫在眉睫。大公们被告知只能带一些细软，准备出发。他们承诺，家族的其他财物将在适当的时候归还。半小时后，他们出发了。当局的秘密计划是将他们带到附近的矿井处决。马车离开阿拉帕耶夫斯克，人们在途中听到了枪声和手榴弹爆炸的声音。这是契卡玩弄的伎俩，故意给人造成印象，反革命分子已经在袭击学校了——当局想谎称是他人造成罗曼诺夫家族的人在交火中失踪。马车抵达矿井，他们按命令下车。处决的过程令人毛骨悚然。他们被人推搡着，扔进了竖井。

1918年7月20日，在叶卡捷琳堡发行的乌拉尔布尔什维克的报纸称，软禁中的罗曼诺夫家族的人在"匪徒"的袭击中逃离了纳波尔纳亚学校，目前下落不明。[3]叶卡捷琳堡在疏散居民，罗曼诺夫家族其他人的死讯并没有引起多少人注意。这次没有公众集会，也没有戈洛谢金发表的演讲或萨法罗夫撰写的文章。不管怎样，前皇帝被处决必然比其他皇室成员"失踪"更加引人瞩目。乌拉尔的苏维埃报刊甚至没有再提到阿拉帕耶夫斯克郊外发生的这起事件。事实上，除了1918年7月19日刊登的有关人民委员会没收所有皇室财产的法令之外，莫斯科的报纸上再没有关于皇室的其他新闻或是谣言了。[4]斯维尔德洛夫试图降低叶卡捷琳堡所发生之事的影响，并完全封锁阿拉帕耶夫斯克的消息。没有任何消息透露尼古拉的妻儿关押在哪里。他们希望在内战最激烈的时候，大多数俄国人的注意力不要放在处死前皇帝上面。

但国外是另一番景象。人民委员会派驻国外的官方代表很少，因为没有盟军政府接受他们。只有瑞士、德国和瑞典例外。人民委员米哈伊尔·波克罗夫斯基于7月18日参加了人民委员会会议，他给在苏维埃驻伯尔尼使团中的妻子写了一封信。波克罗夫斯基并不是一位多愁善感的政治家，但他在信中写道，前沙皇“就像一条狗一样”被处死了，字里行间透露出震惊之情。[5]

柏林是苏维埃外交活动的国际中心。在《布列斯特-立托夫斯克条约》签订后，阿道夫·约费被派去那里担任使团团长，负责与德国人联络。一战前，约费曾在维也纳生活多年，能说一口流利的德语并受过良好的教育。然而，几周以来，有关罗曼诺夫一家最终命运的流言蜚语满天飞，他感到自己难以履行职责。6月24日，他已写信提醒，处决尼古拉二世会带来可怕的后果。当德国外交大臣里夏德·冯·屈尔曼提到此事时，约费回答说他没有收到有关乌拉尔的消息，但他指出，捷克斯洛伐克部队的攻势加上对德国普遍的敌意，可能在叶卡捷琳堡引发众怒。他这么说是在暗指，是工人处决了尼古拉。约费希望确保，无论罗曼诺夫一家发生了什么事，都没有人能将这些暴力行为归咎于莫斯科的领导人；他还要求及时了解形势。[6]同时，德国人告诉人民委员会，要保证亚历山德拉和孩子们安全，但是约费还没有从莫斯科那里收到消息，他请求当局让他及时了解情况，以便他更好地完成工作。[7]但他的请求是徒劳的。布尔什维克领导层认为约费是一个正直的人，但太过正直了，因此无法履行一名外交官应尽的职责。

然而，德皇对他表弟一家的命运很关注，并要求大臣们询问叶卡捷琳堡发生的事情。亚历山德拉皇后的哥哥也有同样的想法。和往常一样，约费在面对询问时坦诚地表示，除了尼古拉以外，没有任何罗曼诺夫家的人被处决。他是在一年后被驱逐出德国时，才从济尔辛斯基那里得知了真相。[8]

布尔什维克并没有完全保守秘密。谣言、捏造的故事和准确的证词交织成一团迷雾。这些混乱大多是由乌拉尔布尔什维克故意制造的。叶卡捷琳堡的契卡城市领导人费奥多尔·卢科亚诺夫告诉他的姐妹，只有尼古拉被处决了。她并不相信，认为卢科亚诺夫是不想让一旁的母亲伤心。很快，另一名布尔什维克告诉了她真相，尼古拉一家已经都死了。[9]在撤离之前，很多布尔什维克都已经知道，沙皇的家人与他一起在叶卡捷琳堡被处死了。[10]别洛博罗多夫在谈话中证实了这一点，但阻止人们继续讨论事情的细节。[11]随着时间的推移，他认为自己应当与处决沙皇一家的决定划清界限，但他也无法完全推卸责任，除非他敢挑战官方口径，即叶卡捷琳堡，而不是莫斯科，做出了处决的重要决定。他牵强地补充道，处决沙皇一家时自己正在睡觉。[12]

官方混乱的说法导致许多人跳出来谎称自己是罗曼诺夫家族的一员。最早的调查人员认为，契卡领导层在积极鼓励这种做法，目的是误导舆论，一个简单的办法便是传播流言，说有人看到了罗曼诺夫家族的人。谣言最先出现在彼尔姆，乌拉尔布尔什维克离开叶卡捷琳堡后撤退到了这里。事实上，彼尔姆很快出现了一群怪人和游手好闲之徒，声称自己是从伊帕季耶夫宅邸逃出来的。在夏天结束之前，出现了更多冒充“罗曼诺夫家族一员”的人，他们甚至比末代皇室的人数还要多。人民委员会宁愿人们不再去打探尼古拉的亲人们的下落，而最好的办法就是让人们听到各种相互矛盾的说法。一些幸存的罗曼诺夫随从颠沛流离，疲惫且迷茫，他们的话也助长了有关叶卡捷琳堡处决的不实消息。男仆切莫杜罗夫于1918年8月下旬前往秋明，他向所有人保证沙皇和他的家人还活着。他宣称，博特金医生、纳戈尔内以及其他随从都在伊帕季耶夫宅邸被害了。[13]

曾经试图营救沙皇一家的谢尔盖·马尔科夫也卷入其中。他从秋明监狱获释后，便前往叶卡捷琳堡亲自侦察情况，就像他在托博尔斯克所做的一样。在米尔巴赫遇刺后第二天，他回到彼得格勒。处决尼古拉的公报发布时，他也在那里。7月22日，他冒险前往德国领事馆，恳求柏林干预并营救出其他皇室成员。他并不知道实际处死的人数。他的想法是寻求帮助，让皇后的哥哥和姐姐伊雷妮帮助释放那些囚禁在乌拉尔的人。[14]马尔科夫并不是一个遇到困难就轻易放弃的人。8月，他前往基辅，试图说服德国当局帮助他救出罗曼诺夫家幸存的人——他从未想过全家会被处决。[15]

第四十五章

捷克斯洛伐克的占领

1918年7月25日凌晨，捷克斯洛伐克部队畅通无阻地开进叶卡捷琳堡。布尔什维克的最后一趟列车在前一天晚上开走了。两天后，市民挥舞旗帜和横幅，并将鲜花抛进胜利大游行的队伍中。银管乐队令节日的气氛更加浓厚，似乎并没有人介意他们演奏的是德国进行曲。所有教堂都响起了钟声。公园里举行了宴会。帕维尔·伊万诺夫领导建立了新的乌拉尔地区政府，他承诺将统一所有的民主政治团体。四处响起“立宪大会万岁”的呼声。[1]

在接下来的几天里，被驱逐的人们回到这里，收回他们的私人财产，其中就包括尼古拉·伊帕季耶夫。几个月以来，精美的建筑被胡乱征用。在政权撤离之前，商人被剥夺了资产。城市经济一片萧条。好的方面是，铁路和电报仍然可以用，教堂开放了，神职人员再也不用提心吊胆。教师和其他的职业人士希望他们的处境得到改善。但是每个人都知道，任何整体改善都需要花费很长时间。在整个地区，许多工厂和矿场关闭了。那些仍在营业的工厂产量下降了，回到城里的业主重新开始经营停滞的产业，他们遇到了很大的困难。医院、药房和其他医疗服务设施变得少得可怜。乌拉尔首府再也不是那个自19世纪90年代以来充满活力的工业和商业中心了。

并非叶卡捷琳堡苏维埃政府和布尔什维克党的每一个成员都撤离了。有的家庭拒绝搬走，或者是无法挤上火车。到处是疯狂的抢夺，有些自认为被布尔什维主义边缘化的人觉得，无论叶卡捷琳堡的生活有多艰难，在彼尔姆做难民只会更糟糕。

在当地众多有关罗曼诺夫一家命运的说法中，有一个广为流传的猜测，即全家已于7月17日被处决。叶卡捷琳堡的许多居民都听说了故事的不同版本，每一个知情人讲述的细节都不一样。[2]事实上，这也是许多布尔什维克家庭内部的共同话题，知情人士总是试图从他们那里获取信息。[3]此外，沃兹涅先斯基大街上的居民也回忆起自己的所见所闻。家住47号的维克托·布伊维德当天深夜曾被连续的枪声惊醒。他猜测发生了什么事，但因为害怕被捕，他一直待在室内。[4]不过这个故事没有获得一致的认可。理发师费奥多尔·伊万诺夫有很多布尔什维克客户，他一再询问他们发生了什么。在给一名官员理发时，那人很肯定地对他说："我们今天要把尼古拉送走。"伊万诺夫不知道究竟发生了什么，直到后来他才得知了处决的真相。和其他人一样，他并不相信官方的说法，但他也没有可靠的信息来反驳。[5]

即使在布尔什维克宣布尼古拉的死讯后，叶卡捷琳堡的其他公民仍然怀疑沙皇是否真的被处决了。[6]全城的人都在议论和猜测。捷克斯洛伐克部队做的第一件事就是释放布尔什维克没有带走的那些政治犯。费奥多尔·戈尔什科夫就是其中之一。但戈尔什科夫也并不清楚罗曼诺夫一家和随从究竟出了什么事。事实上，他知道的更少，因为他已被关进监狱数周。[7]

早在1918年7月30日，捷克斯洛伐克军事当局就开始在叶卡捷琳堡展开调查，并任命了叶卡捷琳堡的一位“指导法官”，阿列克谢·纳苗特金来主持这项工作。那时，胜利一方的军队已经进入伊帕季耶夫宅邸检查，地下室的墙壁和地板上能一眼看出血迹。墙壁上到处都是弹孔，散落的残迹，比如残余的衣物和个人物品，都讲述着这里发生的暴力事件。除非警卫之间不可思议地发生了枪战，否则一个显而易见的解释就是，关押于此的罗曼诺夫一家的一部分人——也可能是所有人——被枪决了。没有人相信布尔什维克在这里或莫斯科发布的公告，人们立即开始寻找罗曼诺夫一家的遗体。当地居民提到有奇怪的小车队前往附近的矿井，寻找遗体的行动随之强化。但是究竟哪些人被处决了？是否只有尼古拉，还是包括他的家人和随从？是否有人侥幸逃脱了为他们布下的死亡陷阱？那些现在声称自己是罗曼诺夫家一员的人说的是真的吗？谁执行了枪决，又是谁下的命令呢？这命令来自叶卡捷琳堡还是莫斯科呢？

然而，捷克斯洛伐克人要考虑的远不止罗曼诺夫一家。他们最初的目标是前往符拉迪沃斯托克（海参崴），再继续前进加入西线的同盟国。自1918年5月以来与苏维埃的冲突改变了他们的想法。他们受到在俄国的盟军使者鼓励，准备留下来继续与布尔什维克作战。他们接受了计划的变动，这仍与他们的利益一致。总的来说，他们预测，如果能够帮助反布尔什维克势力推翻苏维埃政府并破坏《布列斯特-立托夫斯克条约》，他们就能赢得英国、法国和美国的永久支持。他们相信，一战结束时，他们能在德国的主要军事伙伴奥匈帝国的废墟上建起一个新的、独立的捷克斯洛伐克。

虽然捷克斯洛伐克军团几乎没有遇到抵抗就进入了叶卡捷琳堡，但布尔什维克并没有放弃夺回这座城市的希望。大部分红军只是佯装撤退到彼尔姆。事实上，多数部队都受命躲在叶卡捷琳堡附近的树林中，等待进一步的指示。人们很快发现，捷克斯洛伐克人向彼尔姆前进之前只留下了八百驻军。7月31日，红军突然发动反击。直到车里雅宾斯克的一支塞尔维亚部队抵达，才迅速破坏了红军的行动。捷克斯洛伐克人重新掌握了至高权力。[8]

与此同时，伏尔加地区爆发了激烈的战斗，科穆奇占领了喀山，并策划对莫斯科发起进攻。他的部队控制着萨马拉和乌法省，以及萨拉托夫、辛比尔斯克、喀山和维亚特卡省的大片地区。红军战败了。托洛茨基虽然在1912年至1913年间在巴尔干地区做过战地记者，但他对工作以外的事情没有任何经验。不过，他确实有非凡的决心、自信和适应能力。社会革命党人取得了无数场胜利，直到他们抵达了喀山城外。托洛茨基坚持任用了一批专业素质强且愿意参战的前帝国军官，在他的推动下，红军在一定程度上变得专业了。他给军队的每一级都派去了一名政委，以确保部队可靠。他与战士交谈时，言语自豪且热情，但同时他也说会处决逃兵。他坐在特别翻新过的车厢（后来称为托洛茨基列车）中，从一个热点地区到达另一个地区。到8月7日，喀山已被红军攻下。

据透露，科穆奇征募不到足够的军事指挥人员和足够的士兵。虽然农民在选举中投票支持社会革命党人，但他们不愿意为其而战。因此，对科穆奇来说，捷克斯洛伐克军团提出要加入反对红军的军事联盟非常令他欣慰。科穆奇仍然掌控着乌拉尔西南部的乌法省，捷克斯洛伐克人控制着车里雅宾斯克，还占领了叶卡捷琳堡。

红军占领喀山对科穆奇是一个打击，但他和人民委员会之间的战争尚未结束，这是两个激烈冲突的左派政治领导层之间的战争。

战斗日益激烈，布尔什维克的态度随之迅速强硬起来。5月份，实行了食品供应专政，规定部队拥有征用谷物和其他农产品的权利和义务。他们赞同加快推进工业国有化运动——早些时候，他们曾敦促包括乌拉尔地区苏维埃执行委员会在内的左派在这方面谨慎行事。

人民委员会和布尔什维克中央委员会都尚未竭尽全力集中并协调苏维埃国家的力量，以粉碎正在集结攻打他们的军队。德国人在继续考虑是否要将他们撇在一边并占领彼得格勒和莫斯科。盟军派遣了远征军：英国占领了阿尔汉格尔斯克，法国占领了敖德萨。不愿意加入科穆奇军队的旧俄军军官正在俄国南部和西伯利亚中部训练军队。人民委员会从来没有完全掌握俄国的政府权力，1918年年中他们统治下的领土比年初变小了。但布尔什维克党和红军不愿意放弃希望。他们的目标是赢得内战，然后在整个欧洲掀起共产主义革命。

捷克斯洛伐克军团并不沮丧。他们的指挥官在战胜了车里雅宾斯克和西伯利亚中部之间的“苏维埃权力”后，计划击退红军。他们的其中一项努力是，希望纳苗特金在叶卡捷琳堡的调查中能给他们提供一些有益的政治支持。虽然要通过军事手段赢得胜利，但如果可以证明布尔什维克在苏维埃地区的行径有多么残酷，也将有利于取胜——叶卡捷琳堡的事件成为捷克斯洛伐克谋算中的一个重要因素。但是纳苗特金成了一个尴尬的人物。尽管捷克斯洛伐克人是这座城市的解放者，也提供了有用的帮助，但叶卡捷琳堡理应由俄国人来统治。因此，纳苗特金要求当地检察官，而不是外国占领军，来以传统的方式确认他的任命。捷克斯洛伐克人认为他这么做是在推诿，甚至更糟——他们怀疑他怀有政治敌意。8月7日，捷克斯洛伐克人没有再与纳苗特金合作，而让伊万·谢尔盖耶夫法官取代了他。[9]在政权撤离后，叶卡捷琳堡已成为捷克斯洛伐克的临时封地；直到1918年9月8日，俄国的白军在巩固了他们在西伯利亚的地位后，才感到实力充足，可以完全掌控这座城市，“捷克指挥官”便下台了。[10]

谢尔盖耶夫在职位上待得更久，并且他的调查取得了进展。他传唤了叶卡捷琳堡的一些居民来作证，其中包括一些曾在伊帕季耶夫宅邸担任警卫或与当地布尔什维克有亲属关系的人，他们签名的笔录本中都是审讯内容。调查人员还整理出了一份详细的登记文档，记录了曾经属于罗曼诺夫一家的物品。他们给乌拉尔领导层收发的电报制作了复本，将在必要时进行解码。谢尔盖耶夫和他的团队提供了大量证据，而尼坎德·米罗柳博夫将这些证据都列入了1918年12月12日所提交的初步报告中——他在为鄂木斯克的高尔察克政府工作后继续担任喀山法院的检察官。他在报告中简要总结了搜寻到的证词和实物。米罗柳博夫在不够理想的条件下迅速开展工作，得出的结论证明，他们推断出的大部分基本细节都是正确的。他的主要观点也是正确的：罗曼诺夫一家于1918年7月17日凌晨在地下室被处决，无人逃脱。[11]

第四十六章

罗曼诺夫家族的幸存者

尼古拉被处决的消息令西方国家更加担心那些尚存于世的罗曼诺夫家族成员。布尔什维克不知疲倦地追捕与罗曼诺夫家族有关的每个人。1918年9月初，阿纳斯塔西娅·根德里科娃、叶卡捷琳娜·施奈德和阿列克谢·沃尔科夫终于被带出了彼尔姆监狱。当他们靠近郊区的一片树林时，负责的那名水手向沃尔科夫示意，让他赶快逃走。这次沃尔科夫没有犹豫。他飞快地冲向树林，这时三发子弹在他头顶呼啸而过。幸运的是，没有人费心去追捕他。但是根德里科娃和施奈德没有逃脱的机会了，她们被当场枪决。[1]

玛丽亚皇太后和谢尼娅大公夫人显然也处于危险之中。自1917年以来，她们一直安静地生活在艾托多。《布列斯特-立托夫斯克条约》将乌克兰和克里米亚划分到德国占领区后，她们得以不受革命者的约束。布尔什维克仍留在塞瓦斯托波尔和周边地区，但他们的活动仅限于准备时不时地破坏德国对乌克兰主要城市的控制。

与此同时，科尔尼洛夫将军和阿列克谢耶夫将军的志愿军进入了雅尔塔周围的权力真空地带。他们不会受到附近德军的骚扰。相反，他们认为应该避免与占领者对抗。作为1917年俄军的领导人，他们坚持认为应该守护每一寸领土，抵御入侵。科尔尼洛夫和阿列克谢耶夫都很厌恶在布列斯特-立托夫斯克发生的事情，因此人民委员会取代德国成了他们的主要敌人。德军在他们在西线战败之前就开始撤军了，两位将军派骑兵和步兵守卫在克里米亚的罗曼诺夫家族成员。三百名俄国军官驻扎在艾托多的宫中。在布尔什维克来到半岛之前，他们中的许多人都享受着热闹的社交生活。此外，两支骑兵中队在附近的山口巡逻。这种部署对军官来说很舒适，他们可以畅饮狂欢。[2]

玛丽亚·费奥多罗芙娜和谢尼娅尽力在这种情况下正常生活，两人对让她们离开这个国家的主意非常反感。和尼古拉在过去几个月想的一样，她们也认为自己的责任是留下而不是逃离。

德军没有打扰她们，对她们很尊敬。德国仍有一线希望在一战中取得胜利，因此她们留在艾托多是安全的。但随着西线战况渐渐有利于盟军，她们的境况变得不那么可预测了。罗马尼亚的大公之女的玛丽住在位于罗马尼亚与乌克兰边境的雅西，她意识到了这一危险。亲戚都叫她“米西”，她于1918年9月1日写信给皇太后——她的姨妈明妮——表达她对尼古拉的哀悼。“我甚至都不敢提，”她补充说，“尼基的名字！悲剧就这么发生了，人们只能跪在地上，乞求上帝赐予力量。”她对签订《布列斯特-立托夫斯克条约》后出现的“和平喜剧”感到遗憾。[3]那一年10月，米西成为罗马尼亚王后，她随后请求皇太后能保持清醒理智，同意前往海外避难。她解释说，一旦德国人从东线撤退，每一位幸存的罗曼诺夫家族成员都会陷入致命的危险；她敦促姨妈让加拿大人博伊尔上校——“一个有着非凡勇气和能力的人”——带她乘坐罗马尼亚船逃离危险。[4]

博伊尔是一位传奇人物。没有人比加拿大当局更惊讶了，他们最初不让他入伍，因为他已经五十多岁了。但他在盟军部队中的表现是无与伦比的。罗马尼亚王室极为欣赏他，那是因为1917年11月，他和英国情报部门的乔治·希尔上尉劫持了途经基辅的列车，将罗马尼亚王冠上的珠宝从莫斯科偷偷带到了雅西。[5]如果说有人能帮助罗曼诺夫家族的两名女性逃跑，那非博伊尔莫属。

一周接一周过去了，米西的建议越来越令人信服，但皇太后依然不为所动。1918年春季德军在西线上的进攻是他们争取胜利的最后一次尝试。德国经济已经濒临崩溃；柏林和其他大城市中公众士气消沉，对政治越发不满。令兴登堡和鲁登道夫惊愕的是，法军和英军开始进行有效的防御。整个夏天，盟军都坚守阵线，甚至还将德军推后了一点。刚刚抵达的美军增强了盟军的实力，这使德军最高统帅部笼罩着阴霾。到10月份，后勤状况变得非常糟糕，之前一直被尊为国家英雄的兴登堡和鲁登道夫辞职了。他们知道德国已经输掉了战争，可能要被迫接受盟军提出的条件，他们不想承担责任。在法国北部，德军可能也即将溃败。人们开始思考，德国的军事占领解除后，俄国和乌克兰会发生什么。

消息迅速传到东欧国家，罗马尼亚王室再次尝试帮助罗曼诺夫家族成员逃出克里米亚。博伊尔上校愿意助一臂之力。他立即自告奋勇，领头从多瑙河口前往克里米亚。他胸襟宽广，勇敢得甚至有一点鲁莽，在出发之前，他几乎没有提出任何要求。除了二百名水手和船上发动机需要的汽油之外，他认为还需要带大量葡萄酒，以便他在到达艾托多之前能款待遇到的布尔什维克，趁机获得他想要的帮助。雅西的冒险经历教会了他要重视结交朋友和贿赂熟人。他有自己的行事风格，甚至在旅途中还带着罗马尼亚首相的豪华轿车。他计划用这辆车将皇太后从宫中带走。[6]

11月中旬，博伊尔在雅尔塔的海岸登陆，与布尔什维克领导人取得了联系，并为他们举行了精彩的晚宴。他没有提到自己此行的目的。他知道当局想控制住罗曼诺夫家族的每一位成员。第二天，他和一位俄国导游坐着豪华轿车驶往乡间，去探望玛丽亚·费奥多罗芙娜。过去一年，她身边的侍从减少了，但英国女士戴恩小姐仍然陪伴在她身边。博伊尔立即注意到，她们的处境更糟了。她们的衣服很邋遢，其中一名军官靴子上还打了一块皮革补丁。但是皇太后还是拒绝离开。博伊尔的邀请感动了她，但她说："我是一个老太太。我的生命快要结束了。在这里，我还能帮助组织一些抵抗活动。你没法带走那些为我和我的家族牺牲了一切的人。我不能放弃他们。"[7]她就是这么倔强。当地苏维埃要求她在领取分配给她的那份糖时必须先出示身份证明文件，她简单签上了"玛丽亚"。工作人员认为只有签名是不够的。她自豪地反驳道："'玛丽亚'这个名字我已经签了五十年；如果这还不够，我不要糖也过得下去。"[8]

博伊尔这一次罕见地无功而返，他情绪低落地离开了克里米亚的海岸。在海上，他发现英国海军舰队也正驶来，怀着与他一样的目的。这是自一战以来皇家海军第一次横渡达达尼尔海峡。他们之所以能够这样做是因为德国人已在1918年11月11日无条件向盟军投降了。德皇于早些时候退位，欧洲大陆的战略形势发生了转变。西方盟国开始将德国阉割为一个陆上大国，并解除它对乌克兰和波罗的海的占领。但除了支持仍在组建的反布尔什维克军队之外，他们尚未制定出针对俄国的政策。布尔什维克的目标是将乌克兰和克里米亚纳入人民委员会的控制，并将红军进攻的矛头指向华沙和柏林。莫斯科把一战，或者按布尔什维克的说法叫“帝国主义战争”结束视为在整个欧洲争夺霸权的起点。一旦德国人离开，雅尔塔周边将不可避免地陷入军事争夺。

玛丽亚·费奥多罗芙娜认识到危险日益增大后，终于开始接受撤离的提议了。博伊尔命令他的船带着地中海总司令阿瑟·考尔索普海军中将一起回克里米亚，热切地希望比几天前更能说服玛丽亚·费奥多罗芙娜。[9]考尔索普发挥了作用，他在1918年11月19日写信给费奥多罗芙娜，称乔治国王“非常担心”她的安全，希望由特尔指挥官秘密地将她带到伊斯坦布尔，从那里乘坐战舰前往欧洲安全的地方。[10]英王的母亲亚历山德拉王太后于1918年12月发电报给她的妹妹玛丽亚：

> 亲爱的明妮：
>
> 我刚刚得知，你最好在出现更多复杂情况和恐怖事件之前立即离开。请你立刻下定决心，来英国找我。带上你想带的每个人。
>
> 爱你的姐姐
>
> 阿丽克丝[11]

信中混杂着内疚和真切的同情。

玛丽亚·费奥多罗芙娜和女儿们对自己国家的情况并不清楚。她们不相信苏维埃在叶卡捷琳堡将处决罗曼诺夫家族成员的消息，还从保镖里派了帕维尔·布雷金上尉经敖德萨，通过海上环球路线前往西伯利亚以查明真相。[12]但彼得格勒的消息很快便清晰了，令人震惊，这坚定了她离开的决心。1919年1月24日晚，关押在彼得-保罗要塞监狱的四名罗曼诺夫家族成员——尼古拉·米哈伊洛维奇大公、帕维尔·亚历山德罗维奇大公、德米特里·米哈伊洛维奇大公和格奥尔基·米哈伊洛维奇大公——被带出牢房枪决了。他们宣称，这是为了报复德国反社会主义非法军事组织在柏林杀害极左派领导人罗莎·卢森堡和卡尔·李卜克内西。玛丽亚·费奥多罗芙娜在日记中写道："报纸上的消息令人震惊，说四名遇害者——保罗、米佳、尼古拉和格奥尔基被枪决了。我无法相信这条消息是真的——这是一种野蛮恶心的行径。"[13]

玛丽亚与女儿谢尼娅，以及尼古拉·尼古拉耶维奇大公不再为要放弃自己的国家而忧虑了。他们登上了皇家海军舰艇"马尔伯勒号"并受到海军少将热情款待。[14]1919年4月14日，乔治五世写信给姨妈，感谢她行驶在平静的地中海。不久，她将来到马耳他，在那里，她可以畅谈对未来的"愿望"。[15]1919年4月16日，亚历山德拉王太后通过海军部向"马尔伯勒号"发来电报，对玛丽亚逃离控制表示欣慰。[16]1919年4月22日，玛丽亚·费奥多罗芙娜向王太后发了一条令人同情的消息，王太后回复说自己很理解她"可怜、心碎、悲惨的感受"。[17]罗曼诺夫家族的三人在瓦莱塔换了船。1919年4月21日，英王再次从温莎城堡发来电报："很高兴您已经安全抵达，并且同意住进尼尔森勋爵酒店。非常期待能很快见到您。爱您的，乔治。"[18]

两年前，他本可以对尼古拉同样慷慨，但他没有这样做。他还不知道，即使他对尼古拉伸出援手，尼古拉是否可以离开俄国也是存疑的。事实上，尼古拉最终的遭遇一直令他良心不安。

虽然这两个家族——对罗曼诺夫家族来说，指幸存者——和解了，但只有谢尼娅对在英国流亡感到很自在。尼古拉大公留在了法国南部；他宣布放弃俄国皇位，这么做是谨慎的，因为西伯利亚东部的一些退伍军人仍想拥护他做沙皇。玛丽亚·费奥多罗芙娜和她的姐姐亚历山德拉王太后待了一段时间，但后来她决定应邀回祖国丹麦去——1866年她身为达格玛公主与未来的亚历山大三世结婚。在俄国境内，布尔什维克和红军正在努力维持并强化对俄国的控制，而幸存的罗曼诺夫家族成员则在海外安静地生活。

第四十七章
调查工作

1918年11月，俄国陆军军官推翻了鄂木斯克的亲科穆奇政府，并宣布亚历山大·高尔察克海军上将为全俄最高领袖，这使得西伯利亚的政治局面发生了变化。高尔察克鄙视科穆奇政府，并在西西伯利亚逮捕或解雇了科穆奇政府遗留的官员——他认为他们造成了二月革命以来俄国的分裂。高尔察克的白军立即获得了来自捷克斯洛伐克军团的宝贵支持，并准备对红军发动战争。他的部队立即得到了西方同盟国的财政和后勤支持。高尔察克本人不愿意公开宣称自己的君主主义目的，他知道这会令盟军撤走支持——也许他明白，如果他宣布复辟罗曼诺夫皇朝，愿意加入白军的新兵便会减少。他手下的许多指挥官仍然宣誓全心效忠尼古拉二世，而高尔察克敦促他们继续对叶卡捷琳堡事件展开调查。无论在叶卡捷琳堡发现了什么，都必然会让布尔什维克陷入困境。

高尔察克将部队带到叶卡捷琳堡后，便下令向西进攻。乌拉尔的其他地区自夏季以来便一直处于政治骚乱之中。7月，重新选举出的伊热夫斯克苏维埃取代了布尔什维克后，伊热夫斯克铸钢厂爆发了起义，布尔什维克从喀山调集了赤卫军。但局势仍然一触即发，8月7日，工人们起义，推翻了政委的统治。[1]

红军向彼尔姆的第三军紧急派遣增援部队，要在中途阻止白军。那时，红军已经在伏尔加河的多场战斗中证明了自己的实力。红军指挥官警告说，彼尔姆不容易防守。他们挖掘了防御工事。军队集结起来，政委在士兵中间穿梭，称十月革命的成果受到了威胁。高尔察克的白军则士气高昂，组织严密，勇猛地跨越每一道障碍。正如捷克斯洛伐克人夏天时发现的那样，布尔什维克部队并不总能进行有效的反抗。部队中弥漫着恐慌情绪，在夺取城市的战斗中失利后，他们陷入了绝望的大规模逃亡。1918年12月25日，在进行了一番徒劳的防守后，他们完全放弃了彼尔姆。结果是一场混乱的撤离，他们遗弃的财务比撤离叶卡捷琳堡时还多。布尔什维克中央委员会震惊了。叶卡捷琳堡一直处境堪忧，但彼尔姆的情况更糟。如果再出现类似的情况，高尔察克也许很快就会成为克里姆林宫的主人。

至于对罗曼诺夫一家遭遇的调查，拿下了彼尔姆就意味着他们可以逮捕一批新的潜在证人来解决困扰伊万·谢尔盖耶夫和尼坎德·米罗柳博夫的许多问题。白军俘虏了几名参与拘禁或处决罗曼诺夫一家的布尔什维克及其同情者。米哈伊尔·列捷明属于伊帕季耶夫宅邸的警卫分遣队。据苏维埃的一条消息称，有人发现他带着一条原属于罗曼诺夫一家的狗在散步，随后他在叶卡捷琳堡被捕。显然，是男仆切莫杜罗夫认出了这条狗。[2]列捷明拒绝参加红军，也不愿意撤离。事实上，他很害怕参加任何战斗：“我没有报名参战——我只是报名参加用作特殊用途的宅邸警卫分遣队。”他声称自己尽力没有让这条狗饿死。调查小组注意到了他的证据，但忽略了他的恳求。事实证明，他决定留在叶卡捷琳堡的做法是致命的。人们在他的房子里搜出了一堆尼古拉和亚历山德拉的财物。[3]白军从列捷明这里如愿获得了有关罗曼诺夫一家拘禁于伊帕季耶夫宅邸的信息后，便处决了他。

1919年1月17日，高尔察克海军上将任命米哈伊尔·季捷里赫斯将军领导调查工作。季捷里赫斯一直到最近都在前线指挥战斗，没有任何法律方面的经验，但高尔察克认为他会给这项工作带来新的紧迫感。谢尔盖耶夫已经引得军事指挥官们不满。在季捷里赫斯看来，这位法官深受社会革命思想吸引，不是一位爱国者。季捷里赫斯还认为，谢尔盖耶夫对尼古拉和皇室缺乏同情心，且专业能力欠缺：他特别指责谢尔盖耶夫在审讯苏维埃官员和赤卫军俘虏时太过轻描淡写。最糟糕的是，季捷里赫斯称，谢尔盖耶夫可能有犹太血统——在季捷里赫斯看来，谢尔盖耶夫的东正教信仰并不能改变他的血统。1月25日，他要求谢尔盖耶夫交出自调查开始以来累积的所有档案文件。[4]

季捷里赫斯将收到的所有资料带到了鄂木斯克，想办法重新开始调查。谢尔盖耶夫离开了，季捷里赫斯希望招募一名具有适宜法律经验的调查员。他最终选择了鄂木斯克一位名叫尼古拉·索科洛夫的法官，此人出了名地重视事实和细节。最重要的是，索科洛夫是俄国土生土长的东正教教徒，是一位爱国者，也是一位君主主义者，他对像托洛茨基这样的人不会心慈手软。在从奔萨艰难出逃的途中，索科洛夫四处躲藏以避开赤卫军。2月5日，高尔察克召他面谈，问他需要什么。索科洛夫第二天又去见了高尔察克，还带了一张清单，列出了他对这项任务的实际要求。高尔察克解释说，战时条件不太理想，要求他尽力负责此项任务。索科洛夫开始研究季捷里赫斯给他的文件；他还审讯鄂木斯克的证人，并通过下属审讯了其他地方的证人。[5]

季捷里赫斯是一位充满激情的民族主义者，他相信“信仰东正教的俄国人民”是伟大的，同时他还是一名狂热的反犹太分子。[6] 他总是热衷于强调有很多革命者改掉了原先的名字，并强调斯维尔德洛夫和戈洛谢金都不是俄国人。[7]

不过，负责管理日常事务的是索科洛夫，季捷里赫斯对他的工作不加干涉。索科洛夫对遇害的君主深表同情，但他一旦开始工作，便把感情放在一边，集中精力确定可证实的事实。他很快就掌握了阿列克谢·纳苗特金和伊万·谢尔盖耶夫之前取得的重大进展，并让他的团队跟踪新的证人，检查新的材料。报告送到他的办公桌上时，他总是在里面搜寻可信的证据；他的下属在工作中不敢有丝毫马虎。每个人都可以看出，索科洛夫是一位真正的专业人士，对细节很谨慎，不愿意满足于表面上有价值的陈述。他对自己和下属做的审讯做了一丝不苟的记录。（这并不是为了长期赢得上司，特别是季捷里赫斯的欢心。季捷里赫斯想要独揽调查的功劳，而索科洛夫不认同他对俄国过于简单化的看法，这也令他感到不满。）

尽管谢尔盖耶夫已经被解除了职务，他还是在1919年2月20日提交了他调查得出的结论。他知道的信息足以平息那些声称在伊帕季耶夫宅邸遇害的沙皇一家尚有幸存者的谣言。他还提供了已被处死的随从的名单。至于目前仍被关押的帕维尔·梅德韦杰夫，谢尔盖耶夫十分确信他的证词具有误导性，并相信梅德韦杰夫积极参与了伊帕季耶夫宅邸的处决事件。[8]

索科洛夫迫切需要做的一件事是，查证那些声称罗曼诺夫家有一人或多人逃脱的人所言是否属实。有些证人不停地重复这样或那样的谣言，又轻松地承认自己只是道听途说。[9]一个叫费奥多尔·西特尼科夫的人作证说，自己曾与一位自称阿纳斯塔西娅女大公的女子交谈，但要求他提供佐证时，他又说不出任何有助于调查的证据。[10]军事控制调查员亚历山大·基尔斯塔也提供了生动的“证据”，他曾在彼尔姆四处搜寻那些声称知道罗曼诺夫一家发生了什么事的人。1918年12月，高尔察克驱逐了彼尔姆苏维埃政府后，基尔斯塔接到命令，将调查范围扩展到彼尔姆。他很快找到了一些人，他们声称遇到了阿纳斯塔西娅或罗曼诺夫家的其他女性，甚至包括前皇后。叶卡捷琳堡的一位布尔什维克官员的姐妹纳塔利娅·穆特内赫报告称，她看到其中几人被拘禁在彼尔姆。但她在一次审讯时说看见了罗曼诺夫家的四位女儿，在另一次审讯时却只提到三位。[11]

基尔斯塔并不是唯一不愿意相信布尔什维克行刑队处决了伊帕季耶夫宅邸里罗曼诺夫家所有人的人。助理检察官季霍米罗夫确信，在尼古拉被处决之后，其余家庭成员都被送到了彼尔姆，随后转移到了苏维埃占领区更深入的地方。他相信阿纳斯塔西娅出现在彼尔姆的故事，并特别强调，已经发现了乌特金医生给她写的处方，可以作为证据。但问题是，后来查明，这些处方是用伊万诺夫医生的印刷体写的。[12]

基尔斯塔的专业能力渐渐受到了质疑，其他调查人员不得不苦苦应付他设置的调查条件。其中一位叫V. 约尔丹斯基的调查人员抱怨，军事当局拒绝配合他和同事工作，而且有时不愿意分享信息。[13]此外，他调查了基尔斯塔的说法，很快就对乌特金的证词起了疑心。乌特金声称在彼尔姆治疗过阿纳斯塔西娅，但他又不能从照片上指认她。另外，约尔丹斯基也认为7月16日至17日晚身在伊帕季耶夫宅邸的帕维尔·梅德韦杰夫的证词有合理之处，他称罗曼诺夫全家七人及在场的随从都被处决了。[14]彼尔姆的地区检察官帕维尔·沙马林向上级汇报了他的印象。他与基尔斯塔面对面接触时，发现基尔斯塔喜欢自夸且言辞含糊。根据沙马林的说法，每次听到有人说在彼尔姆的某个地方看见了被关押的罗曼诺夫家的人，基尔斯塔都会上当受骗。沙马林很吃惊，他竟如此容易受骗，特别是当提供这些信息的人是女性时。沙马林听说，纳塔利娅·穆特内赫一直都很擅长迷惑基尔斯塔。[15]

出现冒充者并不是一个新现象。西伯利亚出现了几个人，自称是罗曼诺夫家的人。即使是在罗曼诺夫一家被软禁于托博尔斯克之时，伦敦的《每日画报》就发表过一篇离奇的报道，称塔季扬娜女大公已经抵达了美国。尼古拉一家在叶卡捷琳堡被处决后，冒充者更是大幅增加，但他们往往很快就会被证明是假冒的。[16]

然而，索科洛夫认为他必须认真对待乌特金医生的证词，因为他是一名医疗专业人员并且做出了严正声明。要想让调查具有权威，他们就必须彻查所有矛盾的证词。他们已经安排了审讯，这次索科洛夫亲自讯问。结果，他对乌特金医生没有什么好印象，医生的证词无法自圆其说，就像之前的调查人员所说的，他的话不可信。索科洛夫最后得出了明确的结论，并同意那些称基尔斯塔为傻瓜和无能者的人的观点。[17]到1919年4月1日，他已经能够撰写初步结论了。他的结论与谢尔盖耶夫先前得出的要点几乎没有什么不同。毫无疑问，索科洛夫基于大量可信的证据，证实罗曼诺夫一家已经在伊帕季耶夫宅邸殒命，同时遇害的还有医生博特金、仆人特鲁普、厨师哈里托诺夫和女仆杰米多娃。他指出，尤罗夫斯基是行刑队的负责人，尼库林和梅德韦杰夫是他的主要帮凶。他推断罗曼诺夫一家的死亡时间在午夜和凌晨三点之间。他的报告堪称一篇阐述范文。[18]

现在内战的形势正变得对高尔察克不利。红军，以及布尔什维克党和苏维埃政府在丢失了彼尔姆后开始重新集结。1919年3月，党代表大会商定了要在党的支持下进行权力的集中化，这些变化激烈且迅速。布尔什维克一向果断。现在，他们加强了军械库的组织可靠性，能够从庞大的人口库中招募人手，并且工业库存和对铁路大动脉的掌控也给他们带来很大益处。6月，他们在乌拉尔南部夺回乌法，一个月后他们重新占领了车里雅宾斯克。整个夏天，战斗越发激烈，高尔察克无法巩固沿托博尔河和伊希姆河的前线，随后彼尔姆和叶卡捷琳堡再次落入红军手中。到了11月，白军不得不撤回鄂木斯克。托洛茨基和红军最高统帅部对最终的胜利非常有信心，相信能够将部队重新部署到乌克兰和俄国南部，以对抗另一支强大的白军部队。这支部队是由阿列克谢耶夫和科尔尼洛夫组建的，在他们去世后由安东·邓尼金将军指挥。

索科洛夫继续审讯证人，尽力仔细检查布尔什维克的电报和罗曼诺夫一家的财产。他仔细盘点了证词和留下来的资料。由于红军攻城成功，他只好沿着西伯利亚大铁路向东转移到了赤塔。他无法再让团队在叶卡捷琳堡及周边地区搜寻进一步的证据，因此他在很大程度上不得不依赖从乌拉尔带来的成箱的笔录本和笔记来完成工作。一度被白军控制的叶卡捷琳堡再次成为红军的叶卡捷琳堡。军事当局不愿合作，他的士气因而受到影响。事实上，他在白军中也有敌人，他们毫不掩饰，打算取他性命。索科洛夫无意中听到一些阴谋策划者就在他旁边的列车车厢里讨论计划。他用自己标志性的冷静语气对他们说："请不要那么大声，先生们，我正好就在你们旁边，你们知道的！"他并没有被吓倒，1919年10月7日，他又写了一份报告，虽然仍不是完整的，但增加了重要的新信息。他把报告交给米罗柳博夫，同时埋怨军队当局，还说很遗憾，自己当时找不到尤罗夫斯基和戈洛谢金。这份新报告的其余部分列出了他雇用大量人员所需的费用。[19]

战时的紧急情况和与军事控制当局的敌对，并不是索科洛夫与军队指挥部之间关系紧张的唯一原因。另一个原因是，白军领导人内部认为他缺乏成为一名可靠的反布尔什维主义者的潜力。季捷里赫斯讨厌犹太人，对自由派甚至温和的保守派也不太上心。他浸淫在指挥官同事的东正教君主主义思想中，曾认为纳苗特金和谢尔盖耶夫受到了临时政府统治时期对政治妥协持开放态度这一风气的影响。但是季捷里赫斯对索科洛夫仍保留着一定程度的信任并让他继续做他的工作，直到索科洛夫的一名警卫人员帕维尔·布雷金上尉告知季捷里赫斯，索科洛夫面临着生命危险。（这位布雷金上尉正是皇太后派到西伯利亚的。）布雷金指出，如果有人向索科洛夫投掷手榴弹，可能会同时摧毁一堆审讯材料。季捷里赫斯感到震惊，但1919年12月19日，他非但没有加强对索科洛夫的保护，反而强行拿走了他的资料箱。索科洛夫再也无法忍受，第二天便写信给检察官米罗柳博夫，要求他解除自己的职务。[20]

他的宝贵资料箱沿着铁路向西转移到了韦尔赫涅-乌金斯克，这令索科洛夫非常气愤。他相信季捷里赫斯是故意采取行动终止了他的调查。事实上，布雷金在私人会谈中发现，季捷里赫斯真诚地相信，这样做是他保护主要证据的唯一方法。然而，西伯利亚白军的军事处境在继续恶化，他因此将资料箱跨越中国边境运到哈尔滨，而英国领事馆同意在那里看管箱子。与此同时，他请英国方面帮助索科洛夫安全前往哈尔滨，并将资料箱归还给他，让他携带箱子去欧洲。索科洛夫这位高级专业人士释怀了，离开了西伯利亚，最终在赤塔又拿回了资料箱。皮埃尔·吉利亚尔碰巧也在哈尔滨，在那里他目睹了英国大使馆的混乱情况，看到了官员来来往往。吉利亚尔认为需要有人接管这些资料箱，他得出结论，法国将军莫里斯·雅南是目前唯一权力足够大，能够安排人把箱子运到符拉迪沃斯托克（海参崴），再运往欧洲的人。[21]

索科洛夫自然不愿意再次与宝贵的资料分开，但最后他认识到这是将它们安全运出亚洲的唯一可行办法。在经历了冒险之后，索科洛夫脑子里仍然只有一件事情，那就是在西欧完成调查工作。尽管历经艰辛，他的决心依然坚定。即使红军即将赢得内战，仍然应当戳穿有关乌拉尔处决的谎言，而不应任由谎言肆意流传。查明历史真相成为索科洛夫毕生的事业。

第四十八章

遗骨消失的争议

1919年3月，当布尔什维克聚集在莫斯科召开党代表大会时，他们仍然没有公开澄清罗曼诺夫一家的遭遇。大会的惯例是代表们在纸条上写下要询问的内容，再传到台上。其中一人问，为什么迟迟不把尼古拉带到莫斯科接受大型公开审判。[1]只有信息滞后的布尔什维克才会问出这样的问题。《真理报》和其他报纸早在八个月前就已经公布了处决的消息，很自然，没有任何记录显示有人打算回答这个问题。但无论这个问题多么愚蠢，苏维埃领导层显然推波助澜，散布了混乱的消息。官方仍然称只有尼古拉一人被处决。谣言在继续蔓延，乡村和城镇中有人冒充罗曼诺夫家成员的现象依然猖獗。声称尼古拉的妻子和子女已被转移到离叶卡捷琳堡很远的某个未知安全地点，这个故事又让人提出了一个显而易见的问题：那么，他们现在在哪里？当局的沉默与谎言催生了很多其他说法，白军反动派又提出了一些皇位候选人。[2]

这本身并没有改变莫斯科的现状，事实上，如前所述，适度的混乱在某种程度上反而有利于统治者。但他们在1920年受到了打击，当时在伊斯坦布尔避难的白军难民第一次公布了有关伊帕季耶夫宅邸处决的文件。这本小书在欧洲和其他地方的流亡人群中传播开来，其中的文件对莫斯科的说法提出了根本性的挑战。它总结了阿列克谢·纳苗特金和伊万·谢尔盖耶夫1918年夏天的调查结果，尤其还描写了他们发现的一些属于罗曼诺夫一家的珠宝和其他物品。书中提到了对费奥多尔·戈尔什科夫、皮埃尔·吉利亚尔和米哈伊尔·列捷明的审讯，还提及了农民是如何讲述矿井中发生的奇怪事件的。该书还提到了莫斯科和叶卡捷琳堡之间的电报往来。最终的结论是毋庸置疑的：拘禁在伊帕季耶夫宅邸中的罗曼诺夫一家全被处决了，无人逃脱。[3]

同一年，罗伯特·威尔顿在文章中对布尔什维克官方的说法发动了猛烈攻击。他认识季捷里赫斯和索科洛夫，也很敬佩他们，借此关系他得以接触档案。作为一名记者，他认为尽可能快地出书是很重要的。但他的工作存在问题。这是因为威尔顿带着极大的偏见整理这些证据，以便将处决归咎于阴谋。据他称，斯维尔德洛夫是阴谋者的首领。

不过，威尔顿至少接受了伊帕季耶夫宅邸内的所有被软禁者都已遇害的事实，而季捷里赫斯将军在1921年2月27日接受符拉迪沃斯托克（海参威）一家报纸的采访时，对此案推波助澜。当时西伯利亚远东尚未落入红军手中，主要是因为他们不想惹恼日本人，这意味着被驱逐出乌拉尔的白军仍然掌控着这座城市。季捷里赫斯知道他的公报会立即转发到国外。[4]

在解释了高尔察克如何让他负责调查之后，他宣布了自己的主要发现:“沙皇全家和大公们都被处决了。第一批在叶卡捷琳堡,第二批在离叶卡捷琳堡六十公里[原文如此]的阿拉帕耶夫斯克。4月16日至17日夜间[原文如此],乌拉尔地区苏维埃下令处决了沙皇一家。”[5]公告中提到的处决月份不准确,但这一公告在当时仍是一则重磅消息。因为此时苏维埃领导层正在努力与一些国家建立商业和外交关系,而这些国家对罗曼诺夫一家的命运仍然存在争议。季捷里赫斯宣布这一消息时,俄国与英国的贸易谈判正达到高潮。苏维埃中央当局知道他的基本论点是真实的,并预感很难再坚持只有尼古拉一人被处决的说法了。而季捷里赫斯重新获得了调查的资料箱,并已将其中的二十九只箱子运送到了英国军舰“肯特号”上,由“肯特号”运往西欧的安全地区。[6]

当只有尼古拉一人遇害的说法被戳穿后,当局便谨慎地决定改变口径。更改后的故事版本并没有在莫斯科,而是在乌拉尔出版,国家出版社叶卡捷琳堡分社发行了《工人革命》。他们仍然不打算透露伊帕季耶夫宅邸处决的全部细节,但显然领导层必须承认遇害的罗曼诺夫家成员的数量。

《工人革命》的第一章名为“末代沙皇的最后时日”,作者是帕维尔·贝科夫,他在1918年属于乌拉尔地区苏维埃执行委员会,并作为代表参观了伊帕季耶夫宅邸。对于罗曼诺夫一家的命运,他和其他仍在叶卡捷琳堡工作的人知道的一样多。贝科夫讲述了尼古拉一家如何从沙皇村转移到托博尔斯克,又转移到他们最后的拘禁地伊帕季耶夫宅邸。他称君主主义者企图营救沙皇一家的行动带来的危险越来越大,因此他们被转移到了乌拉尔。甚至在叶卡捷琳堡也有阴谋的迹象。根据贝科夫的说法,乌拉尔地区执行委员会独自做出了致命的决定,处决了拘禁在其控制地区内的罗曼诺夫一家。列宁和斯维尔德洛夫与此毫无关系。[7]贝科夫放弃了“伊帕季耶夫宅邸里只有一人丧生”的说法。据他称，1918年7月17日，“尼古拉·罗曼诺夫和所有身边人”都被处决了。他直截了当地说，他们背靠墙排成一排被枪决了。他声称行刑队只有四个人。[8]这最后一处错误的数字细节背后暗藏着什么动机尚不清楚，但至少文章承认，伊帕季耶夫宅邸里所有的被拘禁者都被处决了。[9]

《沙皇的最后时日》是俄国出版的另一本有关此主题的书。它也是由一家省级出版社出版。这本书于1922年在特维尔出版，它从托博尔斯克讲起，那里“是反革命要素的会集地，有关于前沙皇逃亡和拘禁的一整套煽动性通信”。这本书还指出了叶卡捷琳堡随后出现的阴谋的迹象。作为塞尔维亚女王的使者，塞尔维亚总参谋部米吉奇少校的到来表明有什么事正在酝酿中。书中将处决罗曼诺夫一家的决定归咎于乌拉尔地区苏维埃执行委员会。“幻想家”大量出现。处决的细节也第一次披露，例如尼古拉和家人在处决之前被带到伊帕季耶夫宅邸的地下室。真相混杂着新的不实信息；有人声称尼古拉一家的遗体被带到了上伊谢季工厂和帕尔基纳村附近的一片树林里火化。具体的位置已被更改，可能是为了防止这些矿井成为君主主义者朝圣祭拜的地方。但有人强调，所有关押在叶卡捷琳堡、彼尔姆和阿拉帕耶夫斯克的罗曼诺夫家族成员都已被处决。[10]

与此同时，他们谴责白军传播谣言，白军称尼古拉和家人没有被处决，而是被从叶卡捷琳堡带走了——这恰恰是苏维埃当局自己在《真理报》上编造的。但是，白军出版物上的观点在与莫斯科新的官方说法一致时，仍然会被援引。季捷里赫斯近期在符拉迪沃斯托克（海参崴）发表的公报就被用来支持真实的观点，即没有人从伊帕季耶夫宅邸的地下室逃生。[11]

季捷里赫斯在1922年离开俄国、前往中国之前匆忙付梓《沙皇一家及罗曼诺夫家族成员于乌拉尔遇害》一书，他在其中又重复了这一观点。那时高尔察克已经被处决了。高尔察克落入了西伯利亚东部的左派社会革命党人手中，并于1920年2月被移交给了布尔什维克。经革命法庭的简短审判后，他被枪决，尸体扔进了安加拉河的冰冷河水。高尔察克的军队战败之后，季捷里赫斯至少摆脱了政治上的束缚，可以说出可能引起美国、法国和英国政府不悦的事情。他的第一步操作是挥舞起君主主义的旗帜，这是高尔察克无法做到的，因为高尔察克想继续获得盟军的支持。事实上，季捷里赫斯宣称，尼古拉二世的堂叔尼古拉·尼古拉耶维奇是全俄的新沙皇。他的书中满是自我吹捧，弱化了纳苗特金、谢尔盖耶夫和索科洛夫对调查所做的贡献。他毫不掩饰自己的偏见。他写道，对所有人而言，布尔什维克就是犹太人领导的不敬神的狂热分子。[12]

与此同时，尼古拉·索科洛夫继续完善他在赤塔不得不暂停的调查。他迫切需要在西欧寻找一处避难所。1920年2月19日，他写信给西德尼·吉布斯，将他视为可能会帮助自己走完旅程的人。他滞留在哈尔滨，担心自己从乌拉尔运来的材料不安全。他的行李中有五只大箱子，他担心在自己向南穿过中国的时候，布尔什维克的特工会试图夺走箱子。[13]到达北京后，他又去了上海，并从那里乘船前往欧洲。[14]他在杜布罗夫尼克下船，前往巴黎，并给皇太后玛丽亚·费奥多罗芙娜寄去了一封信。但皇太后的反应令他受到了伤害。玛丽亚·费奥多罗芙娜还没有做好心理准备，接受儿子一家已经遇害的消息，她拒绝了他想交谈的请求，除了给他一笔资助外，没有与他进行任何合作。尼古拉·尼古拉耶维奇大公也谢绝了他的拜访。索科洛夫懊悔地说，如果他知道自己辛苦工作换来的却是如此的冷待，他就会在满洲里把资料箱丢给农民，而不是为那些“政治操纵者”提供消遣。[15]

那些流亡海外的君主主义者仍然相信罗曼诺夫家有人在叶卡捷琳堡的处决中幸存下来，他们公开诽谤索科洛夫，这令他很伤心。但责任感战胜了痛苦，索科洛夫开始埋首整理十四卷工作笔记。助手敦促他不要再在意细节，应当赶紧出书。但他毫不理会，他的目标是写完一份适用于司法程序的权威记录。[16]

在私人通信中，索科洛夫对季捷里赫斯撰写的内容发表了观点。作为忠于尼古拉二世的君主主义者，他蔑视临时政府留下的俄国外交使团，这些使团仍然住在西欧的使馆区。索科洛夫持有一个疯狂的信念，认为像在罗马的吉尔斯大使这样的人很快就会去国外为布尔什维克工作。他指责临时政府逮捕“君主”，导致他被处决。他确信拉斯普京集团与德国情报网有某种联系。他指出拉斯普京周围有多少人是犹太人，并认为在国难时期，这些人一定缺乏爱国精神。他认为对二月革命后俄国的困境，德国应付一定责任。他指出，有证据证明，自称1918年将在托博尔斯克营救沙皇一家的鲍里斯·索洛夫约夫实际上可能策划阻止了沙皇一家成功逃脱。但索科洛夫在无法提供佐证的情况下进一步假设，正是德国对人民委员会施压导致尼古拉被从托博尔斯克转移走。[17]

在撰写《有关俄皇室遇害案的司法调查》时，他将大部分猜测搁置一边。该书于1924年出版了法语首版，其详细分析及对文件、证词和审讯记录的援引引起了国际社会的关注。[18]它很快便出版了俄语和英语海外版，成为西方的标准版本。[19]书中有关处死沙皇一家的主要调查结果基本上都被后来的发现证实。但索科洛夫本人积劳成疾，又不受流亡海外的俄国人重视；1924年，他在卢瓦尔-谢尔省的萨尔布里小城去世了。

尼古拉去世后数年，大部分作品都集中讨论他的最后一天。相比威尔顿或季捷里赫斯，索科洛夫的书提供了更多有关尼古拉遇害前几个月的信息，但总体而言，他主要关注的还是处决。那些前往欧洲的旧随从也写了一些回忆录。第一位是皮埃尔·吉利亚尔，作为目击者，他于1921年写了一份关于他与沙皇一家相处经历的陈述。[20]医生的女儿塔季扬娜·博特金娜和索菲娅·布克斯赫韦登随后也写了回忆录，亚历山大·瑟罗博亚尔斯基将军还发表了自己与皇后的通信。[21]他们传达出的沙皇一家的形象都是一个毫无瑕疵的家庭：尼古拉是善良的家长；沙皇夫妇是忠诚的伴侣，只是亚历山德拉可能对其他人，包括她的随从较为霸道；儿女们可爱无辜。有的回忆录提到他们亲近拉斯普京造成了恶果，但总的来说，回忆录的撰写者都理所当然地认为，独裁者尼古拉有权以独裁方式统治国家。很少有人从政治层面上分析他如何导致自己在二月革命中退位，也几乎没有任何资料提及他对1917年至1918年发生的事件做何反应。

其他避难的俄国流亡者对死去的沙皇则不那么大度。除了临时政府的亚历山大·克伦斯基以外，他们中没有谁在二月革命后直接接触过任何罗曼诺夫家的任何人。在试图解释皇朝覆灭的原因时，他们严厉批判了尼古拉在政治、经济和社会政策方面的长期统治。他们大多数对沙皇本人并没有多少兴趣。

除了坚定的君主主义者以外，西方评论家大多也抱这种态度。那些支持十月革命的人讽刺皇帝为“血腥的尼古拉”，并对他的命运毫不同情，而大多数谴责布尔什维克造成混乱的作家则急于指责尼古拉，让俄国陷入如此境地，以致他们获得了权力。这意外地使得俄国或外国的君主主义者集中讨论起了尼古拉的性格与思想，以及他对随从、支持者、警卫和政敌的行为。从20世纪20年代中期开始，俄国境外的争论偏离了正轨，讨论起在柏林精神病院中发现的一个名为安娜·安德森的患者是否真的是阿纳斯塔西娅女大公。司法程序和一项由亚历山德拉皇后的哥哥黑森的恩斯特大公资助的调查，否定了她声称的身份，但这激发了许多国家的报纸对追踪这件事的兴趣。由此而出现的各种伪证将人们的注意力吸引到了伊帕季耶夫宅邸那场影响巨大的处决。[22]

尼古拉变成了一个类似卡通人物的形象，完全不像一个历史人物和一位曾经的君主。具有讽刺意味的是，对他软禁时期生活最接近真相的描述来自一本苏维埃出版物——瓦西里·潘克拉托夫的回忆录。书中描写了他简朴的生活习惯、对阿列克谢的教导的失败，以及对有关西伯利亚的知识的热情。20世纪20年代中期还出版了一份有价值的资料，名为《沙皇政权的倒台》，这是临时政府特别调查委员会的会议速记，包含许多曾为尼古拉工作或曾推翻他的政治人物的证词。但除此之外，莫斯科当局更愿意停止对这些问题的讨论，无论何时人们提到这位已故的皇帝，人们给予他的评价与他给予自己所厌恶的人的评价都是差不多的，都不公平。[23]

后记

尼古拉二世生命中的最后十六个月是人们长期感兴趣的话题。在俄罗斯以外的地方，他被描绘成一位充满爱心的丈夫和父亲、一位被处决的前君主。在他囚禁于沙皇村、托博尔斯克和叶卡捷琳堡，度日艰难之时，他通过书籍滋养自己高贵的品质。罗伯特·马西与苏珊娜·马西所著的《尼古拉与亚历山德拉》在1967年成为全球畅销书后，这一模式化的形象达到了顶峰。马西夫妇重点描绘了伊帕季耶夫宅邸中集体处决的可怕景象。[1]他们的书触动了数百万读者的神经，这些读者接受了这样的观点：十月革命后的第一年，俄国开展了大运动，而沙皇夫妇在1917年失去权力并非因为他们思想和行为有过。英国哈默电影公司拍摄的《妖僧拉斯普京》则对导致二月革命爆发的一系列事件进行了较为理性的叙述，该片由克里斯托弗·李主演，着重描绘了在尼古拉皇位背后暗中运作的黑暗势力。（但剧本奇怪地省去了尼古拉这个角色。）这些作品都围绕着一条相同的主线创作，即罗曼诺夫一家失去权力后，俄国便走上了一条越发奇异怪诞的道路，它已经逐步衰落。[2]

苏维埃的作家没有注意到这些趋势。官方口径始终声称君主对公共事务几乎没有什么影响，他只是强大经济力量的傀儡。尼古拉则成了证明这种分析推断的例子。官方争论的问题是，这位末代沙皇是致力于捍卫祖辈大地主精英阶层的利益，还是按工业和金融新势力的要求管理国家。还有人问，尼古拉统治下的俄罗斯帝国到底是一个真正的独立大国，抑或只是其他帝国，尤其是英国和法国的玩物。二战前后，苏联境内不允许出版任何全面讲述尼古拉统治的作品。沙皇一家在叶卡捷琳堡的最后时日一直不为外人所知。

但在保密的背后，莫斯科一直努力收集有关1917年至1918年间罗曼诺夫家族成员经历的文件和证词。接替斯大林担任总书记的尼基塔·赫鲁晓夫呼吁披露苏维埃过去隐蔽角落里的事件。他的主要目的是寻找不利于斯大林的资料。赫鲁晓夫的另一个当务之急是发掘一些振奋人心的内容。他们辛勤地深入挖掘每一件事。就尼古拉遇害事件，伊帕季耶夫宅邸行刑队的幸存队员接受了采访，采访过程用录音带录下来了。这么做的官方目的之一是证明莫斯科与处决罗曼诺夫一家的命令无关。接受采访的人也尽责地遵照要求讲话。但是伊帕季耶夫宅邸的这场处决总有一丝尴尬，采访的录音带被保存到了档案馆。更重要的是，没有人严肃地将尼古拉的长期执政或他被临时政府和人民委员会拘禁的命运作为重点研究对象。赫鲁晓夫的继任者列昂尼德·勃列日涅夫在位时，为了防止君主主义情绪死灰复燃，他们甚至决定拆除位于叶卡捷琳堡、原为伊帕季耶夫宅邸的博物馆。

西方历史作家对苏联的主张做了零星回应，他们关注逃脱主题，除了“阿纳斯塔西娅”的例子以外，他们还轻信了很多所谓成功逃出叶卡捷琳堡的罗曼诺夫家的成员。1976年，英国广播公司的调查记者安东尼·萨默斯和汤姆·曼戈尔德出版了《沙皇文件》，声称尼古拉一家遇害的整个事件以前讲得都不对。萨默斯和曼戈尔德认为，沙皇家有一人或多人逃到了彼尔姆避难。[3]但他们提供的证据很少，注释也少得可怜。我曾在斯坦福大学的胡佛研究所研究同一份“文件”(主要是尼坎德·I. 米罗柳博夫收发的一系列信件)，注意到萨默斯和曼戈尔德忽略了这些信中的语句，这恰好证明他们对纳塔利娅·穆特内赫等证人的可靠性的怀疑存在漏洞。尽管如此，这本书现在仍在出版。此外，书中有关罗曼诺夫全家被转移到彼尔姆或周边地区的基本假设仍然引发了不少作家的想象。虽然英国作家似乎已经垄断了有关罗曼诺夫一家的各种猎奇叙述，但美国作家也加入了竞争。也许人们对温莎家族私人生活的广泛兴趣也催生了他们对过去与现在的所有统治王朝的轻信。

职业历史学家对尼古拉二世的兴趣逐渐减弱，他们对早期的俄国沙皇如彼得大帝和叶卡捷琳娜大帝更感兴趣。不过，多米尼克·利芬在1993年撰写的严谨传记是一个例外，这本书将末代沙皇置于他所在时代的政治框架中进行讨论。理查德·沃特曼最近重点研究尼古拉发明的一些符号和仪式，他用它们来传播他心目中理想俄国的理念。[4]杰弗里·霍斯金研究沙皇与其杰出的保守派首相彼得·斯托雷平之间的紧张关系。[5]海因茨-迪特里希·勒韦探讨1917年之前尼古拉同反犹太组织和反犹太学说的关系。[6]西蒙·塞巴格·蒙蒂菲奥里研究尼古拉作为统治者的失败，同时表明他和亚历山德拉的婚姻结合了对彼此的激情和支持。[7]海伦·拉帕波特调查了叶卡捷琳堡的当地特点。[8]可喜的是，这些研究不同于市面上曾经泛滥的有关尼古拉的煽情造作的文章。它们还强调了为什么尼古拉是一个值得历史学家关注的话题。

1991年苏联解体后，尼古拉便开始在俄罗斯得到公众尊重。叶利钦总统将此前几十年定义为“噩梦”，他对罗曼诺夫皇朝的评价也比对其后的时期更为积极。即便如此，尼古拉仍被许多作品描绘成黑暗反动的人物，亨里希·约费坚称是叶卡捷琳堡方面，而不是莫斯科方面独自做出了处决罗曼诺夫一家的最终决定。[9]但人们渐渐改用同情的笔触描绘尼古拉，将他视为牺牲品。事实上，沙皇及其家人的浪漫形象成为通俗史学的主要研究对象。剧作家爱德华·拉津斯基尤其积极宣传他们的这种形象。[10]

同时，许多调查学者如V. V. 阿列克谢耶夫、A. N. 阿夫多宁、弗拉基米尔·赫鲁斯塔廖夫（与美国历史学家马克·斯坦伯格一起）、L. A. 雷科娃、I. F. 普洛特尼科夫和尤里·茹克，还挖掘出有关罗曼诺夫一家被关押直至遇害的新资料。他们明智地避开了西方国家对阿纳斯塔西娅或其他所谓的叶卡捷琳堡幸存者的争议。[11]但他们专注于俄罗斯国内的信息来源，对西方国家掌握的资料并没有给予同样的关注，因此往往限于讨论在乌拉尔的拘禁和处决情况等问题。他们中的一些人也对君主主义者抱有同情。

叶利钦决定于1998年7月17日，即沙皇一家遇害八十周年时，在圣彼得堡的彼得-保罗大教堂重新安葬他们。这进一步恢复了罗曼诺夫一家的名誉。人们在叶卡捷琳堡外废弃的矿井内部及周围进行了法医考古发掘，挖出的骨头经过基因鉴定，证明属于罗曼诺夫一家。叶利钦本人曾在1973年执行勃列日涅夫的命令，拆除了伊帕季耶夫宅邸，他后来万分后悔。然而，俄罗斯东正教会拒绝完全同意，因为在骨头和衣服残片里并未找到所有被拘押的罗曼诺夫家成员的遗骸。可以预见，这给那些试图让全世界相信有一个或多个罗曼诺夫家成员逃脱了处决的人带来了新动力。2000年接替叶利钦的普京总统鼓励公众继续对遇害的罗曼诺夫一家表示尊重。尽管阿列克谢主教对近期的科学调查结果持保留意见，但他仍对罗曼诺夫一家忠心耿耿，并封他们为“殉教圣徒”，称他们始终按照福音书的原则处事生活。

尼古拉和家人在伊帕季耶夫宅邸遭遇了可怕的结局。前皇帝在被囚禁的情况下仍维持着尊严，这令人印象深刻。他的确是一位忠诚的丈夫和父亲，他在二月革命中失去皇位，主要是因为他无法与身患血友病的儿子阿列克谢分离。真正动摇了他作为君主的信心的是，最高统帅部不再支持他。他在治理国家方面能力平平，而他的任性专断摧毁了让国家逐步过渡，最终成为一个更安定的宪政国家的所有可能性。人们普遍视他为一位无可指责的君主，这一形象难以令人信服。无论在执政期间还是在下台后，尼古拉都是一位极端的民族主义者、一个被迷惑的怀旧派和一个恶毒的反犹太主义者。在被关押于沙皇村、托博尔斯克和叶卡捷琳堡期间，他阅读了讲述罗曼诺夫皇朝的祖辈艰辛立国治国的历史文献，以此来理解自己当下的处境。他还阅读了一些描写俄罗斯帝国社会阶层的书籍，在此之前他对这些社会阶层毫不了解。沙皇夫妇仍然珍视俄国人民，尽管他们对人民的想象是理想化且具有误导性的。尼古拉和亚历山德拉都没有充分思考过他们退位的原因，当尼古拉试图了解这些事情时，便指责境外势力欺骗并操纵他曾经的臣民。

1918年至1919年展开的调查集中关注尼古拉一家在被拘禁和处决期间的情况。值得称赞的是，当时的调查人员克服困难重重，查明了大多数事情的真相。那些原始的审讯记录是本书的写作基础。当然，我们现在可以查看到尼古拉·索科洛夫当年无法获得的文件和回忆录。显然，我们终于可以解决几个长期存在的争议：雅科夫列夫将罗曼诺夫一家从托博尔斯克转移走时选择的路线、乌拉尔领导层在1918年初的政治管理、夏天制定政策时所起的作用，以及莫斯科和叶卡捷琳堡之间的关系。

我写作此书更重要的目的是从政治和个人的双重角度考察沙皇从退位到去世这段时间的经历，并查明他在退位后对俄罗斯、政治、统治、战争、国际关系，以及对自己的态度经历了怎样的变化。他不再掌控国家事务后，他的日记、谈话记录和阅读习惯都反映了他的思想。他在1917年之前的终极目标究竟是什么引发了数十年的争论，人们也在争论他是否真如敌人所称的那样思想僵化。有证据表明，敌人所言有一定道理。在监禁期间，他本有时间认识自己的错误，并纠正自己的基本分析。然而事实上，他什么也没做。虽然他后来同意如果儿子阿列克谢能够继承皇位，他便愿意尝试某种形式的君主立宪制，但他从未反省过，这一后果本在他掌权时就可以避免。

不过，尼古拉是一个非常复杂的人，远非人们轻易能够了解。他的许多思想从未透露给大臣、革命者，甚至是随从。他结识了全权代表潘克拉托夫和政委雅科夫列夫，这是他与他人交流的最好机会。对于亚历山德拉来说，她同样可以通过与孩子们的教师比特纳交谈来吐露心声。面对自己并不认同的人，尼古拉比亚历山德拉更愿意去了解他们的某些观点。不过即便如此，他的基本观点没有发生丝毫改变。从心理层面上看，这并不令人惊讶。1913年，他为罗曼诺夫皇朝建立三百周年举行了庆祝活动。四年后，在工人和士兵抗议“血腥的尼古拉”的政治示威游行中，他失去了权力。当然，他不愿意承认是自己导致了大多数的社会动荡，也不愿意去理解二月革命或1917年的十月革命。

退位后，他生活在闭塞的环境中，而俄国却不断地经历变革。临时政府改变了官方政策的根本特征，而后它又被布尔什维克推翻。布尔什维克则确定了一系列更为激进的革命目标。

莫斯科和叶卡捷琳堡的领导人非常憎恨和鄙视尼古拉，他们根本不愿意去了解他本人或是他的观点。很明显，在伊帕季耶夫宅邸的事件发生前那几周，乌拉尔地区的同志就经常向布尔什维克委员会请示如何处理叶卡捷琳堡的事情。斯维尔德洛夫巧妙地清除了他们牵涉处决命令的任何痕迹，并和同志们一起毫不犹豫地对前皇帝一家表示同情。对于布尔什维克来说，他们很显然必将永远与革命事业同命运。末代沙皇的传说与可证明的历史记录之间不一致之处颇多，自1918年乌拉尔发生血案以来便一直如此，也仍将继续如此。

参考文献

档　案

Arkhiv Prezidenta Rossiiskoi Federatsii (Moscow: Archive of the President of the Russian Federation)

Gosudarstvennyi Arkhiv Rossiiskoi Federatsii (Moscow: State Archive of the Russian Federation)

Hoover Institution Archives (Stanford University, CA)

Mikhail V. Alekseev Papers

Nikolai de Bazili Papers

Vera Cattell Papers

Agnes M. Diterikhs Papers

Barbara Dolgorouky Papers

Dmitri I. Fedichkin Papers

Georgii Mikhailovich, Grand Duke of Russia Papers

Kseniia Aleksandrovna, Grand Duchess of Russia Papers

Alexis V. Lapteff Papers

Robert Bruce Lockhart Papers

Nikander I. Miroliubov Papers

Nicholas II Papers

Boris I. Nicolaevsky Collection

Ivan I. Serebrennikov Papers

Serebryakova Papers

Nadia Shapiro Papers

Rudolf von Stackelberg Papers

Nikolai Alekseevich Sokolov Papers

Lev Sukacev Papers

Georgi Alexandrovich von Tal Papers

Alexandre Tarsaidze Papers

Aleksei B. Tatischev Papers

Trotsky Collection

Dmitri Antonovich Volkogonov Papers
Ekaterina Zborovskaia Papers
K. Zershchikov Papers
National Archives (Kew)
Oxford University (Oxford)
Sydney Gibbes Collection (Special Collections, Bodleian Library)
Rossiiskii Gosudarstvennyi Arkhiv Sotsial'no-Politicheskoi Istorii (Russian State Archive of Social and Political History: Moscow)

报纸与期刊

Argumenty i fakty (Moscow)
Evening News (London)
Izvestiya (Moscow)
Komsomol'skaya pravda (Moscow)
Literaturnaya gazeta (Moscow)
Literaturnaya Rossiya (Moscow)
Ogonëk (Moscow)
Peterburgskaya gazeta (St Petersburg)
Peterburgskaya pravda (St Petersburg)
Pravda (Moscow)
Svet (St Petersburg)
The Times (London)
Tobol'skie eparkhal'nye vedomosti (Tobolsk)
Tobol'skii rabochii (Tobolsk)
Ural'skii rabochii (Ekaterinburg)

图书与文章

14 mesyatsev vo vlasti bol'shevikov. (Permskie uzhasy) (Ekaterinburg: Russkoe byuro pechati, 1919)

R. Abraham, *Alexander Kerensky: The First Love of the Revolution* (New York: Columbia University Press, 1987)

E. Acton, V. Yu. Cherniaev and W. G. Rosenberg (eds), *Critical Companion to the Russian Revolution* (London: E. Arnold, 1997)

V. V. Alexeev, *Gibel' tsarskoi sem'i: mify i real'nost': novye dokumenty o tragedii na Urale* (Ekaterinburg: Bank kul'turnoi informatsii, 1993)

A. D. Avdeev, 'Nikolai Romanov v Tobol'ske i Yekaterinburge', *Krasnaya nov'*, no. 5 (1928)

A. N. Avdonin, *V zhernovakh revolyutsii: dokumental'nyi ocherk o komissare V. V. Yakovleve* (Ekaterinburg: Bank kul'turnoi informatsii, 1995)

H. Azar (ed.), *The Diary of Olga Romanov* (Yardley, PN: Westholme, 2014)

S. Badcock, 'Autocracy in Crisis: Nicholas the Last', in I. Thatcher, ed., *Late Imperial Russia: Problems and Prospects* (Manchester: Manchester University Press, 2005)

Baedeker's Russia, ed. K. Baedeker (London: T. Fisher Unwin, 1914)

N. de Basily, *Memoirs: Diplomat of Imperial Russia, 1903–1917* (Stanford, CA: Hoover Institution Press, 1973)

D. Beer, 'Vae Victis: Siberian exile as a revolutionary battleground, 1900–1914': St Antony's College (Oxford) history seminar series, 2 March 2015

D. Beer, *The House of the Dead: Siberian Exile under the Tsars* (London: Allen Lane, 2016)

P. Benkendorf, *Last Days at Tsarskoe Selo* (W. Heinemann: London, 1927)

M. Bernshtam (ed.), *Ural i Prikam'e, noyabr' 1918 – yanvar' 1919: dokumenty i materialy* (Paris: YMCA-Press, 1982)

G. Z. Besedovskii, *Na putyakh k termidoru* (Moscow: Sovremennik, 1997)

A. N. Bokhanov, *Sumerki monarkhii* (Moscow: Nauka, 1993)

K. von Bothmer, *Mit Graf Mirbach in Moskau: Tagebuch-Aufzeichnungen und Aktenstücke vom 19. April bis 24. August 1918* (Tübingen: Osiander'sche Buchhandlung, 1922)

N. M. Bozheryanov (ed.), *Trista let tsarstvovaniya doma Romanovykh* (St Petersburg, 1913)

L. Bryant, *Six Red Months in Russia: An Observer's Account of Russia before and during the Proletarian Dictatorship* (New York: George H. Doran, 1918)

A. D. Bubnov, *V tsarskoi stavke* (New York: Chekhov Publishing House, 1955)

G. Buchanan, *My Mission to Russia and Other Diplomatic Memories*, vol. 2 (London: Cassell and Co., 1923)

P. Bulygin, *The Murder of the Romanovs: the Authentic Account* (London: Hutchinson, 1935)

Yu. A. Buranov and V. M. Khrustalëv, *Gibel' imperatorskogo doma* (Moscow: Progress, 1992)

S. Buxhoeveden, *The Life and Tragedy of Alexandra Feodorovna, Empress of Russia: A Biography* (London: Longman, Green and Co., 1929)

P. Bykov, 'Poslednie dni poslednego tsarya' and 'Yekaterinburgskii Sovet', in N. I. Nikolaev (ed.), *Rabochaya revolyutsiya na Urale: epizody i fakty* (Ekaterinburg: Gosizdat, Ural'skoe Oblastnoe Upravlenie, 1921)

P. M. Bykov, *Poslednie dni Romanovykh* (Sverdovsk: Izdatel'stvo 'Ural'skiĭ rabochiĭ', 1990)

G. V. Chicherin, *Vneshnyaya politika Sovetskoi Rossii za dva goda* (Moscow: Gosizdat, 1920)

N. Cohn, *Warrant for Genocide: The Myth of the Jewish World-Conspiracy and the Protocols of the Elders of Zion* (London: Eyre and Spottiswood, 1967)

A. Cook, *To Kill Rasputin: The Life and Death of Grigori Rasputin* (Stroud: Tempus, 2005)

A. Cook, *The Murder of the Romanovs* (Stroud: Amberley, 2011)

D. Crawford, *The Last Tsar, Emperor Michael II* (Edinburgh: Murray McLellan, 2012)

R. Crawford and D. Crawford, *Michael and Natasha: The Life and Love of the Last Tsar of Russia* (London: Weidenfeld and Nicolson, 1997)

R. Day and M. M. Gorinov, *The Preobrazhensky Papers: Archival Documents and Materials*, vol. 1: *1886–1920* (Chicago: Haymarket, 2015)

L. Dehn, *The Real Tsaritsa* (London: Butterworth, 1922)

'Dioneo' (V. I. Shklovsky), *Russia under the Bolsheviks* (London: Russian Liberation Committee, 1919)

M. K. Diterikhs, *Ubiistvo tsarskoi sem'i i chlenov doma Romanovykh na Urale*, part 1 (Vladivostok: Voennaya Akademiya, 1922)

Dnevniki imperatora Nikolaya II, 1894–1918, vol. 2, part 2, ed. S. V. Mironenko and Z. I. Peregudova (Moscow: Rosspen, 2013)

V. V. Dublënnykh, *Belaya armiya na Urale: istoricheskie spravki chastei i soedinenii* (Ekaterinburg: Izd. Ural'skogo Universiteta, 2008)

V. Fic, *The Revolutionary War for Independence and the Russian Question* (New Delhi: Abhinav Publications, 1977)

V. M. Fic, *The Bolsheviks and the Czechoslovak Legion: The Origin of their Armed Conflict, March – May 1918* (New Delhi: Abhinav Publications, 1978)

J. T. Fuhrman (ed.), *The Complete Wartime Correspondence of Tsar Nicholas II and the Empress Alexandra, April 1914 – March 1917* (Westport, CT: Greenwood Press, 1999)

W. C. Fuller, Jr, *The Foe Within: Fantasies of Treason and the End of Imperial Russia* (Ithaca, NY: Cornell University Press, 2006)

N. V. Galushkin, *Sobstvennyi Ego Imperatorskogo Velichestva Konvoi* (Moscow: Reittar, 2004)

R. Giardina, *Complotto reale: l'ascesa dei Coburgo alla conquista d'Europa* (Milan: Bompiani, 2001)

P. Gilliard, *Le tragique destin de Nicolas II et de sa famille* (Paris: Payot, 1921)

M. Golubykh, *Ural'skie partizany: pokhod otryadov Blyukhera-Kashirina v 1918 godu* (Ekaterinburg: Uralkniga, 1924)

F. Grenard, *La révolution russe* (Paris: Armand Colin, 1933)

J. Hanbury-Williams, *The Emperor Nicholas II as I Knew Him* (London: A. L. Humphreys, 1922)

J. R. Harris, *The Great Urals: Regionalism and the Evolution of the Soviet System* (Ithaca, NY: Cornell University Press, 1999)

T. Hasegawa, *The February Revolution: Petrograd, 1917* (Seattle: University of Washington Press, 1981)

G. A. Hill, *Go Spy the Land* (London: Cassell, 1932)

G. Hosking, *The Russian Constitutional Experiment: Government and Duma, 1907–1914* (Cambridge: Cambridge University Press, 1973)

V. Hugo, *Quatrevingt-treize* (New York: William R. Jenkins, 1896)

G. Z. Ioffe, *Revolyutsiya i sud'ba Romanovykh* (Moscow: Respublika, 1992)

G. Ioffe, *Revolyutsiya i sem'ya Romanovykh* (Moscow: Algoritm, 2012)

M. P. Iroshnikov, *Sozdanie sovetskogo tsentral'nogo apparata: Sovet narodnykh komissarov i narodnye komissariaty, oktyabr' 1917 g. – yanvar' 1918 g.* (Moscow/ Leningrad: Nauka, 1966)

R. L. Jefferson, *Roughing it in Siberia, With Some Account of the Trans-Siberian Railway, and the Gold-Mining Industry of Asiatic Russia* (London: Sampson, Low, Marston and Co., 1897)

S. Kallistov, *Tobol'skii Tsentral* (Moscow: Vsesoyuznoe obshchestvo politkatorzhan I ss-poselentsev, 1925)

N. I. Kanishcheva et al. (eds), *Dnevnik P. N. Milyukova, 1918–1921* (Moscow: Rosspen, 2015)

Princess Kantakuzen, *Revolutionary Days: Recollections of Romanoffs and Bolsheviki, 1914–1917* (London: Chapman and Hall, 1920)

L. A. Kasso, *Rossiya na Dunae i obrazovanie Bessarabskoi oblasti* (Moscow: A. Snegirëva, 1913)

G. Kennan, *Siberia and the Exile System*, vol. 2 (New York: The Century Co., 1891)

M. Kheifets, *Tsareubiistvo v 1918 godu: versiya prestupleniya i fal'tsifitsirovannogo sledstviya* (Moscow: Festival, 1992)

V. M. Khrustalëv, 'Taina "missii" chrezvychainogo komissara Yakovleva', *Rossiyane*, no. 10 (1993)

V. M. Khrustalëv, *Alapaevsk: zhertvy i palachi* (Moscow: Dostoinstvo, 2010)

V. M. Khrustalëv, *Petrograd: rasstrel Velikikh knyazei* (Moscow: Dostoinstvo, 2011)

V. M. Khrustalëv (ed.), *Dnevniki Nikolaya II i imperatritsy Aleksandry Fëdorovny, 1917–1918*, vols 1–2 (Moscow: Vagrius, 2008)

V. M. Khrustalëv and M. D. Steinberg (eds), *Skorbnyi put' Romanovykh 1917–1918 gg.: gibel' tsarskoi sem'i: sbornik dokumentov i materialov* (Moscow: Rosspen, 2001)

G. King and P. Wilson, *The Fate of the Romanovs* (Hoboken, NJ: John Wiley and Sons, 2003)

J. Klier and H. Mingay, *The Quest for Anastasia: Solving the Mystery of the Lost Romanovs* (Edgware: Smith Gryphon, 1997)

D. Koenker, *Moscow Workers and the 1917 Revolution* (Princeton, NJ: Princeton University

Press, 1981)

B. I. Kolonitski, *Simvoly vlasti i bor'ba za vlast': k izucheniyu politicheskoi kul'tury Rossiiskoi revolyutsii 1917 goda* (St Petersburg: Dmitrii Bulanin, 2001)

B. I. Kolonitskii, *'Tragicheskaya erotika': obrazy imperatorskoi sem'i v gody pervoi mirovoi voiny* (St Petersburg: Novoe Literaturnoe Obozrenie, 2010)

A. N. Kuropatkin, *Zadachi russkoi armii* (St Petersburg: V. A. Berezovskii, 1910), vols. 1–3

The Last Diary of Tsaritsa Alexandra, ed. V. A. Kozlov and V. M. Khrustalëv (New Haven, CT: Yale University Press, 1997)

R. S. Latimer, *Dr. Baedeker and his Apostolic Work in Russia* (London: Morgan and Scott, 1907)

N. A. Leikin, *Neunyvayushchie Rossiyane: Rasskazy i kartinki s natury*, 2nd revised edn (St Petersburg: M. A. Khan, 1881)

M. K. Lemke, *250 dnei v tsarskoi stavke: 25 sent. 1915–2 iyulya 1916* (Petersburg [sic]: Gosizdat, 1920)

V. I. Lenin, *Biograficheskaya khronika*, vol. 5 (Moscow: Gosudarstvennoe izdatel'stvo, 1974)

D. Lieven, *Nicholas II: Emperor of all the Russias* (London: John Murray, 1993)

D. Lieven, 'Nicholas II', in E. Acton, V. Yu. Cherniaev and W. G. Rosenberg (eds), *Critical Companion to the Russian Revolution* (London: E. Arnold, 1997)

D. Lieven, *Towards the Flame: Empire, War and the End of Tsarist Russia* (London: Allen Lane, 2015)

H.-D. Löwe, *The Tsars and the Jews: Reform, Reaction and Antisemitism in Imperial Russia, 1772–1917* (Reading: Harwood Academic Publishers, 1993)

S. Lyandres, 'Progressive Bloc Politics on the Eve of the Revolution: Revisiting P. N. Miliukov's "Stupidity of Treason" Speech of 1 November 1916', *Russian History*, no. 4 (2004), pp. 447–464

S. Lyandres, 'Conspiracy and Ambition in Russian Politics before the February Revolution of 1917: The Case of Prince Georgii Evgen'evich L'vov', *Journal of Modern Russian History and Historiography*, no. 8 (2015), pp. 99–133

S. Lyandres (ed.), *The Fall of Tsarism: Untold Stories of the February 1917 Revolution* (Oxford: Oxford University Press, 2013)

L. A. Lykova, 'V. I. Lenin i sud'ba tsarskoi sem'i', *Istoricheskii arkhiv*, no. 5 (2005)

L. A. Lykova, *Perm': taina gibeli Mikhaila Romanova* (Moscow: Dostoinstvo, 2010)

L. A. Lykova (ed.), *Sledstvie po delu ob ubiistve Rossiiskoi imperatorskoi sem'i* (Moscow: Rosspen, 2007)

M. Maeterlinck, *Wisdom and Destiny* (London: George Allen, 1898)

S. Markov, *Pokinutaya tsarskaya sem'ya* (Vienna: Amalthea, 1928)

R. Massie and S. Massie, *Nicholas and Alexandra* (New York: Atheneum, 1967)

A. Maylunas and S. Mironenko, *A Lifelong Passion: Nicholas and Alexandra, Their Own Story* (London: Weidenfeld and Nicolson, 1996)

L. McReynolds, *The News Under Russia's Old Regime: The Development of a Mass-Circulation Press* (Princeton, NJ: Princeton University Press, 1991)

T. E. Mel'nik-Botkina, *Vospominaniya o tsarskoi sem'e i eë zhizni do i posle revolyutsii* (Belgrade: M. I. Stefanovich, 1921; repr. Moscow: Ankor, 1993)

D. Mérejkowsky, 'Préface' and 'Religion et Révolution', in D. Mérejkowsky, Z. Hippius and Dm. Philosophoff, *Le Tsar et la Révolution* (Paris: Société du Mercure de France, 1907)

D. S. Merezhkovskii, *Khristos i Antikhrist*, vol. 1: *Smert' bogov. Yulian otstupnik*; vol. 2: *Voskresshie bogi. Leonardo da-Vinchi*; vol. 3: *Antikhrist. Pëtr i Aleksei* (St Petersburg: M. V. Pirozhkov, 1907)

D. S. Merezhkovskii, *Aleksandr I*, vol. 6, in *Polnoe sobranie sochinenii*, 24 vols (Moscow: I. D. Sytin, 1914)

S. S. Montefiore, *The Romanovs* (London: Weidenfeld and Nicolson, 2016)

A. A. Mosolov, *Pri dvore poslednego Rossiiskogo imperatora* (Paris: Poslednie Novosti, 1934)

S. Mstislavskii, *Pyat' dnei: nachalo i konets fevral'skoi revolyutsii* (Moscow: Z. I. Grzhebin, 1922)

B. Mueggenberg, *The Czecho-Slovak Struggle for Independence, 1914–1920* (Jefferson, NC: McFarland and Co., 2014)

P. V. Mul'tatuli, *Vneshnyaya politika Imperatora Nikolaya II (1894–1917)* (Moscow: FIV, 2012)

Neobkhodimost' otkrytiya porto-franko v ust'yakh rek Obi i Yeniseya (Tobolsk: Gubernskaya Tipografia, 1907)

N. I. Nikolaev (ed.), *Rabochaya revolyutsiya na Urale: epizody i fakty* (Ekaterinburg: Gosizdat, Ural'skoe Oblastnoe Upravlenie, 1921)

Nikolai II-oi Romanov: ego zhizn' i deyatel'nost, 1894–1917 g.g., po inostrannym i russkim istochnikam (Petrograd: Gosudarstvennaya Tipografia, 1917)

M. Occleshaw, *The Romanov Conspiracies: The Romanovs and the House of Windsor* (London: Chapmans, 1993)

M. Occleshaw, *Dances in Shadows: The Clandestine War in Russia, 1917–1920* (New York: Carroll and Graf, 2006)

A. Olano-Eren'ya, 'Ispanskii korol' i politika spaseniya sem'i Nikolaya II', *Novaya i noveishaya istoriya*, no. 5 (1993), pp. 152–165

Baroness Orczy, *The Scarlet Pimpernel* (London: Hodder and Stoughton, 1960)

Otrechenie Nikolai II: vospominaniya ochevidtsev, dokumenty, ed. P. Ye. Shchegolev, 2nd expanded edn (Leningrad: Krasnaya gazeta, 1927)

M. Paléologue, *La Russie des tsars pendant la Grande Guerre*, vol. 3 (Paris: Plon, 1922)

V. Pankratov, *So tsarëm v Tobol'ske: iz vospominanii* (Leningrad: Kooperativnoe izdatel'skoe t-vo 'Byloe', 1925)

E. Pantazzi, *Roumania in Light and Shadow* (London: T. F. Unwin, 1921)

Pis'ma svyatykh tsarstvennykh muchennikov iz zatocheniya, ed. E. E. Alfer'evym, D. S. Tatishchev and S. P. Andolenko (St Petersburg: Spaso-Preobrazhenskii Valaamskii monastyr', 1996)

I. F. Plotnikov, *Pravda Istorii: gibel' tsarskoi sem'i* (Ekaterinburg: Sverdlovskaya regional'naya obshchestvennaya organizatsiya, 2002)

Poslednie dni poslednego tsarya: inochtozhenie dinastii Romanovykh (Tver: Tverskoe izdatel'stvo, 1922)

T. H. Preston, *Before the Curtain* (London: John Murray, 1950)

Protokoly Tsentral'nogo Komiteta RSDRP(b), avgust 1917 – fevral' 1918 (Moscow: Gosudarstvennoe izdatel'stvo politicheskoi literatury, 1958)

E. Radzinskii, *'Gospodi – spasi i usmiri Rossiyu': Nikolai II, zhizn' i smert'* (Moscow: Vagrius, 1993)

H. Rappaport, *Ekaterinburg: The Last Days of the Romanovs* (London: Windmill Books, 2009)

H. Rappaport, *Four Sisters: The Lost Lives of the Romanov Grand Duchesses* (London: Macmillan, 2014)

Rasputin the Mad Monk (Hammer Films UK: dir. D. Sharp, 1966)

D. Rayfield, *Anton Chekhov: A Life* (Evanston, IL: North-Western University Press, 1997)

P. Robinson, *Grand Duke Nikolai Nikolaevich: Supreme Commander of the Russian Army* (DeKalb: Northern Illinois University Press, 2014)

K. Rose, *George V* (London: Weidenfeld and Nicolson, 1983)

L. P. Roshchevskaya and V. K. Beloborodov, *Tobol'skii Sever Glazami politicheskikh ssyl'nykh XIX – nachala XX veka* (Ekaterinburg: Sredne-Ural'skoe knizhnoe izdatel'stvo, 1998)

N. Ross, *Gibel' tsarskoi sem'i: materialy sledstviya po delu ob ubiistve tsarskoi sem'i, avgust 1918 – fevral' 1920* (Frankfurt am Main: Posev, 1986)

C. A. Ruud and S. Stepanov, *Fontanka 16: The Tsars' Secret Police* (Stroud: Sutton, 1999)

J. Sadoul, *Notes sur la révolution bolchévique, octobre 1917 – janvier 1919* (Paris: Sirène, 1920)

R. Service, *The Bolshevik Party in Revolution: A Study in Organisational Change* (London: Macmillan, 1979)

R. Service, *Lenin: A Biography* (London: Macmillan, 1998)

G. N. Sevastyanov et al. (eds), *Delo generala Kornilova: materialy Chrezvychainoi komissii po rassledovaniyu dela o byvshem Verkhovnom glavno komanduyushchem generale L. G. Kornilove i ego souchastnikakh, avgust 1917 g. – iyun' 1918 g.*, 2 vols (Moscow: Materik, 2003)

P. E. Shchegolev (ed.), *Padenie tsarskogo rezhima: stenograficheskie otchëty doprosov i pokazanii, dannykh v 1917 g. v Chrezvychainoi sledstvennoi komissii Vremennogo pravitel'stva*, 7 vols. (Leningrad-Moscow: Gosudarstvennoe izdatel'stvo, 1924–1927)

N. K. Shil'der, *Imperator Pavel Pervyi. Istoriko-biograficheskii ocherk* (St Petersburg: A. S. Suvorin, 1901)

Skorbnaya pamyatka, ed. A. V. Syroboyarskii (New York: Kassa Pomoshchi Blizhnim v Pamyat' o Tsarskoi Sem'e, 1928)

W. Slater, *The Many Deaths of Tsar Nicholas II* (London: Routledge, 2007)

D. Smith, *Rasputin: Faith, Power, and the Twilight of the Romanovs* (London: Macmillan, 2016)

J. P. Smythe, *Rescuing the Czar: Two Authentic Diaries Arranged and Translated* (San Francisco: California Printing Co., 1920)

J. Snodgrass, *Bureau of Foreign and Domestic Commerce: Russia: A Handbook on Commercial and Industrial Conditions* (Washington, DC: Government Printing Office, 1913)

N. Sokoloff, *Enquête judiciaire sur l'assassinat de la famille impériale russe, avec les preuves, les interrogatoires et les dépositions des témoins et des accusés* (Paris: Payot, 1924)

N. Sokolov, *Ubiistvo tsarskoi sem'i* (Berlin: Slovo, 1925)

M. D. Steinberg and V. M. Khrustalëv, *The Fall of the Romanovs: Political Dreams and Personal Struggles in a Time of Revolution* (New Haven, CT: Yale University Press, 1995)

N. Stone, *The Eastern Front, 1914–1917* (London: Hodder and Stoughton, 1975)

A. Summers and T. Mangold, *File on the Tsar* (London: Gollancz, 1976)

I. Thatcher (ed.), *Late Imperial Russia: Problems and Prospects* (Manchester: Manchester University Press, 2005)

N. M. Tikhmenev, *Iz vospominanii o poslednikh dnyakh prebyvaniya Imperatora Nikolaya II v Stavke* (Nice: Kruzhok Revnitelei Russkogo Proshlogo, 1925)

D. W. Treadgold, *The Great Siberian Migration: Government and Peasant in Resettlement from Emancipation to the First World War* (Princeton, NJ: Princeton University Press, 1957)

Ubiistvo tsarskoi sem'i i eë svity: offitsial'nye dokumenty (Constantinople: Russkaya Mysl', 1920)

F. I. Uspenskii, *Istoriya vizantiiskoi imperii*, vols. 1–2 (St Petersburg: Brokgauz-Efron, 1913)

V. N. Voeikov, *S tsarëm i bez tsarya* (Helsinki: Oy. Littera, 1936)

A. A. Volkov, *Okolo tsarskoi sem'i* (Paris: Moscow, 1928)

P. V. Volobuev (ed.), *Petrogradskii Sovet rabochikh i soldatskikh deputatov v 1917 godu,* 5 vols (Nauka: Leningrad/St Petersburg, 1991–2003)

A. Vyrubova, *Memories of the Russian Court* (London: Macmillan, 1923)

A. Vyrubova, *Souvenirs de ma vie: avec 52 photographies hors-texte et 39 lettres inédites adressées à Anna Viroubova par le tsar, la tsarina, le tsarévitch et les grandes duchesses, durant leur captivité* (Paris: Payot, 1927)

P. Waldron, *Between Two Revolutions: Stolypin and the Politics of Renewal* (London: UCL Press, 1999)

F. Welch, *The Romanovs and Mr Gibbes* (London: Short, 2002)

R. Wilton, *The Last Days of the Romanovs, from 15th March 1917* (London: Thornton Butterworth, 1920)

R. Wortman, *Scenarios of Power: Myth and Ceremony in the Russian Monarchy from Peter the Great to the Abdication of Nicholas II* (Princeton, NJ: Princeton University Press, 2006)

R. Wortman, *Imperial Encounters in Russian History: Russian Monarchy: Representation and Rule* (Boston, MA: Academic Studies Press, 2013)

Yu. Zhuk, *Yekaterinburg: prizrak Ipat'evskogo doma* (Moscow: Dostoinstvo, 2010)

Yu. Zhuk, *Voprositel'nye znaki v 'tsarskom dele'* (St Petersburg: BkhV-Peterburg, 2013)

注 释

缩写

AMDP	Agnes M. Diterikhs Papers
DAVP	Dmitri Antonovich Volkogonov Papers
DNIIAF	V. M. Khrustalëv (ed.), *Dnevniki Nikolaya II i imperatritsy Aleksandry Fëdorovny, 1917–1918*, vol. 1 (Moscow: Vagrius, 2008)
DINII	*Dnevniki imperatora Nikolaya II, 1894–1918*, ed. S. V. Mironenko and Z. I. Peregudova (Moscow: Rosspen, 2013)
GARF	Gosudarstvennyi Arkhiv Rossiiskoi Federatsii
GTSMS	N. Ross, *Gibel' tsarskoi sem'i: materialy sledstviya po delu ob ubiistve tsarskoi sem'i, avgust 1918 – fevral' 1920* (Frankfurt am Main: Posev, 1986)
HIA	Hoover Institution Archives
KAGDRP	Kseniia Aleksandrovna, Grand Duchess of Russia Papers
NABP	Nikolai Aleksandrovich de Bazili Papers
PIGTS	I. F. Plotnikov, *Pravda Istorii: gibel' tsarskoi sem'i* (Ekaterinburg: Sverdlovskaya regional'naya obshchestvennaya organizatsiya, 2002)
PTR	*Padenie tsarskogo rezhima: stenograficheskie otchëty doprosov i pokazanii, dannykh v 1917 g. v Chrezvychainoi sledstvennoi komissii Vremennogo pravitel'stva* (Leningrad/Moscow: Gosudarstvennoe izdatel'stvo, 1924–1927)
RGASPI	Rossiiskii Gosudarstvennyi Arkhiv Sotsial'no-Politicheskoi Istorii
SCBLOU	Special Collections, Bodleian Library, Oxford University
SGC	Sydney Gibbes Collection
SPR	V. M. Khrustalëv and M. D. Steinberg (eds), *Skorbnyi put' Romanovykh 1917–1918 gg.: gibel' tsarskoi sem'i: sbornik dokumentov i materialov* (Moscow: Rosspen, 2001)
VZR	A. N. Avdonin, *V zhernovakh revolyutsii: dokumental'nyi ocherk o komissare V. V. Yakovleve* (Ekaterinburg: Bank kul'turnoi informatsii, 1995)

第一章 全俄国的沙皇

1. N. M. Bozheryanov (ed.), *Trista let tsarstvovaniya doma Romanovykh* (St Petersburg, 1913).
2. I. I. Serebrennikov, 'Moi vospominaniya', vol. 3: Ivan I. Serebrennikov Papers, Hoover Institution Archives (hereafter HIA), box 10, pp. 92–93.
3. S. K. Buksgevden [i.e. Sophie Buxhoeveden], 'Gosudar' Imperator Nikolai II: iz vospominanii', part 1: Nikolai Aleksandrovich de Bazili Papers (hereafter NABP), HIA, box 23, folder 1, p. 4.
4. Ye. S. Kobylinskii (inquiry testimony), 6–10 April 1919: Agnes M. Diterikhs Papers (hereafter AMDP), HIA, box 1, folder 8, p. 754; A. A. Volkov (inquiry testimony), 20–23 August 1919: ibid., box 1, folder 9, p. 1119.
5. Father Nicholas (S. Gibbes), untitled memoir (typescript): Sydney Gibbes Collection (hereafter SGC), Special Collections, Bodleian Library, Oxford University (hereafter SCBLOU), box 1, MS Facs c. 106, p. 4.
6. S. K. Buksgevden (sic), 'Gosudar' Imperator Nikolai II: iz vospominanii', part 1: NABP, HIA, box 23, folder 1, p. 4.
7. Ye. S. Kobylinskii (inquiry testimony), 6–10 April 1919: AMDP, HIA, box 1, folder 8, p. 754; A. A. Volkov (inquiry testimony), 20–23 August 1919: ibid., box 1, folder 9, p. 1119.
8. A. A. Mosolov, *Pri dvore poslednego Rossiiskogo imperatora* (Paris: Poslednie Novosti, 1934), p. 27.
9. Ibid., pp. 28–29.
10. Ibid., p. 29.
11. Ibid., p. 28.
12. S. K. Buksgevden (sic), 'Gosudar' Imperator Nikolai II: iz vospominanii', part 1: NABP, HIA, box 23, folder 1, p. 23.
13. N. de Basily, 'Note sur l'Empereur et l'Impératrice': NABP, HIA, box 23, folder 1, p. 2. 'Nicolas de Basily' was how Nikolai Bazili (or Nikolai de Bazili) was known abroad after the October 1917 Revolution; his materials are held in the Hoover Institution Archives in the Nikolai Aleksandrovich de Bazili Papers.
14. Father Nicholas (S. Gibbes), untitled memoir (typescript): SGC, SCBLOU, box 1, MS Facs c. 106, p. 2.
15. S. Gibbes, 'Ten Years with the Russian Imperial Family' (typescript): SGC, SCBLOU, box 1, p. 7.
16. See S. S. Montefiore, *The Romanovs* (London: Weidenfeld and Nicolson, 2016), pp. 496–497.
17. A. F. Romanova to N. A. Romanov, 14 December 1916 (OS): J. T. Fuhrman (ed.), *The*

Complete Wartime Correspondence of Tsar Nicholas II and the Empress Alexandra, April 1914 – March 1917 (Westport, CT: Greenwood Press, 1999), p. 675.

18. Mosolov, *Pri dvore poslednego Rossiiskogo imperatora*, p. 231.
19. V. B. Frederikhs (Extraordinary Investigative Commission testimony), 2 June 1917 (OS): P. E. Shchegolev (ed.), *Padenie tsarskogo rezhima: stenograficheskie otchëty doprosov i pokazanii, dannykh v 1917 g. v Chrezvychainoi sledstvennoi komissii Vremennogo pravitel'stva*, 7 vols. (Leningrad-Moscow: Gosudarstvennoe izdatel'stvo, 1924–1927) (hereafter *PTR*), vol. 5, p. 33.
20. Ye. S. Kobylinskii (inquiry testimony), 6–10 April 1919: AMDP, HIA, box 1, folder 8, pp. 754 and 758. See R. Wortman, *Scenarios of Power: Myth and Ceremony in the Russian Monarchy from Peter the Great to the Abdication of Nicholas II* (Princeton, NJ: Princeton University Press, 2006), p. 317.
21. See H.-D. Löwe, *The Tsars and the Jews: Reform, Reaction and Antisemitism in Imperial Russia, 1772–1917* (Reading: Harwood Academic Publishers, 1993), pp. 221–227.
22. See R. Wortman, 'Nicholas II and the Revolution of 1905', in *Imperial Encounters in Russian History: Russian Monarchy: Representation and Rule* (Boston, MA: Academic Studies Press, 2013), p. 207.
23. A. F. Romanova to N. A. Romanov, 14 December 1916 (OS): Fuhrman (ed.), *Complete Wartime Correspondence*, p. 675.
24. P. Gilliard to N. de Basily, 29 April 1934 (notes): NABP, HIA, box 2, folder 62, p. 1.
25. S. K. Buksgevden (sic), 'Gosudar' Imperator Nikolai II: iz vospominanii', part 1: NABP, HIA, box 23, folder 1, p. 11.

第二章 在最高统帅部

1. *Baedeker's Russia*, ed. K. Baedeker (London: T. Fisher Unwin, 1914), pp. 257–258.
2. See N. Stone, *The Eastern Front, 1914–1917* (London: Hodder and Stoughton, 1975), pp. 191–193.
3. A. D. Bubnov, *V tsarskoi stavke* (New York: Chekhov Publishing House, 1955), p. 179; N. M. Tikhmenev, *Iz vospominanii o poslednikh dnyakh prebyvaniya Imperatora Nikolaya II v Stavke* (Nice: Kruzhok Revnitelei Russkogo Proshlogo, 1925), p. 10.
4. Bubnov, *V tsarskoi stavke*, pp. 179–181; Tikhmenev, *Iz vospominanii*, pp. 12–13.
5. See S. Lyandres, 'Progressive Bloc Politics on the Eve of the Revolution: Revisiting P. N. Miliukov's "Stupidity of Treason" Speech of November 1, 1916', *Russian History*, no. 4 (2004), pp. 447–464, at 456–460.
6. Tikhmenev, *Iz vospominanii*, p. 14.
7. S. K. Buksgevden (sic), 'Gosudar' Imperator Nikolai II: iz vospominanii', part 1: NABP,

HIA, box 23, folder 1, p. 20.

8. Bubnov, *V tsarskoi stavke*, p. 190.
9. See Stone, *The Eastern Front*, p. 187.
10. Ibid., pp. 191–193.
11. R. von Stackelberg, untitled memoirs (typescript): Rudolf von Stackelberg Papers, HIA, p. 47.
12. See Stone, *The Eastern Front*, pp. 191–193.
13. See S. Lyandres, 'Conspiracy and Ambition in Russian Politics before the February Revolution of 1917: The Case of Prince Georgii Evgen'evich L'vov', *Journal of Modern Russian History and Historiography*, no. 8 (2015), pp. 99–133, at 102–112.
14. Bubnov, *V tsarskoi stavke*, pp. 182–183.
15. Ibid., pp. 183–184; see also the cogent argument of Lyandres, 'Progressive Bloc Politics on the Eve of the Revolution', pp. 454–457.
16. Bubnov, *V tsarskoi stavke*, pp. 183–184.
17. Mosolov, *Pri dvore poslednego Rossiiskogo imperatora*, p. 226.

第三章 二月革命

1. S. K. Buksgevden (sic), 'Gosudar' Imperator Nikolai II: iz vospominanii', part 1: NABP, HIA, box 23, folder 1, p. 20.
2. Ibid.
3. A. F. Romanova (diary), 21 February 1917 (OS): V. M. Khrustalëv (ed.), *Dnevniki Nikolaya II i imperatritsy Aleksandry Fëdorovny, 1917–1918*, vol. 1 (Moscow: Vagrius, 2008) (hereafter *DNIIAF*), p. 162.
4. S. K. Buksgevden (sic), 'Gosudar' Imperator Nikolai II: iz vospominanii', part 1: NABP, HIA, box 23, folder 1, p. 21.
5. A. A. Volkov (inquiry testimony), 20–23 August 1919: AMDP, HIA, box 1, folder 9, p. 1096.
6. S. K. Buksgevden (sic), 'Gosudar' Imperator Nikolai II: iz vospominanii', part 1: NABP, HIA, box 23, folder 1, p. 21.
7. Colonel K. Zershchikov, 'Sobstvennyi ego velichestva konvoi v dni revolyutsii' p. 6: K. Zershchikov Papers, HIA.
8. S. Markov, *Pokinutaya tsarskaya sem'ya* (Vienna: Amalthea, 1928), p. 116.
9. Ibid., p. 117.
10. M. G. Tutelberg (inquiry testimony), 1919: AMDP, HIA, box 1, folder 8, p. 975.
11. M. V. Rodzyanko (oral testimony from the Polievktov Collection): S. Lyandres (ed.), *The Fall of Tsarism: Untold Stories of the February 1917 Revolution* (Oxford: Oxford

University Press, 2013), p. 109.

12. N. de Basily, 'End of the Monarchy' draft chapter (in French): NABP, HIA, box 24, p. 10.
13. Ibid.
14. See T. Hasegawa, *The February Revolution: Petrograd, 1917* (Seattle: University of Washington Press, 1981), pp. 326–332 and 379.

第四章　退位

1. N. de Basily, 'End of the Monarchy' draft chapter (in French): NABP, HIA, box 24, p. 11.
2. Ibid., p. 23.
3. Ibid.
4. N. de Basily, *Memoirs: Diplomat of Imperial Russia, 1903–1917* (Stanford, CA: Hoover Institution Press, 1973), pp. 116–117.
5. M. V. Alexeev to N. A. Romanov (telegram), 2 March 1917: V. M. Khrustalëv and M. D. Steinberg (eds), *Skorbnyi put' Romanovykh 1917–1918 gg.: gibel' tsarskoi sem'i: sbornik dokumentov i materialov* (Moscow: Rosspen, 2001) (hereafter *SPR*), pp. 40–41.
6. Ibid., p. 121.
7. Mosolov, *Pri dvore poslednego Rossiiskogo imperatora*, p. 226.
8. *Otrechenie Nikolai II: vospominaniya ochevidtsev, dokumenty*, ed. P. Ye. Shchegolev, 2nd expanded edn (Leningrad: *Krasnaya gazeta*, 1927), pp. 107–108.
9. A. A. Mordvinov, 'Poslednie dni imperatora': ibid., p. 110. The conversation was unwitnessed, but as he left the emperor's carriage at four o'clock, Fëdorov breached etiquette by revealing its content to a group of military personnel.
10. De Basily, *Memoirs*, p. 138.
11. S. K. Buksgevden (sic), 'Gosudar' Imperator Nikolai II: iz vospominanii', part 1: NABP, HIA, box 23, folder 1, p. 23.
12. Draft abdication manifesto: Hoover Safe, HIA; de Basily, *Memoirs*, pp. 122 and 125.
13. Ibid., pp. 125–126.
14. Ibid., p. 119.
15. See Lyandres (ed.), *The Fall of Tsarism*, p. 83, note 12.
16. V. Shulgin, 'Podrobnosti otrecheniya', *Rech'*, 21 March 1917.
17. M. I. Skobelev (oral testimony from the Polievktov Collection): Lyandres (ed.), *The Fall of Tsarism*, pp. 186–187.
18. See Hasegawa, *The February Revolution*, pp. 519–524.
19. A. I. Guchkov (Extraordinary Investigative Commission testimony), 2 August 1917

(OS): *PTR*, vol. 7, p. 263.

20. V. Shulgin, 'Podrobnosti otrecheniya', *Rech'*, 21 March 1917; A. I. Guchkov (Extraordinary Investigative Commission testimony), 2 August 1917 (OS): *PTR*, vol. 7, p. 263.
21. A. I. Guchkov, 'Otrechenie Gosudarya' (typescript): NABP, HIA, box 24, pp. 1–3; A. I. Guchkov (Extraordinary Investigative Commission testimony), 2 August 1917 (OS): *PTR*, vol. 7, p. 264; minutes of meeting of A. I. Guchkov and V. V. Shulgin with N. A. Romanov, 15 March 1917: *SPR*, pp. 45–46.
22. Ibid.
23. Conversation between N. de Basily and A. I. Guchkov, 9 November 1932: NABP, HIA, box 22, pp. 16–17. This was also the impression given some days later at Tsarskoe Selo: P. Benkendorf, *Last Days at Tsarskoe Selo* (W. Heinemann: London, 1927), p. 48.
24. Conversation between N. de Basily and A. I. Guchkov, 9 November 1932: NABP, HIA, box 22, pp. 9–11.
25. Ibid., pp. 12–13.
26. Minutes of meeting of A. I. Guchkov and V. V. Shulgin with N. A. Romanov, 15 March 1917: *SPR*, p. 46.
27. Conversation between N. de Basily and A. I. Guchkov, 9 November 1932: NABP, HIA, box 22, p. 12.
28. Minutes of meeting of A. I. Guchkov and V. V. Shulgin with N. A. Romanov, 15 March 1917: *SPR*, p. 47.
29. A. I. Guchkov, 'Otrechenie Gosudarya' (typescript): NABP, HIA, box 24, p. 4; A. I. Guchkov (Extraordinary Investigative Commission testimony), 2 August 1917 (OS): *PTR*, vol. 7, p. 265.
30. Minutes of meeting of A. I. Guchkov and V. V. Shulgin with N. A. Romanov, 15 March 1917: *SPR*, p. 47.
31. G. A. von Tal, 'Memuary ob otrechenii ot prestola Rossiiskogo Gosudarya Imperatora Nikolaya II' (manuscript): Georgi Alexandrovich von Tal Papers, HIA, p. 54.
32. V. V. Shulgin to A. I. Guchkov, June 1928, in G. Ioffe, *Revolyutsiya i sem'ya Romanovykh* (Moscow: Algoritm, 2012), p. 77.
33. A. I. Guchkov, 'Otrechenie Gosudarya' (typescript): NABP, HIA, box 24, p. 4; A. I. Guchkov (Extraordinary Investigative Commission testimony), 2 August 1917 (OS): *PTR*, vol. 7, p. 265; minutes of meeting of A. I. Guchkov and V. V. Shulgin with N. A. Romanov, 15 March 1917: *SPR*, p. 47.
34. A. I. Guchkov, 'Otrechenie Gosudarya' (typescript): NABP, HIA, box 24, p. 4; A. I. Guchkov (Extraordinary Investigative Commission testimony), 2 August 1917 (OS): *PTR*, vol. 7, p. 265.

35. A. F. Kerenskii (inquiry testimony), 14–20 August 1920: Dmitri Antonovich Volkogonov Papers (hereafter DAVP), HIA, box 22, p. 106a.
36. G. A. von Tal, 'Memuary ob otrechenii ot prestola Rossiiskogo Gosudarya Imperatora Nikolaya II' (manuscript): Georgi Alexandrovich von Tal Papers, HIA, p. 57.
37. V. Shulgin, 'Podrobnosti otrecheniya', *Rech'*, 21 March 1917.
38. De Basily, *Memoirs*, pp. 125–126.
39. N. de Basily, 'End of the Monarchy' draft chapter (in French): NABP, HIA, box 24, pp. 26–27.
40. De Basily, *Memoirs*, p. 137.
41. N. A. Romanov (diary), 3 March 1917 (OS): *Dnevniki imperatora Nikolaya II, 1894–1918*, ed. S. V. Mironenko and Z. I. Peregudova (Moscow: Rosspen, 2013) (hereafter *DINII*), vol. 2, part 2, p. 296; de Basily, *Memoirs*, pp. 139–140.
42. N. de Basily, 'End of the Monarchy' draft chapter (in French), p. 51 and attached notelet, quoting draft memoir by A. I. Guchkov: NABP, HIA, box 24.
43. Ibid., pp. 51–52.
44. N. de Basily, 'End of the Monarchy' draft chapter (in French), pp. 52–53 and attached notelet, quoting draft memoir by A. I. Guchkov: NABP, HIA, box 24. For Mikhail's abdication manifesto, see Nicholas II Papers, Hoover Safe, HIA.
45. N. de Basily, 'End of the Monarchy' draft chapter (in French): NABP, HIA, box 24, p. 54; M. A. Romanov, abdication manifesto, 16 March 1917: *SPR*, p. 51.
46. Benkendorf, *Last Days at Tsarskoe Selo*, pp. 16–17.
47. S. K. Buksgevden (sic), 'Gosudar' Imperator Nikolai II: iz vospominanii', part 1: NABP, HIA, box 23, folder 1, p. 23.
48. N. A. Romanov (diary), 3 March 1917 (OS): *DINII*, vol. 2, part 2, p. 296.
49. J. Hanbury-Williams, *The Emperor Nicholas II as I Knew Him* (London: A. L. Humphreys, 1922), p. 167: diary (19 March 1917).
50. Ibid., pp. 168–169: diary (19 March 1917).
51. Ibid., p. 170: diary (20 March 1917).
52. Ibid., p. 174: diary (21 March 1917).

第五章　沙皇村

1. A. A. Volkov (inquiry testimony), 20–23 August 1919: AMDP, HIA, box 1, folder 9, p. 1098.
2. Ye. S. Kobylinskii (inquiry testimony), 6–10 April 1919: ibid., box 1, folder 8, p. 744.
3. T. H. Preston, *Before the Curtain* (London: John Murray, 1950), pp. 226–227.
4. S. Gibbes (diary), 26 July 1916: SGC, SCBLOU, box 1.

5. Colonel K. Zershchikov, 'Sobstvennyi ego velichestva konvoi v dni revolyutsii': K. Zershchikov Papers, HIA, p. 3.
6. Ibid., pp. 4–5.
7. P. A. (sic) Gilliard (inquiry testimony), 5–6 March 1919 (OS): AMDP, HIA, box 1, folder 7, p. 456.
8. A. F. Romanova to N. A. Romanov, 17 March 1917: A. Maylunas and S. Mironenko, *A Lifelong Passion: Nicholas and Alexandra, Their Own Story* (London: Weidenfeld and Nicolson, 1996), pp. 552–554.
9. Executive Committee meeting, 16 March 1917: *Petrogradskii Sovet rabochikh i soldatskikh deputatov*, ed. P. V. Volobuev (Nauka: Leningrad/St Petersburg, 1991–2003), vol. 1, p. 9.
10. Executive Committee meeting, 19 March 1917: ibid., pp. 16–17.
11. Cabinet meeting, 20 March 1917: *SPR*, p. 57; interview of A. F. Kerenskii, 14–20 August 1920: DAVP, HIA, box 22, p. 105.
12. See R. Abraham, *Alexander Kerensky: The First Love of the Revolution* (New York: Columbia University Press, 1987), pp. 156–157.
13. Provisional Government session, 20 March 1917: Maylunas and Mironenko, *A Lifelong Passion*, pp. 554–555.
14. Hanbury-Williams, *The Emperor Nicholas II as I Knew Him*, p. 173: diary (20 March 1917).
15. V. M. Vershinin, report to Provisional Government (n.d. but no earlier than 22 March 1917): *SPR*, pp. 65–66.
16. Colonel K. Zershchikov, 'Sobstvennyi ego velichestva konvoi v dni revolyutsii': K. Zershchikov Papers, HIA, p. 33.
17. Ibid.
18. De Basily, *Memoirs*, pp. 141–142.
19. Colonel K. Zershchikov, 'Sobstvennyi ego velichestva konvoi v dni revolyutsii': K. Zershchikov Papers, HIA, p. 35.
20. V. M. Vershinin, report to Provisional Government (n.d. but no earlier than 22 March 1917): *SPR*, p. 66.
21. Ibid.
22. A. F. Romanova (diary), 8 March 1917 (OS): *DNIIAF*, p. 340; Captain N. N. Krasnov, memoir dictated to M. A. Polievktov, 5 June 1917 (OS): http://rarebooks.library.nd.edu/exhibits/polievktov/ssrr.shtml. Semion Lyandres kindly alerted me to Krasnov's testimony about the Kornilov visit.
23. Markov, *Pokinutaya tsarskaya sem'ya*, p. 114.
24. Ye. S. Kobylinskii (inquiry testimony), 6–10 April 1919: AMDP, HIA, box 1, folder 8,

pp. 710–711.
25. Ibid., pp. 709–710.
26. Ibid.
27. Markov, *Pokinutaya tsarskaya sem'ya*, pp. 169–170.
28. Ibid., p. 170.
29. Ye. S. Kobylinskii (inquiry testimony), 6–10 April 1919: AMDP, HIA, box 1, folder 8, p. 714.
30. A. A. Volkov (inquiry testimony), 20–23 August 1919: ibid., box 1, folder 9, p. 1098.
31. Ibid.
32. P. Gilliard (inquiry testimony), 5–6 March 1919: ibid., box 1, p. 452.
33. N. A. Romanov (diary), 9 March 1917 (OS): *DINII*, vol. 2, part 2, p. 297.
34. Markov, *Pokinutaya tsarskaya sem'ya*, p. 116.
35. N. A. Romanov (diary), 9 March 1917 (OS): *DINII*, vol. 2, part 2, p. 297.
36. Ye. S. Kobylinskii (inquiry testimony), 6–10 April 1919: AMDP, HIA, box 1, folder 8, p. 711.
37. S. K. Buksgevden (sic), 'Gosudar' Imperator Nikolai II: iz vospominanii', part 1: NABP, HIA, box 23, folder 1, p. 22.
38. Hanbury-Williams, *The Emperor Nicholas II as I Knew Him*, pp. 180–181: diary (24 March 1917).
39. Ibid.
40. A. A. Volkov (inquiry testimony), 20–23 August 1919: AMDP, HIA, box 1, folder 9, p. 1100.
41. Ibid.
42. Colonel K. Zershchikov, 'Sobstvennyi ego velichestva konvoi v dni revolyutsii': K. Zershchikov Papers, HIA, pp. 38–39.
43. Ye. S. Kobylinskii (inquiry testimony), 6–10 April 1919: ibid., box 1, folder 8, pp. 712–713.
44. Ibid., p. 713.
45. N. Lavrova, 'Rasputin's Pyre is Russia's Revenge', *San Francisco Examiner*, 7 October 1923: Nadia Shapiro Papers, HIA, box 5, folder 18.

第六章　家庭生活

1. Father Nicholas (S. Gibbes), untitled memoir (typescript): SGC, SCBLOU, box 1, MS Facs c. 106, p. 6.
2. A. F. Romanova to N. A. Romanov, 22 February 1917 (OS): *SPR*, p. 24.
3. S. K. Buksgevden (sic), 'Gosudar' Imperator Nikolai II: iz vospominanii', part 1: NABP,

HIA, box 23, folder 1, pp. 6–7.

4. For her strident recommendations about ministerial appointments, see A. F. Romanova to N. A. Romanov, 14 December 1916 (OS): Fuhrman (ed.), *Complete Wartime Correspondence*, p. 675.
5. Ye. S. Kobylinskii (inquiry testimony), 6–10 April 1919: AMDP, HIA, box 1, folder 8, p. 755.
6. N. de Basily, 'Note sur l'Empereur et l'Impératrice': NABP, HIA, box 23, folder 1, p. 2.
7. S. K. Buksgevden (sic), 'Gosudar' Imperator Nikolai II: iz vospominanii', typescript, part 1: NABP, HIA, box 23, folder 1, p. 3.
8. K. M. Bitner (inquiry testimony), July 1919: AMDP, HIA, box 1, folder 8, p. 1022.
9. S. K. Buksgevden (sic), 'Gosudar' Imperator Nikolai II: iz vospominanii', typescript, part 1: NABP, HIA, box 23, folder 1, p. 3.
10. Ibid.
11. Ibid., p. 4.
12. Ibid.
13. Ibid., p. 6.
14. Diary notes: Princess Barbara Dolgorouky Memoirs, HIA, box 1, p. 78.
15. P. A. (sic) Gilliard (inquiry testimony), 27 August 1919: AMDP, HIA, box 1, folder 9, p. 1128.
16. Ye. S. Kobylinskii (inquiry testimony), 6–10 April 1919: ibid., box 1, folder 8, p. 756.
17. S. K. Buksgevden (sic), 'Gosudar' Imperator Nikolai II: iz vospominanii', part 1: NABP, HIA, box 23, folder 1, p. 10.
18. N. de Basily, 'Note sur l'Empereur et l'Impératrice': NABP, HIA, box 23, folder 1, p. 2.
19. M. G. Tutelberg (inquiry testimony), 1919: AMDP, HIA, box 1, folder 8, p. 974.
20. P. A. (sic) Gilliard (inquiry testimony), 27 August 1919: ibid., box 1, folder 9, p. 1129.
21. Ibid.
22. S. Gibbes (diary), 1–4 March 1917: SGC, SCBLOU, box 1.
23. K. M. Bitner (inquiry testimony), July 1919: AMDP, HIA, box 1, folder 8, p. 1019.
24. Ibid.
25. S. Gibbes (diary), 8 and 13 October 1916: SGC, SCBLOU, box 1.
26. S. I. Ivanov (inquiry testimony), 19 July 1919: AMDP, HIA, box 1, folder 8, p. 952.
27. Ye. S. Kobylinskii (inquiry testimony), 6–10 April 1919: ibid., box 1, folder 8, p. 758.
28. P. A. (sic) Gilliard (inquiry testimony), 5–6 March 1919 (OS): ibid., box 1, folder 7, p. 456; Ye. S. Kobylinskii (inquiry testimony), 6–10 April 1919: ibid., box 1, folder 8, p. 712.
29. Ye. S. Kobylinskii (inquiry testimony), 6–10 April 1919: ibid., box 1, folder 8, p. 756.
30. Ibid., p. 757.

31. Ibid.
32. K. M. Bitner (inquiry testimony), July 1919: ibid., box 1, folder 8, p. 1017.
33. Ye. S. Kobylinskii (inquiry testimony), 6–10 April 1919: ibid., box 1, folder 8, p. 757; K. M. Bitner (inquiry testimony), July 1919: ibid., box 1, folder 8, p. 1018.
34. Ye. S. Kobylinskii (inquiry testimony), 6–10 April 1919: ibid., box 1, folder 8, p. 757.
35. Ibid.

第七章　临时政府

1. Interview of A. F. Kerenskii, 14–20 August 1920: DAVP, HIA, box 22, p. 111a.
2. Ibid., pp. 107b–108a; Ye. S. Kobylinskii (inquiry testimony), 6–10 April 1919: AMDP, HIA, box 1, folder 8, pp. 713–714.
3. Ibid.
4. Interview of A. F. Kerenskii, 14–20 August 1920: DAVP, HIA, box 22, pp. 107b–108a; Ye. S. Kobylinskii (inquiry testimony), 6–10 April 1919: AMDP, HIA, box 1, folder 8, pp. 713–714; S. Mstislavskii, *Pyat' dnei: nachalo i konets fevral'skoi revolyutsii* (Moscow: Z. I. Grzhebin, 1922), pp. 55–59.
5. N. de Basily, notes on departure of Nicholas II and his family: NABP, HIA, box 27, folder 11, p. 13.
6. A. A. Volkov, *Okolo tsarskoi sem'i* (Paris: Moscow, 1928), pp. 52–53.
7. A. A. Volkov (inquiry testimony), 20–23 August 1919: AMDP, HIA, box 1, folder 9, p. 1102.
8. Volkov, *Okolo tsarskoi sem'i*, p. 53.
9. Interview of A. F. Kerenskii, 14–20 August 1920: DAVP, HIA, box 22, pp. 106a–106b.
10. Ibid., p. 107b.
11. Ibid., p. 109a; Ye. S. Kobylinskii (inquiry testimony), 6–10 April 1919: AMDP, HIA, box 1, folder 8, p. 715.
12. Interview of A. F. Kerensky, August 1920: DAVP, HIA, box 22, p. 106b.
13. Ye. S. Kobylinskii (inquiry testimony), 6–10 April 1919: AMDP, HIA, box 1, folder 8, p. 715.
14. A. A. Volkov (inquiry testimony), 20–23 August 1919: AMDP, HIA, box 1, folder 9, p. 1099.
15. Interview of A. F. Kerenskii, August 1920: DAVP, HIA, box 22, pp. 107b and 111a–112b.
16. A. A. Volkov (inquiry testimony), 20–23 August 1919: AMDP, HIA, box 1, folder 9, p. 1102.
17. Ibid.
18. Ibid., pp. 1102–1103.

19. Pankratov, *So tsarëm v Tobol'ske: iz vospominanii* (Leningrad: Kooperativnoe izdatel'skoe t-vo 'Byloe', 1925), p. 63.
20. S. K. Buksgevden (sic), 'Gosudar' Imperator Nikolai II: iz vospominanii', part 1: NABP, HIA, box 23, folder 1, p. 24.
21. A. A. Volkov (inquiry testimony), 20–23 August 1919: AMDP, HIA, box 1, folder 9, p. 1102.
22. S. K. Buksgevden (sic), 'Gosudar' Imperator Nikolai II: iz vospominanii', part 1: NABP, HIA, box 23, folder 1, p. 23.
23. Ibid., p. 24.
24. P. Gilliard to N. de Basily, 29 April 1934 (notes): NABP, HIA, box 2, folder 62, pp. 2–3.
25. Ibid., p. 3.
26. S. K. Buksgevden (sic), 'Gosudar' Imperator Nikolai II: iz vospominanii', part 1: NABP, HIA, box 23, folder 1, pp. 23–24.

第八章 英国伸出援手

1. Cabinet discussion, 15 March 1917: *SPR*, p. 39.
2. *Krasnyi arkhiv*, vol. 23, p. 53, quoted N. de Basily, notes on departure of Nicholas II and his family: NABP, HIA, box 27, folder 11, p. 1.
3. N. de Basily, notes on departure of Nicholas II and his family: NABP, HIA, box 27, folder 11, pp. 2–3; conversation between N. de Basily and A. S. Lukomskii, 24 February 1933: ibid., box 22, p. 2.
4. N. de Basily, notes on departure of Nicholas II and his family: ibid., box 27, folder 11, pp. 4–5.
5. Ibid., p. 6.
6. Ibid.
7. Executive Committee meeting, 22 March 1917: *SPR*, pp. 63–64.
8. N. de Basily, notes on departure of Nicholas II and his family: NABP, HIA, box 27, folder 11, pp. 12–13.
9. M. Paléologue, *La Russie des tsars pendant la Grande Guerre*, vol. 3 (Paris: Plon, 1922), p. 264, cited ibid., p. 7.
10. Conversation between N. de Basily and A. S. Lukomskii, 24 February 1933: NABP, HIA, box 22, pp. 2–3.
11. N. de Basily, notes on departure of Nicholas II and his family: ibid., box 27, folder 11, pp. 7–8.
12. G. Buchanan, *My Mission to Russia and Other Diplomatic Memories*, vol. 2 (London: Cassell and Co., 1923), p. 105.

13. N. de Basily, notes on departure of Nicholas II and his family: NABP, HIA, box 27, folder 11, p. 10.
14. Ibid., p. 11.
15. *Petrogradskii Sovet rabochikh i soldatskikh deputatov v 1917 godu*, pp. 587–589.
16. P. Gilliard to N. de Basily, 29 April 1934 (letter): NABP, HIA, box 2, folder 62.
17. S. Gibbes to his Aunt Hattie, 21 April 1917: SGC, SCBLOU, box 2.

第九章　规定和日常安排

1. Instruction to the Tsarskoe Selo garrison commander, 30 March 1917: *SPR*, p. 68.
2. S. Gibbes to Grand Duke Alexander Nikolaevich, untitled memoir, 1 December 1928: SGC, SCBLOU, box 1, p. 4.
3. Markov, *Pokinutaya tsarskaya sem'ya*, p. 154.
4. Ye. S. Kobylinskii (inquiry testimony), 6–10 April 1919: AMDP, HIA, box 1, folder 8, pp. 712 and 718.
5. Executive Committee meeting, 22 March 1917: *Petrogradskii Sovet rabochikh i soldatskikh deputatov*, vol. 1, pp. 29–33.
6. N. A. Romanov to X. A. Romanova, 18 November 1917 (OS): *SPR*, pp. 115–116.
7. Ye. S. Kobylinskii (inquiry testimony), 6–10 April 1919: AMDP, HIA, box 1, folder 8, p. 756.
8. Ibid., p. 712.
9. P. A. (sic) Gilliard (inquiry testimony), 5–6 March 1919 (OS): ibid., box 1, folder 7, p. 457.
10. N. A. Mundel (inquiry testimony), 6 August 1919: ibid., box 1, folder 8, p. 1045; L. S. Tugan-Baranovskii (oral testimony from the Polievktov Collection): Lyandres (ed.), *The Fall of Tsarism*, p. 131.
11. A. A. Volkov (inquiry testimony), 20–23 August 1919: AMDP, HIA, box 1, folder 9, p. 1102.
12. Ibid., pp. 1100–1101.
13. Ye. S. Kobylinskii (inquiry testimony), 6–10 April 1919: ibid., box 1, folder 8, p. 717.
14. A. A. Volkov (inquiry testimony), 20–23 August 1919: ibid., box 1, folder 9, p. 1101.
15. Ye. S. Kobylinskii (inquiry testimony), 6–10 April 1919: ibid., box 1, folder 8, p. 716.
16. P. Gilliard, *Le tragique destin de Nicolas II et de sa famille* (Paris: Payot, 1921), p. 193; Ye. S. Kobylinskii (inquiry testimony), 6–10 April 1919: AMDP, HIA, box 1, folder 8, p. 717.
17. N. A. Romanov to M. F. Romanova, letters of summer 1917: Kseniia Aleksandrovna, Grand Duchess of Russia Papers (hereafter KAGDRP), HIA, box 8, file 38. Nicholas did

not always date these letters.

18. *Skorbnaya pamyatka*, ed. A. V. Syroboyarskii (New York: Kassa Pomoshchi Blizhnim v Pamyat' v Tsarskoi Sem'e, 1928), p. 48: A. F. Romanova to A. V. Syroboyarski, 29 May 1917 (OS); Fuhrman (ed.), *Complete Wartime Correspondence*, p. 529.
19. *Skorbnaya pamyatka*, pp. 48–49.

第十章 昔日君主们的生活

1. N. A. Romanov (diary), 24 March 1917 (OS): *DINII*, vol. 2, part 2, p. 300.
2. N. A. Romanov (diary), 29 April 1917 (OS), ibid., pp. 304 and 307.
3. N. A. Romanov (diary), 4 May 1917 (OS), ibid., p. 308.
4. N. A. Romanov (diary), 2 May 1917 (OS), ibid., p. 308.
5. L. A. Kasso, *Rossiya na Dunae i obrazovanie Bessarabskoi oblasti* (Moscow: A. Snegirëva, 1913), pp. 229–230.
6. A. N. Kuropatkin, *Zadachi russkoi armii* (St Petersburg: V. A. Berezovskii, 1910), vol. 3, pp. 13–14, 61, 66–67 and 339–343.
7. F. I. Uspenskii, *Istoriya vizantiiskoi imperii* (St Petersburg: Brokgauz-Efron, 1913), vol. 1, pp. 99–135.
8. Ibid., pp. 126–131.
9. Ibid., vol. 2, pp. 813–872.
10. N. A. Romanov (diary), 3 April 1917 (OS): *DINII*, vol. 2, part 2, p. 303.
11. N. A. Romanov (diary), 21 June 1917 (OS), ibid., p. 317.
12. N. A. Romanov (diary), 22 June 1917 (OS), ibid., p. 317.
13. D. S. Merezhkovskii, *Khristos i Antikhrist* (St Petersburg: M. V. Pirozhkov, 1907), vol. 2, *Voskresshie bogi. Leonardo da-Vinchi*, p. 816.
14. N. A. Romanov (diary), 4 July 1917 (OS): *DINII*, vol. 2, part 2, p. 319.
15. Merezhkovskii, *Khristos i Antikhrist*, vol. 3: *Antikhrist: Pëtr i Aleksei*, p. 550.
16. N. A. Romanov (diary), 11 July 1918 (OS): *DINII*, vol. 2, part 2, p. 320.
17. D. S. Merezhkovskii, *Aleksandr I*, vol. 6, in *Polnoe sobranie sochinenii,* 24 vols (Moscow: I. D. Sytin, 1914), pp. 189–190.
18. Ibid., pp. 237 and 239.
19. D. S. Mérejkowsky, 'Préface', in D. Mérejkowsky, Z. Hippius and Dm. Philosophoff, *Le Tsar et la Révolution* (Paris: Société du Mercure de France, 1907), p. 14.
20. D. S. Mérejkowsky, 'Religion et Révolution', ibid., pp. 147–148.
21. N. A. Romanov (diary), 3 June 1918 (OS): *DINII*, vol. 2, part 2, p. 430.
22. N. K. Shil'der, *Imperator Pavel Pervyi. Istoriko-biograficheskii ocherk* (St Petersburg: A. S. Suvorin, 1901), p. 503.

23. Ibid., pp. 26 and 477–504.
24. N. A. Romanov (diary), 3 June 1918 (OS): *DINII*, vol. 2, part 2, p. 430.
25. N. A. Romanov (diary), 9 November 1917 (OS), ibid., p. 339.
26. V. Hugo, *Quatre-vingt-treize*, p. 180.
27. Ibid., pp. 494–497.

第十一章　克伦斯基左右为难

1. *Nikolai II-oi Romanov: ego zhizn' i deyatel'nost, 1894–1917 g.g., po inostrannym i russkim istochnikam* (Petrograd: Gosudarstvennaya tipografiya, 1917), pp. 1, 59, 69 and 72–73.
2. See B. I. Kolonitski, *Simvoly vlasti i bor'ba za vlast': k izucheniyu politicheskoi kul'tury Rossiiskoi revolyutsii 1917 goda* (St Petersburg: Dmitrii Bulanin, 2001), pp. 132–140.
3. See B. I. Kolonitskii, *'Tragicheskaya erotika': obrazy imperatorskoi sem'i v gody pervoi mirovoi voiny* (St Petersburg: Novoe Literaturnoe Obozrenie, 2010), pp. 236–240.
4. Interview of A. F. Kerenskii, 14–20 August 1920: DAVP, HIA, box 22, pp. 107b–108a.
5. N. de Basily, notes on conversation with M. Tereshchenko, 23 April 1934: NABP, HIA, box 27, folder 11, p. 1.
6. Ibid., p. 2.
7. Ibid., p. 4.
8. Interview of A. F. Kerenskii, August 1920: DAVP, HIA, box 22, p. 108b.
9. N. A. Romanov (diary), 5 July 1917 (OS): *DINII*, vol. 2, part 2, p. 319.
10. L. Sukacev, 'Soldier Under Three Flags: The Personal Memoirs of Lev Pavlovich Sukacev' (Washington, DC: typescript, 1974): Lev Sukacev Papers, HIA, p. 100.
11. M. A. Romanov to M. F. Romanova, 27 March 1917: KAGDRP, HIA, box 8, folder 37.
12. See Ioffe, *Revolyutsiya i sem'ya Romanovykh*, p. 194.

第十二章　遥远的转移

1. See Ioffe, *Revolyutsiya i sem'ya Romanovykh*, pp. 194–195.
2. Interview of A. F. Kerenskii, 14–20 August 1920: DAVP, HIA, box 22, p. 108b.
3. Ye. S. Kobylinskii (inquiry testimony), 6–10 April 1919: AMDP, HIA, box 1, folder 8, pp. 717–718.
4. Ibid., pp. 719–720.
5. Ibid., p. 720.
6. Ibid., pp. 720–721.
7. T. E. Mel'nik-Botkina, *Vospominaniya o tsarskoi sem'e i eë zhizni do i posle revolyutsii*

(Belgrade: M. I. Stefanovich, 1921; repr. Moscow: Ankor, 1993), p. 64.

8. Ibid., pp. 63–64.
9. Ye. S. Kobylinskii (inquiry testimony), 6–10 April 1919: AMDP, HIA, box 1, folder 8, pp. 721–722.
10. S. K. Buksgevden (sic), 'Gosudar' Imperator Nikolai II: iz vospominanii', part 1: NABP, HIA, box 23, folder 1, p. 24.
11. Ibid.
12. Interview of A. F. Kerenskii, 14–20 August 1920: DAVP, HIA, box 22, p. 108b.
13. Benkendorf, *Last Days at Tsarskoe Selo*, p. 107.
14. Interview of A. F. Kerenskii, 14–20 August 1920: DAVP, HIA, box 22, p. 109a.
15. Ye. S. Kobylinskii (inquiry testimony), 6–10 April 1919: AMDP, HIA, box 1, folder 8, p. 722.
16. A. A. Volkov (inquiry testimony), 20–23 August 1919: ibid., box 1, folder 9, p. 1105.
17. Ye. S. Kobylinskii (inquiry testimony), 6–10 April 1919: ibid., box 1, folder 8, pp. 722–723.
18. M. A. Romanov to M. F. Romanova, 8 August 1917 (OS): KAGDRP, HIA, box 8, file 37.
19. A. A. Volkov (inquiry testimony), 20–23 August 1919: AMDP, HIA, box 1, folder 9, p. 1104.
20. E. A. Naryshkina (diary), 1 August 1917 (OS): *SPR*, p. 89.
21. Ye. S. Kobylinskii (inquiry testimony), 6–10 April 1919: AMDP, HIA, box 1, folder 8, p. 722.
22. M. A. Romanov to M. F. Romanova, 8 August 1917 (OS): KAGDRP, HIA, box 8, file 37.
23. S. K. Buksgevden (sic), 'Gosudar' Imperator Nikolai II: iz vospominanii', part 1: NABP, HIA, box 23, folder 1, p. 25.
24. M. A. Romanov to M. F. Romanova, 8 August 1917 (OS): KAGDRP, HIA, box 8, file 37; E. A. Naryshkina (diary), 1 August 1917 (OS): *SPR*, p. 89.
25. Mel'nik-Botkina, *Vospominaniya o tsarskoi sem'e*, pp. 62–63.
26. E. A. Naryshkina (diary), 1 August 1917 (OS): *SPR*, p. 89.
27. Mel'nik-Botkina, *Vospominaniya o tsarskoi sem'e*, p. 63.
28. Ibid., p. 86.
29. A. A. Volkov (inquiry testimony), 20–23 August 1919: AMDP, HIA, box 1, folder 9, p. 1104.
30. Ye. S. Kobylinskii (inquiry testimony), 6–10 April 1919: ibid., box 1, folder 8, p. 723.
31. Ibid., p. 724.
32. Ibid.
33. Ibid., pp. 724–725.
34. Ibid., p. 724.

35. A. N. Romanova, exercise book (n.d.): SGC, SCBLOU, box 1.
36. N. A. Romanov (diary), 4 August 1917 (OS): *DNIIAF*, p. 17.
37. A. A. Volkov (inquiry testimony), 20–23 August 1919: AMDP, HIA, box 1, folder 9, p. 1120.
38. Interview of A. F. Kerenskii, 14–20 August 1920: DAVP, HIA, box 22, p. 108b; see also Ioffe, *Revolyutsiya i sem'ya Romanovykh*, p. 198.
39. F. N. Gorshkov (inquiry testimony), 31 July 1918: AMDP, HIA, box 1, folder 6, p.7; Ye. S. Kobylinskii (inquiry testimony), 6–10 April 1919: ibid., folder 8, p. 725; Volkov, *Okolo tsarskoi sem'i*, p. 57; A. F. Romanova (diary), 6 and 13 August 1917 (OS): *DNIIAF*, pp. 21 and 29.
40. Ye. S. Kobylinskii (inquiry testimony), 6–10 April 1919: AMDP, HIA, box 1, folder 8, p. 728.
41. A. F. Kerenskii to the Tobolsk Procurator (n.d.): ibid., box 1, folder 9, pp. 1401–1402.
42. Interview of A. F. Kerenskii, 14–20 August 1920: DAVP, HIA, box 22, p. 109a.
43. Ye. S. Kobylinskii (inquiry testimony), 6–10 April 1919: AMDP, HIA, box 1, folder 8, p. 725.
44. A. F. Romanova (diary), 13 August 1917 (OS): *DNIIAF*, p. 29.

第十三章　目的地托博尔斯克

1. N. A. Romanov to M. F. Romanova, 27 October 1917: KAGDRP, HIA, box 8, folder 38.
2. *Baedeker's Russia*, p. 527.
3. Ibid., p. 527; R. S. Latimer, *Dr. Baedeker and his Apostolic Work in Russia* (London: Morgan and Scott, 1907), p. 121.
4. *Neobkhodimost' otkrytiya porto-franko v ust'yakh rek Obi i Yeniseya* (Tobolsk: Gubernskaya Tipografia, 1907), p. 24. See also D. W. Treadgold, *The Great Siberian Migration: Government and Peasant in Resettlement from Emancipation to the First World War* (Princeton, NJ: Princeton University Press, 1957), p. 100.
5. J. Snodgrass, *Bureau of Foreign and Domestic Commerce: Russia: A Handbook on Commercial and Industrial Conditions* (Washington, DC: Government Printing Office, 1913), pp. 217–218.
6. *Neobkhodimost' otkrytiya porto-franko v ust'yakh rek Obi i Yeniseya*, p. 7.
7. Ibid., pp. 15–18 and 22.
8. Mel'nik-Botkina, *Vospominaniya o tsarskoi sem'e*, p. 78.
9. D. Beer, 'Vae Victis: Siberian Exile as a Revolutionary Battleground, 1900–1914': St Antony's College (Oxford) history seminar series, 2 March 2015. See also D. Beer, *The House of the Dead: Siberian Exile under the Tsars* (London: Allen Lane, 2016),

pp. 373–381.

10. S. Kallistov, *Tobol'skii Tsentral* (Moscow: Vsesoyuznoe obshchestvo politkatorzhan i ss-poselentsev, 1925), p. 4.
11. 'Golos s katorgi' (complaint-report on the troubles of 1906–1908), pp. 1–6 and 57–58: B. I. Nicolaevsky Collection, HIA, box 112, folder 6; Kallistov, *Tobol'skii Tsentral*, p. 11.
12. Beer, 'Vae Victis'.
13. Latimer, *Dr. Baedeker and his Apostolic Work in Russia*, p. 120.
14. Pankratov, *So tsarëm v Tobol'ske*, p. 30.
15. See Ioffe, *Revolyutsiya i sem'ya Romanovykh*, p. 197.

第十四章 全权代表潘克拉托夫

1. Interview of A. F. Kerenskii, 14–20 August 1920: DAVP, HIA, box 22, p. 109a; Pankratov, *So tsarëm v Tobol'ske*, pp. 14–15; Gilliard, *Le tragique destin de Nicolas II et de sa famille*, p. 201.
2. Pankratov, *So tsarëm v Tobol'ske*, pp. 14–15 and 24; Tobolsk Procurator Koryakin to A. F. Kerenskii, 4 September 1917: *SPR*, p. 107.
3. Ye. S. Kobylinskii (inquiry testimony), 6–10 April 1919: AMDP, HIA, box 1, folder 8, pp. 729–730.
4. 'Plebei' [V. S. Pankratov], 'Polozhenie uchenikov na zavodakh', *Literaturnye Otgoloski: Sbornik, Neperiodicheskii Izdanie*, no. 1, 7 February 1893 (OS): Boris Nicolaevsky Collection, box 192, pp. 97–115.
5. Unsigned introduction to Pankratov, *So tsarëm v Tobol'ske*, pp. 7–11.
6. K. M. Bitner (inquiry testimony), July 1919: AMDP, HIA, box 1, folder 8, pp. 1012–1013.
7. P. Gilliard to N. de Basily, 29 April 1934 (notes): NABP, HIA, box 2, folder 62, p. 3.
8. N. A. Romanov (diary), 1 September 1917 (OS): *DINII*, vol. 2, part 2, p. 330.
9. Volkov, *Okolo tsarskoi sem'i*, p. 57.
10. Ye. S. Kobylinskii (inquiry testimony), 6–10 April 1919: AMDP, HIA, box 1, folder 8, pp. 729–730.
11. Gilliard, *Le tragique destin de Nicolas II et de sa famille*, p. 201.
12. Ye. S. Kobylinskii (inquiry testimony), 6–10 April 1919: AMDP, HIA, box 1, folder 8, pp. 729–730.
13. Mel'nik-Botkina, *Vospominaniya o tsarskoi sem'e*, p. 85.
14. Pankratov, *So tsarëm v Tobol'ske*, p. 24.
15. Ibid., pp. 25 and 67.
16. Ibid., p. 67.

17. Ibid., p. 60; N. A. Romanov (diary), 22 September 1917 (OS): *DINII*, vol. 2, part 2, p. 333.
18. T. N. Romanova to M. S. Khitrovo, 17 October 1917 (OS): Alexandre Tarsaidze Papers, Subject File, Letters, HIA.
19. Pankratov, *So tsarëm v Tobol'ske*, p. 60; N. A. Romanov (diary), 22 September 1917 (OS): *DINII*, vol. 2, part 2, p. 333.
20. V. S. Pankratov to A. F. Kerenskii, 13 October 1917: *SPR*, p. 110.
21. Pankratov, *So tsarëm v Tobol'ske*, pp. 60–62.
22. Ibid., p. 62.
23. Ibid., p. 63.
24. K. M. Bitner (inquiry testimony), July 1919: AMDP, HIA, box 1, folder 8, p. 1021.
25. Tobolsk Procurator Koryakin to A. F. Kerenskii, 4 September 1917: *SPR*, pp. 105–107; Ye. S. Kobylinskii (inquiry testimony), 6–10 April 1919: AMDP, HIA, box 1, folder 8, p. 721.
26. Interview of A. F. Kerenskii, 14–20 August 1920: DAVP, HIA, box 22, p. 109a.
27. Office chief-of-staff of A. F. Kerenskii to E. S. Botkin, 28 September 1917: *SPR*, p. 110.
28. Pankratov, *So tsarëm v Tobol'ske*, pp. 56–57 and 71.
29. Ibid., p. 57.
30. N. A. Romanov (diary), 29 September 1917 (OS): *DINII*, vol. 2, part 2, p. 334. For Pankratov's letter of 30 September 1917 (OS), see ibid., p. 396, fn. 106.
31. Volkov, *Okolo tsarskoi sem'i*, p. 58.
32. A. F. Romanova (diary), 1 October 1917 (OS): DNIIAF, p. 105.
33. Pankratov, *So tsarëm v Tobol'ske*, pp. 52–54.
34. N. A. Romanov to X. A. Romanova, 18 November 1917 (OS): *SPR*, p. 115.
35. Ye. S. Kobylinskii (inquiry testimony), 6–10 April 1919: AMDP, HIA, box 1, folder 8, p. 732.
36. Pankratov, *So tsarëm v Tobol'ske*, pp. 52–53.

第十五章　十月革命

1. Markov, *Pokinutaya tsarskaya sem'ya*, p. 174.
2. Ibid.
3. Gilliard, *Le tragique destin de Nicolas II et de sa famille*, p. 204.
4. L. G. Kornilov, testimony to the Extraordinary Commission of Investigation, 2–5 September 1917 (OS): G. N. Sevastyanov et al. (eds), *Delo generala Kornilova: materialy Chrezvychainoi komissii po rassledovaniyu dela o byvshem Verkhovnom glavno komanduyushchem generale L. G. Kornilove i ego souchastnikakh, avgust 1917*

g. – iyun' 1918 g., 2 vols (Moscow: Materik, 2003), vol. 2, p. 202.

5. L. G. Kornilov, 'Appeal to the People', 28 August 1917 (OS): ibid., p. 493.
6. N. A. Romanov (diary), 29 August 1917 (OS): *DINII*, vol. 2, part 2, p. 330.
7. N. A. Romanov (diary), 5 September 1917 (OS): ibid., p. 331.
8. See D. Koenker, *Moscow Workers and the 1917 Revolution* (Princeton, NJ: Princeton University Press, 1981), p. 132.
9. N. A. Romanov (diary), 25 October 1917 (OS): *DINII*, vol. 2, part 2, p. 337; A. F. Romanova (diary), 25 October 1917 (OS): *DNIIAF*, pp. 135–136.
10. Pankratov, *So tsarëm v Tobol'ske*, p. 81.
11. N. A. Romanov (diary), 11 November 1917 (OS): *DINII*, vol. 2, part 2, p. 339.
12. Father Nicholas (S. Gibbes), 'Ten Years with the Russian Imperial Family' (typescript): SGC, SCBLOU, box 1, p. 3.
13. N. A. Romanov (diary), 18 November 1917 (OS): *DINII*, vol. 2, part 2, p. 340.

第十六章　罗曼诺夫家族流散

1. G. M. Romanov to X. G. Romanova, 1 and 29 June 1917 (OS): Georgi Mikhailovich, Grand Duke of Russia Papers, HIA, box 2.
2. G. M. Romanov to X. G. Romanova, 29 June 1917 (OS): ibid.
3. N. M. Romanov to M. F. Romanova, 27 April 1917: KAGDRP, HIA, box 8, folder 39.
4. G. M. Romanov to X. G. Romanova, 29 September 1917 (OS): Georgi Mikhailovich, Grand Duke of Russia Papers, HIA, box 2.
5. G. M. Romanov to M. F. Romanova, 28 October 1917 (OS): KAGDRP, HIA, box 8, file 25.
6. N. A. Romanov to M. F. Romanova, 19 September 1917 (OS): ibid., box 8, file 38.
7. X. A. Romanova to N. A. Romanov, 6 December 1917 (OS): *DINII*, vol. 2, part 2, pp. 433–434.
8. N. A. Romanov to X. A. Romanova, 6 December 1917 (OS): *Pis'ma svyatykh tsarstvennykh muchennikov iz zatocheniya*, ed. E. E. Alfer'evym, D. S. Tatishchev and S. P. Andolenko (St Petersburg: Spaso-Preobrazhenskii Valaamskii monastyr', 1996), pp. 181–182, cited ibid., p. 435.
9. X. A. Romanova to N. A. Romanov, 6 December 1917 (OS): *DINII*, vol. 2, part 2, p. 434. On Mikhail's conditions of custody in Petrograd, see R. Crawford and D. Crawford, *Michael and Natasha: The Life and Love of the Last Tsar of Russia* (Weidenfeld and Nicolson: London, 1997), pp. 336–337.
10. O. A. Romanova to N. A. Romanov, 27 January 1918 (OS): ibid., p. 438.
11. X. A. Romanova to N. A. Romanov, 1/14 February 1918: ibid.
12. M. A. Romanov to M. F. Romanova, 11 October 1917 (OS): KAGDRP, HIA, box 8, file 37.

13. M. A. Romanov to M. F. Romanova, 25 October 1917 (OS): ibid.
14. M. A. Romanov to M. F. Romanova, 5 November 1917 (OS): ibid.

第十七章 “自由之家”

1. A. A. Volkov (inquiry testimony), 20–23 August 1919: AMDP, HIA, box 1, folder 9, p. 1106.
2. S. Gibbes, untitled memoir, 1 December 1928: SGC, SCBLOU, box 1, p. 5.
3. Mel'nik-Botkina, *Vospominaniya o tsarskoi sem'e*, p. 81.
4. Father Nicholas (S. Gibbes), 'Ten Years with the Russian Imperial Family' (typescript): SGC, SCBLOU, box 1, p. 8.
5. N. A. Romanov (diary), 18 January 1918 (OS): *DINII*, vol. 2, part 2, p. 407.
6. Photographs were itemized by N. A. Sokolov in a list of discovered belongings, 27 October 1919: AMDP, HIA, box 1, folder 9, p. 1333.
7. 'Bezique as always': N. A. Romanov (diary), 21 January 1918 (OS): *DINII*, vol. 2, part 2, p. 408.
8. M. N. Romanova to M. F. Romanova, 23 September 1917 (OS): KAGDRP, HIA, box 8, file 35.
9. A. N. Romanova to Ye. E. Zborovskaya, 20 September 1917 (OS): Ekaterina Zborovskaia Papers, HIA, box 2.
10. A. N. Romanova to Ye. E. Zborovskaya, 10 December 1917 (OS): ibid.
11. A. N. Romanov to M. F. Romanova, 5 November 1917: ibid., box 8, folder 10.
12. Ye. S. Kobylinskii (inquiry testimony), 6–10 April 1919: AMDP, HIA, box 1, folder 8, p. 728.
13. A. N. Romanova to Ye. E. Zborovskaya, 19 January 1918 (OS): Ekaterina Zborovskaia Papers, box 2.
14. Photographs were itemized by N. A. Sokolov in a list of discovered belongings, 27 October 1919: AMDP, HIA, box 1, folder 9, p. 1333.
15. T. N. Romanova to M. S. Khitrovo, 23 January 1918 (OS): Alexandre Tarsaidze Papers, HIA, Subject File, Letters.
16. Mel'nik-Botkina, *Vospominaniya o tsarskoi sem'e*, pp. 86–87.
17. Pankratov, *So tsarëm v Tobol'ske*, pp. 46–47.
18. Ye. S. Kobylinskii (inquiry testimony), 6–10 April 1919: AMDP, HIA, box 1, folder 8, p. 735; Mel'nik-Botkina, *Vospominaniya o tsarskoi sem'e*, p. 87.
19. Ye. S. Kobylinskii (inquiry testimony), 6–10 April 1919: AMDP, HIA, box 1, folder 8, p. 728.
20. Gilliard, *Le tragique destin de Nicolas II et de sa famille*, p. 207.
21. Pankratov, *So tsarëm v Tobol'ske*, p. 83; Ye. S. Kobylinskii (inquiry testimony), 6–10 April 1919: AMDP, HIA, box 1, folder 8, pp. 732–733.

22. *Tobol'skie eparkhal'nye vedomosti*, nos 29–31, 10/23 December – 1/14 December 1918, p. 285.
23. Ye. S. Kobylinskii (inquiry testimony), 6–10 April 1919: AMDP, HIA, box 1, folder 8, p. 732.
24. 'Beseda s episkopom Germogenom', *Svet* (St Petersburg), January 1912.
25. Ye. S. Kobylinskii (inquiry testimony), 6–10 April 1919: AMDP, HIA, box 1, folder 8, p. 733.
26. Ibid., pp. 733–734.

第十八章 向他人学习

1. Pankratov, *So tsarëm v Tobol'ske*, pp. 68–69.
2. Ibid., pp. 65–67.
3. P. Gilliard to N. de Basily, 29 April 1934 (notes): NABP, HIA, box 2, folder 62, p. 4.
4. Pankratov, *So tsarëm v Tobol'ske*, p. 58.
5. Ibid., pp. 73–74.
6. Ibid., pp. 68–69.
7. N. A. Romanov (diary), 18 January 1918 (OS): *DINII*, vol. 2, part 2, p. 407; S. Nilus, *Velikoe v malom*, a book itemized by N. A. Sokolov in a list of discovered belongings, 6 September 1919: AMDP, HIA, box 1, folder 9, p. 1237. Sokolov recorded it as having belonged to Alexandra.
8. N. A. Romanov to M. F. Romanova, 27 October 1917: KAGDRP, HIA, box 8, folder 38.
9. Pankratov, *So tsarëm v Tobol'ske*, p. 42.
10. Ibid., pp. 42–43; Markov, *Pokinutaya tsarskaya sem'ya*, p. 47.
11. K. M. Bitner (inquiry testimony), July 1919: AMDP, HIA, box 1, folder 8, pp. 1012–1013.
12. Ibid., p. 1015.
13. Ibid., p. 1013.
14. Pankratov, *So tsarëm v Tobol'ske*, pp. 42–43.
15. Ibid., p. 43.
16. K. M. Bitner (inquiry testimony), July 1919: AMDP, HIA, box 1, folder 8, p. 1020.
17. Ibid., p. 1019.
18. Ibid., p. 1020.
19. Ibid., p. 1019.
20. Pankratov, *So tsarëm v Tobol'ske*, pp. 44–45.

第十九章 他们手中的时间

1. *The Last Diary of Tsaritsa Alexandra*, ed. V. A. Kozlov and V. M. Khrustalëv (New

Haven, CT: Yale University Press, 1997), 11 February 1918, p. 35.
2. Ibid., 11 January 1918 (OS), p. 17, and 11 February 1918, p. 35.
3. N. A. Romanov (diary), 9 January 1918 (OS): *DINII*, vol. 2, part 2, p. 406.
4. N. A. Romanov (diary), 7 January 1918 (OS): ibid.
5. Father Nicholas (S. Gibbes), 'My Tobolsk Books, Etc., Etc.' (typescript): SGC, SCBLOU, box 1, pp. 2–3, 8; N. A. Romanov (diary), 13 March 1918 (OS): *DINII*, vol. 2, part 2, pp. 414 and 416.
6. N. A. Romanov (diary), 26 and 29 September, 2, 9 and 17, 23 and 29 October 1917 (OS): *DINII*, vol. 2, part 2, pp. 332–334 and 336–337.
7. N. A. Romanov (diary), 16 October 1917 (OS): ibid., p. 335.
8. N. A. Romanov (diary), 3 October 1917 (OS): ibid.
9. N. A. Romanov (diary), 19 October 1917 (OS): ibid., p. 336.
10. N. A. Romanov (diary), 1 and 4 March 1918 (OS): ibid., p. 411.
11. N. A. Romanov (diary), 13 March 1918 (OS): ibid., p. 412.
12. N. A. Romanov (diary), 6 April 1918 (OS): ibid., p. 418.
13. N. A. Romanov (diary), 10 November; 3 and 13 December 1917; 26 March 1918 (OS): ibid., pp. 339, 342–343 and 414.
14. N. A. Romanov (diary), 19 August 1917 (OS): ibid., p. 329.
15. Baroness Orczy, *The Scarlet Pimpernel* (London: Hodder and Stoughton, 1960), p. 9.
16. N. A. Romanov (diary), 1 and 3 November 1917 (OS): *DINII*, vol. 2, part 2, p. 338 (with reference to: *I Will Repay*; *The Elusive Pimpernel*; *Fire in Stubble*).
17. Baroness Orczy, *The Scarlet Pimpernel*, chap. 28.
18. Ye. S. Kobylinskii (inquiry testimony), 6–10 April 1919: AMDP, HIA, box 1, folder 8, p. 754.
19. N. A. Romanov to M. F. Romanova, 5 March 1918: KAGDRP, HIA, box 8, folder 38.
20. N. A. Romanov to X. A. Romanova, 18 November 1917 (OS): *SPR*, p. 116.
21. N. A. Romanov (diary), 25 and 26 March 1918 (OS): *DINII*, vol. 2, part 2, p. 414.
22. N. A. Romanov (diary), 27 March 1918 (OS): ibid., p. 416.
23. N. Cohn, *Warrant for Genocide: The Myth of the Jewish World-Conspiracy and the Protocols of the Elders of Zion* (London: Eyre and Spottiswood, 1967), p. 115.
24. *The Last Diary of Tsaritsa Alexandra*, 22, 24, 25 and 29 April 1918 (OS), pp. 126–133; N. A. Romanov (diary), 27 March 1918 (OS): *DINII*, vol. 2, part 2, p. 416.
25. N. A. Romanov (diary), 27 March 1918 (OS): ibid., p. 416.
26. K. M. Bitner (inquiry testimony), July 1919: AMDP, HIA, box 1, folder 8, p. 1014.

第二十章　1月里的变化

1. Father Nicholas (S. Gibbes), 'My Tobolsk Books, Etc., Etc.' (typescript): ibid., pp. 2–3.

2. N. A. Romanov (diary), 18 November 1917 (OS): *DINII*, vol. 2, part 2, p. 340.
3. Ye. S. Kobylinskii (inquiry testimony), 6–10 April 1919: AMDP, HIA, box 1, folder 8, p. 734.
4. Ibid., pp. 734 and 736.
5. Ibid., p. 755.
6. N. A. Romanov (diary), 14 March 1918 (OS): *DINII*, vol. 2, part 2, p. 414.
7. Pankratov, *So tsarëm v Tobol'ske*, pp. 58–60.
8. Markov, *Pokinutaya tsarskaya sem'ya*, photo opposite p. 240.
9. Ye. S. Kobylinskii (inquiry testimony), 6–10 April 1919: AMDP, HIA, box 1, folder 8, p. 729.
10. Father Nicholas (S. Gibbes), 'Ten Years with the Russian Imperial Family' (typescript): SGC, SCBLOU, box 1, p. 7.
11. Pankratov, *So tsarëm v Tobol'ske*, p. 81.
12. *The Last Diary of Tsaritsa Alexandra*, 29 January 1918, p. 22.
13. Ibid., 30 January 1918, p. 23.
14. A. N. Romanova to Ye. E. Zborovskaya, 19 January 1918 (OS): Ekaterina Zborovskaia Papers, box 2.
15. A. N. Romanova to Ye. E. Zborovskaya, 15 October 1917 (OS): ibid.
16. Ye. S. Kobylinskii (inquiry testimony), 6–10 April 1919: AMDP, HIA, box 1, folder 8, pp. 730–731.
17. N. A. Mundel (inquiry testimony), 6 August 1919: ibid., box 1, folder 8, p. 1047.
18. Pankratov, *So tsarëm v Tobol'ske*, pp. 78–79; Ye. S. Kobylinskii (inquiry testimony), 6–10 April 1919: AMDP, HIA, box 1, folder 8, p. 730.
19. Ibid., p. 734.
20. N. A. Romanov (diary), 1–5 January 1918 (OS): *DINII*, vol. 2, part 2, p. 405. Anastasia went down with the illness on 28 January 1918: ibid., p. 407; S. Buxhoeveden (diary), 1 January 1918 (OS): AMDP, HIA, box 1, folder 7, p. 440. I have identified Buxhoeveden from the internal evidence of the diary, notably from the date of her expulsion from the Kornilov house.
21. S. Buxhoeveden (diary), 18 January 1918 (OS): AMDP, HIA, box 1, folder 7, p. 440.
22. Pankratov, *So tsarëm v Tobol'ske*, p. 86.
23. Ibid.
24. Ibid., p. 87.
25. Ibid., p. 89.
26. N. A. Romanov to M. F. Romanova, 5 March 1918 (OS): KAGDRP, HIA, box 8, folder 38.
27. *The Last Diary of Tsaritsa Alexandra*, 24 January 1918, p. 17.

28. Mel'nik-Botkina, *Vospominaniya o tsarskoi sem'e*, p. 80; S. Buxhoeveden, *The Life and Tragedy of Alexandra Feodorovna, Empress of Russia: A Biography* (London: Longman, Green and Co., 1929), pp. 314–315.
29. *The Last Diary of Tsaritsa Alexandra*, 24 January 1918, p. 17.
30. S. Buxhoeveden (diary), 27 January 1918 (OS): AMDP, HIA, box 1, folder 7, p. 441.
31. Mel'nik-Botkina, *Vospominaniya o tsarskoi sem'e*, p. 86.
32. Pankratov, *So tsarëm v Tobol'ske*, p. 88.
33. O. N. Romanova to M. S. Khitrovo, 19 February 1918 (OS): Alexandre Tarsaidze Papers, Subject File, Letters, HIA, box 16, folder 4.
34. Mel'nik-Botkina, *Vospominaniya o tsarskoi sem'e*, p. 86.
35. Ibid.
36. Ye. S. Kobylinskii (inquiry testimony), 6–10 April 1919: AMDP, HIA, box 1, folder 8, p. 734.
37. O. N. Romanova to M. S. Khitrovo, 19 February 1918: Alexandre Tarsaidze Papers, Subject File, Letters, HIA, box 16, folder 4.
38. T. N. Romanova to M. S. Khitrovo, 19 February 1918: ibid.

第二十一章　莫斯科的讨论

1. Sovnarkom minutes, 29 January 1918: Gosudarstvennyi Arkhiv Rossiiskoi Federatsii (hereafter GARF), f. 130, op. 23, d. 7, p. 170.
2. L. Bryant, *Six Red Months in Russia: An Observer's Account of Russia before and during the Proletarian Dictatorship* (New York: George H. Doran, 1918), chap. 24.
3. Sovnarkom minutes, 29 January 1918: GARF, f. 130, op. 23, d. 7, p. 170; M. P. Iroshnikov, *Sozdanie sovetskogo tsentral'nogo apparata: Sovet narodnykh komissarov i narodnye komissariaty, oktyabr' 1917 g. – yanvar' 1918 g.* (Moscow/Leningrad: Nauka, 1966), p. 265.
4. Sovnarkom minutes, 20 February 1918: GARF, f. 130, op. 23, d. 8, p. 204.
5. Gilliard, *Le tragique destin de Nicolas II et de sa famille*, p. 213; Ye. S. Kobylinskii (inquiry testimony), 6–10 April 1919: AMDP, HIA, box 1, folder 8, p. 736; S. Buxhoeveden (diary), 10 March 1918 (OS): ibid., box 1, folder 7, p. 442.
6. N. A. Romanov (diary), 14 February 1918 (OS): *DINII*, vol. 2, part 2, p. 410.
7. P. Gilliard (inquiry testimony), 5–6 March 1919: AMDP, HIA, box 1, folder 7, p. 461.
8. F. N. Gorshkov (inquiry testimony), 31 July 1918: ibid., folder 8, p. 7;S. Buxhoeveden (diary), 10 March 1918 (OS): ibid., box 1, folder 7, p. 442. In the latter source the number of fired staff is put at eleven.
9. Mel'nik-Botkina, *Vospominaniya o tsarskoi sem'e*, p. 87.

10. Ibid.
11. *The Last Diary of Tsaritsa Alexandra*, 4 and 17 March and 2 April 1918, pp. 56, 69 and 85.
12. Mel'nik-Botkina, *Vospominaniya o tsarskoi sem'e*, p. 87.
13. Ibid.
14. M. A. Medvedev, 'Predystoriya rasstrela tsarskoi sem'i Romanovykh v 1918 godu': Rossiiskii Gosudarstvennyi Arkhiv Sotsial'no-Politicheskoi Istorii (hereafter RGASPI), f. 558, op. 3s, d. 12, in DAVP, HIA, box 15, p. 20.
15. N. A. Romanov (diary), 13 March 1918 (OS): *DINII*, vol. 2, part 2, p. 414.
16. Central Committee meeting, 23 February 1918: *Protokoly Tsentral'nogo Komiteta RSDRP(b), avgust 1917 – fevral' 1918* (Moscow: Gosudarstvennoe izdatel'stvo politicheskoi literatury, 1958), p. 215.
17. *Skorbnaya pamyatka*, p. 64.
18. P. Gilliard, notes appended to letter (29 April 1934?) to N. de Basily, p. 2.
19. *Skorbnaya pamyatka*, p. 68.

第二十二章　营救计划

1. Diterikhs, *Ubiistvo tsarskoi sem'i i chlenov doma Romanovykh na Urale*, part 1, p. 81; see also P. M. Bykov, *Poslednie dni Romanovykh* (Sverdlovsk: Izdatel'stvo 'Ural'skiĭ rabochiĭ', 1990), p. 81; P. P. Bulygin, *The Murder of the Romanovs: the Authentic Account* (London: Hutchinson, 1935), p. 216.
2. B. N. Solo'ëv, 29 December 1919 (inquiry testimony): N. Ross, *Gibel' tsarskoi sem'i: materialy sledstviya* (Frankfurt am Main: Posev, 1986) (hereafter *GTSMS*), p. 497.
3. Interview of A. F. Kerenskii, 14–20 August 1920: DAVP, HIA, box 22, pp. 109b and 117.
4. N. Sokolov, *Ubiistvo tsarskoi sem'i* (Berlin: Slovo, 1925), pp. 95–96.
5. B. N. Solo'ëv, 29 December 1919 (inquiry testimony): *GTSMS*, p. 496.
6. Ibid., p. 497.
7. Ibid.
8. Sokolov, *Ubiistvo tsarskoi sem'i*, pp. 89–90.
9. B. N. Solo'ëv, 29 December 1919 (inquiry testimony): *GTSMS*, p. 498.
10. *The Last Diary of Tsaritsa Alexandra*, 4 February 1918, p. 28.
11. B. N. Solo'ëv, 29 December 1919 (inquiry testimony): *GTSMS*, p. 498.
12. *The Last Diary of Tsaritsa Alexandra*, 6 February 1918, p. 30; Markov, *Pokinutaya tsarskaya sem'ya*, p. 256.
13. Ibid., p. 259.
14. Ibid., p. 262.

15. Sokolov, *Ubiistvo tsarskoi sem'i*, pp. 89–90 and 94.
16. Ibid., p. 103.
17. Ibid.
18. Ibid., pp. 94–95.
19. Mel'nik-Botkina, *Vospominaniya o tsarskoi sem'e*, p. 75.
20. K. S. Melnik, 2 November 1919 (inquiry testimony): *GTSMS*, p. 491; Sokolov, *Ubiistvo tsarskoi sem'i*, pp. 94–95.
21. Mel'nik-Botkina, *Vospominaniya o tsarskoi sem'e*, p. 76.
22. Ibid., p. 75.
23. Ibid., pp. 76–77.
24. Ibid., pp. 89–90 and 94; Bulygin, *The Murder of the Romanovs: the Authentic Account*, p. 217.
25. K. S. Mel'nik, 2 November 1919 (inquiry testimony): *GTSMS*, p. 491.
26. Markov, *Pokinutaya tsarskaya sem'ya*, pp. 83–84.
27. Ibid., p. 47.
28. Ibid., p. 188.
29. Ibid., pp. 194–195, 197 and 216.
30. Ibid., p. 248.
31. Ibid., p. 249.
32. Ibid., pp. 256 and 261.
33. Mel'nik-Botkina, *Vospominaniya o tsarskoi sem'e*, pp. 78–79.
34. Markov, *Pokinutaya tsarskaya sem'ya*, p. 220.
35. Ibid., p. 221.
36. *The Last Diary of Tsaritsa Alexandra*, 25 March 1918, p. 77.
37. Markov, *Pokinutaya tsarskaya sem'ya*, p. 260.
38. Ibid., p. 233.
39. Mel'nik-Botkina, *Vospominaniya o tsarskoi sem'e*, pp. 77–78.
40. Ibid., p. 78.
41. Ibid.
42. Ibid., pp. 77–78.
43. Ibid., p. 77.

第二十三章　俄国的未来

1. P. Gilliard to N. de Basily, 29 April 1934 (notes): NABP, HIA, box 2, folder 62, p. 1.
2. N. A. Romanov (diary), 1 February 1918 (OS): *DINII*, vol. 2, part 2, p. 409.
3. N. A. Romanov (diary), 7 February 1918 (OS): ibid., p. 410.

4. N. A. Romanov (diary), 12 February 1918 (OS): ibid.
5. P. A. (sic) Gilliard (inquiry testimony), 5–6 March 1919 (OS): AMDP, HIA, box 1, folder 7, p. 462.
6. Ibid.; Gilliard, *Le tragique destin de Nicolas II et de sa famille*, p. 215.
7. P. A. (sic) Gilliard (inquiry testimony), 27 August 1919: AMDP, HIA, box 1, folder 9, p. 1129.
8. Ye. S. Kobylinskii (inquiry testimony), 6–10 April 1919: ibid., box 1, folder 8, p. 758; K. M. Bitner (inquiry testimony), July 1919: ibid., box 1, folder 8, p. 1016; *Skorbnaya pamyatka*, p. 64.
9. Gilliard, *Le tragique destin de Nicolas II et de sa famille*, p. 215.
10. Ye. S. Kobylinskii (inquiry testimony), 6–10 April 1919: AMDP, HIA, box 1, folder 8, p. 759.
11. A. F. Romanova to A. A. Vyrubova, 22 January 1918: *SPR*, p. 129.
12. Mel'nik-Botkina, *Vospominaniya o tsarskoi sem'e*, p. 84.
13. K. M. Bitner (inquiry testimony), July 1919: AMDP, HIA, box 1, folder 8, p. 1014.
14. Ibid., pp. 1014–1015.
15. Ibid., p. 1021.
16. Ibid., pp. 1014–1015.
17. S. Gibbes, untitled memoir (typescript): SGC, SCBLOU, box 1, pp. 21–22.
18. K. M. Bitner (inquiry testimony), July 1919: AMDP, HIA, box 1, folder 8, pp. 1016–1017.
19. Ibid., p. 1014.
20. Ye. S. Kobylinskii (inquiry testimony), 6–10 April 1919: ibid., box 1, folder 8, p. 755.
21. P. Gilliard to N. de Basily, 29 April 1934 (letter): NABP, HIA, box 2, folder 62.
22. Ibid.
23. K. M. Bitner (inquiry testimony), July 1919: AMDP, HIA, box 1, folder 8, p. 1019.
24. Ibid., p. 1020.

第二十四章　前进中的同志

1. Testimony of guard official Zentsov, *Poslednie dni poslednego tsarya: inochtozhenie dinastii Romanovykh* (Tver: Tverskoe izdatel'stvo, 1922), p. 11.
2. Gilliard, *Le tragique destin de Nicolas II et de sa famille*, p. 216: 26 March 1918 (diary).
3. Sokolov, *Ubiistvo tsarskoi sem'i*, p. 88.
4. Ye. S. Kobylinskii (inquiry testimony), 6–10 April 1919: AMDP, HIA, box 1, folder 8, p. 738.
5. Ya. M. Yurovskii, 'Poslednii tsar' nashël svoë mesto': RGASPI, f. 3, op. 58, d. 280, in

DAVP, HIA, box 15, p. 5.

6. Ibid.
7. Testimony of guard official Zentsov, *Poslednie dni poslednego tsarya: inochtozhenie dinastii Romanovykh*, p. 11.
8. S. Buxhoeveden (diary), 11 and 13 March 1918 (OS): AMDP, HIA, box 1, folder 7, p. 443.
9. Mel'nik-Botkina, *Vospominaniya o tsarskoi sem'e*, p. 86.
10. Ibid.
11. Ibid., p. 84.
12. Gilliard, *Le tragique destin de Nicolas II et de sa famille*, p. 216; N. A. Romanov (diary), 29 March 1918 (OS): *DINII*, vol. 2, part 2, p. 416.
13. N. A. Mundel (inquiry testimony), 6 August 1919: AMDP, HIA, box 1, folder 8, p. 1047.
14. Ye. S. Kobylinskii (inquiry testimony), 6–10 April 1919: ibid., box 1, folder 8, p. 738.
15. V. M. Kosarev to V. I. Lenin and L. D. Trotskii, 28 March 1918: *SPR*, p. 137.
16. N. A. Romanov (diary), 22 March 1918 (OS): *DINII*, vol. 2, part 2, p. 415.
17. N. A. Romanov (diary), 28 March 1918 (OS): ibid., p. 416.
18. N. A. Romanov (diary), 23 March 1918 (OS): ibid.; A. V. Gendrikova (diary), 1 April 1918: ibid., p. 443.
19. Mel'nik-Botkina, *Vospominaniya o tsarskoi sem'e*, p. 84.
20. N. A. Romanov (diary), 22 March 1918 (OS): *DINII*, vol. 2, part 2, p. 415.
21. A. G. Beloborodov, 'Iz vospominanii', dated February 1922: A. N. Avdonin, *V zhernovakh revolyutsii: dokumental'nyi ocherk o komissare V. V. Yakovleve* (Ekaterinburg: Bank kul'turnoi informatsii, 1995) (hereafter *VZR*), p. 203.
22. Ibid.
23. P. M. Bykov, 'Poslednie dni poslednego tsarya', in N. I. Nikolaev (ed.), *Rabochaya revolyutsiya na Urale: epizody i fakty* (Ekaterinburg: Gosizdat, Ural'skoe Oblastnoe Upravlenie, 1921), pp. 6–7.
24. Testimony of guard official Zentsov, *Poslednie dni poslednego tsarya: inochtozhenie dinastii Romanovykh*, p. 11.
25. Bykov, *Poslednie dni Romanovykh*, p. 88.
26. Ya. M. Yurovskii, 'Poslednii tsar' nashёl svoё mesto': RGASPI, f. 3, op. 58, d. 280, in DAVP, HIA, box 15, p. 5; Ye. S. Kobylinskii (inquiry testimony), 6–10 April 1919: AMDP, HIA, box 1, folder 8, p. 751.
27. F. N. Gorshkov (inquiry testimony), 31 July 1918: ibid., box 1, folder 6, p. 9.
28. A. G. Beloborodov, 'Iz vospominanii', dated February 1922: *VZR*, p. 204.
29. Bykov, *Poslednie dni Romanovykh*, p. 88.
30. Ya. M. Yurovskii, 'Poslednii tsar' nashёl svoё mesto': RGASPI, f. 3, op. 58, d. 280, in

DAVP, HIA, box 15, p. 5.

31. A. G. Beloborodov, 'Iz vospominanii', dated February 1922: *VZR*, p. 204.
32. Bykov, 'Poslednie dni poslednego tsarya', pp. 6–7.
33. Ibid.
34. See Bykov, *Poslednie dni Romanovykh*, p. 88.
35. Ye. S. Kobylinskii (inquiry testimony), 6–10 April 1919: AMDP, HIA, box 1, folder 8, p. 766.
36. S. Buxhoeveden (diary), 11 and 13 March 1918 (OS): ibid., box 1, folder 7, pp. 443–444.
37. Bykov, 'Poslednie dni poslednego tsarya', p. 9.
38. Ye. S. Kobylinskii (inquiry testimony), 6–10 April 1919: AMDP, HIA, box 1, folder 8, pp. 738–739.
39. Imperial family breakfast and lunch menus, 22–29 April 1918 (OS?): SGC, SCBLOU, box 2.
40. K. M. Bitner (inquiry testimony), July 1919: AMDP, HIA, box 1, folder 8, p. 1022.
41. N. A. Romanov (diary), 11 April 1918 (OS): *DINII*, vol. 2, part 2, p. 419.
42. N. A. Romanov (diary), 19 March 1918 (OS): *DINII*, vol. 2, part 2, p. 415.

第二十五章 托博尔斯克与莫斯科

1. S. Buxhoeveden (diary), 7 March 1918 (OS): ibid., box 1, folder 7, p. 442.
2. *Tobol'skii rabochii*, 31 March 1918.
3. Ibid., 16 April 1918.
4. S. Buxhoeveden (diary), 3 March 1918 (OS): AMDP, HIA, box 1, folder 7, p. 443.
5. Ye. S. Kobylinskii (inquiry testimony), 6–10 April 1919: ibid., box 1, folder 8, p. 732.
6. V. D. Bonch-Bruevich to V. A. Avanesov, 1 April 1918: *DINII*, vol. 2, part 2, pp. 442–443.
7. Minutes of VTsIK Presidium, 1 April 1918: V. V. Alexeev, *Gibel' tsarskoi sem'i: mify i real'nost': novye dokumenty o tragedii na Urale* (Ekaterinburg: Bank kul'turnoi informatsii, 1993), p. 52.
8. F. N. Gorshkov (inquiry testimony), 31 July 1918: AMDP, HIA, box 1, folder 6, p. 7.
9. Minutes of VTsIK Presidium, 6 April 1918: *SPR*, p. 53.
10. Ya. M. Sverdlov to Urals Regional Soviet, 9 April 1918: ibid., pp. 53–54.
11. See I. F. Plotnikov, *Pravda Istorii: gibel' tsarskoi sem'i* (Ekaterinburg: Sverdlovskaya regional'naya obshchestvennaya organizatsiya, 2002) (hereafter *PIGTS*), p. 156.
12. F. P. Proskuryakov (inquiry testimony), 1–3 April 1919: AMDP, HIA, box 1, folder 7, p. 644.
13. S. G. Loginov, 4 April 1919 (inquiry testimony): *GTSMS*, p. 289.

14. Ibid.
15. V. V. Yakovlev's notes (from the personal archives of L. K. Karpovaya), reproduced in *VZR*, p. 18.
16. Aksyuta (speech), minutes of general meeting of guard detachment, 22 April 1918: *SPR*, p. 142.
17. Ye. S. Kobylinskii (inquiry testimony), 6–10 April 1919: AMDP, HIA, box 1, folder 8, p. 732.
18. Ibid., p. 737; Father Nicholas (S. Gibbes), 'Ten Years with the Russian Imperial Family' (typescript): SGC, SCBLOU, box 1, p. 8.
19. K. A. Stoyanovich (V. V. Yakovlev), draft notes for projected book, June–July 1928, reproduced in *VZR*, p. 162.
20. N. A. Romanov (diary), 30 March 1918 (OS): *DINII*, vol. 2, part 2, p. 417.
21. N. A. Romanov (diary), 31 March 1918 (OS): ibid.
22. N. A. Romanov (diary), 1 April 1918 (OS): ibid.
23. B. V. Didkovskii to V. I. Lenin and Ya. M. Sverdlov, 13 April 1918: *SPR*, p. 54.
24. N. A. Romanov (diary), 2 April 1918 (OS): *DINII*, vol. 2, part 2, p. 417; Ye. S. Kobylinskii (inquiry testimony), 6–10 April 1919: AMDP, HIA, box 1, folder 8, p. 734.
25. Ibid., p. 735.
26. Ibid., p. 736; N. A. Romanov (diary), 8 April 1918 (OS): *DINII*, vol. 2, part 2, p. 418.
27. F. I. Goloshchëkin to P. D. Khokhryakov, 21 April 1918: *SPR*, p. 140.

第二十六章　雅科夫列夫政委

1. Ya. M. Sverdlov to Urals leaders (Ekaterinburg), 9 April 1918, reproduced in *PIGTS*, p. 38.
2. Ye. S. Kobylinskii (inquiry testimony), 6–10 April 1919: AMDP, HIA, box 1, folder 8, p. 739.
3. K. A. Stoyanovich (V. V. Yakovlev) to I. V. Stalin and V. R. Menzhinskii, 15 March 1928, reproduced in *VZR*, p. 152.
4. Ibid., p. 153.
5. Ibid., p. 154.
6. Minutes of guard detachment meeting, 22 April 1918: *SPR*, p. 141.
7. Ibid., pp. 141–142; N. A. Mundel (inquiry testimony), 6 August 1919: AMDP, HIA, box 1, folder 8, p. 1048.
8. Minutes of general meeting of guard detachment, 22 April 1918: *SPR*, pp. 141–142; K. A. Stoyanovich (V. V. Yakovlev), draft notes for projected book, June–July 1928, reproduced in *VZR*, p. 162.

9. Minutes of guard detachment meeting, 22 April 1918: *SPR*, pp. 46 and 55–56; N. A. Mundel (inquiry testimony), 6 August 1919: AMDP, HIA, box 1, folder 8, p. 1048.
10. N. A. Romanov (diary), 9 April 1918 (OS): *DINII*, vol. 2, part 2, p. 418.
11. N. A. Romanov (diary), 10 April 1918 (OS): ibid., p. 419.
12. The inspection report of 23 April 1918 is reproduced in *PIGTS*, pp. 42–43; N. A. Romanov (diary), 10 April 1918 (OS): *DINII*, vol. 2, part 2, p. 419.
13. Inspection report of 23 April 1918: *PIGTS*, p. 43.
14. A. A. Volkov (inquiry testimony), 20–23 August 1919: AMDP, HIA, box 1, folder 9, p. 1107.
15. Father Nicholas (S. Gibbes), 'Ten Years with the Russian Imperial Family' (typescript): SGC, SCBLOU, box 1, p. 8.
16. N. A. Mundel (inquiry testimony), 6 August 1919: AMDP, HIA, box 1, folder 8, p. 1048; Ye. S. Kobylinskii (inquiry testimony), 6–10 April 1919: ibid., HIA, box 1, folder 8, p. 739.
17. Father Nicholas (S. Gibbes), untitled memoir (typescript): SGC, SCBLOU, box 1, p. 15.
18. V. V. Yakovlev: minutes of Ufa meeting of 1st and 2nd Red Army *druzhiny*, 3 May 1918, reproduced in *VZR*, p. 147; A G. Beloborodov, 'Iz vospominanii', dated February 1922: *VZR*, p. 205.
19. Ibid., p. 204.
20. Ibid., p. 205.
21. V. V. Yakovlev: minutes of Ufa meeting of 1st and 2nd Red Army *druzhiny*, 3 May 1918, reproduced in *VZR*, p. 147.
22. Ya. M. Yurovskii, 'Poslednii tsar' nashël svoë mesto': RGASPI, f. 3, op. 58, d. 280, in DAVP, HIA, box 15, pp. 5–6.

第二十七章　转移的命令

1. Ye. S. Kobylinskii (inquiry testimony), 6–10 April 1919: AMDP, HIA, box 1, folder 8, pp. 742–743.
2. Ibid., p. 743.
3. Ibid.
4. P. A. (sic) Gilliard (inquiry testimony), 27 August 1919: ibid., box 1, folder 9, pp. 1125–1127.
5. Ibid., p. 1127.
6. Ye. S. Kobylinskii (inquiry testimony), 6–10 April 1919: ibid., box 1, folder 8, p. 744; S. Buxhoeveden (diary), 7 March 1918 (OS): ibid., box 1, folder 7, p. 445.
7. A. A. Volkov (inquiry testimony), 20–23 August 1919: ibid., box 1, folder 9, p. 1109.

8. Ibid.
9. P. A. (sic) Gilliard (inquiry testimony), 27 August 1919: ibid., box 1, folder 9, p. 1126.
10. M. G. Tutelberg (inquiry testimony), 1919: ibid., box 1, folder 8, p. 978.
11. Interview with V. V. Yakovlev: *Izvestiya*, 16 May 1918.
12. Ye. S. Kobylinskii (inquiry testimony), 6–10 April 1919: AMDP, HIA, box 1, folder 8, p. 744.
13. Ibid.
14. I. A. Teodorovich and V. V. Yakovlev (Hughes telegraph conversation), n.d.: *SPR*, pp. 143–144.
15. N. A. Mundel (inquiry testimony), 6 August 1919: AMDP, HIA, box 1, folder 8, p. 1049.
16. Ye. S. Kobylinskii (inquiry testimony), 6–10 April 1919: ibid., box 1, folder 8, pp. 745–746.
17. V. V. Yakovlev: minutes of Ufa meeting of 1st and 2nd Red Army *druzhiny*, 3 May 1918, reproduced in *VZR*, p. 147.
18. D. M. Chudinov, 'Kak my pervozili byvshuyu tsarskuyu sem'yu': *VZR*, p. 210.
19. Ibid.
20. F. N. Gorshkov (inquiry testimony), 31 July 1918: AMDP, HIA, box 1, folder 6, p. 8.
21. M. G. Tutelberg (inquiry testimony), 23–27 July 1919: ibid., box 1, folder 8, p. 979.
22. Father Nicholas (S. Gibbes), 'Ten Years with the Russian Imperial Family' (typescript): SGC, SCBLOU, box 1, p. 9.
23. Ibid., pp. 9–10.
24. Ye. S. Kobylinskii (inquiry testimony), 6–10 April 1919: AMDP, HIA, box 1, folder 8, p. 746.
25. S. I. Ivanov (inquiry testimony), 19 July 1919: ibid., box 1, folder 8, p. 950; A. A. Volkov (inquiry testimony), 20–23 August 1919: ibid., box 1, folder 9, p. 1110.

第二十八章　南下秋明

1. D. M. Chudinov, 'Kak my pervozili byvshuyu tsarskuyu sem'yu': *VZR*, pp. 210–211.
2. Father Nicholas (S. Gibbes), 'Ten Years with the Russian Imperial Family' (typescript): SGC, SCBLOU, box 1, pp. 9–10.
3. D. M. Chudinov, 'Kak my pervozili byvshuyu tsarskuyu sem'yu': *VZR*, p. 211.
4. N. A. Mundel (inquiry testimony), reporting on what he heard from the returning escort, 6 August 1919: AMDP, HIA, box 1, folder 8, p. 1050.
5. N. A. Romanov (diary), 13 April 1918 (OS): *DINII*, vol. 2, part 2, p. 419; *The Last Diary of Tsaritsa Alexandra*, 26 April 1918, p. 109.
6. Ye. S. Kobylinskii (inquiry testimony), 6–10 April 1919: AMDP, HIA, box 1, folder 8,

p. 749.

7. See Bykov, *Poslednie dni Romanovykh*, p. 96.

8. V. V. Yakovlev to F. I. Goloshchëkin, 27 April 1918: *SPR*, pp. 144–146.

9. N. A. Romanov (diary), 14 April 1918 (OS): *DINII*, vol. 2, part 2, pp. 419–420.

10. V. V. Yakovlev to Ya. M. Sverdlov, 27 April 1918, reproduced in *SPR*, p. 58; V. V. Yakovlev to F. I. Goloshchëkin, 27 April 1918, reproduced ibid., p. 60.

11. N. A. Romanov (diary), 14 April 1918 (OS): *DINII*, vol. 2, part 2, pp. 419–420.

12. Interview with V. V. Yakovlev: *Izvestiya*, 16 May 1918.

13. D. M. Chudinov, 'Kak my perevozili byvshuyu tsarskuyu sem'yu': *VZR*, p. 212.

14. Ibid., p. 211.

15. Ibid., p. 212.

16. N. A. Romanov (diary), 14 April 1918 (OS): *DINII*, vol. 2, part 2, p. 420; Ye. S. Kobylinskii (inquiry testimony), 6–10 April 1919: AMDP, HIA, box 1, folder 8, p. 747; D. M. Chudinov, 'Kak my pervozili byvshuyu tsarskuyu sem'yu': *VZR*, p. 212.

17. V. V. Yakovlev: minutes of Ufa meeting of 1st and 2nd Red Army *druzhiny*, 3 May 1918, reproduced in *VZR*, pp. 147–148; A. I. Nevolin (written testimony), 3 May 1918: *SPR*, pp. 156–157.

18. V. V. Yakovlev: minutes of Ufa meeting of 1st and 2nd Red Army *druzhiny*, 3 May 1918, reproduced in *VZR*, pp. 147–148; A. I. Nevolin (written testimony), 3 May 1918: *SPR*, pp. 156–157.

19. N. A. Romanov (diary), 14 April 1918 (OS): *DINII*, vol. 2, part 2, p. 420; Ye. S. Kobylinskii (inquiry testimony), 6–10 April 1919: AMDP, HIA, box 1, folder 8, p. 747.

20. M. G. Tutelberg (inquiry testimony), 1919: ibid., box 1, folder 8, p. 978.

21. N. A. Romanov (diary), 14 April 1918 (OS): *DINII*, vol. 2, part 2, p. 420; interview with V. V. Yakovlev: *Izvestiya*, 16 May 1918.

22. Markov, *Pokinutaya tsarskaya sem'ya*, p. 295.

23. Ibid.

24. Ibid.

25. N. A. Romanov (diary), 14 April 1918 (OS): *DINII*, vol. 2, part 2, p. 420; *The Last Diary of Tsaritsa Alexandra*, 14 April 1918 (OS), p. 112.

26. Markov, *Pokinutaya tsarskaya sem'ya*, pp. 273, 280 and 297.

27. Ibid., p. 295.

28. N. A. Romanov (diary), 14 April 1918 (OS): *DINII*, vol. 2, part 2, p. 420.

29. See Bykov, *Poslednie dni Romanovykh*, p. 97.

30. Ibid.

31. Ya. M. Yurovskii, 'Poslednii tsar' nashël svoë mesto': RGASPI, f. 3, op. 58, d. 280, in DAVP, HIA, box 15, p. 6.

32. V. V. Yakovlev to Ya. M. Sverdlov, 27 April 1918, reproduced in *SPR*, pp. 58–59.
33. V. V. Yakovlev to Ya. M. Sverdlov (Hughes apparatus exchange), 27 April 1918, reproduced ibid., p. 59.
34. V. V. Yakovlev to F. I. Goloshchëkin, 27 April 1918, reproduced ibid., p. 60.
35. Ya. M. Yurovskii, 'Poslednii tsar' nashël svoë mesto': RGASPI, f. 3, op. 58, d. 280, in DAVP, HIA, box 15, p. 6.

第二十九章 暂未确定的目的地

1. Bykov, *Poslednie dni Romanovykh*, p. 97.
2. Snodgrass, *Bureau of Foreign and Domestic Commerce*, p. 43.
3. V. V. Yakovlev: minutes of Ufa meeting of 1st and 2nd Red Army *druzhiny*, 3 May 1918, reproduced in *VZR*, p. 148; A. G. Beloborodov, 'Iz vospominanii', dated February 1922: *VZR*, p. 206.
4. Ya. M. Yurovskii, 'Poslednii tsar' nashël svoë mesto': RGASPI, f. 3, op. 58, d. 280, in DAVP, HIA, box 15, p. 6.
5. Ibid., pp. 6–7.
6. Ibid., p. 7.
7. A. G. Beloborodov and G. I. Safarov to V. I. Lenin and Ya. M. Sverdlov, 28 April 1918: *SPR*, pp. 147–148.
8. A. G. Beloborodov, telegram to Omsk and elsewhere, 28 April 1918, reproduced in *SPR*, pp. 148–149; A. G. Beloborodov, 'Iz vospominanii', dated February 1922: *VZR*, p. 206.
9. Bykov, 'Poslednie dni poslednego tsarya', p. 11.
10. Ibid.
11. Ye. S. Kobylinskii (inquiry testimony), 6–10 April 1919: AMDP, HIA, box 1, folder 8, p. 747.
12. Interview with V. V. Yakovlev: *Izvestiya*, 16 May 1918.
13. N. A. Romanov (diary), 14–15 April 1918 (OS): *DINII*, vol. 2, part 2, p. 420.
14. Bykov, *Poslednie dni Romanovykh*, pp. 98–99; S. Gibbes to Sir Charles Elliot (note), n.d., but possibly an attachment to letter of 15 April 1919: SGC, SCBLOU, box 2.
15. A. G. Beloborodov, 'Iz vospominanii', dated February 1922: *VZR*, p. 206; G. I. Safarov and V. M. Kosarev (Hughes apparatus), 29 April 1918, reproduced in *SPR*, pp. 64–65.
16. V. V. Yakovlev: minutes of Ufa meeting of 1st and 2nd Red Army *druzhiny*, 3 May 1918, reproduced in *VZR*, p. 148; Bykov, *Poslednie dni Romanovykh*, pp. 98–99; Ya. M. Yurovskii, 'Poslednii tsar' nashël svoë mesto': RGASPI, f. 3, op. 58, d. 280, in DAVP, HIA, box 15, p. 7.
17. Ya. M. Sverdlov to V. V. Yakovlev, 28 April 1918: *SPR*, p. 149.

18. V. V. Yakovlev: minutes of Ufa meeting of 1st and 2nd Red Army *druzhiny*, 3 May 1918, reproduced in *VZR*, p. 148.
19. Ya. M. Sverdlov to Urals Regional Soviet leadership, 29 April 1918, reproduced in *SPR*, p. 63.
20. Urals Regional Soviet to Ya. M. Sverdlov (telegram), 29 April 1918, reproduced in *VZR*, p. 139.
21. L. A. Lykova (ed.), *Sledstvie po delu ob ubiistve Rossiiskoi imperatorskoi sem'i* (Moscow: Rosspen, 2007), pp. 269–270.
22. A. G. Beloborodov to V. M. Kosarev, 29 April, reproduced in *SPR*, p. 65.
23. A. G. Beloborodov to S. S. Zaslavski, 29 April, reproduced ibid., pp. 67–68.
24. Ya. M. Sverdlov to V. V. Yakovlev, 28 April 1918, reproduced ibid., p. 64.
25. Ibid.
26. Ibid.
27. G. I. Safarov and V. M. Kosarev (Hughes apparatus exchange), 29 April 1918, reproduced ibid., pp. 64–65.
28. V. M. Kosarev (telegram order), 29 April 1918, reproduced in *VZR*, p. 148.
29. V. V. Yakovlev to Ya. M. Sverdlov, 29 April 1918: *SPR*, p. 152.
30. See Bykov, *Poslednie dni Romanovykh*, p. 100.
31. Ibid., pp. 100–101.
32. N. A. Romanov (diary), 16 April 1918 (OS): *DINII*, vol. 2, part 2, p. 420.
33. N. A. Romanov (diary), 17 April 1918 (OS): ibid.
34. Interview with V. V. Yakovlev: *Izvestiya*, 16 May 1918.

第三十章 去伊帕季耶夫宅邸

1. A. G. Beloborodov, 'Iz vospominanii', dated February 1922: *VZR*, p. 206; see also *PIGTS*, p. 71.
2. Site report of N. A. Sokolov, 15–25 April 1919: AMDP, HIA, box 1, folder 9, p. 1381.
3. Preston, *Before the Curtain*, p. 99.
4. Bykov, 'Poslednie dni poslednego tsarya', p. 14.
5. N. N. Ipatev (interview by I. A. Sergeev), 30 November 1918: Lykova (ed.), *Sledstvie po delu ob ubiistve Rossiiskoi imperatorskoi sem'i*, pp. 145–146.
6. A. G. Beloborodov, manuscript memoirs, reproduced in *DINII*, vol. 2, part 2, pp. 450–451; N. N. Ipatev (interview by I. A. Sergeev), 30 November 1918: Lykova (ed.), *Sledstvie po delu ob ubiistve Rossiiskoi imperatorskoi sem'i*, p. 146. See also *PIGTS*, p. 71.
7. Bykov, 'Poslednie dni poslednego tsarya'; Bykov, *Poslednie dni Romanovykh*, p. 102.

8. A. G. Beloborodov, manuscript memoirs, reproduced in *DINII*, vol. 2, part 2, pp. 450–451; see also *PIGTS*, p. 71.
9. R. L. Jefferson, *Roughing It In Siberia, With Some Account of the Trans-Siberian Railway, and the Gold-Mining Industry of Asiatic Russia* (London: Sampson, Low, Marston and Co., 1897), p. 5.
10. N. A. Romanov (diary), 17 April 1918 (OS): *DINII*, vol. 2, part 2, p. 420; Bykov, 'Poslednie dni poslednego tsarya', p. 12; Bykov, *Poslednie dni Romanovykh*, p. 101.
11. V. Yakovlev, 'Poslednii reis Romanovykh', *Ural*, no. 8 (1988): *DINII*, vol. 2, part 2, pp. 446–447.
12. N. A. Romanov (diary), 17 April 1918 (OS): ibid., p. 420; Bykov, 'Poslednie dni poslednego tsarya', p. 12; Bykov, *Poslednie dni Romanovykh*, p. 101; V. Yakovlev, 'Poslednii reis Romanovykh', *Ural*, no. 8 (1988): *DINII*, vol. 2, part 2, p. 447; A. G. Beloborodov, 'Iz vospominanii', dated February 1922: *VZR*, p. 207.
13. N. A. Romanov (diary), 17 April 1918 (OS): *DINII*, vol. 2, part 2, p. 420; Bykov, 'Poslednie dni poslednego tsarya', p. 12; Bykov, *Poslednie dni Romanovykh*, p. 101; V. Yakovlev, 'Poslednii reis Romanovykh', *Ural*, no. 8 (1988): *DINII*, vol. 2, part 2, p. 447.
14. N. A. Romanov (diary), 17 April 1918 (OS): *DINII*, vol. 2, part 2, p. 420; Bykov, 'Poslednie dni poslednego tsarya', p. 12; Bykov, *Poslednie dni Romanovykh*, p. 101; V. Yakovlev, 'Poslednii reis Romanovykh', *Ural*, no. 8 (1988): *DINII*, vol. 2, part 2, p. 447.
15. A. G. Beloborodov, manuscript memoirs, reproduced in *DINII*, vol. 2, part 2, p. 447.
16. A. G. Beloborodov and B. Z. Didkovski, 30 April 1918: AMDP, HIA, box 1, folder 9, pp. 1397–1398. See the photo in N. Sokoloff, *Enquête judiciaire sur l'assassinat de la famille impériale russe, avec les preuves, les interrogatoires et les dépositions des témoins et des accusés* (Paris: Payot, 1924), p. 16.
17. A. G. Beloborodov, 'Iz vospominanii', dated February 1922: *VZR*, p. 207; Bykov, 'Poslednie dni poslednego tsarya', p. 12.
18. P. T. Samokhvalov, 20–21 November 1919 (inquiry testimony): *GTSMS*, p. 494.
19. P. A. (sic) Gilliard (inquiry testimony) (who reported on what Nabokov and Matveev told him), 5–6 March 1919 (OS): AMDP, HIA, box 1, folder 7, p. 465. According to his book, the soldiers were arrested for only two days: Gilliard, *Le tragique destin de Nicolas II et de sa famille*, p. 223.
20. Ye. S. Kobylinskii (inquiry testimony), 6–10 April 1919: ibid., box 1, folder 8, p. 748.
21. N. A. Mundel (inquiry testimony), 6 August 1919: ibid., box 1, folder 8, p. 1050; Ye. S. Kobylinskii (inquiry testimony), 6–10 April 1919: ibid., box 1, folder 8, p. 748.
22. Bykov, 'Poslednie dni poslednego tsarya', p. 13; Bykov, *Poslednie dni Romanovykh*, p. 103.
23. Urals Regional Soviet Presidium decree, 30 April 1918, reproduced in *SPR*, p. 69.

24. A. G. Beloborodov to V. I. Lenin and Ya. M. Sverdlov, 30 April 1918, reproduced ibid., pp. 70–71.
25. V. V. Yakovlev's notes, quoted in *VZR*, p. 25.
26. Bykov, *Poslednie dni Romanovykh*, p. 104; Bykov, 'Poslednie dni poslednego tsarya', p. 13.
27. V. V. Yakovlev: minutes of Ufa meeting of 1st and 2nd Red Army *druzhiny*, 3 May 1918, reproduced in *VZR*, pp. 147–149.
28. N. A. Mundel (inquiry testimony), 6 August 1919: AMDP, HIA, box 1, folder 8, p. 1050; Ye. S. Kobylinskii (inquiry testimony), 6–10 April 1919: ibid., box 1, folder 8, p. 748.

第三十一章 乌拉尔和那里的布尔什维克

1. Bykov, 'Poslednie dni poslednego tsarya', p. 96.
2. G. Kennan, *Siberia and the Exile System*, vol. 2 (New York: The Century Co., 1891), p. 420.
3. Snodgrass, *Bureau of Foreign and Domestic Commerce*, pp. 123–124 and 139.
4. P. M. Bykov, 'Yekaterinburgskii Sovet', in N. I. Nikolaev (ed.), *Rabochaya revolyutsiya na Urale: epizody i fakty* (Ekaterinburg: Gosizdat, Ural'skoe Oblastnoe Upravlenie, 1921), p. 93.
5. Ibid., pp. 94–95.
6. Ibid.
7. Ibid., p. 98.
8. Ibid.
9. Ibid., pp. 97–99.
10. I. I. Radzinskii, taped memoirs (1963): RGASPI, f. 588, op. 3, d. 14, in DAVP, box 15, pp. 10–11.
11. L. A. Krol, 'Polozhenie na gornozavodskom Urale v kontsa 1917 – pervoi polovine 1918', reproduced in M. Bernshtam (ed.), *Ural i Prikam'e, noyabr' 1918 – yanvar' 1919: dokumenty i materialy* (Paris: YMCA-Press, 1982), p. 50.
12. J. Harris, *The Great Urals: Regionalism and the Evolution of the Soviet System* (Ithaca, NY: Cornell University Press, 1999), p. 22.
13. 'Dioneo' (V. I. Shklovsky), *Russia under the Bolsheviks* (London: Russian Liberation Committee, 1919), pp. 8–12.
14. See V. V. Dublënnykh, *Belaya armiya na Urale: istoricheskie spravki chastei i soedinenii* (Ekaterinburg: Izd. Ural'skogo Universiteta, 2008), p. 313; Yu. Zhuk, *Voprositel'nye znaki v 'tsarskom dele'* (St Petersburg: BkhV-Peterburg, 2013), p. 133.
15. I. I. Serebrennikov, 'Moi vstrechi s atamanom A. I. Dutov': Ivan I. Serebrennikov

Papers, HIA, box 11, folder 1, p. 1.
16. Bykov, 'Yekaterinburgskii Sovet', p. 100.
17. Harris, *The Great Urals*, p. 22.
18. Ibid.
19. Ibid.
20. Bykov, 'Yekaterinburgskii Sovet', p. 97.
21. F. I. Goloshchëkin, report to the Regional Party Conference, *Ural'skii rabochii*, 5 January 1918.
22. *Ural'skii rabochii*, 26 January 1918.
23. Ibid., 11 April 1918.
24. M. A. Medvedev, 'Predystoriya rasstrela tsarskoi sem'i Romanovykh v 1918 godu': RGASPI, f. 558, op. 3s, d. 12, in DAVP, box 15, p. 2.
25. N. A. Sakovich (inquiry testimony), 24 August 1918: AMDP, HIA, box 1, folder 6, pp. 19–20.
26. Ibid., p. 20.
27. A. S. Kotousova (inquiry testimony), 18 November 1918: ibid., box 1, folder 6, p. 99.
28. Ye. T. Lobanova (inquiry testimony), 1 August 1918: ibid., box 1, folder 6, p. 12.

第三十二章　此刻，在托博尔斯克

1. Bykov, 'Poslednie dni poslednego tsarya', p. 13.
2. F. N. Gorshkov (inquiry testimony), 31 July 1918: AMDP, HIA, box 1, folder 6, p. 10.
3. P. A. (sic) Gilliard (inquiry testimony), 5–6 March 1919 (OS): ibid., box 1, folder 7, p. 464; Ye. S. Kobylinskii (inquiry testimony), 6–10 April 1919: ibid., box 1, folder 8, p. 747.
4. Ibid., p. 749; S. Buxhoeveden (diary), 3–4 May 1918 (OS): ibid., box 1, folder 7, p. 446.
5. S. Buxhoeveden (diary), 15 April 1918 (OS): ibid., p. 445.
6. Ye. S. Kobylinskii (inquiry testimony), 6–10 April 1919: AMDP, HIA, box 1, folder 8, p. 749; A. A. Volkov (inquiry testimony), 20–23 August 1919: ibid., box 1, folder 9, p. 1111; A. G. Beloborodov to P. D. Khokhryakov, 6 May 1918: *SPR*, p. 202.
7. S. Buxhoeveden (diary), 3–4 May 1918 (OS): AMDP, HIA, box 1, folder 7, p. 446.
8. Ye. S. Kobylinskii (inquiry testimony), 6–10 April 1919: ibid., box 1, folder 8, p. 749; A. A. Volkov (inquiry testimony), 20–23 August 1919: ibid., box 1, folder 9, p. 1111; A. G. Beloborodov to P. D. Khokhryakov, 6 May 1918: *SPR*, p. 202.
9. Markov, *Pokinutaya tsarskaya sem'ya*, p. 298.
10. A. G. Beloborodov to P. D. Khokhryakov, 6 May 1918: *SPR*, p. 202.
11. P. A. (sic) Gilliard (inquiry testimony), 5–6 March 1919 (OS): AMDP, HIA, box 1, folder

7, p. 465; Gilliard, *Le tragique destin de Nicolas II et de sa famille*, p. 223.

12. P. A. (sic) Gilliard (inquiry testimony), 27 August 1919: AMDP, HIA, box 1, folder 9, pp. 1127–1128.
13. Gilliard, *Le tragique destin de Nicolas II et de sa famille*, p. 223; Ye. S. Kobylinskii (inquiry testimony), 6–10 April 1919: AMDP, HIA, box 1, folder 8, pp. 750–751 and 762.
14. Gilliard, *Le tragique destin de Nicolas II et de sa famille*, p. 223.
15. Volkov, *Okolo tsarskoi sem'i*, p. 62.
16. Ye. S. Kobylinskii (inquiry testimony), 6–10 April 1919: AMDP, HIA, box 1, folder 8, p. 750.
17. P. A. (sic) Gilliard (inquiry testimony), 5–6 March 1919 (OS): ibid., box 1, folder 7, pp. 464–465.
18. Menu of 29 April 1918: SGC, SCBLOU, box 1.
19. S. Buxhoeveden (diary), 3–4 May 1918 (OS): AMDP, HIA, box 1, folder 7, p. 446.
20. Gilliard, *Le tragique destin de Nicolas II et de sa famille*, p. 224.
21. P. A. (sic) Gilliard (inquiry testimony), 5–6 March 1919 (OS): AMDP, HIA, box 1, folder 7, p. 466.
22. Ye. S. Kobylinskii (inquiry testimony), 6–10 April 1919: ibid., box 1, folder 8, p. 750.
23. P. A. (sic) Gilliard (inquiry testimony), 5–6 March 1919 (OS): ibid., box 1, folder 7, p. 466.
24. M. G. Solovëva (Rasputina) (diary), 22 May 1918: *SPR*, p. 206.
25. M. G. Tutelberg (inquiry testimony), 1919: AMDP, HIA, box 1, folder 8, p. 979.
26. P. A. (sic) Gilliard (inquiry testimony), 5–6 March 1919 (OS): ibid., box 1, folder 7, p. 466. According to F. N. Gorshkov, the train arrived in Ekaterinburg on 22 May 1918: F. N. Gorshkov (inquiry testimony), 31 July 1918: ibid., box 1, folder 6, p. 10.
27. P. A. (sic) Gilliard (inquiry testimony), 5–6 March 1919 (OS): ibid., box 1, folder 7, p. 466.
28. Ibid., pp. 466–467.
29. Ipatev house guard duty book, 22 May 1918, reproduced in *SPR*, p. 88.

第三十三章　永远的叶卡捷琳堡

1. M. N. Romanova to Tobolsk, 1 May 1918: *SPR*, p. 199.
2. Bykov, 'Poslednie dni poslednego tsarya', p. 17.
3. Bykov, 'Yekaterinburgskii Sovet', p. 101.
4. F. N. Gorshkov (inquiry testimony), 31 July 1918: AMDP, HIA, box 1, folder 6, p. 8; Bykov, 'Poslednie dni poslednego tsarya', p. 14.

5. F. N. Gorshkov (inquiry testimony), 31 July 1918: AMDP, HIA, box 1, folder 6, p. 10.
6. Ya. M. Sverdlov to A. G. Beloborodov, 3 May 1918, *SPR*, p. 201.
7. A. G. Beloborodov to Ya. M. Sverdlov, 3 May 1918: ibid., pp. 201–202.
8. F. P. Proskuryakov (inquiry testimony), 1–3 April 1919: AMDP, HIA, box 1, folder 7, p. 644.
9. This evidently somewhat shocked even the Bolsheviks in Ekaterinburg.
10. I. D. Sedněv and K. G. Nagorny to A. G. Beloborodov, 28 May 1918: AMDP, HIA, box 1, folder 9, pp. 1337–1338.
11. P. A. (sic) Gilliard (inquiry testimony), 5–6 March 1919 (OS): ibid., box 1, folder 7, p. 467.
12. G. N. Kotechev (inquiry testimony): ibid., box 1, folder 6, p. 51.
13. M. D. Medvedeva (inquiry testimony), 9–10 November 1918: ibid., box 1, folder 6, p. 57; A. A. Yakimov (inquiry testimony), 2 April 1919: ibid., box 1, folder 8, pp. 803–804; A. G. Beloborodov, 'Iz vospominanii', dated February 1922: *VZR*, p. 208.
14. G. M. Suetin (inquiry testimony, n.d.): AMDP, HIA, box 1, folder 6, p. 52.
15. F. P. Proskuryakov (inquiry testimony), 1–3 April 1919: ibid., box 1, folder 7, p. 640.
16. M. I. Letemin (inquiry testimony), 7 August 1918: ibid., box 1, folder 6, p. 28.
17. F. P. Proskuryakov (inquiry testimony), 1–3 April 1919: ibid., box 1, folder 7, p. 639.
18. Ibid., p. 641.
19. I. V. Storozhev (inquiry testimony), 8–10 October 1918: AMDP, HIA, box 1, folder 6, pp. 71–72.
20. Ibid., pp. 72–74.
21. Ibid., pp. 74–77.
22. F. P. Proskuryakov (inquiry testimony), 1–3 April 1919: AMDP, HIA, box 1, folder 7, p. 643.
23. M. L. Krokhaleva (inquiry testimony), 9 July 1919: ibid., box 1, folder 8, p. 909; P. Ya. Shamarin (procurator) reporting on the testimony of P. Medvedev, 3–5 October 1919: ibid., box 1, folder 9, p. 1353.
24. Ya. M. Yurovskii, 'Poslednii tsar' nashël svoë mesto': RGASPI, f. 3, op. 58, d. 280, in DAVP, HIA, box 15, p. 9.
25. F. N. Gorshkov (inquiry testimony), 31 July 1918: AMDP, HIA, box 1, folder 6, p. 8.
26. P. A. (sic) Gilliard (inquiry testimony), 5–6 March 1919 (OS): ibid., box 1, folder 7, p. 468.
27. F. P. Proskuryakov (inquiry testimony), 1–3 April 1919: ibid., box 1, folder 7, p. 644.
28. N. A. Romanov (diary), 1 May 1918 (OS): *DINII*, vol. 2, part 2, p. 424.
29. *The Last Diary of Tsaritsa Alexandra*, 31 May and 3 June 1918, pp. 152 and 155.
30. Ibid., 21 June 1918, p. 173.

31. P. Ya. Shamarin (procurator) reporting on testimony of P. Medvedev, 3–5 October 1919: AMDP, HIA, box 1, folder 9, p. 1354.
32. G. M. Suetin (inquiry testimony, n.d.): ibid., box 1, folder 6, p. 52.
33. P. Ya. Shamarin (procurator) reporting on testimony of P. S. Medvedev, 3–5 October 1919: ibid., box 1, folder 9, p. 1364.
34. Ya. M. Yurovskii, 'Poslednii tsar' nashël svoë mesto': RGASPI, f. 3, op. 58, d. 280, in DAVP, HIA, box 15, p. 11.
35. F. P. Proskuryakov (inquiry testimony), 1–3 April 1919: AMDP, HIA, box 1, folder 7, p. 643.
36. N. A. Romanov (diary), 24 and 25 May 1918 (OS): *DINII*, vol. 2, part 2, p. 429.
37. Testimony of K. L. Sobolev, 30 August 1919 (OS): AMDP, HIA, box 1, folder 9, p. 1131.
38. I. I. Radzinskii, taped memoirs (1963): RGASPI, f. 588, op. 3, d. 14, in DAVP, box 15, p. 10.
39. Preston, *Before the Curtain*, p. 98.
40. *Poslednie dni poslednego tsarya: inochtozhenie dinastii Romanovykh*, p. 9; M. A. Medvedev, 'Predystoriya rasstrela tsarskoi sem'i Romanovykh v 1918 godu': RGASPI, f. 558, op. 3s, d. 12, in DAVP, box 15, p. 7.
41. Bykov, 'Poslednie dni poslednego tsarya', pp. 16–17.
42. I. I. Radzinskii, taped memoirs (1963): RGASPI, f. 588, op. 3, d. 14, in DAVP, box 15, p. 28.
43. A. D. Avdeev, 'Nikolai Romanov v Tobol'ske I Yekaterinburge. Iz vospominanii komendanta', *Krasnaya nov'*, no. 5 (1928), pp. 185–209.
44. I. I. Radzinskii, taped memoirs (1963): RGASPI, f. 588, op. 3, d. 14, in DAVP, box 15, pp. 23–25.
45. First letter of an 'officer' to the Romanov family, no later than 20 June 1918: *SPR*, p. 210.
46. Letters between an 'officer' and the Romanov family, ending no later than 4 July 1918: ibid., pp. 212–214.
47. N. A. Romanov (diary), 19 April 1918 (OS): *DINII*, vol. 2, part 2, p. 421; Ipatev house guard duty book, 7 June 1918, reproduced in *SPR*, p. 89.
48. N. A. Romanov (diary), 28 May 1918 (OS): *DINII*, vol. 2, part 2, p. 429.
49. Ipatev house guard duty book, 9 July 1918, reproduced in *SPR*, p. 91.

第三十四章 对世界的感知

1. N. A. Romanov (diary), 28 May 1918 (OS): *DINII*, vol. 2, part 2, p. 429.
2. *The Last Diary of Tsaritsa Alexandra*, 24 April 1918 (OS), p. 128.

3. M. Maeterlinck, *Wisdom and Destiny* (George Allen: London, 1898), p. 53.
4. Ibid., p. 55.
5. Ibid., p. 58.
6. Ibid., p. 63.
7. Ibid., p. 64.
8. Ibid., p. 71.
9. N. A. Romanov (diary), 30 April 1918 (OS): *DINII*, vol. 2, part 2, p. 424.
10. On Nicholas's disdain for merchants, see Wortman, *Scenarios of Power*, pp. 387–388.
11. See L. McReynolds, *The News Under Russia's Old Regime: The Development of a Mass-Circulation Press* (Princeton, NJ: Princeton University Press, 1991), pp. 68–70.
12. Ibid., p. 195.
13. N. A. Romanov (diary), 13 and 18 May 1918 (OS): *DINII*, vol. 2, part 2, pp. 427–428.
14. Ibid., 8 May 1918 (OS): p. 426.

第三十五章　内战

1. *Tobol'skie eparkhal'nye vedomosti*, nos 29–31, 10/23 December – 1/14 December 1918, p. 261.
2. 'Ocherednye zadachi sovetskoi vlasti', *Pravda*, 28 April 1918.
3. Calculation by M. Bernshtam in his *Ural i Prikam'e, noyabr' 1918 – yanvar' 1919*, p. 55.
4. M. A. Medvedev, 'Predystoriya rasstrela tsarskoi sem'i Romanovykh v 1918 godu': RGASPI, f. 558, op. 3s, d. 12, in DAVP, box 15, p. 2.
5. Bykov, 'Yekaterinburgskii Sovet', pp. 106–107.
6. P. V. Kukhtenkov (inquiry testimony), 13 November 1918: AMDP, HIA, box 1, folder 6, p. 60.
7. *Ural'skii rabochii*, 28 April 1918.
8. M. Golubykh, *Ural'skie partizany: pokhod otryadov Blyukhera-Kashirina v 1918 godu* (Ekaterinburg: Uralkniga, 1924), pp. 8–9.
9. B. Mueggenberg, *The Czecho-Slovak Struggle for Independence, 1914–1920* (Jefferson, NC: McFarland and Co., 2014), p. 174.
10. See Zhuk, *Voprositel'nye znaki v 'tsarskom dele'*, p. 135.
11. Bykov, 'Yekaterinburgskii Sovet', p. 101.
12. G. Strumillo, 'Iz zapisok rabochego', *Zarya* (Berlin), nos 4 and 6 (1922), reproduced in Bernshtam (ed.), *Ural i Prikam'e, noyabr' 1918 – yanvar' 1919*, p. 45.
13. M. A. Medvedev, 'Predystoriya rasstrela tsarskoi sem'i Romanovykh v 1918 godu': RGASPI, f. 558, op. 3s, d. 12, in DAVP, box 15, p. 7.

14. Markov, *Pokinutaya tsarskaya sem'ya*, pp. 323–324.
15. See Bernshtam (ed.), *Ural i Prikam'e, noyabr' 1918 – yanvar' 1919*, pp. 70–72.
16. G. Strumillo, 'Iz zapisok rabochego', *Zarya* (Berlin), nos 4 and 6 (1922), reproduced in Bernshtam (ed.), *Ural i Prikam'e, noyabr' 1918 – yanvar' 1919*, p. 32.
17. See Zhuk, *Voprositel'nye znaki v 'tsarskom dele'*, p. 134.

第三十六章 德国的操纵

1. J. Sadoul, *Notes sur la révolution bolchévique, octobre 1917 – janvier 1919* (Paris: Sirène, 1920), p. 319: letter to A. Thomas, 26 April 1918.
2. Ibid., p. 322: letter to A. Thomas, 27 April 1918.
3. Ibid., p. 365: letter to A. Thomas, 27 May 1918; Sovnarkom meeting, 25 June 1918: GARF, f. R-130, op. 2, d. 2.
4. D. B. Neidgart (inquiry testimony), 27 and 29 January 1921, in Sokolov, *Ubiistvo tsarskoi sem'i*, p. 106.
5. Ibid.
6. A. F. Trepov (inquiry testimony), 16 February 1921, in Sokolov, *Ubiistvo tsarskoi sem'i*, pp. 106–107.
7. Ibid., p. 108.
8. See A. Olano-Eren'ya, 'Ispanskii korol' i politika spaseniya sem'i Nikolaya II', *Novaya i noveishaya istoriya*, no. 5 (1993), pp. 152–165.
9. K. von Bothmer, *Mit Graf Mirbach in Moskau: Tagebuch-Aufzeichnungen und Aktenstücke vom 19. April bis 24. August 1918* (Tübingen: Osiander'sche Buchhandlung, 1922), p. 103 (22 July 1918).
10. P. A. (sic) Gilliard (inquiry testimony), 27 August 1919: AMDP, HIA, box 1, folder 9, p. 1128.
11. Markov, *Pokinutaya tsarskaya sem'ya*, pp. 305 and 318.
12. Ibid., pp. 304 and 319–320.
13. V. A. Kislitsyn (inquiry testimony), 27 August 1919: AMDP, HIA, box 1, folder 9, pp. 1153–1154.
14. Ibid., p. 1154.
15. V. V. Golitsyn (inquiry testimony), 2 October 1919: ibid., box 1, folder 9, pp. 1145–1146.
16. E. Pantazzi, *Roumania in Light and Shadow* (London: T. F. Unwin, 1921), pp. 243–246.
17. A. I. Mosolov, *Pri dvore imperatora*, pp. 220–222, cited in Ioffe, *Revolyutsiya i sem'ya Romanovykh*, p. 300.
18. N. I. Kanishcheva et al. (eds), *Dnevnik P. N. Milyukova, 1918–1921* (Moscow: Rosspen, 2015), p. 34 (21 June 1918).

19. Ibid., p. 20 (12 June 1918).
20. Ibid., pp. 33, 35 and 38–39 (21 June 1918).
21. Ibid., p. 66 (4 July 1918).
22. Ibid., pp. 82–83 (10 July 1918).
23. See Ioffe, *Revolyutsiya i sem'ya Romanovykh*, pp. 293–294.

第三十七章　伊帕季耶夫宅邸的最后时日

1. F. P. Proskuryakov (inquiry testimony), 1–3 April 1919: AMDP, HIA, box 1, folder 7, p. 641.
2. Serebryakova, 'Moei docheri Zore, ob eë ottse': Serebryakova Papers, HIA, p. 3.
3. A. I. Belogradskii (inquiry testimony), 22 July 1919: AMDP, HIA, box 1, folder 8, p. 964.
4. Ya. M. Yurovskii, 'Poslednii tsar' nashël svoë mesto': RGASPI, f. 3, op. 58, d. 280, in DAVP, HIA, box 15, p. 8.
5. Ibid., pp. 8–9.
6. P. Ya. Shamarin (procurator) reporting on testimony of P. S. Medvedev, 3–5 October 1919: AMDP, HIA, box 1, folder 9, pp. 1352–1353.
7. F. P. Proskuryakov (inquiry testimony), 1–3 April 1919: ibid., box 1, folder 7, p. 642.
8. N. A. Romanov (diary), 21 June 1918 (OS): *DINII*, vol. 2, part 2, p. 431; F. P. Proskuryakov (inquiry testimony), 1–3 April 1919: AMDP, HIA, box 1, folder 7, p. 644; Ya. M. Yurovskii, 'Poslednii tsar' nashël svoë mesto': RGASPI, f. 3, op. 58, d. 280, in DAVP, HIA, box 15, pp. 8–9.
9. Ya. M. Yurovskii, 'Poslednii tsar' nashël svoë mesto': RGASPI, f. 3, op. 58, d. 280, in DAVP, HIA, box 15, p. 9.
10. N. A. Romanov (diary), 23 June 1918 (OS): *DINII*, vol. 2, part 2, p. 432.
11. Ya. M. Yurovskii, 'Poslednii tsar' nashël svoë mesto': RGASPI, f. 3, op. 58, d. 280, in DAVP, HIA, box 15, pp. 8–9.
12. F. P. Proskuryakov (inquiry testimony), 1–3 April 1919: AMDP, HIA, box 1, folder 7, pp. 643–644.
13. Ya. M. Yurovskii, 'Poslednii tsar' nashël svoë mesto': RGASPI, f. 3, op. 58, d. 280, in DAVP, HIA, box 15, pp. 9 and 21.
14. M. L. Krokhaleva (inquiry testimony), 9 July 1919: AMDP, HIA, box 1, folder 8, pp. 909–910.
15. F. P. Proskuryakov (inquiry testimony), 1–3 April 1919: ibid., box 1, folder 7, pp. 645–646.
16. Inquiry materials file, 5 September 1918: A. G. Beloborodov to Ya. M. Sverdlov (telegram received on 4 July 1918): ibid., box 1, folder 6, p. 22.

17. Inquiry materials file, 23 February 1919: French vice-consul, telegram from Ekaterinburg to Moscow, 9 July 1918: ibid., box 1, folder 7, p. 407.
18. I. V. Storozhev (inquiry testimony), 8–10 October 1918: ibid., box 1, folder 6, p. 81.
19. Ibid., p. 82.
20. *The Last Diary of Tsaritsa Alexandra*, 12 July 1918, p. 194.

第三十八章 叶卡捷琳堡的陷阱

1. See R. Service, *Lenin: A Biography* (London: Macmillan, 1998), p. 317.
2. V. I. Lenin, *Biograficheskaya khronika*, vol. 5 (Moscow: Gosudarstvennoe izdatel'stvo, 1974), p. 413.
3. Sovnarkom minutes, 2 May: *SPR*, p. 52. Citing GARF, f. 130, op. 23, d. 13, pp. 58–59.
4. Interview with V. V. Yakovlev: *Izvestiya*, 16 May 1918.
5. Bolshevik Central Committee, 19 May 1918: RGASPI, f. 3, op. 58, d. 280, in DAVP, HIA, box 15.
6. See Zhuk, *Voprositel'nye znaki v 'tsarskom dele'*, p. 141, and Yu. A. Buranov and V. M. Khrustalëv, *Gibel' imperatorskogo doma* (Moscow: Progress, 1992), p. 251.
7. Inquiry materials file, 24 March 1919: R. Bērziņš, commander-in-chief of the North Urals and Siberian Front, to Sovnarkom and VTsIK, 24 June 1918: AMDP, HIA, box 1, folder 7, p. 574.
8. Inquiry materials file, 12 March 1919: V. D. Bonch-Bruevich to A. G. Beloborodov, 20 and 21 June 1918: ibid., box 1, folder 7, p. 494.
9. Inquiry materials file, 24 March 1919: R. Bērziņš, commander-in-chief of the North Urals and Siberian Front, to Sovnarkom and VTsIK, 24 June 1918: ibid., box 1, folder 7, p. 574.
10. M. A. Medvedev, 'Predystoriya rasstrela tsarskoi sem'i Romanovykh v 1918 godu': RGASPI, f. 558, op. 3s, d. 12, in DAVP, box 15, p. 3.
11. Ibid., p. 6.
12. I. I. Radzinskii, taped memoirs (1963): RGASPI, f. 588, op. 3, d. 14, in DAVP, box 15, pp. 9 and 13.
13. M. A. Medvedev, 'Predystoriya rasstrela tsarskoi sem'i Romanovykh v 1918 godu': ibid., pp. 6–7.
14. Preston, *Before the Curtain*, p. 91.
15. N. A. Sakovich (inquiry testimony), 24 August 1918: AMDP, HIA, box 1, folder 6, p. 21.
16. See Zhuk, *Voprositel'nye znaki v 'tsarskom dele'*, p. 148, quoting A. G. Beloborodov's memoir.
17. L. A. Krol, 'Polozhenie na gornozavodskom Urale v kontsa 1917 – pervoi polovine

1918', reproduced in Bernshtam (ed.), *Ural i Prikam'e, noyabr' 1918 – yanvar' 1919*, p. 49.

18. Bykov, 'Poslednie dni poslednego tsarya', p. 17.
19. I. I. Radzinskii, taped memoirs (1963): RGASPI, f. 588, op. 3, d. 14, in DAVP, box 15, p. 21.

第三十九章　莫斯科的支柱

1. Von Bothmer, *Mit Graf Mirbach in Moskau*, pp. 97–98 (diary entry for 19 July 1918).
2. N. S. Angarskii in interview with Boris Nicolaevsky, 29 April 1928 (Werder, Germany): Boris I. Nicolaevsky Collection, HIA, box 525, folder 8.
3. I. I. Radzinskii, taped memoirs (1963): RGASPI, f. 588, op. 3, d. 14, in DAVP, box 15, p. 14.
4. G. A. Hill, *Go Spy the Land* (London: Cassell, 1932), p. 207.
5. F. Grenard, *La révolution russe* (Paris: Armand Colin, 1933), p. 321.
6. Sadoul, *Notes sur la révolution bolchévique*, p. 405: letter to A. Thomas, 10 July 1918.
7. Sovnarkom, 15 July 1918: GARF, f. R-130, op. 2, d. 2.
8. Hill, *Go Spy the Land*, pp. 210–211.
9. Sadoul, *Notes sur la révolution bolchévique*, p. 405: letter to A. Thomas, 10 July 1918.
10. Savinkov's testimony in 'Sudebnoe razbiratel'stvo', *Pravda*, 30 August 1924, pp. 4–5.
11. Lockhart's telegram, 26 May 1918: FO 371/3332/9748 (NA).
12. Savinkov's testimony in 'Sudebnoe razbiratel'stvo', *Pravda*, 30 August 1924, pp. 4–5.
13. Grenard, *La révolution russe*, p. 322.
14. Savinkov's testimony in 'Sudebnoe razbiratel'stvo', *Pravda*, 30 August 1924, pp. 4–5.
15. Urals Regional Soviet to Press Bureau, Central Executive Committee of Congress of Soviets, 13 July 1918: inquiry materials file, 24 March 1919: AMDP, HIA, box 1, folder 7, p. 578.
16. G. I. Safarov to V. I. Lenin, 13 July 1918: ibid., box 1, folder 7, p. 577; see also Lykova (ed.), *Sledstvie po delu ob ubiistve Rossiiskoi imperatorskoi sem'i*, p. 72.
17. V. Gorin to V. I. Lenin, 17 July 1918: AMDP, HIA, box 1, folder 7, p. 574; see also Lykova (ed.), *Sledstvie po delu ob ubiistve Rossiiskoi imperatorskoi sem'i*, p. 72.
18. Inquiry materials file, 12 March 1919: V. D. Bonch-Bruevich to A. G. Beloborodov, 20 and 21 June 1918: AMDP, HIA, box 1, folder 7, p. 494.
19. Lenin, *Biograficheskaya khronika*, vol. 5, p. 616.

第四十章　不愿成为沙皇的男人

1. G. M. Romanov to X. G. Romanova, 5 April, 21 July and 23 August 1918: Georgi

Mikhailovich, Grand Duke of Russia Papers, HIA, box 2.

2. *Poslednie dni poslednego tsarya: inochtozhenie dinastii Romanovykh*, pp. 8–9. See also V. M. Khrustalëv, *Alapaevsk: zhertvy i palachi* (Moscow: Dostoinstvo, 2010), pp. 12–13.
3. M. A. Medvedev, 'Predystoriya rasstrela tsarskoi sem'i Romanovykh v 1918 godu': RGASPI, f. 558, op. 3s, d. 12, in DAVP, box 15, p. 8.
4. Ibid.
5. Ibid., pp. 3–4.
6. I. I. Radzinskii, taped memoirs (1963): RGASPI, f. 588, op. 3, d. 14, in DAVP, box 15, p. 36.
7. Ibid., pp. 38–39.
8. M. V. Alexeev (military report), probably June 1918: Mikhail V. Alekseev Papers, HIA, box 1, folder 22, p. 3.
9. Ibid.

第四十一章 有限的选择

1. The decree is given in *DINII*, vol. 2, part 2, p. 474.
2. See Zhuk, *Voprositel'nye znaki v 'tsarskom dele'*, pp. 145–147, citing G. Z. Besedovskii, *Na putyakh k termidoru* (Moscow: Sovremennik, 1997), pp. 111–113.
3. See Bykov, *Poslednie dni Romanovykh*, p. 114.
4. Mueggenberg, *The Czecho-Slovak Struggle for Independence*, pp. 141 and 175.
5. See Bykov, *Poslednie dni Romanovykh*, p. 114.
6. Ipatev house guard duty book, 9 July 1918, reproduced in *SPR*, p. 91.
7. Preston, *Before the Curtain*, p. 102.
8. This comes from an anti-Bolshevik secret agent's report delivered to subinspector M. Talashmanov, which he passed to the Ekaterinburg Criminal Inquiry Department on 22 August 1918: *GTSMS*, pp. 66–67. The date in the source is given as a Sunday 'around 15 July'. 14 July is the only possible Sunday. On Anuchin, the information comes in V. Gorin to V. I. Lenin, 17 July 1918: AMDP, HIA, box 1, folder 7, p. 574.
9. F. P. Proskuryakov (inquiry testimony), 1–3 April 1919: ibid., box 1, folder 7, pp. 649–650.
10. A. N. Shveikina (inquiry testimony), 26 February 1919: ibid., box 1, folder 6, p. 230.
11. M. A. Medvedev, 'Rasstrel tsarskoi sem'i Romanovykh v gorode Yekaterinburge v noch' na 17 iyulya 1918 goda: vospominaniya uchastnika rasstrela': RGASPI, f. 588, op. 3, d. 12, in DAVP, box 15, pp. 1–2.
12. Besedovskii, *Na putyakh k termidoru*, p. 113.
13. Ibid.

14. F. P. Proskuryakov (inquiry testimony), 1–3 April 1919: AMDP, HIA, box 1, folder 7, pp. 649–650.
15. P. Ya. Shamarin (procurator) reporting on testimony of P. Medvedev, 3–5 October 1919: ibid., box 1, folder 9, p. 1354.
16. The telegram from G. E. Zinoviev to Ya. M. Sverdlov and V. I. Lenin (16 July 1918) is reproduced in *PIGTS*, p. 207.
17. Ibid.
18. See *PIGTS*, p. 208.
19. Ibid., pp. 208 and 258. Plotnikov quotes A. I. Akimov's memoir as reproduced in *Ogonëk*, no. 38 (1990), p. 29 and *Argumenty i fakty*, no. 46 (1990).
20. See G. Z. Ioffe, *Revolyutsiya i sud'ba Romanovykh* (Moscow: Respublika, 1992), pp. 308–312; Buranov and Khrustalëv, *Gibel' imperatorskogo doma*, pp. 257–259; E. Radzinskii, *Gospodi – spasi i usmiri Rossiyu': Nikolai II, zhizn' i smert'* (Moscow: Vagrius, 1993), pp. 401–404.

第四十二章　地下室中的处决

1. Ya. M. Yurovskii, 'Poslednii tsar' nashël svoë mesto': RGASPI, f. 3, op. 58, d. 280, in DAVP, HIA, box 15, p. 12.
2. Ibid.
3. Preston, *Before the Curtain*, p. 102.
4. Ibid.
5. Ya. M. Yurovskii, 'Poslednii tsar' nashël svoë mesto': RGASPI, f. 3, op. 58, d. 280, in DAVP, HIA, box 15, p. 12.
6. Ibid.; F. P. Proskuryakov (inquiry testimony), 1–3 April 1919: AMDP, HIA, box 1, folder 7, p. 650; testimony of P. Ya. Shamarin (procurator) reporting on testimony of P. Medvedev, 3–5 October 1919: ibid., box 1, folder 9, p. 1355.
7. Ibid.
8. Ibid., p. 1356.
9. Ya. M. Yurovskii, 'Poslednii tsar' nashël svoë mesto': RGASPI, f. 3, op. 58, d. 280, in DAVP, HIA, box 15, pp. 12–13; F. P. Proskuryakov (inquiry testimony), 1–3 April 1919: AMDP, HIA, box 1, folder 7, p. 650; testimony of P. Ya. Shamarin (procurator) reporting on testimony of P. Medvedev, 3–5 October 1919: ibid., box 1, folder 9, p. 1355.
10. I. I. Radzinskii, taped memoirs (1963): RGASPI, f. 588, op. 3, d. 14, in DAVP, box 15, p. 29.
11. Ya. M. Yurovskii, 'Poslednii tsar' nashël svoë mesto': RGASPI, f. 3, op. 58, d. 280, in DAVP, HIA, box 15, pp. 12–13; F. P. Proskuryakov (inquiry testimony), 1–3 April 1919:

AMDP, HIA, box 1, folder 7, p. 650; testimony of P. Ya. Shamarin (procurator) reporting on testimony of P. Medvedev, 3–5 October 1919: ibid., box 1, folder 9, p. 1355.

12. Testimony of P. Ya. Shamarin (procurator) reporting on testimony of P. Medvedev, 3–5 October 1919: AMDP, HIA, box 1, folder 9, p. 1356.
13. F. P. Proskuryakov (inquiry testimony), 1–3 April 1919: ibid., box 1, folder 7, p. 649.
14. Ibid., pp. 652–653.

第四十三章　撤离

1. A. G. Beloborodov to V. D. Gorbunov, 17 July 1918: Nikolai Alekseevich Sokolov Papers, HIA, folder XX197–13.04. The telegram was first reproduced in Sokoloff, *Enquête judiciaire sur l'assassinat de la famille impériale russe*, p. 240.
2. I. I. Radzinskii, taped memoirs (1963): RGASPI, f. 588, op. 3, d. 14, in DAVP, box 15, p. 42.
3. Central Executive Committee minutes, 18 July 1918, reproduced in *SPR*, p. 105.
4. Sovnarkom minutes, 18 July 1918, reproduced ibid., pp. 105–106.
5. Ya. M. Sverdlov and probably A. G. Beloborodov, conversation, n.d. but likely 18 July 1918: AMDP, HIA, box 1, folder 9, p. 1340; see also Lykova (ed.), *Sledstvie po delu ob ubiistve Rossiiskoi imperatorskoi sem'i*, p. 76.
6. Ya. M. Sverdlov and probably A. G. Beloborodov, conversation, n.d. but likely 18 July 1918: AMDP, HIA, box 1, folder 9, p. 1338.
7. Ibid., p. 1339.
8. M. I. Letemin (inquiry testimony), 18–19 October 1918: ibid., box 1, folder 6, p. 88.
9. Agent Alexeev, report to inquiry, 26 February 1919: ibid., box 1, folder 6, p. 225.
10. F. P. Proskuryakov (inquiry testimony), 1–3 April 1919: ibid., box 1, folder 7, pp. 652–653.
11. Inquiry materials file, 5 September 1918: Ya. M. Yurovski to A. G. Beloborodov, 20 July 1918: ibid., box 1, folder 6, p. 22.
12. See H. Rappaport, *Ekaterinburg: The Last Days of the Romanovs* (London: Windmill Books, 2009), p. 206.
13. Preston, *Before the Curtain*, p. 105.
14. A. P. Belozerova (inquiry testimony), 28 September 1918: AMDP, HIA, box 1, folder 6, p. 48.
15. N. A. Sakovich (inquiry testimony), 24 August 1918: ibid., box 1, folder 6, p. 21.
16. I. A. Sergeev, report to inquiry, 20 February 1919: ibid., box 1, folder 6, p. 196.
17. P. Ya. Shamarin (procurator) reporting on testimony of P. Medvedev, 3–5 October 1919: ibid., box 1, folder 9, p. 1367.

18. M. L. Krokhaleva (inquiry testimony), 9 July 1919: ibid., box 1, folder 8, p. 910.
19. Quoted in Lykova (ed.), *Sledstvie po delu ob ubiistve Rossiiskoi imperatorskoi sem'i*, p. 147.
20. A. A. Volkov (inquiry testimony), 22 October 1918: AMDP, HIA, box 1, folder 6, p. 93; Volkov, *Okolo tsarskoi sem'i*, p. 67.
21. *Ural'skii rabochii*, 23 July 1918, quoted in AMDP, HIA, box 1, folder 6, pp. 145–148.
22. Third Army report to I. I. Vatsetis, 23 July 1918, in Bernshtam (ed.), *Ural i Prikam'e, noyabr' 1918 – yanvar' 1919*, p. 98.

第四十四章　谋杀、掩盖和冒充者

1. I. S. Smolin, 'The Alapaevsk Tragedy' (typescript, translated): HIA, pp. 7–8.
2. Ibid., p. 8.
3. *Ural'skii rabochii*, 20 July 1918, in I. S. Smolin, 'The Alapaevsk Tragedy' (typescript, translated): HIA, p. 12.
4. *Izvestiya*, 19 July 1918.
5. M. N. Pokrovskii to L. N. Pokrovskaya, 26 July 1918, quoted in Lykova (ed.), *Sledstvie po delu ob ubiistve Rossiiskoi imperatorskoi sem'i*, p. 89.
6. A. A. Ioffe to V. I. Lenin, 24 June 1918, reproduced in *SPR*, p. 106.
7. A. A. Ioffe to G. V. Chicherin, 21 July 1918, reproduced ibid., p. 107.
8. A. A. Ioffe, 'N. Ioffe i nasha vneshnyaya politika' (dated 20 October 1927): Arkhiv Prezidenta Rossiiskoi Federatsii, f. 31, op. 1, d. 4, p. 216.
9. V. N. Karnaukhova (inquiry testimony), 2 July 1919: *GTSMS*, pp. 386–387.
10. A. Ya. Valek (inquiry testimony, n.d.): AMDP, HIA, box 1, folder 8, p. 702.
11. Ibid., pp. 701–702.
12. Ibid., p. 702.
13. P. A. (sic) Gilliard (inquiry testimony), 5–6 March 1919 (OS): AMDP, HIA, box 1, folder 7, p. 467.
14. Markov, *Pokinutaya tsarskaya sem'ya*, pp. 331, 335 and 336.
15. Ibid., p. 349.

第四十五章　捷克斯洛伐克的占领

1. Diterikhs, *Ubiistvo tsarskoi sem'i i chlenov doma Romanovykh na Urale*, part 1, p. 23; Preston, *Before the Curtain*, p. 112.
2. F. N. Gorshkov (inquiry testimony), 31 July 1918: AMDP, HIA, box 1, folder 6, p. 1.
3. K. A. Agafonova, 13 November 1918: ibid., box 1, folder 6, p. 64. Agafonova had a

Bolshevik brother who served as district commissar of justice.

4. V. Ya. Buyvid (inquiry testimony), 10 August 1918: ibid., box 1, folder 6, p. 33.
5. F. I. Ivanov (inquiry testimony), 13 September 1918: ibid., box 1, folder 6, p. 41.
6. A. G. Eliseeva (inquiry testimony), probably 13 September 1918: ibid., box 1, folder 6, p. 42.
7. F. N. Gorshkov (inquiry testimony), 31 July 1918: ibid., box 1, folder 6, p. 10.
8. Preston, *Before the Curtain*, pp. 113–114.
9. Sokoloff, *Enquête judiciaire sur l'assassinat de la famille impériale russe*, pp. 9–10.
10. *Prikaz komendanta goroda Ekaterinburga*, no. 37, 8 September 1918: Vera Cattell Papers, HIA, box 4, Iskander Riza Kuli Mirza folder.
11. Report of N. Mirolyubov, Procurator of Kazan Palace of Justice, to Minister of Justice, 12 December 1918 (English translation), pp. 1–13: SGC, SCBLOU, box 2.

第四十六章　罗曼诺夫家族的幸存者

1. A. A. Volkov (inquiry testimony), 22 October 1918: AMDP, HIA, box 1, folder 6, p. 93; Volkov, *Okolo tsarskoi sem'i*, pp. 71–72.
2. L. Sukacev, 'Soldier under Three Flags: The Personal Memoirs of Lev Pavlovich Sukacev' (Washington, DC: typescript, 1974): Lev Sukacev Papers, HIA, pp. 100–101.
3. Princess Marie of Romania to M. F. Romanova, 1 September 1918: KAGDRP, HIA, box 8, folder 33.
4. Queen Marie of Romania to M. F. Romanova, 20 October 1918: ibid.
5. Hill, *Go Spy the Land*, pp. 115–148.
6. Pantazzi, *Roumania in Light and Shadow*, pp. 267–268.
7. Ibid., pp. 269–270.
8. Ibid., p. 270.
9. Ibid.
10. A. Calthorpe to M. F. Romanova, 19 November 1918: Kseniia Aleksandrovna Grand Duchess of Russia Papers, HIA, box 8, folder 16.
11. Queen Alexandra to M. F. Romanova, 21 December 1918: ibid., box 8, folder 11.
12. Bulygin, *The Murder of the Romanovs: the Authentic Account*, p. 187.
13. Quoted by V. M. Khrustalëv, *Petrograd: rasstrel Velikikh knyazei* (Moscow: Dostoinstvo, 2011), pp. 62 and 68–70.
14. *Evening News*, 4 November 1919. I am grateful to Nick Walshaw for this reference.
15. George V to M. F. Romanova, 19 April 1919: HIA, box 8, folder 24.
16. Queen Alexandra to M. F. Romanova, 16 April 1919: ibid., box 8, folder 11.
17. Queen Alexandra to M. F. Romanova, 22 April 1919: ibid.

18. George V to M. F. Romanova, 21 April 1919: ibid., box 8, folder 24.

第四十七章 调查工作

1. D. M. Fedichkin, 'Izhevskoe vosstanie v period s 8-go avgusta po 15-go oktyabrya 1918 goda' (San Francisco: manuscript, 1931): Dmitri I. Fedichkin Papers, HIA.
2. M. A. Medvedev, 'Predystoriya rasstrela tsarskoi sem'i Romanovykh v 1918 godu': RGASPI, f. 558, op. 3s, d. 12, in DAVP, box 15, p. 38.
3. M. I. Letemin (inquiry testimony), 18–19 October 1918: AMDP, HIA, box 1, folder 6, pp. 87–88.
4. Sokoloff, *Enquête judiciaire sur l'assassinat de la famille impériale russe*, pp. 10–12; Diterikhs, *Ubiistvo tsarskoi sem'i i chlenov doma Romanovykh na Urale*, part 1, p. 14.
5. Ibid.
6. Diterikhs, *Ubiistvo tsarskoi sem'i i chlenov doma Romanovykh na Urale*, part 1, p. 17.
7. Ibid., p. 21.
8. I. A. Sergeev, report to inquiry, 20 February 1919: AMDP, HIA, box 1, folder 6, p. 198.
9. Inquiry testimonies, *GTSMS*, pp. 176 (A. Ya. Neustroev), 180 (S. F. Podorova), 181 (T. L. Sitnikova), 182 (F. F. Onyanov) and 186 (M. I. Solo'ëv).
10. F. V. Sitnikov (inquiry testimony), 28 March 1919: ibid., pp. 185–186.
11. N. V. Mutnykh (inquiry testimony), 8 March 1919: ibid., pp. 179 and 188.
12. P. Ya. Shamarin (procurator) reporting on testimony of P. Medvedev, 3–5 October 1919: AMDP, HIA, box 1, folder 9, pp. 1372–1373.
13. V. Iordanskii to N. I. Mirolyubov (Procurator of the Kazan Palace of Justice), 19 February 1919: Nikander I. Miroliubov Papers, HIA, box 1, folder V. Iordanskii (1919).
14. V. Iordanskii to N. I. Mirolyubov, 23 February 1919: ibid.
15. P. Ya. Shamarin (inquiry testimony), 3–5 October 1919: AMDP, HIA, box 1, vol. 9, pp. 1373–1377. When testifying in autumn 1919, Shamarin was describing his experiences of the winter of 1918–1919.
16. S. Gibbes to Grand Duke Alexander Nikolaevich, untitled memoir, 1 December 1928: SGC, SCBLOU, box 1, p. 7.
17. P. I. Utkin (inquiry testimony), 28 March 1919: *GTSMS*, pp. 355–360.
18. N. A. Sokolov, preliminary report to inquiry, 1 April 1918: AMDP, HIA, box 1, folder 7, pp. 633–636.
19. N. A. Sokolov to N. I. Mirolyubov, 9 October 1919: Nikander I. Miroliubov Papers, HIA, box 1, folder N. A. Sokolov; Bulygin, *The Murder of the Romanovs: the Authentic Account*, p. 265.
20. N. A. Sokolov to N. I. Mirolyubov, 20 December 1919: ibid.; Bulygin, *The Murder of the*

Romanovs: the Authentic Account, pp. 265–266.

21. Ibid., pp. 268–269.

第四十八章 遗骨消失的争议

1. Individual questions for Lenin at the eighth party congress, March 1919: RGASPI, f. 5, op. 2, d. 2, p. 5.
2. *Poslednie dni poslednego tsarya: inochtozhenie dinastii Romanovykh*, pp. 4–5 and 14–16.
3. *Ubiistvo tsarskoi sem'i i eë svity: offitsial'nye dokumenty* (Constantinople: Russkaya Mysl', 1920), pp. 1–5 and 14–15.
4. Receipt signed by F. Finlayson, 18 March 1919: AMDP, HIA, box 1.
5. Quoted by Bykov, *Poslednie dni Romanovykh*; Bykov, 'Poslednie dni poslednego tsarya', p. 24.
6. Receipt signed by F. Finlayson, 18 March 1919: AMDP, HIA, box 1.
7. Bykov, 'Poslednie dni poslednego tsarya', pp. 20–21.
8. Ibid.
9. Ibid., p. 21.
10. *Poslednie dni poslednego tsarya: inochtozhenie dinastii Romanovykh*, pp. 14–16.
11. Ibid., pp. 4–5 and 14–16.
12. Diterikhs, *Ubiistvo tsarskoi sem'i i chlenov doma Romanovykh na Urale*, part 1 (Vladivostok: Voennaya Akademiya, 1922).
13. N. A. Sokolov to S. Gibbes, 19 February 1920: SGC, SCBLOU, box 2.
14. Bulygin, *The Murder of the Romanovs: the Authentic Account*, p. 269.
15. N. A. Sokolov to M. K. Nikiforov, 22 April 1922: AMDP, HIA, box 1, folder 2; Bulygin, *The Murder of the Romanovs: the Authentic Account*, pp. 270–271.
16. N. A. Sokolov to M. K. Nikiforov, 22 April 1922; Bulygin, *The Murder of the Romanovs: the Authentic Account*, p. 155.
17. N. A. Sokolov to M. K. Nikiforov, 22 April 1922.
18. Sokoloff, *Enquête judiciaire sur l'assassinat de la famille impériale russe*.
19. Sokolov, *Ubiistvo tsarskoi sem'i*.
20. Gilliard, *Le tragique destin de Nicolas II et de sa famille*.
21. Mel'nik-Botkina, *Vospominaniya o tsarskoi sem'e*; Buxhoeveden, *The Life and Tragedy of Alexandra Feodorovna*; *Skorbnaya pamyatka*; Markov, *Pokinutaya tsarskaya sem'ya*.
22. J. Klier and H. Mingay, *The Quest for Anastasia: Solving the Mystery of the Lost Romanovs* (Edgware: Smith Gryphon, 1997).
23. *PTR*, vols. 1–7.

后记

1. R. and S. Massie, *Nicholas and Alexandra* (New York: Atheneum, 1967).
2. *Rasputin the Mad Monk* (Hammer Films UK; dir. D. Sharp, 1966).
3. A. Summers and T. Mangold, *File on the Tsar* (London: Gollancz, 1976).
4. Wortman, *Scenarios of Power*; D. Lieven, *Nicholas II: Emperor of all the Russias* (London: John Murray, 1993).
5. G. Hosking, *The Russian Constitutional Experiment: Government and Duma, 1907–1914* (Cambridge: Cambridge University Press, 1973).
6. Löwe, *The Tsars and the Jews*.
7. Montefiore, *The Romanovs*.
8. Rappaport, *Ekaterinburg*.
9. Ioffe, *Revolyutsiya i sud'ba Romanovykh*.
10. Radzinskii, *'Gospodi – spasi i usmiri Rossiyu'*.
11. *SPR*; Lykova (ed.), *Sledstvie po delu ob ubiistve Rossiiskoi imperatorskoi sem'i*; *PIGTS*; Zhuk, *Voprositel'nye znaki v 'tsarskom dele'*.

译名表

Abalak monastery 阿巴拉克修道院
Ai-Todor 艾托多
Akimov, A. I. A. I. 阿基莫夫
Alapaevsk 阿拉帕耶夫斯克
Alexander Ⅰ 亚历山大一世
Alexander Ⅱ 亚历山大二世
Alexander Ⅲ 亚历山大三世
Alexander Mikhailovich 亚历山大·米哈伊洛维奇
Alexander Palace (Tsarskoe Selo) 亚历山大宫（沙皇村）
Alexandra, Empress (Princess Alix of Hesse) 亚历山德拉皇后（黑森的阿丽克丝大公小姐）
Alexandra, Queen 亚历山德拉王后
Alexandrovich, V. A. V. A. 亚历山德罗维奇
Alexeev, Mikhail 米哈伊尔·阿列克谢耶夫
Alexeev, Nikolai 尼古拉·阿列克谢耶夫
Alexeev, V. V. V. V. 阿列克谢耶夫
Alexei, Emperor 阿列克谢皇帝
Alexei Nikolaevich 阿列克谢·尼古拉耶维奇
All-Russia Congress of Peasants' Deputies 全俄农民代表大会
All-Russia Congress of Soviets (Second) 全俄苏维埃大会（第二次）
American Hotel (Ekaterinburg) 美国酒店（叶卡捷琳堡）
anarchists 无政府主义者
Anastasia Nikolaevna, Grand Duchess 阿纳斯塔西娅·尼古拉耶芙娜女大公
Anderson, Anna 安娜·安德森
Anuchin (deputy to Goloshchëkin) 阿努钦（戈洛谢金的副手）
Apraxin, Count Pëtr 彼得·奥普劳克辛伯爵
Arakcheev, Alexei 阿列克谢·阿拉克切耶夫
Archangel 阿尔汉格尔斯克
Ardashev, Alexander 亚历山大·阿尔达舍夫
Ardashev, Vladimir 弗拉基米尔·阿尔达舍夫
Arkhipov, Dr K. S. K. S. 阿尔希波夫医生
Asha-Balashev iron works 阿莎-巴拉舍夫钢铁厂
Ataman Hotel (Ekaterinburg) 阿塔曼酒店（叶卡捷琳堡）
Austria, Austrians 奥地利，奥地利人
Austria-Hungary 奥匈帝国
Avanesov, V. A. V. A. 阿瓦涅索夫
Avdeev, Alexander 亚历山大·阿夫杰耶夫
Avdonin, A. N. A. N. 阿夫多宁

Barnaul 巴尔瑙尔
Basic Law 基本法
Bauer, Rudolph 鲁道夫·鲍尔
Bazili, Nikolai 尼古拉·巴济利
Beloborodov, Alexander 亚历山大·别洛博罗多夫
Benkendorf, Count Pavel 帕维尔·本肯多夫伯爵
Berëzov 别廖佐夫
Berlin 柏林

Commissars 左派社会革命党的人民委员会

Leikin, N. A. N. A. 列金

Neunyvayushchie rossiyane《振奋的俄国人》

Lenin, Vladimir Ilyich 弗拉基米尔·伊里奇·列宁

Leonardo da Vinci 莱昂纳多·达·芬奇

Lermontov, Mikhail 米哈伊尔·莱蒙托夫

Leroux, Gaston 加斯东·勒鲁

Le mystère de la chambre jaune《"黄屋"奇案》

Leskov, Nikolai 尼古拉·列斯科夫

'The Robbery'《抢劫案》

Letemin, Mikhail 米哈伊尔·列捷明

Lichtenberg, Duke Nikolai 尼古拉·利希滕贝格公爵

Liebknecht, Karl 卡尔·李卜克内西

Liège 列日

Lieven, Count 利芬伯爵

Lieven, Dominic 多米尼克·利芬

Livadia 里瓦几亚宫

Lloyd George, David 戴维·劳埃德·乔治

Lockhart, Robert Bruce 罗伯特·布鲁斯·洛克哈特

Loginov, Ivan 伊万·洛吉诺夫

Louis XVI 路易十六

Louisa (steamer)"路易莎号"(汽轮)

Löwe, Heinz-Dietrich 海因茨-迪特里希·勒韦

Ludendorff, Erich von 埃里希·冯·鲁登道夫

Lukin (delegate from Freedom House) 卢金("自由之家"的代表)

Lukomski, General 卢科姆斯基将军

Lukoyanov, Fëdor 费奥多尔·卢科亚诺夫

Lunacharski, Anatoli 阿纳托利·卢那察尔斯基

Luxemburg, Rosa 罗莎·卢森堡

Lvov, Prince Georgi 格奥尔基·李沃夫公子

Lykova, L. A. L. A. 雷科娃

Lyubino 柳比诺

Maeterlinck, Maurice 莫里斯·梅特林克

Wisdom and Destiny《智慧与命运》

Magnetic Mountain 磁山

Makarov, Pavel 帕维尔·马卡罗夫

Malaya Nevka, River 马来亚涅夫卡河

Malta 马耳他

Malyshev, Ensign 马雷舍夫少尉

Malyshev, Ivan 伊万·马雷舍夫

Mangold, Tom 汤姆·曼戈尔德

File on the Tsar (with Anthony Summers)《沙皇文件》(与安东尼·萨默斯合著)

Maria Fëdorovna (née Dagmar), Dowager 玛丽亚·费奥多罗芙娜皇太后(婚前姓达格玛)

Maria Nikolaevna, Grand Duchess 玛丽亚·尼古拉耶芙娜女大公

Marie of Romania, Princess 罗马尼亚的大公之女玛丽

Marinski Palace 马林斯基宫

Markov, A. V. A. V. 马尔科夫

Markov, Nikolai E. (aka Markov-II) 尼古拉·E. 马尔科夫(也称马尔科夫二世)

Markov, Sergei 谢尔盖·马尔科夫

Marx, Karl 卡尔·马克思

Marxists, Marxism 马克思主义者,马克思主义

Massie, Robert & Suzanne 罗伯特·马西与苏珊娜·马西

Nicholas and Alexandra《尼古拉与亚

Nicholas II 尼古拉二世

Nikolai Mikhailovich, Grand Duke 尼古拉·米哈伊洛维奇大公

Nikolai Nikolaevich, Grand Duke 尼古拉·尼古拉耶维奇大公

Nikolski, Alexander 亚历山大·尼科尔斯基

Nikulin, Grigory 格里戈里·尼库林

Nilus, Sergei 谢尔盖·尼卢斯

The Imminent Coming of the Antichrist and the Realm of the Devil on Earth《敌基督者将临与地上的魔鬼国度》

Nizhni Novgorod 下诺夫哥罗德

Nizhni Tagil 下塔吉尔

North Caucasus 北高加索

Novoe vremya《新时代》

October Revolution (1917) 十月革命（1917年）

Odessa 敖德萨

Okhrana (secret police) 秘密警察

Olga Alexandrovna, Grand Duchess 奥尔加·亚历山德罗芙娜大公夫人

Olga Nikolaevna, Grand Duchess 奥尔加·尼古拉耶芙娜女大公

Omsk 鄂木斯克

Omsk Red Guards 鄂木斯克赤卫军

Orczy, Baroness 奥切男爵夫人

The Scarlet Pimpernel《红花侠》

Ordovski-Tanaefski, Nikolai 尼古拉·奥尔多夫斯基-塔纳耶夫斯基

Orenburg 奥伦堡

Orsha 奥尔沙

Orthodox Church 东正教会

Palchinski, Pëtr 彼得·帕尔金斯基

Palei, Count Vladimir 弗拉基米尔·帕列伊伯爵

Paléologue, Maurice 莫里斯·帕莱奥洛格

Palkina 帕尔基纳

Pankratov, Vasili 瓦西里·潘克拉托夫

Party of 33 (monarchist group) 三十三人党（君主主义组织）

Party Central Committee 党中央委员会

Paul, Emperor 保罗皇帝

Pavel Alexandrovich, Grand Duke 帕维尔·亚历山德罗维奇大公

Pavlovich, Grand Duke Dmitri 德米特里·帕夫洛维奇大公

Penza 奔萨

People's Army 人民军

People's Commissar for State Property 国家财产人民委员

People's Commissariat of Justice 人民司法委员部

People's Freedom organization “人民自由”组织

Perm 彼尔姆

Perm prison 彼尔姆监狱

Perm Soviet 彼尔姆苏维埃

Permyakov (leader of cavalry detachment) 佩尔米亚科夫（骑兵队长）

Peter the Great 彼得大帝

Peter III 彼得三世

Peter-Paul Cathedral (St Petersburg) 彼得-保罗大教堂（圣彼得堡）

Peter-Paul Fortress (Petrograd) 彼得-保罗要塞（彼得格勒）

Peterburgskaya Gazeta《彼得堡日报》

Petrograd (formerly St Petersburg) 彼得格勒（曾用名为圣彼得堡）

Petrograd Soviet 彼得格勒苏维埃

Petrograd Soviet of Workers' and Soldiers' Deputies 彼得格勒工人士兵代表苏维埃

Petrogradskaya gazeta《彼得格勒报》

娅·亚历山德罗芙娜大公夫人

Yakovlev, Vasili (real name Konstantin Myachin) 瓦西里·雅科夫列夫（真名康斯坦丁·米亚钦）
Yalta 雅尔塔
Yalutorovsk 亚卢托罗夫斯克
Yanushkevich (businessman) 亚努什克维奇（商人）
Yaroshinski, Karl 卡尔·亚罗申斯基
Yaroslavl 雅罗斯拉夫尔
Yeltsin, Boris 鲍里斯·叶利钦
Yermak 叶尔马克
Yermakov, Pëtr 彼得·叶尔马科夫
Yurovski, Yakov 雅科夫·尤罗夫斯基
Yusupov, Prince Felix 费利克斯·尤苏波夫亲王

Zaslavski, Semën 谢苗·扎斯拉夫斯基
Zborovskaya, Ekaterina 叶卡捷琳娜·兹博罗夫斯卡娅
Zhebenev, Pëtr 彼得·热别涅夫
Zheleznov (engineer) 热列兹诺夫（工程师）
Zheleznyakov, Anatoli 阿纳托利·热列兹尼亚科夫
Zhilinski, A. N. A. N. 日林斯基
Zhuk (medical orderly) 茹克（卫生员）
Zhuk, Yuri 尤里·茹克
Zinoviev, Grigory 格里戈里·季诺维也夫
Zlatoust 兹拉托乌斯特
Zlokazovo 兹洛卡佐沃
Zlokazovo metal factory 兹洛卡佐沃金属厂